唐太宗李世民绘像,雍容大度,尽显贞观盛世气象。

史说历代焦点人物·唐太宗

秦王府十八学士和凌烟阁二十四功臣图，本为画家阎立本奉唐太宗之命而绘。因题材典型，后世多有仿作，其中宋徽宗赵佶的这幅《唐十八学士图》，场景宏阔，人物生动，人以"古雅"誉之，为前朝故实增色不少。

阎立本的《步辇图》（局部），描绘唐太宗接见迎娶文成公主的吐蕃使者禄东赞的情景，是汉藏兄弟民族友好情谊的见证。

同样出自阎立本之手的《职贡图》，描绘了南洋婆利、罗刹等国前来朝贡的景象，显示出大唐王朝的世界性影响。

唐太宗以纳谏著称于世,而最突出的进谏者就是魏徵。这里的魏徵手擎笏板,似乎正在进谏;而《唐太宗纳谏图》中的太宗满脸严肃——看来,纳谏也颇不易易,尤其对于君临天下的帝王。

唐太宗文韬武略,喜爱良马、名帖,据传身后墓穴中陪葬有王羲之的《兰亭序》,而墓园则浮雕了随之征战的骏马(昭陵六骏)。他"带走"了书圣的真迹,也留下了自己的书法真迹,诸如《晋祠铭》。而金人赵霖的《昭陵六骏图》(局部),则以另一种艺术形式再现了他生平宝爱的战马。

史说历代焦点人物

史说唐太宗

唐太宗与造就贞观之治的人们

白居正 —— 编著

上海科学技术文献出版社
Shanghai Scientific and Technological Literature Press

图书在版编目（CIP）数据

史说唐太宗 / 白居正编著 . —上海：上海科学技术文献出版社，2025. —ISBN 978-7-5439-9336-5

Ⅰ . K827=421

中国国家版本馆 CIP 数据核字第 2025NT6382 号

责任编辑：黄婉清
封面设计：留白文化

史说唐太宗
SHISHUO TANGTAIZONG
白居正　编著
出版发行　上海科学技术文献出版社
地　　址　上海市淮海中路 1329 号 4 楼
邮政编码　200031
经　　销　全国新华书店
印　　刷　商务印书馆上海印刷有限公司
开　　本　850mm×1168mm　1/32
印　　张　15.375
插　　页　4
字　　数　371 000
版　　次　2025 年 3 月第 1 版　2025 年 3 月第 1 次印刷
书　　号　ISBN 978-7-5439-9336-5
定　　价　68.00 元
http://www.sstlp.com

目　录

贞观明君唐太宗

唐太宗李世民…………………………………… 3
《旧唐书·太宗本纪》…………………………… 105
古今名家评说…………………………………… 135

唐太宗的父子兄弟

唐高祖李渊……………………………………… 157
唐高宗李治……………………………………… 175
隐太子李建成…………………………………… 188
齐王李元吉……………………………………… 194
荆王李元景……………………………………… 198
韩王李元嘉……………………………………… 199
霍王李元轨……………………………………… 200
愍太子李承乾…………………………………… 202
濮王李泰………………………………………… 205
齐王李祐………………………………………… 209
越王李贞………………………………………… 212

箴规和襄助的女人们

皇太后窦氏……………………………………… 217
皇后长孙氏……………………………………… 220
充容徐惠………………………………………… 228
文成公主………………………………………… 231
平阳昭公主……………………………………… 235

丹阳公主……………………………………………… 237
常乐公主……………………………………………… 238
襄城公主……………………………………………… 239
高阳公主……………………………………………… 239

皇亲国戚建功勋

淮安王李神通……………………………………… 245
襄邑王李神符……………………………………… 247
庐江王李瑗………………………………………… 248
江夏王李道宗……………………………………… 250
淮阳王李道玄……………………………………… 253
胶东王李道彦……………………………………… 254
郢国公宇文士及…………………………………… 257
皖城郡公张俭……………………………………… 260
驸马都尉薛万彻…………………………………… 262
驸马都尉阿史那社尔……………………………… 266

秦王府十八学士

尚书右仆射杜如晦………………………………… 273
尚书左仆射房玄龄………………………………… 279
秘书监虞世南……………………………………… 287
散骑常侍褚亮……………………………………… 292
著作郎姚思廉……………………………………… 294
侍中于志宁………………………………………… 298
文学馆学士薛收…………………………………… 303
谏议大夫苏世长…………………………………… 305
国子祭酒孔颖达…………………………………… 307
其他学士们………………………………………… 314

凌烟阁二十四功臣（文）

尚书右仆射长孙无忌……323
侍中魏徵……329
礼部尚书李孝恭……337
尚书右仆射高士廉……342
尚书左仆射萧瑀……346
泽州刺史长孙顺德……352
刑部尚书张亮……354
民部尚书唐俭……357
洪州都督刘政会……359

凌烟阁二十四功臣（武）

右武候大将军尉迟敬德……363
尚书右仆射李靖……372
镇军大将军段志玄……379
辅国大将军刘弘基……381
洛州都督屈突通……385
陕东道大行台殷开山……392
右骁卫大将军柴绍……394
左骁卫大将军侯君集……397
左武候大将军张公谨……401
镇军大将军程知节……404
兵部尚书李勣……406
左武卫大将军秦琼……413
右骁卫大将军契苾何力……416

太宗一朝宰相多

尚书左仆射裴寂……425

尚书右仆射封德彝…………………………………………… 429
侍中王珪………………………………………………………… 433
中书令温彦博…………………………………………………… 438
侍中刘洎………………………………………………………… 442
中书令马周……………………………………………………… 446
中书令褚遂良…………………………………………………… 448
中书令岑文本…………………………………………………… 455
中书令高季辅…………………………………………………… 459

六部尚书很关键

民部尚书刘文静………………………………………………… 465
吏部尚书杜淹…………………………………………………… 469
民部尚书皇甫无逸……………………………………………… 472
工部尚书李大亮………………………………………………… 473
刑部尚书张行成………………………………………………… 477
吏部尚书戴胄…………………………………………………… 480
礼部尚书陈叔达………………………………………………… 484

贞观明君唐太宗

大唐王朝的开国君主是高祖李渊，但众所周知，无论谋划起兵还是逐鹿群雄，秦王李世民才是中流砥柱；且就治政品德和能力而言，太宗更胜一筹。全面考察，唐太宗李世民确有超乎前后帝王之处，贞观之治的出现并非无本之木、无水之源；谓之"贞观明君"，不算言过其实。至于兵变、逼宫种种，或不得不为，或不可不为：不是为贤者讳，乃是就大众言。

唐太宗李世民

李世民（599—649），唐朝第二位皇帝，唐高祖李渊次子，母太穆皇后窦氏。陇西成纪（今甘肃秦安）人。武德九年（626）即位，在位二十三年。在位期间，知人善任，虚心纳谏，修明法度，消弭、缓和、调和社会矛盾，调整与周边邦国的关系，恢复和发展经济，使大唐帝国政治清明、刑法宽平、社会安定、经济繁荣、百姓生活安定，史称"贞观之治"，与汉代"文景之治"并称治世而称誉古今。

一、龙凤之姿　少年成名

李世民的曾祖父李虎，西魏时赐姓大野氏，官至太尉。由于追随宇文泰开创关中政权，佐周代魏有功，李虎成为著名的"八柱国"之一，地位极为尊荣显贵，死后追封世袭唐国公。这个封号一直延续到李渊，也是唐帝国得名的根据。祖父唐国公李昞，曾任北周安州总管，柱国大将军。

李世民的父亲李渊，年幼就袭封唐国公。他是隋文帝皇后独孤氏的姨侄，与隋炀帝是表兄弟。在隋朝时，李渊历任谯、陇、岐等州刺史，荥阳、楼烦等郡太守，以及殿内少监、卫尉少卿等重要职务，是隋朝皇室倚重的大臣。由于山西地当北方要冲，隋炀帝任他为太原留守，相当于北方大军区的总管。这位总管在战时可以组建军政合一的权力机构，可见隋炀帝对李渊的信任和重视。

李世民的母亲窦氏，本是突厥人，即纥豆陵氏，取其中的"豆"字，谐音汉姓的"窦"。其先世源于西北部族。窦氏是隋朝贵族神武公窦毅的女儿，她聪明能干，善于书法，模仿李渊的笔迹，十分逼真，别人难以辨别。中国古代，有不少皇后擅于模仿皇帝丈夫的笔迹，或者辅佐丈夫，或者架空丈夫。

李世民兄弟五人，哥哥李建成，还有三个弟弟：李玄霸、李元吉、李智云。李玄霸早年夭折，他在民间传说中有"天下第一条好汉"之称。李智云是庶出，李渊晋阳起兵后，李智云被隋朝官吏捕杀，年仅十四。

李世民生于隋文帝开皇十八年（599），得名很有些传奇色彩。据说他四岁那年，有个自称擅长算命的书生，对时任岐州刺史的李渊说："您是贵人，而且有贵子。"（"公贵人也，且有贵子。"）语无伦次的算命先生见到李世民，吓得魂不附体："此人有龙凤般的身姿，有天日般的仪表，年龄到了二十岁，一定能济世安民。"（"龙凤之姿，天日之表，年将二十，必能济世安民矣。"《旧唐书·太宗本纪》）说完便不见了踪影。李渊怕这些话泄露出去引起麻烦，准备杀掉书生灭口，可是追出很远，到底也没有找到。李渊猜想，这家伙大概是神仙化身来启示自己的，便依书生所说"济世安民"的意思，给二公子取名"世民"。

李氏家族祖祖辈辈都是武将，与西北强悍的部族关系密切。家族始终保持尚武的习俗，传统教育也是骑射征战。对于这一点，李世民后来有过回忆。他说："我少时喜好弓箭，骑马射箭的本领非一般人可比。"又说："少年时期，崇尚武艺，而对学业并不怎么用心，也没有理会那些做君王的南面之术。"可见少年时代的李世民不是一个彬彬有礼、安分守己的文弱书生，而是一个强悍骁勇、武艺精湛的陇右豪强式的贵族子弟。

这些回忆是可靠的，李氏家族更像西北蛮族，以尚武为正宗，习武的空闲时间才学习读书写字，背诵些经书的教条。李世民对中国传统文化的掌握，主要是在长期的征战实践中获得的。

李世民天资超常，政治才华出众。说起来隋炀帝的传统文化修养之高远非李世民可比，但李世民在实战中的成就也是隋炀帝难以望其项背的。

李世民十六岁时，与长孙氏家族的女儿结婚。长孙氏是河南洛阳人，也是中国境内的少数民族，其先世出于北魏皇族拓跋氏，因担任过宗室长，故改姓长孙氏。长孙氏的祖父长孙兕，曾担任北周的左将军；父亲长孙晟，是隋朝的右骁卫将军。长孙氏家族与李氏家族一样，都是军事贵族，他们之间的婚姻关系，更多是政治联姻。唐初的宫廷斗争中，长孙氏家族自然站在了秦王李世民一边。在后来的太宗朝廷中，这个家族有着举足轻重的地位。

李世民的妻子长孙氏，虽然出身军事贵族高门，但爱文胜过尚武，自幼就喜好读书，言行举止都要遵循《周礼》的规则。长孙氏尚在幼年，父亲长孙晟就病故了，处境孤单的长孙氏与哥哥长孙无忌，为舅父高士廉抚养长大。高氏是当时的渤海望族，世代在北魏、北齐、隋等朝任要职。高士廉学识渊博，精通文史，很有名望。在这样的家庭熏陶下，兄妹俩也因而喜好舞文弄墨，以博学多才出名。由于长孙氏与李世民的婚姻关系，后来，高士廉和长孙无忌进入唐初枢要，成为李世民的重要助手。

隋炀帝大业十一年（615），李渊调任山西、河东黜陟讨捕大使，家眷也随之搬到了河东（今山西永济）。这年八月，隋炀帝杨广巡视北方边塞时，突然遭到突厥始毕可汗数十万骑兵的袭击。突厥是一个游牧部落，生活在阿尔泰山一带。由于阿尔泰山形似古代叫"兜鍪"的战盔，这种头盔俗称"突厥"，所以也把这个强悍的游牧部落称为"突厥"。隋朝开皇二年（582），突厥分裂成东西两部，始毕可汗统领的是东突厥。

始毕可汗很快攻占了雁门一带四十一座城邑中的三十九座。

隋炀帝被困在雁门孤城里，城中守军加上居民总共不过十五万，粮食也只能维持二十几天。面对如此危急的形势，隋炀帝听从臣下的正确建议，坚守不出，等待救兵。城池被围，无法传递消息，便把勤王诏书绑在木板上，投入汾水，使之顺流南下，相信总会有人捡到并告知官军。

这时，李世民年满十八岁，已经应募入伍，隶属于屯卫将军云定兴部下。隋炀帝的诏书果然为边军获悉，云定兴便率部前往援救。临出发时，李世民对云定兴说："要多携带旗鼓，用来虚设队伍，迷惑敌人。始毕可汗敢率军来围困天子，一定以为国家仓促间派不出援军。如果我方部署队伍，让数十里旗帜相连，夜晚则钲鼓相应，敌人必定会以为救兵云集，望风逃窜。要不然，敌众我寡，敌军全力来战，结果尚未可知。"云定兴听从李世民的建议，安排部队在崞县宿营，只见旌旗飘扬数十里，鼓角远近相闻，声震于天。突厥的侦察骑兵不明就里，以为隋朝援救大军已到，急忙跑回大营报告始毕可汗，始毕可汗信以为真，慌忙撤兵北去。

疑兵化险，这是李世民军旅生涯的第一次成功，显示出其计谋权变非同一般。后来他还复制了这个战例。大业十二年（616），李世民跟随父亲李渊到了太原。这时的李渊，先为太原道安抚大使，后又升为太原留守。有个叫魏刁儿的人，在上谷（治今河北怀来）地方聚众十余万发动起义，自称"历山飞"，所向披靡，官军无法阻挡。魏刁儿的别将甄翟儿，率领一支队伍骚扰太原，杀死隋将潘长文。李渊率领驻军前往征讨，行至西河郡永安县的雀鼠谷，与甄翟儿遭遇。甄翟儿的部众有两万多人，李渊所率的步骑却只有五六千，力量悬殊。李世民父子把部队分为两阵，瘦弱的士兵排列在中间，辎重继后，举着大片的旌旗，战鼓和号角声震天动地，使甄翟儿产生错觉，以为遭遇了官军的大部队。趁着甄翟儿疑惑之时,李渊率领精骑数百,在李世民的配合下,冲散甄翟儿军,全军化险为夷。

这两次规模不大的战斗,均属遭遇战,但它对初出茅庐的李世民意义重大。一方面,证明了李世民确实具有军事天才,在混乱局势下思维缜密,举措得当,行动敏捷;另一方面,勤王救驾,救天子于危难之中,也成了他政治生涯的巨大资本。

二、举义反隋 当者土崩

隋朝末年,政治腐败,民不聊生,各地义军蜂拥而起。年轻的李世民见识宏博,胆量过人,看到隋王朝的混乱局面,认为正是天下豪杰施展抱负之时,也是孕育英雄的时代。在雁门关解救隋炀帝的传奇经历,更使他声名鹊起,身边聚集了许多才俊,晋阳令刘文静就是其中一位。

刘文静与瓦岗军首领李密是儿女亲家,李密起兵造反,牵连到刘文静,被逮捕关在太原的监狱里。李世民去探望他,刘文静说:"天下大乱,需要汉高祖、汉光武帝那样的不世之才。如今皇上(隋炀帝)到南方巡游江淮,李密的瓦岗军逼近东都洛阳,天下骚动,聚众作乱的豪强盗贼数不胜数,草头王、流寇动辄万人。在这种局势下,若有真命天子出现,能够驱使驾驭这些人,夺取天下就易如反掌。就说我们身边,太原百姓为躲避盗贼都搬入城内,我做了几年县令,小有威望,也了解其中的豪杰之士,一旦把他们收拢起来,可得十万人。您父亲唐国公所率领的军队又有几万人,以此兵力乘虚入关,号令天下,不过半年,就可以大功告成。"狱中的刘文静毫不颓丧,仿佛当年的诸葛亮,未出隆中就料定了天下大势。

听了刘文静的一席话,李世民大喜。两个人积极谋划,做出相应的布置,等待时机起事。而要起事,首先需要取得李渊的支持。不过，李渊的真实想法如何，李世民和刘文静却不甚了解。依李渊的本性推断，他与隋文帝杨坚并无不同，都渴望在乱世夺得大宝，追杀算命先生就是很好的例证。但根据平时的言行，他对隋炀帝表现得忠心耿耿，在家里每当说到"陛下"，都要跪下去，诚惶诚恐，仿佛皇上就在面前。李世民猜不透父亲这是真心爱戴皇上呢，还是刻意伪装。

李渊虽然可谓隋炀帝的忠臣，但忠臣也会做与身份不怎么相符的事情。隋炀帝在晋阳（今山西太原）有一座行宫——晋阳宫，行宫里养了不少宫女。隋炀帝来晋阳的时候不多，便叫裴寂在此做宫监，主要就是看守这些宫女，不使地方官或驻军将领染指。但裴寂监守自盗，把一些宫女偷出来献给了李渊。这是杀头灭族的大罪，事情败露的话，不但李渊灭族，裴寂也得陪着上刑场。刘文静利用裴寂的短处，让他向李渊说通关节，进而引见李世民与裴寂结交。李世民拿出自己的几百万私房钱，让龙山令高斌廉与裴寂赌博，故意输钱给他。裴寂见钱眼开，视李世民为知己，由此和李世民往来密切。李世民把自己的意图告诉了裴寂，裴寂许诺劝诱李渊起事。

突厥人侵犯马邑（今山西朔县），李渊派副留守高君雅、马邑太守王仁恭领兵抗击。高、王与突厥交战不利。李渊担心被牵连治罪，李世民认为机会来了，便说："如今主上昏庸无道，百姓困顿贫穷，晋阳城外都成了战场。大人要是恪守小节，下有流寇盗贼，上有严刑峻法，处境很是危险。不如顺应民心，兴起义兵，转祸为福。这是上天授予的时机，机不可失，时不再来！"

李渊任河东讨捕使时，善于占卜天象和相面的副手夏侯端，曾对他说："如今玉床星座摇动，帝座星不安，岁星位居参宿的位置，象征必有真命天子起于晋地。这位真命天子不是您，还能是谁呢？如今皇上猜忌残忍，尤其猜忌姓李的实力人物，李金才已经死了,您不随机应变,早做预防,必然是李金才第二!"当时民间传诵着一首叫《桃李亲》的歌谣,歌词隐晦,意思是姓李的将军将对隋朝不利。隋炀帝怀疑李姓有受命之符,所以无缘无故地杀了右骁卫大将军李金才,连及李氏一家三十余口。到李渊留守太原时,鹰扬府司马许世绪劝说李渊:"您的姓氏应在图谶上,名字应在歌谣里,您手握五郡之兵,身处四面应战之地,起兵举事则可成帝业,端坐不动,则指日可亡!"还有一些人也劝其起兵,李渊心里也有所动。

尽管如此,听了李世民的话,李渊还是想掩饰自己跃跃欲动的心思,他假装大吃一惊:"你怎么说这种话?我现在就把你抓起来向官府告发,把你送到地方监狱,让皇上治你的罪!"说着就取来纸笔,要写状表。李世民也不害怕,继续劝说父亲:"我观察天时人事,已经很清楚了,才敢说这样的话。如果一定要告发我,我也不怕死。"随即做出伏地受死的样子。李渊扔下笔说:"你要小心谨慎行事,这话不要随便乱说!"

第二天,李世民又劝李渊:"如今盗贼日益增多,遍布天下,世人都传说李氏当应验图谶,致使李金才无罪却被灭族。大人剿贼不力,固然要被治罪;若是能把贼寇剿灭干净,那么功高震主,不但无功,我们全家反倒更加危险!只有应时而动,举兵反抗无道昏君,才是万全之策,不要再疑虑了。"李渊叹息说:"我整夜都在考虑你昨天说的话,你说得很是有理。那就听从你的意见,往后,就是家破人亡也由你,变家为国也由你!"父子的试探终于结束,原来大家都是一条心。

果然不出李世民所料,没过几天,隋炀帝以李渊和王仁恭不能抵御突厥的进犯为罪,派使者来,要将他们押往江都(今江苏扬州)问罪。李渊大为恐惧,李世民与裴寂又乘机鼓动说:"如今主上昏聩,国家动乱,为隋朝尽忠没有好处。本来是将佐们出战失利，却要治您的罪。事情已经迫在眉睫。晋阳军队兵强马壮，宫监积蓄的军资财物巨万，以此起兵，还怕不成功吗？关中豪杰蜂起，但都茫茫然不知归属于谁，您要是大张旗鼓地向西进军，招抚他们，使他们归附，取关中就如探囊取物一样容易。为什么要受一个使者的监禁，坐等被杀戮呢？"

李渊秘密布置准备，将要举事。谁知隋炀帝忽然又来了诏令，不再追究李渊的责任。李渊又犹豫了。刘文静急切地对裴寂说："先发制人，后发制于人，您为何不早劝唐公起兵，却推迟拖延不已？等到天下平定，宫女的事必然暴露，那时候，您是难逃一死的。您死也就罢了，却因此误了唐公的大业！我们就不能做到谁也不必送死吗？"裴寂被揭了隐私，极为恐惧，急切催促李渊起兵。

于是，李渊指令刘文静假造隋炀帝的诏令："征发太原、西河、雁门、马邑诸郡二十以上、五十以下丁壮为兵，本年内到涿郡集结，讨伐高句丽。"当时，隋炀帝已经三征高句丽，隋军死伤惨重，人人厌战。因此"诏令"一出，群情激奋，人们宁可造反，也不愿到辽东送死。这是李渊打着隋炀帝的合法旗号，以万民痛恨的"伐辽东"鼓动人心，为自己起兵集结队伍造势。

大业十三年（617）二月，马邑人刘武周起兵，杀太守王仁恭；三月，又联合突厥兵直逼太原。这时，李世民催促父亲快快起兵，说："大人身为留守，而盗贼窃据离宫，如果不早定大计，灾祸不久就要到来了。"于是，李渊以讨伐刘武周为由，召集诸将佐会议，提议自行募兵。监视李渊行动的副留守王威和高君雅，迫于非常形势，只好同意；同时也委婉地提醒李渊，募兵是为了对付刘武周，要跟隋王朝休戚与共，决不可另有图谋。

李渊命令李世民与刘文静、长孙顺德、刘弘基等人各自募兵。远近的百姓投奔汇集，十天之内有近万人应募。这支队伍由李渊、李世民父子控制和直接指挥，成为晋阳起兵的主力军。

　　副留守王威和高君雅眼看募兵云集，整个太原都骚动起来，怀疑李渊有异志，便策划晋祠祈雨大会。晋祠位于太原西南五十里的悬瓮山下，王威、高君雅想把李渊诱骗到那里，加以杀害。这个阴谋恰好被经常出入王、高两家的晋阳乡长刘世龙得知，立即报告了李渊父子。李渊和李世民、刘文静决定先发制人，让李世民率兵埋伏在晋阳宫城的外面，相机而动。

　　五月十五日的早晨，李渊像往常一样，与王威、高君雅坐在一起处理政务，刘文静引着开阳府司马刘政会进来站在厅堂上，声称"有密状，告某人谋反"。李渊故意叫王威先看那份莫须有的密报，刘政会说："告发的就是副留守王威、高君雅，只有唐公才能看。"李渊佯作吃惊："难道有这样的事？"他看了状子，正色道："王威、高君雅勾引突厥，策划入侵，图谋皇上！"高君雅捋起衣袖大骂："杀了我，你们好造反是不是？姓李的叛贼，国家待你不薄！"李世民已经布置军队，控制了局面。高君雅还想争辩，刘文静一声令下，埋伏在后面的长孙顺德、刘弘基等一跃而出，将王、高抓起来投进了监狱。

　　说来也巧，正当李渊宣布王、高勾结突厥谋反的时候，突厥数万骑兵果然入侵太原，李渊命令裴寂等人率兵防守，把各城门都打开，突厥人不知虚实，不敢进入，逡巡而去。由于如此巧合，大家都以为确实是王威、高君雅把突厥人招引来的，李渊便名正言顺地把他俩杀掉，然后传令各地，明令军政首领一律听从唐公指挥。义旗高举，大唐的事业轰轰烈烈地开始了。

三、智取霍邑　力克关中

　　晋阳的南面是西河郡（治今山西汾阳），郡丞高德儒。当李渊传檄至郡的时候，高德儒拒绝了。李渊命令李建成、李世民攻取西河郡。取西河,是李氏父子晋阳起兵后的第一战,胜败很是关键,因而上下十分重视。临行前,李渊对太原令温大雅说:"我儿子年轻,请您参与谋划军事,事情成败,在此一举。"

李建成、李世民带领的士兵都是新近招募的,没有经过训练,但兄弟二人与士兵同甘共苦,遇到敌人则身先士卒。附近道旁的蔬菜瓜果,兵士有偷吃的,立即找物主给予赔偿,但也不责备偷窃者,士兵及百姓们对李氏兄弟都心悦诚服。

唐军到达西河城下,高德儒闭城拒守,但很快就被攻破。抓住高德儒,李世民历数其罪:"你弄一只野鸟冒充凤凰来欺骗君主,诈言'祥瑞',骗取高官,我们兴义兵,正是要诛灭你这样的奸佞小人!"然后将高德儒处死,其余官员一律不杀,还分别抚慰吏民百姓,让他们各复其业。西河首捷,往返仅九天,李渊高兴地说:"像这样用兵,足以横行天下!"于是就定下了直取长安的计划。

此役之后,李渊建大将军府,分设左右三军。封李建成为陇西公、左领军大都督,指挥左三军;封李世民为敦煌公、右领军大都督,指挥右三军。任命裴寂为长史,刘文静为司马,唐俭和温大雅为记室,温大雅参与机密,长孙顺德和刘弘基等为统军。战时军政一体的组织机构初具规模。

大业十三年(617)七月,李渊誓师出征,留三子李元吉守太原,他亲自率领李建成、李世民共三万人马南下。隋朝虎牙郎将宋老生驻霍邑(今山西霍县),以精兵两万阻挡李渊的军队前进。此时正当北方雨季,大雨绵延不止,军粮供应不及,又有流言说突厥乘虚侵袭太原。李渊召集将佐商议向北返回,裴寂等人都说:"宋老生居守险要,不容易很快攻下。太原为一方的都会,而且义兵的家属都在太原,不如返回我们的根据地,待局势有利再筹划出征。"

李渊倾向于同意裴寂的提议。李世民反对说:"宋老生为人轻狂浮躁,一战即可擒住。现在的局势是,李密占据兴洛仓(在河南巩县东北)后舍不得粮仓粟米,顾不上向远方图谋。刘武周和突厥人表面上相互依赖,实际上却互相猜忌。我们本就是兴大义,奋不顾身地拯救百姓,应当先行进入长安,号令天下。现在遇到小敌就要回师,恐怕跟随起义的人一旦解体,退回守卫太原一城之地,我们就沦落成贼寇了,天下人都会得而诛之,自身都不能保全,何谈建立大业!"

李建成赞同李世民的意见,主张继续进兵,彻底击败宋老生。但李渊不听,催促军队撤出战斗,全军返回太原。李世民要进入父亲的营帐劝阻,李渊以夜深已经休息为由拒绝接见,李世民就在帐外号哭。哭声传到帐中,李渊无奈,被迫召见,问他为何哭闹。李世民说:"如今我们举兵是为大义,进军攻战就能取胜,后退就会溃散。到那时,部众溃散在前,敌军追击在后,我们被官军消灭的日子就在眼前啊,怎么能不悲伤?"李渊醒悟,忙说:"军队已经出发,我们怎么办呢?"李世民说:"右军整装,但尚未出发;左军虽然出发,估计还没走远,请让我去追赶他们。"李渊鼓励他说:"随你调度安排!"

李世民和李建成连夜把左军追了回来。过了几天,太原的粮食也运到了,刘武周终于也没有敢进攻太原,危机解除。

八月初,雨停了,李渊决定展开对宋老生的攻势,命令部队晾晒铠甲、器械、行装。李渊率军从山脚下的小路向东南直抵霍邑。李建成、李世民说:"宋老生有勇无谋,我们用轻骑向他挑战,他不会不出战。待他从营垒出来,我们就四处传扬说他已经投降,他害怕被左右奏报,就只能与我军接战。"李渊和几百名骑兵先到霍邑城东面几里的地方等待步兵,李建成、李世民率领数十骑到达城下,举鞭挥旗,做出要布置军队包围城池的样子,并辱骂宋老生。宋老生大怒，率三万人从东门、南门分道出战。李渊派殷开山召集后军，后军集结完成，李渊和李建成在城东列阵，李世民在城南列阵。李渊、李建成与宋老生交战，李世民与段志玄从南原率兵驰马而下，冲击宋老生的军阵，奔袭宋老生军的背后。李渊的兵势振奋起来，就齐声呼喊："抓住宋老生了！"宋老生军心涣散，大败溃退。李渊的兵士迅速抵近城垣，城壕"悬门"收起，宋老生只得"弃马投堑"（下马跳入壕沟），打算拉着绳子上去，结果为刘弘基所杀。天黑之后，李渊下令登城，当时没有攻城器械，将士们奋勇作战，赤膊登城，一举攻下了霍邑。接着，又乘胜攻取了临汾郡（治今山西临汾）和绛郡（治今山西绛县）。

九月，唐军包围了河东。河东是战略要地，关中门户，隋朝骁骑大将军屈突通闭城拒守，攻之不克。

这时，唐军发生了军事策略上的第二次分歧。裴寂说："屈突通拥有大批军队，凭借着坚固的城池，是我军的劲敌，当前应当全力进击屈突通。我们如果弃他而去，转而进攻长安（今陕西西安）又不能攻克，后退就会遇到河东方面的追击，腹背受敌。若先攻下河东，然后挥师西进。长安依恃屈突通为后援，屈突通败了，长安必定不战而破。"李世民反对说："兵贵神速，不能纠缠。我们乘着屡战屡胜的军威，安抚归顺的民众，大张旗鼓地西进，长安守军还来不及谋划决断，更不用说布防。我们取长安就如同秋风扫落叶。如果滞留在此坚城之下，河东不能迅速攻克，长安则有时间加强防御，我们白白浪费时间，就会军心涣散，前功尽弃。况且关中拥兵自重的将领分散在各地，必须尽早将他们招抚来。屈突通守在河东是作茧自缚，不足为虑。"

李渊决定分兵两路，大军渡河入关，重点攻取长安，同时留相当兵力对付屈突通。这一部署很正确，在李世民等与薛举相持期间，李建成、刘文静等率军攻打潼关，最后攻克潼关，屈突通投降，并在后来的统一战争中立下了卓越功勋。

李渊父子率主力部队渡河后，李建成、刘文静等屯守永丰仓和潼关，防备来自东面的敌兵；李世民率统军刘弘基、长孙顺德等数万人略定渭北，包括泾阳、武功诸县。李世民所部军纪良好，他本人又素有名望，各县都是不战而下，主动归附。鄠城尉房玄龄到军中拜谒李世民，二人一见如故。李世民任命房玄龄为记室参军，后来他一直是李世民及唐朝初期的重要谋士。

刘弘基等南渡渭水，驻屯长安故城。李世民则引兵赴司竹园（在今陕西周至司竹乡），收编了李仲文、何潘仁、向善志等所率徒众，驻扎在原秦阿房宫城，号称兵众十三万。接着，李世民派人报告李渊，请即赴长安。李渊命李建成率精兵赴长乐宫，李世民率新附诸军北屯长安故城。

十月，李渊到达长安城外，设营于春明门之西北。二十万大军日夜围困，到十一月，长安落入唐军手中。李渊立隋朝代王杨侑为皇帝，即隋恭帝，改元"义宁"。李渊为假黄钺使持节大都督内外诸军事、尚书令、大丞相，进封唐王，以武德殿为丞相府，独揽军国机务。以李建成为世子，李世民为京兆尹、秦公，李元吉为齐公；以裴寂为丞相府长史，刘文静为司马。

次年三月，李世民改封赵公。两个月后，隋恭帝被迫禅位，李渊即皇帝位于太极殿，国号"唐"，建元"武德"，定都长安。武德元年（618）六月，李世民为尚书令，裴寂为右仆射、知政事，刘文静为纳言。根据传统的嫡长子继承制，立李建成为皇太子，李世民为秦王，李元吉为齐王。由于秦王李世民参与"首义"，且军功显赫，他在新王朝里占据重要的地位。

四、扫荡西秦　薛氏宾从

讨伐薛举、薛仁杲父子的战争，是唐初统一战争的第一次大战役。李世民在这次战役中挂帅，显示出卓越的军事才能。

薛举，汾阳人，侨居金城郡（治今甘肃兰州）。他骁勇果敢，家财豪富，又喜好结交豪杰之士，称雄于西部边地。大业十三年（617）四月，薛举据金城郡起兵，开仓赈贫，自称"西秦霸王"，建元"秦兴"，封长子薛仁杲为齐公，幼子薛仁越为晋公。招集群盗，抢掠官府的牧马，很快就占有了陇右之地，拥有部众达十三万。当年七月称秦帝，立妻子鞠氏为皇后，薛仁杲为皇太子。

薛仁杲果敢有力，善于骑射，有乃父之风，军中号称"万人敌"。但他生性贪婪、残忍、嗜杀成性，更甚于其父。他抓住庾信的儿子庾立，因其不肯投降，便将他立在火上炙烤，然后一点一点地把肉割下来让军士吃。攻下天水后，把当地富人吊起来灌醋，索取金银珠宝。薛举父子又袭击并攻取了门源，收编了唐弼的部众，势力越发壮大，部众号称三十万。

薛氏父子的战略目标与李渊父子相同，都是要在乱世中夺得九鼎，第一步的战略部署都是指向关中。关中本来是薛举的卧榻，如今李渊来酣睡，还像模像样地自称皇帝，建立朝廷，更改国号，这是薛举无法容忍的，两者的对决很快展开。

李渊、李世民父子抢先攻占长安后，薛举父子以十万兵力进逼渭水之滨，包围了扶风郡城，构成了对李渊势力的严重威胁。面对这种情况，李世民挺身而出，率兵在扶风反击薛仁杲，大破薛仁杲军，追击到垅坻才返回。

太子兵败，薛举大为惊慌，知道来自太原的这伙蛮族不好对付，想保命全身，问臣属说："自古有天子投降的事情吗？"黄门侍郎褚亮说："赵佗（南越王）归附汉朝，刘禅（蜀汉后主）侍奉晋室，近代的萧琮（西梁后主）到现在还地位显赫高贵，这种转祸为福的事自古就有。"卫尉卿郝瑗反驳说："陛下不应该说这样的话！褚亮的话荒谬至极。从前汉高祖经过多少次逃亡和失败,蜀汉的先主刘备屡次失去妻室儿子,但他们最后都完成了帝业。陛下怎么能因一次失利,就要做投降的打算呢?"闻听此言,薛举很尴尬,掩饰说:"朕不过拿这话试试你们罢了,你们看朕是会向人投降的人吗?"

这次前哨战的胜利,对于李渊父子来说,意义重大,不仅鼓舞了士气,在关中站稳了脚跟,而且便于向外发展。就在这时,平凉留守张隆、河池太守萧瑀及扶风、汉阳郡相继来降。接着,唐军又取得了巴、蜀之地。李唐的势力延伸到了南方。

薛举企图勾结突厥谋取长安。六月,薛举入侵泾州,纵兵掳掠,直至豳州、岐州一带。刚被封为秦王的李世民,以"西讨元帅"的名义,和刘文静、殷开山等率八总管兵前往抗击。七月,双方对垒于高墌(今陕西长武北)。李世民加深壕沟、加高壁垒,不与薛举交锋。

正当这关键时刻,李世民得了疟疾,卧于军中,只得把指挥大权委托给刘文静和殷开山,并告诫二人:"薛举孤军深入,粮食不多,士卒疲惫,假如他来挑战,你们不要应战。等我的病痊愈后,和你们一起将他打败。"殷开山对刘文静说道:"秦王担心您不能退敌,才说这番话。贼兵听到秦王有病,必然轻视我们,应该显示一下武力以威慑敌人。"于是,他们在高墌西南列阵,仗着人多不加防备。薛举以精锐轻骑从背后包抄掩袭,唐军八总管全部战败,士卒死者十之五六,大将军慕容罗睺、李安远阵亡,高墌城也陷落了。

李世民和残兵退回长安,京师惶然不安,刘文静等人均因此罢官。对这次战败,刘文静等人主动承担了责任,并向朝廷说明秦王卧病没有参与军事。其实这是一种策略,是为了打造李世民"常胜将军"的光辉形象。

薛举获胜,有人建议乘胜直取长安。薛举也完全恢复了信心,准备扫除这批不识相的北方人。但就在东进大军出发前夕,薛举暴病而死,薛仁杲继位。这一番变故,使西秦攻唐的步伐放缓了,唐军获得了恢复进攻能力的机会。

八月,李渊任命李世民为元帅,攻打薛仁杲。九月,唐军临近高墌,坚壁不动。诸位将领请战,李世民说:"我军才打了败仗,士气沮丧,对方因得胜而骄傲,定会轻视我们,不做戒备。我们应当在营垒中耐心等待。骄兵必败,我们可以乘机一仗决胜!"双方相持了六十多天,薛仁杲军粮草殆尽,将领梁胡郎等人率领各自的队伍前来投降。

李世民了解到薛仁杲手下将士有离异之心,便命令行军总管梁实在浅水原扎营,引诱薛仁杲部下来攻。薛仁杲的部将宗罗睺出动全部精锐攻击梁实,梁实坚守住险要不出战。宗罗睺的攻击很是猛烈,李世民估计对方已经疲劳,决定展开进攻。李世民让右武候大将军庞玉在浅水原列阵,宗罗睺合兵进攻庞玉,唐军大队出其不意从浅水原北面出现,李世民亲率几十名骁骑勇猛冲击敌阵。唐军内外奋力拼杀,呼声动地,宗罗睺大败。

薛仁杲在城下列阵,李世民依泾河扎营,两军对峙。此时,薛仁杲手下骁将浑干等到唐军阵前投降,薛仁杲不得不进城拒守。唐军大队相继到达,包围了城池,守城的人纷纷逾城投降。薛仁杲无计可施,只得出城投降,所部精兵一万多,以及男女五万,皆为唐军所有。

此战胜利后,诸将向李世民祝贺,问他战胜强敌的原因:"大王一仗就取得了胜利,骤然舍弃步兵,又没有攻城的用具,轻骑直到城下,众人都认为无法攻克,却很快就取胜了,是什么原因呢?"李世民说:"宗罗睺部下都是陇西人,将领骁勇,士卒彪悍。我出其不意打败了他,杀伤不多。如果迟迟不追击,任他们返回城内,薛仁杲加以抚慰,再派他们作战,我军取胜就不容易了。我军迅速追击,薛军跑散,高墌城空虚,薛仁杲失去了抵抗的时机和力量。这就是我胜利的原因。这叫乘胜追击,压迫穷寇,虽然不合古代兵法,但随机应变,正是孙子兵法的精髓。"众人心悦诚服。

李世民把投降的士兵全部交给薛仁杲兄弟以及宗罗睺、翟长孙等人统领,和他们一起打猎。这些人畏惧李世民的威严,又感谢他的恩德,都愿以死效劳。唐高祖派遣使者对李世民说:"薛举父子杀了我们很多士卒,务必彻底清除他们的同党,以告慰死去的冤魂。"不久前归顺的李密进谏说:"薛举残暴杀害无辜,这正是他灭亡的原因,现在我们收服薛氏的百姓,最好的办法是反薛家之道而行之,对他们加以安抚,使他们诚心归顺。"李世民下令,只杀首恶,其余的人都给予赦免。

秦王李世民凯旋长安,将薛仁杲斩首于街市。李渊下诏以秦王李世民为太尉、使持节、陕东道大行台,蒲州及黄河以北各府的兵马都受秦王节制。

讨伐薛举、薛仁杲父子的这场战役,前后进行了近一年。这次战役的胜利,解除了唐王朝来自西北方面的威胁,消灭了夺取关中的强劲对手。战役获胜后,因在高墌之战中失利被撤职的刘文静出任户部尚书,领陕东道行台左仆射。

五、坚壁挫锐 武周弃城

李世民指挥并取胜的第二次大战役,是平定刘武周。这次战役,从武德二年(619)十一月出征,到第二年四月结束,总共半年时间。战争进行当中,李世民巧妙运用"坚壁挫锐"的方略,使唐军由劣势转为优势,从接连溃败到大获全胜。

刘武周是河间(今属河北)人,迁居马邑(今山西朔县),任马邑鹰扬府校尉。隋炀帝大业十三年(617)二月,与同郡张万岁等杀太守王仁恭，聚众万余人，自称太守。他依附突厥贵族，攻占雁门、楼烦、定襄等郡，突厥封其为"定杨可汗"，准许他以狼头图案旗为行军标志。刘武周自称皇帝，建元"天兴"。在突厥的支持下，南侵山西。他接受大将宋金刚的建议，"入图晋阳，南向以争天下"。

宋金刚原是易州叛军的首领，拥有一万多人马，与另一叛军首领魏刁儿相联结。窦建德进攻魏刁儿的时候，宋金刚前往援救，被窦建德打败，带领残余的四千人马投奔了刘武周。刘武周很器重宋金刚，封他为"宋王"，不仅交予军事大权以及自己财产的一半，还把妹妹嫁给了他。

当时，李渊、李世民正在经营关中，筹划用兵关东、图谋全国，所以山西地面兵力空虚。刘武周任命宋金刚为西南道大行台，领兵两万，并与突厥联络，气势很盛，一时间所向披靡、攻无不克。唐并州总管齐王李元吉抵挡不住，榆次（今山西榆次）被攻陷，太原处于危急之中。宋金刚攻陷平遥、介休（今均属山西），兵势甚锐，李唐统治区域危机四起，李渊忧心忡忡。为了扭转战局，决定派右仆射裴寂任晋州道（治今山西临汾）行军总管，讨伐刘武周，听其相机行事。

裴寂到达介休，宋金刚凭借城池抵抗。裴寂在度索原扎营，宋金刚切断水源，使唐军士兵因干渴而失去战斗力。裴寂想转移营地靠近水源，宋金刚趁机挥兵进攻，唐军溃败，裴寂本人只身逃回晋州。

刘武周前锋进逼太原，齐王李元吉带着妻妾逃回了长安。李唐王朝的发迹地在旦夕之间陷落，李渊哀伤不已。当时，晋阳有强兵数万、储备十几年的粮食。晋阳失陷，李唐对"诸侯"的优势瞬间化为乌有。十月，宋金刚进攻并攻克了浍州和晋州。由于裴寂怯懦，错误地实行焚烧政策，百姓惊恐不安，忧愁抱怨，都想去当强盗，夏县百姓吕崇茂聚众起义，响应刘武周，裴寂去讨伐，竟被吕崇茂打败。消息传到长安，朝野一片震惊。

形势急转直下，唐高祖李渊慌忙颁发手敕，要逃跑以避刘武周："贼势猖狂到如此地步，很难与他们抗争，宜放弃黄河以东地区，谨守关西。"秦王李世民不同意，上表称："太原是王业的基础，国家的根本；河东地区富饶，京城靠它供给，绝不可以放弃。请求陛下给臣三万精兵，必定消灭刘武周，收复汾、晋。"于是，李渊征发关中兵力扩充李世民的部队，让他挂帅讨伐刘武周。

十一月，正值隆冬季节，李世民乘河冰坚实，率军从龙门渡过黄河，驻扎在柏壁（在今山西新绛），与宋金刚对峙。当时黄河以东的州县遭抢劫后，没有粮仓，人人惧怕侵扰，都聚居在城堡里。征集不到物资，军队缺粮严重。李世民果断废除裴寂的各条扰民法令，努力安抚人心。他发布文告晓谕百姓，阐明唐军以爱民为本。百姓听说李世民率军前来，踊跃归顺，然后逐渐征收粮食，军粮因此充足。于是休兵喂马，只以小部队相机抄掠敌军，大军则坚壁不战。

坚壁了一段时间，各位将领不耐烦了，都请求与宋金刚交战。李世民说："宋金刚孤军深入，麾下集中了精兵猛将，刘武周占据太原，依仗宋金刚为屏障。宋金刚的军队没有储备，靠掠夺补充军需，利于速战。我们关门不出，养精蓄锐，可以挫败他们的锐气；同时分兵攻汾州、隰州，骚扰他的心腹之地。他们粮尽无计可施，自然会退军。到那时我们再战，目前不宜速战。"

双方对垒相持五个月后，宋金刚终于因军粮匮乏，不得不后撤。李世民率军追击，至吕州（今山西霍州）追上了宋金刚部将寻相，大败之。又继续追击，一昼夜走了二百多里，打了几十仗。到高壁岭，总管刘弘基等认为士兵饥饿疲惫，应当停留扎营，等兵马粮草都齐备了，然后再进击。李世民说："宋金刚已经穷途末路，军心涣散。机会难得，转瞬即逝，一定要趁此机会消灭他。如果我们停止不前，让他有时间从容布防，又得从头开始，岂不是前功尽弃？"于是催马追击。唐军在雀鼠谷追上宋金刚，一天交锋八次，都打了胜仗，俘斩敌兵数万。

接着，李世民率军赴介休城。这时，宋金刚尚有两万部队，出西门，背城而阵，欲决一死战。李世民命李勣、程知节（程咬金）、秦琼在东，翟长孙、秦武通在南，对宋军进行钳制，他本人则亲率三千虎贲冲其阵后，结果，宋金刚大败而逃。李世民追出几十里，来到张难堡，宋金刚收拾残兵，继续与唐军对抗。

宋金刚手下将领尉迟敬德、寻相等率余部八千来降。敬德是朔州人，武勇善骑，是一位杰出的骑兵将领。李世民得到尉迟敬德，非常高兴，引为右府统军，并让他仍旧统领自己带来的八千旧部。有人担心敬德会叛变。李世民不以为然："过去萧王（刘秀）对人推心置腹，因此部下都能拼命作战。我对敬德也是如此，又有什么值得怀疑。"（"昔萧王推赤心置人腹中，并能毕命，今委任敬德，又何疑也。"《旧唐书·太宗本纪》）

宋金刚溃败，刘武周大为惊恐，便带了百余骑弃太原北走，投奔突厥。宋金刚收拾残部，准备再战，但部众都不肯与唐军作战，于是他也和一百多骑兵逃往突厥。不久，宋金刚打算跑回上谷，被突厥捉回腰斩。

刘武周当初南侵犯唐时，他的内史令范君璋曾规劝说："唐主以一个州的兵力，直取长安，所向无敌，这是上天相助，不是人力所致。晋阳以南，道路狭窄险要，孤军深入，后无援军，假如进军攻战不利，怎么回军？不如北面联合突厥，南面与唐结交，在此一方称王称霸，才是长远之计。"刘武周不听，留范君璋守卫朔州，自己率军南侵。刘武周失败后，流着泪对范君璋说："我没有采纳你的意见，以至于到了现在这种地步。"刘武周策划从突厥逃回马邑，事情泄露被杀。突厥可汗任命范君璋为行台，统领刘武周的余部。

经过半年的艰苦战斗，李世民圆满完成使命，收复了并、汾旧地，消灭了又一个可能与李唐争天下的强大敌人，为巩固初生的唐朝政权立了殊勋。战役结束后，李世民留部将李仲文镇守并州，自己则引军凯旋长安。

六、讨伐世充　包围洛阳

唐初统一战争期间，规模和声势最大的一次战役，是秦王李世民指挥的对王世充以及窦建德的征讨。这次战役历时十个月。

王世充，新丰（今陕西临潼）人。本姓支，祖籍西域。他深目高鼻、卷发，有高加索血统。隋炀帝时任江都郡丞，因镇压朱燮、管崇、孟让等义军，升任江都通守，又击破了格谦的义军。后为瓦岗军所败。大业十四年（618），隋炀帝在江都被禁军将领宇文化及等缢杀后，留守东都（今河南洛阳）的隋朝官员拥戴越王杨侗即皇帝位，改元"皇泰"。授王世充为纳言、郑国公，专擅朝政。

有一次，皇泰小王朝的国子祭酒儒生徐文远出城打柴，被瓦岗军捉住。这位徐文远是瓦岗军首领李密的老师，李密让他南面而坐，自己行弟子拜见之礼。徐文远说："老夫既然受了厚礼，不敢不畅所欲言了。将军的志向是打算像伊尹、霍光那样扶助朝廷于危难之中吗？那样的话，老夫虽然年迈，仍愿意尽力相助。假如将军学步王莽、董卓，乘国家危难谋取私利，那老夫对于将军来说，是没有一点用处的！"李密叩头说道："李密奉朝廷命令，位列上公，希望竭尽有限的能力，挽救国难，这才是李密本来的愿望。"徐文远说："将军是名臣之子（李密父亲李宽为隋朝名将），因为失足才落到今天的地步，如果能趁走得不太远及早回头，仍然不失为忠义之臣。"

不久，在一场内部争斗中，王世充杀了郭文懿、赵长文等重臣，皇泰主杨侗无奈任命王世充为左仆射，总督内外诸军事。王世充从含嘉城搬到尚书省，逐渐联结党羽，恣意横行，作威作福。他让哥哥王世恽为内史令，住在宫内，子弟都掌握兵权，政事全部交给同党主持，势震内外，人们争相趋附。这时，李密再向徐文远请教对策，徐文远说："王世充也是我的弟子，为人残忍狭隘，他目前控制朝廷，必然有野心。将军当前的首要任务是消灭他，不打败王世充，匡扶皇室就无从谈起。"于是李密决定剿灭王世充，再谋后计。

李密与王世充之间的决战全面展开。但由于李密轻敌，听不进裴仁基、魏徵等人的意见，结果大败，部队分崩离析，只好带着忠于自己的两万人马入关降唐，其他将帅大多投向了王世充。击溃瓦岗军以后，杨侗封王世充为太尉、尚书令，总督内外诸军事，又开太尉府，备置官属，王世充的实力更强大了。

起初，王世充对杨侗礼节相当谦敬，但不久便骄横霸道，逐渐凌驾主上。有一次，他在宫中吃了赏赐的食物，回到家里大吐，便怀疑食物被人下了毒，从此以后，王世充就以有人谋害为由，不再上朝拜谒皇帝。杨侗知道王世充最终不会甘当下臣，而自己又无力制服，只能从仓库中取出丝绢，做了许多幡花；又拿出各种衣服玩物，让僧人到处施舍给穷人，以求福运。但王世充让党羽把守宫门，宫里的杂物毫厘也不得拿出去，杨侗这个虚妄的"自救"计划也落空了。王世充还让人进献印玺和宝剑，又说黄河水清了，圣人即将出现——所谓"圣人"，理所当然就是他王世充了。

不久，王世充派段达等人对杨侗说明，请求授予他九锡。九锡，是古代帝王赠给有大功或有权势的诸侯大臣的九种物品，如车马之类。权臣篡位之前，多会先要求皇上赐九锡，这也是历代手握重权、图谋皇位的野心家的共同伎俩。杨侗还想作困兽之斗，他说："郑公新近剿灭了李密的叛乱，已经官拜太尉，待天下平定，再论此事也不晚。"段达坚持说："太尉想加九锡。"杨侗无奈，只得听凭段达等人摆布，于是以皇泰主的名义下诏命王世充为相国，加九锡，假（代掌）黄钺，使他有权征伐四方，总理百官政务；又晋封王世充为郑王，可设置丞相以下官员。

到这一步，夺权已经成为必然。三个多月后，王世充篡夺帝位，国号"郑"，建元"开明"。他将隋皇泰主杨侗关在暗室，一个月后，又将其害死。此时的王世充集团，势力虽然强大，但政权内部矛盾重重，派系斗争激烈。由于王世充性情多疑、残酷多诈，将领没有安全感，时有叛离。名将秦琼、程知节等先后降唐，后来成为李世民属下的骨干力量。貌似不可一世的王世充集团实际上已经危机四伏。

唐高祖李渊攻占西京长安之后，就曾谋划占据东都洛阳。武德元年（618）正月，命李建成为左元帅，李世民为右元帅，督诸军十余万进取东都。唐军进至东都郊外，扎营于芳华苑，但无法攻进城里。此时，唐军尚不具备与王世充打阵地对攻战的实力，更不具备围城困死王世充的时机。李世民提出："我们平定关中不久，根基还不牢固，即使得到东都，也不能守住。"于是引军而还。李世民预料部队撤退时，隋军会追击，就在三王陵设下埋伏。果然，隋将段达率一万多人追来，遇上伏兵，被打得大败。后来，唐朝为了对付薛举父子，调秦王李世民到陇右抗击，也就无暇东顾了。

打败刘武周，解除了东北侧面的威胁，也就是第二次战役结束后不久，唐朝将战争的重点转移到关东地区，准备消灭王世充势力，扫清统一天下的最大障碍。

武德三年（620）七月，高祖下诏命秦王李世民统率诸军攻打王世充。唐军气势磅礴，直驱河南。王世充急忙从各州选拔骁勇，集中到洛阳。李世民到达新安（今河南新安），王世充率军坚守洛阳四城和周围重镇。很快，唐将罗士信率先头部队包围了慈涧，王世充率部前往援救。李世民带轻骑到前线察看军情，突然遭遇王世充的部队。双方人数相差悬殊，道路又很艰险，唐军被团团包围。但李世民并不畏惧，他策马飞奔，接连放箭，敌人应弦而倒，还抓获了其左建威将军。次日，李世民率领五万步兵和骑兵开赴慈涧，王世充退回洛阳，一些州城也纷纷降唐。紧接着，李世民作了重要部署：派遣行军总管史万宝自宜阳南据伊阙之龙门；将军刘德威自太行东围河内；上谷公王君廓自洛口切断东都粮道；怀州总管黄君汉自河阴攻回洛城。同时，李世民亲率主力大军驻扎洛阳北面的北邙山，连营进逼洛阳。这样，构成了对东都的包围圈，断绝其粮食供应，使王世充陷于孤立挨打的境地。

王世充在洛阳城西北的青城宫列阵，李世民也列阵相应。隔着滚滚的河水，王世充对李世民说："隋朝气数早尽，已经灭亡。唐在关中称帝，郑在河南称雄，也算是英雄各得其所。我王世充未曾向西用兵，秦王却忽然率军东来犯郑，我不知道这是为什么？"李世民让宇文士及答复道："普天之下，都敬慕大唐皇帝的声势教化，望风影从，唯独阁下不肯宾服，我们就为此事而来。"王世充说："我们最好息兵讲和，互不侵犯，共享天下太平。"宇文士及又回答："皇帝下诏，命令我们攻取东都，没有命令我们不敢讲和。你如果投降，秦王可保你的性命安全。"

王世充对远道而来围城攻坚的李世民，很有几分不屑。他虽然听说了李世民在关中对薛举的所谓"完胜"，但认为那之前的"完败"更有说服力。李世民侥幸取胜，完全是因为薛举的暴卒。

如果薛举不死，父子及时组织东征，那么现在与他在洛水之阳对垒的，就不会是年轻的李世民了。

九月，唐军陆续控制了东都外围的大多数军事据点，河南许多郡县相继归附，局势对王世充越发不利。

由于唐朝对降将处置失当，已经降唐的原刘武周多数将领，包括寻相等，又叛唐而去。唐军诸将怀疑与寻相一起归顺的尉迟敬德早晚也会叛离，便把他囚禁在军中。行台左仆射屈突通、尚书殷开山向李世民进言："尉迟敬德骁勇绝伦，现在被囚禁，内心必然怨恨，留着恐怕会成后患，不如干脆杀了，以绝后患。"李世民说："不可。敬德如果真要叛离，早就离我们而去，怎么会在寻相之后呢？"下令马上释放尉迟敬德，还把他带入内室，赐予金银。李世民说："男子汉大丈夫，相互之间讲的是意气相投，不要因为一些小事而介意，我不会相信谗言而害了忠良。我们戎马倥偬，战事不断，将军弃暗投明以来，我们关照不周，如果您一定要走，这点财物就算作路费，以表这一段共事之情。"敬德由衷感激，表示绝不会离开秦王。

一天，李世民带五百骑兵巡视战区地形，登上北魏宣武帝陵，被郑军发现，王世充率领一万多步骑将之包围。郑将单雄信持长枪直奔李世民，尉迟敬德立即跳上马，一声断喝，将单雄信刺伤落马，王世充军后退。敬德护卫李世民突围，所向无敌，出入王世充的部队，如入无人之境。随即，唐将屈突通率大军赶到，打退王世充军。这场遭遇战，活捉了王世充的冠军大将军陈智略，斩敌一千多，俘虏六千多，王世充本人只身逃脱。秦王化险为夷，对尉迟敬德说："这么快就得到了您的回报！"

秦王李世民器重尉迟敬德，一在于他的忠诚，二在于他的武艺。尉迟敬德善于避让槊（即长矛），每次单枪匹马冲入敌阵，敌人的槊密集刺来，奈何他不得，他却能夺取敌人的槊回刺过去。齐王李元吉一向以擅长骑术和使矟自负，听说尉迟敬德武艺很精，请求与他较量，一决胜负。秦王同意二人比试，但要求取掉矟刃，以防万一。尉迟敬德说："敬德自当去矟刃，王不必去。"李元吉始终刺不中敬德。秦王问尉迟敬德："夺矟和避矟哪个难？"敬德回答："夺矟难。"于是秦王又命尉迟敬德夺齐王手中的矟。李元吉手持矟跳上马，尉迟敬德三次夺了李元吉的矟。对此，李元吉内心深以为耻。

唐、郑之间的战斗激烈地进行着。唐军谋士运筹帷幄，尽出奇策，积极打击对方。武德四年（621）正月，唐军开展的"黑衣行动"，使敌人遭受惨重的损失。秦王挑选一千多精锐骑兵，全部黑衣黑甲，编为左右两队，分别由秦琼、程知节、尉迟敬德、翟长孙统领。每次作战，李世民都亲自披上黑甲，率领将士作为先锋，勇猛进击，令敌人闻黑衣而丧胆。一次，屈突通和窦轨带兵巡行营屯，突然与王世充遭遇，交战不利。这时，秦王带领黑甲队援救，打败了王世充军的进攻，俘虏、歼灭六千多，其中包括敌方骑将葛彦璋。唐军探知王世充的儿子王玄应率兵数千，从武牢运粮到洛阳，李世民派将军李君羡组织截击，使王玄应的运粮部队遭到毁灭性的打击。

随着战争的发展，李世民将军营移至青城宫。青城宫原为王世充陈兵之所，被迫撤退时大肆破坏防御工事。唐军刚到，壁垒尚未修好，王世充就率两万兵马猛烈反扑，凭借旧马坊的墙垣沟堑展开攻击，唐军诸将大为惊慌。李世民让精骑在北邙山列阵，自己登高观察郑军阵势，对身边的谋士说："王世充的兵力已窘迫了，倾巢而出，想侥幸打一仗。今天打败他，以后他就再也不敢出战了。"李世民命令屈突通率五千步兵过谷水（即今河南渑池县南渑水及其下游涧水，东流至洛阳向西注入洛河）进攻王世充，并告诫说："军队一交锋，立即放烟火发信号。"不一会儿，烟火升起。李世民即带领骑兵向南冲击，身先士卒，与屈突通会合战斗。

为了解王世充军阵兵力分布情况，李世民带领几十名精锐骑兵冲入敌阵，因长堤所限，李世民和所部骑兵走散，唯有将军丘行恭紧紧跟随。数名敌骑追上来，射倒了李世民的坐骑。丘行恭立即掉转马头，射击追赶的郑兵，箭无虚发，追兵不敢向前。丘行恭将自己的坐骑让给秦王，自己步行为秦王开路。他手挥大刀，跳跃着、大喊着奋力斩杀，冲出了王世充军阵，得以回归唐军大队。王世充也率部殊死战斗，军队几次三番被打散后，又重新集合起来继续进攻，从早上战至中午。李世民挥军追击到洛阳城下，俘虏、歼灭了七千人。到此时，唐军完成了对东都洛阳的合围，王世充婴城固守，不敢出战。

七、力排众议　围郑打夏

洛阳城的防御十分严密，大炮能把五十斤重的石头射出三百多米远，八弓弩的箭杆像车辐，箭镞如同巨斧，射程达八百米。唐军四面攻城，昼夜不停，十几天下来，还是不能攻克。唐军将士都疲惫不堪，想回关中休整，总管刘弘基等也请求班师回朝。李世民说："如今大举而来，应当一劳永逸。洛阳以东的各州已望风归附，唯有洛阳一座孤城，其势已不能持久，成功在即，怎么能放弃而回朝？现在回军，已经归附的地方势必又会反复，这种反复的消耗战不是我们的风格。"于是下令全军："洛阳不破，绝不回军！再有胆敢提议班师者，一律斩首。"刘弘基等只得闭口不言。

不但刘弘基，其实唐高祖也曾下密敕让李世民退回关中，待军队休整之后再战。李世民上表说，我军如果撤回休整，那敌军也休整，而且时间比我军多得多。为了说明洛阳一定可以攻克，又派参谋军事封德彝回朝面陈军事形势。封德彝对唐高祖说："王世充占有的地方虽然很多，但大都是名义上的归附，实际号令所能抵达的，不过洛阳一城而已。他已经智尽力穷，克城之日就在近期。"唐高祖听从了李世民的建议，唐军合围洛阳城，围而不打，等待城内自乱。

王世充篡夺皇泰主帝位之初，也想做一个好皇帝。他熟知历史上那些不成器的皇帝的故事，要以他们为借鉴，不但自己是好皇帝，还要给后世的皇帝树立样板。为了显示自己的勤勉，他每天在朝堂孜孜不倦，向文武百官宣讲道德，进行教化。他要改变以前皇帝出行清道戒严的陋习，出宫不带警卫，随便地与市民打招呼闲聊，告诉人们有问题可以直接写折子给他。他要亲民爱民，做一个前无古人的"平民皇帝"。结果不出几天，宫里堆满了各种申请书，根本来不及处理，而且大都是鸡毛蒜皮的邻里纠纷之类，不值得皇帝亲自过问。大臣们也被他的"演讲"搞得昏昏欲睡，渴望趁早结束这简直把人逼疯的"学习运动"。百官厌倦，王世充自己也觉得无趣，好皇帝没有做几天，就悄悄谢幕了。

王世充的"好皇帝"计划夭折，主要原因并非大臣们厌倦，而是战事吃紧。李世民的东征军步步紧逼，洛阳城被围成了铁桶。假如不是这样，或者最后获胜的是他王世充，那他一定要把自己"打造"成中国第一好皇帝。

然而，皇帝毕竟是皇帝，对威胁其地位的活动是绝不宽贷的。裴仁基企图拥立皇泰主杨侗复辟，大将罗士信、豆卢达等叛郑投唐，都被灭族。王世充采用严刑峻法，实行连坐：一人逃跑，全家被杀；一户逃跑，邻里灭族。他还大肆鼓励互相揭发告密，告密在先的，就可以不连坐；邻里亲戚，父子兄弟子侄，都可以通过告密获得自己的豁免。鼓励告密的结果是人人自危，同时也是人人危人，大家互相戒备、互为仇雠，把洛阳变成了人间地狱。早在粮草断绝之前,洛阳就已经失去抵御能力了。

为了防止戍守的将士叛逃,王世充把这些人的家属都驱赶到洛阳做人质。李世民围困洛阳,城中粮绝,居民和士兵把泥土过滤,制成软泥,掺和米糠做成"饼"充饥。军民全部因饥饿全身浮肿,城里横七竖八遍地躺着倒地不起的人,勉强站立的也是摇摇晃晃,连迈步的力气也没有。市民、士兵饥饿,就连朝廷大员也不能幸免,尚书郎卢君业、郭子高等居然都饿死了。尽管如此,王世充仍然固守城池,不肯投降。他在等待窦建德来救。

窦建德,清河漳南(今山东武城)人。农民出身,曾为里长。因助孙安祖作乱,家属遭杀害,遂率部造反,投奔地方豪强首领高士达。高士达死后,他继为领袖,称"将军",拥众十余万。在乐寿(今河北献县)称"长乐王",攻占信都、清河等郡。河间之战,歼灭隋将薛世雄部三万余人,声势大震,随即攻下河北大部郡县。宋城有人得到玄圭,把它献给了窦建德,其部属便说:"这是上天赐给大禹的,现在出现,昭示我们的大王是大禹再世,请将国号改为夏。"于是定国号"夏",窦建德称夏王,建都乐寿,年号"五凤"。五凤二年(619)迁都洺州(今河北永年东南)。

窦建德为人清简,性格豪爽,每次打了胜仗、攻陷城池,得到的物资财产全都分给将士,自己不留。他生活俭朴,很少吃肉,经常以蔬菜下饭。妻子曹氏不穿绫绢做的衣服,宫中役使的奴婢侍妾,总共才十几个人。打败杀死隋炀帝、自立为帝的宇文化及后,获得一千多名隋朝宫女,当即遣散。他大量任用隋朝官员,派遣使节到洛阳朝见皇泰主杨侗,皇泰主正式封他为夏王。窦建德待人宽厚,破河南诸县,俘获唐高祖李渊的同族及姐妹多人,窦建德待之以礼,还让李渊的旧将李勣任原职守黎阳。后来李勣逃归唐军,有人主张杀李勣之父抵罪,他说:"李勣是唐臣,不忘其主，这是忠。再说，就算他有罪，与他的父亲也没有关系。"他曾经和王世充联盟，王世充自立为帝，两人的利益发生冲突，不但联盟破裂，还时常刀兵相见。王世充侵占了窦建德的黎阳，窦建德便攻破殷州报复王世充，双方关系恶化。

唐军逼近洛阳，王世充向窦建德求救，窦建德先是不加理睬，坐观唐、郑相斗。至武德三年（620）十一月，唐强郑衰几乎成为定局，中书侍郎刘彬建议说："天下大乱，唐得关西，郑得河南，夏得河北，形成三足鼎立之势。如今唐起兵攻郑，从秋到冬，唐军日渐增多，郑国地域狭小，唐强郑弱，势必不能支撑。郑灭亡了，夏也不就能独存。如果放弃仇怨，发兵救郑，夏从外袭击，郑自内反攻，一定能打败唐军。唐军退兵后，再观察形势变化，掌握主动。如果郑可取就取郑，合并两国的兵力，趁唐军疲劳，可以夺取天下。"窦建德派人见王世充，答应出师援救，率军渡河南下。次年二月，攻克周桥（在今山东菏泽附近），三月率众西向，驰救洛阳。攻陷荥阳后，水陆并进，很快就抵达成皋（今河南汜水）的东原。窦建德还派使者赴唐军，请求唐军停止进攻洛阳。

李世民召集将佐商议，记室薛收说："王世充拥有江淮及东南丰裕之地，粮食囤积众多，兵员充足，现在只是被我们困在这里，无法动员各地军队及粮草。一旦突围，将十分难治。窦建德亲自统帅大军远道赴援，也会尽出其精锐。如果放他到此，两寇合兵，把河北的粮食运来供给洛阳，那么这场三国鏖兵将转变为持久战，不知什么时候才能结束，统一天下的日子更是遥遥无期了。现在，我们应当分出兵力围困洛阳，加深壕沟，增高壁垒，如果王世充出兵，也不和他交战。秦王亲自率领骁勇精锐，先占据成皋，训练兵马，以逸待劳，乘窦建德尚未站稳脚跟时就将其击败。打败了窦建德，王世充自然也就会败亡。不出二十天，定能捉住两个国君,三国归于一统。"

李世民十分赞赏薛收的计策,但萧瑀、屈突通、封德彝等不同意:"我军疲惫不堪,士气低落。王世充凭借洛阳宫城坚固加强防守,不会很快攻克。窦建德挟得胜之势而来,士气高涨,锐不可当。我军腹背受敌,围郑打援不是好办法,不如撤退保守新安,以便等待时机。"李世民说:"王世充损兵折将,粮食断绝,上下离心,我们不必花气力攻打,可以坐等他败亡。窦建德刚刚打败了孟海公,将领骄傲,但士卒疲惫,我们占据武牢(今河南荥阳西北汜水镇),等于扼住了他的咽喉。他如果冒险作战,我们可以逸待劳打败他;如果他犹豫不决,不来交战,要不了十天半个月,王世充自己就会溃败。破城之后,我军兵力增强,士气自然提高,可以一举打败两个敌人。如果不迅速进军,窦建德进入武牢,周围各城新近归附,必然不能坚守;两敌合力,势力必然强大,怎么会有机可乘呢?我们的计划就这么决定了!"屈突通等又请求先解除洛阳之围,凭借险要观察敌军变化,李世民否决了这项建议。

于是,李世民把军队分为两部分,由屈突通等辅助齐王李元吉围困东都洛阳,自己率领三千五百名骁勇向东奔赴武牢。李世民率部于当日正午时分出发,过北邙,至河阳,取道巩县而去。王世充登上洛阳城墙,望见唐军行动,不知其意图,竟不敢出城交战;而实际上,凭当时的处境,士卒连走路都困难,也确实无力出战,只能听凭李世民在城外将军队东调西迁。

八、俘获建德　收降世充

李世民进入武牢,带领五百名骁骑,到城东二十多里处,观察窦建德的营地。行进中,李世民在沿途留下随行的骑兵,分别让李世勣、程知节、秦琼统领,埋伏在路旁,自己只带四人一同前去。李世民对尉迟敬德说:"我拿着弓箭,你持长枪跟着我,就是来一百万人也奈何不得我们!"离窦建德营地三里处,李世民与窦建德的巡逻兵相遇。巡逻兵以为是唐军的侦察兵,李世民一声大喊:"我是秦王!"随即拉弓搭箭,射死对方一员将领。

窦建德出动五六千骑兵追赶,跟随李世民的人都吓得变了脸色。李世民对随从说:"你们只管在前面走,我和敬德殿后。"他勒住缰绳慢慢走,追兵赶上了就拉弓放箭。不多时,李世民射杀了几个人,敬德杀死十几人。这样,追兵不敢再进逼。埋伏在沿途的李勣等人,也奋力战斗,大败追兵。返回营地后,李世民致函窦建德,劝他退军全师:"王世充曾与您修好,但他背信弃义,你们的交情已经终结。现在王世充的灭亡就在眼前,却花言巧语引诱您,您就率领三军之众,来听命于他,巨额的军费粮饷,白白为别人消耗,实在不是上策。如今和您的前哨相遇,他们不堪一击。我之所以稍挫您的锐气,是希望您能听从善意的劝告,退军返回河北;如果不听,恐怕会后悔莫及。"窦建德置之不理。

窦建德在武牢受到唐军阻挡,不能前进,停留了一个多月。其间,打了几仗都未能取胜,于是军心涣散,人心思归。而唐军接连打胜仗,气势大振。在这种情况下,窦建德的祭酒凌敬建议:"全军舍弃洛阳不救,北渡黄河,攻取怀州、河阳,再跨越太行山,乘虚入上党,略地汾、晋,冲击、抢掠李唐的战略后方,奔赴蒲津。如此,既可以占领河东之地,拓土得众,又将威胁关中,迫使唐军后撤,以解东都洛阳之围。"这是"围魏救赵"战例的翻版。

窦建德准备按凌敬的建议行事,但王世充接连不断派人告急,已经等不及如此漫长的战略运动。王世充的求援使臣王琬、长孙安世,以"申包胥乞秦师"的手段,在窦建德军中日夜哭泣,哀求援救洛阳于旦夕之间。他们还用金玉收买窦建德手下将领,这些将领为了阻挠执行凌敬的计划,都说:"凌敬是个书生,哪里懂得打仗的事！"窦建德对凌敬说："现在大家士气很高，这是上天在帮助我。趁此机会决战，必定能大胜，不能照您的意见办了。"凌敬采取从前李世民劝李渊的相同策略，在窦建德帐篷外喋喋不休，但窦建德不是李渊，他把凌敬拘禁起来，拒绝再听他的"围魏救赵"策略。

窦建德的妻子曹氏颇有见识，她提醒丈夫说："凌敬的谋划是上策。大王趁唐朝空虚，夺取山北并、代、汾、晋等地，再联合突厥从西部攻掠关中，唐军必然回师自救，还用担心郑国的东都之围不解吗？如果在此地停顿不前，磨灭了士气，消耗了财力，恐怕很难取胜。"窦建德说："行军打仗之事，不是女人能懂的。如今王世充处境危急，我弃他而去，是畏惧敌人而背信弃义，不能这么做！"

决战终于展开。武德四年（621）五月一日，秦王李世民渡过黄河，逼近广武，侦察敌情，留下一千多匹马，在河中沙洲放牧，以引诱窦建德，他自己当晚返回武牢。次日，窦建德果然倾巢而出，陈兵汜水，连绵二十里，擂鼓前进，声势赫赫。李世民登上高丘瞭望敌阵，对诸将说："敌人从山东起兵，还没有碰见过强大的对手。如今身涉险境却很喧嚣，逼近城池排列战阵，有轻视我们的意思。我们如果按兵不动，他们的勇气自然就会衰竭，列阵时间一长，士卒饥饿，势必就会自动撤退，那时我们乘机追击，就胜券在握了。我和各位打赌，一过正午，窦建德军就要崩溃了！"

窦建德确实有些轻视唐军。他派出三百骑兵涉过汜水，在离唐营一里的地方停下，然后传话给李世民："请挑选几百名骑兵，双方比比武艺，我和秦王观看取乐。"李世民派王君廓带领两百名长枪手应战，两阵交锋，骤进骤退，不分胜负，各自返回营地。当时，王世充的侄子王琬出使来到窦建德军中，他骑着隋炀帝的青骢马，佩戴新的铠甲和兵器，来到阵前向众人炫耀。李世民说："这真是匹好马！"尉迟敬德请求夺马，李世民制止说："怎么能为一匹马让将军轻涉险地。"敬德不听，和高甑生、梁建方骑马直冲敌阵，活捉王琬，牵着青骢马奔回唐营。

中午时分，窦建德的夏军士卒饥饿疲惫，都坐了下来，争着喝水。窦建德迟疑着想撤退，李世民见状，立即命令宇文士及带三百骑兵，经过窦建德军阵西边往南奔驰，并告诫他："敌人如果不动，就带兵返回，如果敌阵动了，就从东面出击。"宇文士及一到，敌军果然骚动，李世民命令："出击！"这时，放牧黄河滩的战马也已返回，李世民统领轻骑率先猛冲，大军跟随在后，东涉汜水，直扑敌阵。慌乱之中，窦建德很难组织有效抵抗，而唐军所向披靡，在夏军各个阵营奔突驰骋，杀得尘土飞扬、遮天蔽日。窦建德的军队很快被击溃，本人也中了枪，退至牛口渚被俘。李世民斥责窦建德："我们讨伐王世充，与你有什么相干？竟跑到你的领地之外，来与我们交战！"窦建德说："现在我不自己来，恐怕以后还得烦您远途去攻取。"

得胜之后，秦王李世民押着窦建德、王琬、长孙安世、郭士衡等，来到洛阳城下，展示给王世充看。王世充流着泪向窦建德赔罪，使其无辜陷入绝境，请求宽恕。窦建德并不怪罪，他说："唇亡齿寒，我不能在郑亡后独存。今天赴助郑国，急邻舍之难而死，也算死得其所。"这一时刻，两个末路英雄表现出了豪气干云的气概。

王世充召集诸将商议突围，准备南奔襄阳。众将领都说："我们本来指望夏王窦建德援救，如今夏王已经被俘，我们独力突围，谈何容易！就算是突围出去，也无法立足。"诸将已经失去斗志，只等李世民来处分了，要杀要剐都由他。王世充知道大势已去，将领们不愿再战，决定投降。五月九日，王世充身穿素衣,带领郑国的太子、官员及其他两千多人到唐军营门投降。李世民按礼节接受他们的投降,说道:"你总说我是个小孩子,如今见了我这个小孩子,为什么如此恭敬?"王世充唯有叩头谢罪。

战功赫赫的秦王李世民凯旋。在齐王李元吉、李勣等二十五员战将簇拥下,李世民身披黄金甲,威风凛凛。一万匹铁骑在军乐的伴奏下,雷霆般奔驰在长安的宽阔道路上。到达太庙时,李世民献上俘获的王世充、窦建德以及隋皇的车驾、御物,举行仪式祭祀祖先,宣布大功告成。

唐高祖见到王世充,历数他的各项罪行。王世充说:"我的罪固然该杀,但秦王准许我不死。"唐高祖于是下诏赦免王世充,贬为庶人,连同兄弟子侄安置到蜀中居住。同日,在闹市中将窦建德处斩。准备流放蜀地的王世充一行,暂时安置在雍州宫廨房内。在洛阳被王世充所杀的独孤机之子定州刺史独孤修德,带着兄弟来到王世充的关押地,假称有敕令传唤郑王,王世充和兄长王世恽迎出门,被独孤修德等人杀死,子侄们后来也因"谋反"被杀死在前往蜀地的途中。

九、扫除黑闼　宇内安宁

窦建德被杀后,他的旧将刘黑闼挺身而出,要为他复仇。

刘黑闼少时与窦建德为友,隋末参加瓦岗军。瓦岗军失败,他被王世充俘虏,不久率部逃到河北,跟随了窦建德。刘黑闼处事果断、骁勇多谋,很受窦建德器重,封为东汉公。窦建德失败后,他回到漳南故里隐居。他原以为就这样终老田园了,在隋末乱离之世,这样的结果也是很好的。但是窦建德的旧将范愿、董康买、曹湛、高雅贤等来找他,目的一是保护他们自己,二是为窦建德复仇。

原来,窦建德败亡后,唐朝廷残酷杀戮与窦建德有关联的人，窦氏旧将惊恐不安。前几天，唐高祖下令，征召他们几个到长安。范愿等人商量说："王世充听从李世民的花言巧语，说什么只要投降就可以保证人身安全，以洛阳降唐。结果不但本人被灭族，他的将相段达、单雄信等人也都满门抄斩。作为夏王的旧将，我们到了长安，肯定也逃不脱这样的厄运。自大业十年（614）以来，我们这些人身经百战，早就将生死置之度外，在有生之年，应该干一番大事！当年夏王抓住唐高祖的同族及姐妹，把他们奉为贵客，礼送出境，不料唐朝俘获我们的夏王，竟把他杀害了。这样恩将仇报的人，应该受到惩罚。我们都是夏王的亲信，现在不替他报仇，无面目见天下人，更没有面目到地下见夏王！"于是，他们决定起兵反唐。

经过占卜求卦，范愿等人认定一位姓刘的能够带领大家获得成功，便首先去见窦建德的旧将刘雅，想请他担任首领。刘雅不愿意，说："天下刚刚安定，我打算在乡下养老，不想再起兵。"众人对刘雅如此没有骨气很是愤怒，又怕起兵计划泄露，便把他杀了灭口。随后，他们去拜见刘黑闼，刘黑闼欣然从命。精心部署以后，武德四年（621）七月十九日，他们袭击并占领漳南县，宣布起兵反唐。后又筑坛祭奠窦建德，向其亡灵昭告他们起兵的意图。

刘黑闼举兵反唐，立即得到河北窦建德原属地豪强及民众的拥护。原来，李唐政权对待已经投降的夏王地区十分严酷，几乎是赶尽杀绝，不留余地；相较窦建德时期的宽松仁政，李唐政权简直就是秦始皇暴政复现，而李世民恰巧封爵"秦王"。已经偃旗息鼓的窦建德旧部纷纷响应，势力发展很快，一些州县相继陷落，唐廷设置的官吏大批被杀，反唐的火焰大有燎原之势。

刘黑闼攻陷霸县，唐魏州刺史权威、贝州刺史戴元祥战败身亡。刘黑闼重新得到他原来的残部及全部武器装备，拥有两千人马。于是攻陷历亭县，杀唐屯卫将军王行敏。曾在窦建德时期当过深州刺史的崔元逊和几十名同党，埋伏在盖满稻草的车上，直接冲入州府衙门，杀了唐朝任命的深州刺史裴晞，割下首级送给刘黑闼。

刘黑闼攻陷瀛州（治今河北河间），杀唐瀛州刺史卢士睿。兖州人徐圆朗起兵响应。观州老百姓捉住刺史雷德备，以城邑归顺刘黑闼。毛州百姓董灯明等人暴动，杀死刺史赵元恺，杞州人周文举杀死刺史王文矩，都举城响应刘黑闼。

刘黑闼攻陷定州，俘虏唐朝总管李玄通。刘黑闼爱惜其才能，想任命他为大将，李玄通不肯从命。原来的部下送来酒肉，李玄通饮酒舞刀，慷慨陈词，举刀剖腹而死。刘黑闼攻陷冀州，杀唐刺史麹稜。追击唐将李勣等人，杀唐军士卒五千，李勣只身逃跑。

刘黑闼起兵反唐，出乎意料地顺利。其主要原因，是李世民的屠杀政策不得人心，在大屠杀降临之时，人们认为刘黑闼能给他们带来希望。后来太子李建成出兵河北，平定叛乱，才有了怀柔的政策，效果就好得多。玄武门事件之后，李世民再没有实行无限制的屠杀，而改以较为温和的政策管理天下，正是接受了在河北失误的教训。武德五年（622）正月，刘黑闼自称"汉东王"，建元"天造"，定都豪州（今河北永年东南）。窦建德时期的文武官员，全部恢复了原来的职位。刘黑闼的法令行政，全部效法窦建德。

武德五年正月初八，秦王李世民受唐高祖之命，率军进至获嘉（今河南获嘉），开始了唐初统一战争中的最后一个战役。面对唐军的强大攻势，刘黑闼放弃相州（今河南安阳），退守豪州。十四日，李世民收复相州，进入肥乡（今河北肥乡），列阵于豪水附近，逼近刘黑闼军营。

唐幽州总管罗艺（归唐后曾赐李姓），率所部数万人会见李世民，讨伐刘黑闼。刘黑闼闻讯，留兵万人，命范愿守豪州，自己率主力抗击唐军。刘黑闼扎营沙河（今河北沙河境）。唐军善于造势，为了威慑范愿的部队，唐将程名振带数十面大鼓，在豪州城西二里处的河堤上猛擂，连城里的地面都能感到震动。范愿惧怕敌人来攻，惊慌失措，急告刘黑闼，刘黑闼迅速返回豪州，让弟弟刘十善和行台张君立率军一万，在鼓城（今河北晋县）攻打罗艺。双方在徐河（今河北徐水）交战，刘十善、张君立大败，损失八千人。同日，豪水县人李去惑举豪水县城归降唐军，李世民派王君廓率一千五百名骑兵入城据守。二月，刘黑闼回师豪水，途中遭到秦琼的截击，刘黑闼失利。李世民收复邢州（治今河北邢台），罗艺则夺得定、栾、廉、赵四州，抓获刘黑闼的尚书刘希道，遂与秦王会师于豪州。

刘黑闼猛攻豪水县。豪水城的护城河有七十米宽，刘黑闼便在城东北修筑两条甬道，用来攻城。李世民三次带兵援救，均被刘黑闼阻击，无法前进。担心王君廓守不住城池，李世民便召集众将商议对策，行军总管罗士信请求代替王君廓守城。李世民准许，于是登上城南的山顶，用旗语告诉王君廓。王君廓奋力厮杀，突破包围，罗士信率兵二百乘机进入城内。刘黑闼挥军昼夜猛攻，恰逢天降大雪，李世民的救兵无法增援。经过八天苦战，豪水城被攻陷，唐将罗士信被俘。刘黑闼素知罗士信的才干，本不想加害，但罗士信态度强硬，最后将其斩首，当时罗士信年仅二十岁。李世民很快夺回了豪水城。三月，李世民与罗艺在豪水城南扎营，以部分兵力屯于豪水之北。刘黑闼多次挑战，李世民坚壁不战，却派奇兵切断了刘黑闼的运粮道。

李世民与刘黑闼相持六十多天，其间，双方都采取袭扰的策略打击对方。一天，唐将李勣带兵逼近刘黑闼军营。刚刚被刘黑闼封为左仆射的高雅贤，在宴会上喝多了酒，头脑还不清醒，便单枪匹马去追逐李勣，被李勣的部将潘毛刺下马，随从继后赶到，扶高雅贤回营，未到营地就死了。刘黑闼从冀、贝、沧、瀛州运粮，水陆并用，唐将程名振率兵截击，弄沉了运输船，烧毁了运粮车。同样，刘黑闼也偷袭李勣军营，李世民闻讯，带兵突袭刘黑闼的背后，企图进行反包围，结果被刘黑闼包围。尉迟敬德率壮士冲入包围圈，李世民和略阳公李道宗才趁势脱险。

李世民判断刘黑闼军粮将尽，必将决一死战，于是派人在洺水上游筑坝截断河水，准备在交战的适当时机，决堤水淹敌军。刘黑闼率两万步、骑南渡洺水，逼近唐军营寨列阵。李世民率精锐骑兵将刘黑闼骑兵击败，又以铁骑冲踏刘黑闼的步兵阵营。刘黑闼率军拼死力战，自中午战至黄昏，渐渐不支。部将王小胡对刘黑闼说："大势已去，还是赶快逃吧！"刘黑闼和王小胡逃走，其余将士并不知情，继续战斗。唐军看时机已到，决开堤坝，河水顷刻间涌到战场，水深一丈多，刘黑闼的军队大败，一万多人被杀，数千人溺死。刘黑闼和范愿等二百人逃入突厥，太行山以东大部分地区被唐军占据。

刘黑闼随突厥颉利可汗攻占代州（治今山西代县），杀害总管定襄王李大恩。六月，刘黑闼在突厥的支持下，侵犯山东（太行山以东），直逼定州。他的旧部曹湛、董康重新召集兵马响应。九月，刘黑闼再次攻陷瀛州，杀死刺史马匡武。盐州人马君德以盐州城反叛，归附刘黑闼。河北一带的局势再度动荡。

唐高祖任命齐王李元吉为领军大将军、并州大总管，率军进击刘黑闼军。五日，贝州（治今河北武城）刺史许善护与刘黑闼之弟刘十善战于夏津，许善护全军覆没。六日，唐右武候将军桑显和在宴城（今河北束鹿东北旧城）将刘黑闼军击败，而此时唐观州刺史刘会却举城投降了刘黑闼。

淮阳王李道玄率军三万，与刘黑闼军战于下博（今河北深县东南）。由于副将史万宝与李道玄不和，史万宝率主力在后，按兵不动，结果李道玄战败，被斩首。刘黑闼军消灭李道玄后，又击败了史万宝。李道玄死时才十九岁，李世民深为痛惜，说："道玄常跟随我征伐，见我经常深入敌阵，心中羡慕，想要学习我，才致如此的。"

李道玄的败死，使山东唐军极为震骇，唐豪州总管庐江王李瑗弃城西逃，其余州县皆叛离唐军，归附刘黑闼。十日之内，刘黑闼完全收复了旧地，进入豪州。沧州刺史程大罗为刘黑闼所迫，弃城逃走。齐王李元吉畏惧刘黑闼兵强，不敢进兵。高祖诏命太子李建成率军进攻刘黑闼，任陕东道大行台及山东道行军元帅，河南、河北各州均受李建成调度。

太子李建成、齐王李元吉的大军到达昌乐（今山东昌乐），魏徵对太子说："以前打刘黑闼，都把他的将帅列为罪犯，宣布处以死罪，并俘虏他们的妻儿。这次齐王前来，虽有诏书赦免刘黑闼党羽的罪过，但他们都不相信。如今，应当把囚禁和俘虏的人全部放掉，并加以安慰晓谕。这样，刘黑闼的势力就会分崩离析。"太子听从了这个意见。

不久，刘黑闼军粮尽，士卒多有逃跑，有的甚至押着首领投降唐军。刘黑闼怕城中唐军杀出，与李建成大军内外夹击，便乘夜逃遁。行至馆陶（今河北馆陶），因永济桥尚未修好，无法渡河。太子、齐王率大军赶到，刘黑闼让王小胡背河列阵，抗击唐军，自己督促架桥，架成后立即过河。但此时的刘黑闼军已无斗志，呈溃散态势，士兵纷纷放下武器投降。桥不坚固，刚渡过一千余骑，便毁坏了，只有刘黑闼和几百骑兵逃脱。李建成统兵征讨刘黑闼，并没有进行过激烈的战役，各州县几乎是"传檄而定"，刘黑闼军很快失去斗志，土崩瓦解了。

经过长期的战乱，天下人都渴望和平安宁，在战争中起家的军阀大都败落，李唐无可置疑地成为最后的赢家。在这样的形势下，就应该顺应民心，偃旗息鼓，缓和、消弭各种矛盾。李建成采取魏徵的建议，很得民心，所以后来李建成在玄武门之变中被杀，河北百姓最怜悯他，为他鸣冤。

刘黑闼被唐军追赶，日夜奔逃，无法休息。武德六年（623）正月五日，刘黑闼和随行的一百多人逃亡到饶阳（今河北饶阳），十分饥饿、疲惫不堪。刘黑闼任命的饶阳刺史崔元逊出城迎接，并请入城，刘黑闼犹豫不决。崔元逊哭泣着反复请求，刘黑闼看他很诚心的样子，就答应进城休息。又饥又渴的刘黑闼一行正要进餐，车骑都尉诸葛德威带兵来到，将他们逮捕，送给了太子李建成，并举城投降。刘黑闼痛骂叛徒，被斩首在豪州。河北平定，天下归唐。

十、谋断玄武　角逐宫廷

从晋阳起兵到唐朝建立，短短的一年多里，李渊父子齐心合力，共同对敌。李建成与李世民首战西河，分别统率左、右两军，紧密配合，直取长安。然而，在建立政权之后，便发生了分裂，最突出的矛盾是李世民与李建成之间抢夺皇位继承权。

唐高祖即位之初，根据传统的嫡长子继承制，立李建成为太子，这是没有问题的，次子李世民也没有异议。随着李世民立下显赫军功，一方面他本人逐渐产生了觊觎皇位的政治野心，另一方面引起太子李建成的嫉妒，也感受到了来自秦王的威胁。

自晋阳起兵至攻克长安，李建成的战功与李世民不相上下，但定都长安之后，都城这个摊子需要关键人物来留守。根据传统"储君不离都"的规矩，太子需要善加保护，不再轻易冲锋陷阵，李建成就很少建立军功了。李世民军功则显得十分突出。武德元年（618）十一月，讨平薛举父子，唐高祖派李密到豳州（今陕西咸阳彬县）迎接秦王，李密一向自视甚高，即使见到唐高祖李渊也不减傲气，但见到李世民天姿神武、军威严肃，不由得惊讶叹服，私下对秦府将领殷开山说："真是英明的君主啊！不这样的话，怎么能平定天下的祸乱呢？"（"真英主也！不如此，何以定祸乱乎？"《旧唐书·太宗本纪》）可见，这一战役的胜利极大地提高了李世民的声望，"英主"的名声已经不胫而走。

平定王世充时，李世民和秦府记室房玄龄，曾微服拜访道士王远知。王远知装神弄鬼，故作姿态："列位之中有圣人，莫不是秦王驾到了？"（"此中有圣人，得非秦王乎？"）李世民据实相告，道士又说："就要做太平天子了，希望好自珍惜啊。"（"方作太平天子，愿自惜也。"同上）这句话李世民一直记在心里，此时他已经萌生做"太平天子"的念头。

唐初统一战争的决定性胜利，使秦王李世民威望骤增。武德四年（621）七月，他返回长安，身披黄金甲，后面跟随着二十五名威震天下的大将，铁骑万匹，军乐鼓吹，盛极一时。十月，唐高祖给秦王加号"天策上将"、陕东道大行台，位在王公之上，天策府可自置官属，计有长史、司马各一人，从事中郎二人，军咨祭酒二人，典签四人，主簿二人，录事二人，记室参军事二人，功、仓、兵、骑、铠、士六曹参军各二人，参军事六人。

对此，太子的东宫集团感受到了严重的威胁。武德五年（622）十一月，刘黑闼起兵反唐，太子中允加太子洗马魏徵向李建成建议："秦王功盖天下，殿下只是因为排行的原因位在东宫，到目前还没有卓越的军功威服海内。现在刘黑闼以残存势力起兵，也就是几千人，钱、粮都很缺乏，如果以大军征讨，无异于摧枯拉朽。这是殿下树立军功、确立威望的好机会，还能乘机结纳山东豪杰，巩固太子的地位。"

这时，秦王征讨刘黑闼已经陷入胶着状态，刘黑闼屡仆屡起，山东各地也叛降不定。李建成要求出征，剿灭刘黑闼，唐高祖也马上批准了。过去每次重大战役，都是李世民挂帅，如今改换李建成，任陕东道大行台及山东道行军元帅，河南、河北诸州受其节制。唐高祖的用意也很明显，就是想压抑日益强大的秦王府，以加强东宫的实力、地位。

唐高祖的三个儿子，各自拥兵，构成三大集团势力，即太子东宫、秦王府、齐王府。在太子与秦王的争斗中，齐王李元吉的归属十分关键，他加盟哪一方，就会加强其力量，从而呈现二比一的形势。结果是东宫和齐王府联合起来，共同对付秦王府，这对秦王府造成了严重的威胁。平定刘黑闼之前，李世民和李元吉并无矛盾。自从李元吉跟随李建成讨伐刘黑闼，很快就被拉拢了过去。李元吉性情豪爽，勇猛有力，在统一战争中也立过战功，但骄逸放纵，名声欠佳。李建成是太子，因而认为投靠这位大哥对自己更有利。

由于东宫与齐王府联合，秦王府处于不利的地位。武德六年（623）下半年，李世民屯守并州，再也没有从前那样显赫的军功了。年底回长安，又遭到了冷落与排挤。李元吉曾经劝李建成除掉李世民，甚至自告奋勇要为大哥杀了二哥。在李世民随父皇来到齐王府邸时，李元吉主张派刺客暗杀，但李建成认为这会使父皇伤心，极力制止，李元吉只好作罢，愤愤地说："我这是为你考虑，秦王死与不死，与我有什么相干！"

秦王府和东宫之间，各自采取种种手段打击对方，壮大自己。无论是在后宫、外朝还是在地方，几乎都分为两派：一派支持李建成，一派支持李世民。唐高祖李渊的态度倒是明确的：既然坚持嫡长制，那就要维护李建成的皇太子地位，不准许李世民染指。但他试图摆平三个儿子之间的关系，对李建成与李元吉某些暗算李世民的不轨行为，也加以制止。

武德五年（622）以前，因李世民军功卓著，秦王府远比东宫和齐王府威风。但在后来的三年多时间里，李世民既无新的战功，又屡遭兄弟的倾轧，秦王府逐渐处于劣势。就军事实力而言，东宫加上齐王府，要比秦王府强大许多。李建成与李元吉私募骁勇，多达数千人，而李世民府中的勇士仅有八百余人。从政治影响来看，李建成是皇太子，唐高祖外出时，总是由他留守京师。妃嫔、大臣以及各地都督，依附于东宫的相对多一些。

形势不利，李世民及秦王府僚属都深怀忧惧。房玄龄主张策动政变，率先夺权。这个见解完全符合李世民的心意。据说，李世民曾与灵州大都督李靖商量，李靖表示不同意；又和行军总管李勣商量，李勣也反对。二李主张后发制人，待李建成打上门来再收拾他们，这叫名正言顺、师出有名。房玄龄、长孙无忌和杜如晦等认为，只有果断地先发制人，才能转危为安。他们三人密谋策划，商定诛杀太子和齐王的手段、步骤。李建成觉察了秦王不轨的苗头，经唐高祖的同意，将房、杜逐出秦王府，长孙无忌便与舅父高士廉以及秦王府将领侯君集、尉迟敬德等继续进行策划，夺权之战紧锣密鼓。

武德九年（626）夏天，突厥数万骑兵入塞侵边。按过去的惯例，应该由李世民督军抵御。这次李建成提议李元吉和罗艺出征，目的在于防止李世民掌握兵权。李元吉故意要秦府将领尉迟敬德、程知节、段志玄和秦琼等一道去，想借此机会把秦王府精兵转到自己手里，然后伺机除掉李世民。

李世民与长孙无忌、高士廉、尉迟敬德、侯君集、张公谨等商量，大家一致认为，形势危急，祸在朝夕，唯一的出路是先下手为强，不能再犹豫了。李世民面对即将发生的骨肉相残的局面，考虑得当然要比别人多一些。他并非犹豫不决，而是要保证胜算，不出一点纰漏。他找了不少幕僚商量，还秘密召回房玄龄和杜如晦商量发动政变。房、杜虽然早就主张占据先手，但并不同意实行血腥的杀戮手段，他们主张，最严厉的处置，也就是把太子和齐王贬为庶人，并流放边地。李世民勃然大怒，竟然要尉迟敬德拿他们先开刀。

秦王府决定在玄武门设兵伏击李建成和李元吉。玄武门即宫城北门，是中央禁卫部队屯守之所。当时负责门卫的将领是常何。常何曾在武德五年跟随李建成讨平刘黑闼，但已被秦王李世民收买。李世民还收买了玄武门的其他一些将领，如敬君弘、吕世衡等。在京师整体力量对比中处于劣势的李世民，在关键的玄武门地区，却拥有绝对优势。

六月三日，李世民完成了政变部署，便向父皇密奏太子与齐王"淫乱"后宫，并企图谋害自己。他说："我对哥哥、弟弟没有任何过失，我实在想不出他们为什么要谋害我，很可能是为王世充、窦建德报仇吧？我很快就要被他们杀害了，不能再侍奉您老人家，但我到了阴曹地府，也不愿见王、窦等贼子。"说李建成和李元吉要为王世充等人报仇，显然不合情理，但李世民的本意并不在此，他是在向唐高祖强调自己在唐帝国建立过程中的功勋，也等于向唐高祖宣布，大唐的建立也没您老人家什么事，是到交权的时候了。听了秦王的"密报"，唐高祖不禁愕然，决定第二天召开特别会议，邀请几位核心大臣参加，要太子、秦王、齐王前来对质。他要借这次会议，彻底解决弟兄之间的矛盾冲突。

六月四日，唐高祖李渊召集裴寂、萧瑀、陈叔达等人到会，为使会议不那么紧张，特地选择在游船上进行。三个儿子来到之前，唐高祖和大臣们一直在太极宫中"泛舟海池"。他们没有预料到事态的严重性，当然更不清楚李世民已经通过常何的关系，率领长孙无忌、尉迟敬德、侯君集、张公谨、刘师立、公孙武达、独孤彦云、杜君绰、郑仁泰、李孟尝等十人伏兵于玄武门。

后宫张婕妤探知李世民的动静，立刻报告了李建成。李建成找李元吉商量，李元吉主张动员府兵，李建成说京城戒备严密，秦王不会有什么作为，不妨觐见父皇，当面揭发秦王的阴谋。李建成早就对京城的军事力量做了准备，而且旧属常何在玄武门，不会发生问题。所以，李建成并未采取必要的应急措施，就与李元吉一道入朝。行至临湖殿，才觉察出情况不对，正想拔马回东宫，李世民一箭射死了李建成。尉迟敬德带领七十骑奔驰而来，射杀了李元吉。

得知玄武门发生事变，太子和齐王被困，东宫与齐王府精兵两千人，结阵猛攻玄武门。由于张公谨闭关，不得进入。原来，屯守玄武门的一些将士采取观望态度，认为"事未可知，暂且观变"。但玄武门屯营将领敬君弘早已被李世民收买，这时奋不顾身、英勇作战。正当战斗激烈进行的时候，经与李世民之妻长孙氏筹划，长孙氏的舅舅高士廉率领家丁吏卒，还有监狱的囚徒，急忙赶到，与秦王合并一处，玄武门始终掌握在李世民手里。

东宫、齐王府的部队攻玄武门不下，转攻秦王府，秦王府震恐。就兵力而言，李世民的兵力处绝对劣势，而且将领大多集中在玄武门，秦王府虽有房玄龄、杜如晦等守卫，毕竟力量单薄，万一失守，全局皆输。这时，尉迟敬德提着李建成和李元吉的首级，展示在东宫、齐王府将士面前。那些将士看到主人已经死难，再无斗志，纷纷溃散。

战斗临近尾声，李世民令尉迟敬德向唐高祖报告。敬德全副武装，手握利刃，突然来到唐高祖李渊身边，请求（实际是命令）书写手敕，宣布军队归秦王指挥。唐高祖慌忙问裴寂等怎么办，在尉迟敬德兵刃的威逼下，萧瑀、陈叔达进言："建成、元吉，最初的举义大计，本来就没有参与谋划；建国以来，也没有什么军功美德，往往自己心怀担忧，互相勾结作恶，兄弟之间闹得不可开交，才有了今天的事情。秦王功劳卓著，天下归心，若是立为太子，让他主持朝政，陛下既可以卸下重担，天下百姓也会得到好处。"（"建成、元吉，义旗草创之际，并不预谋；建立已来，又无功德，常自怀忧，相济为恶，衅起萧墙，遂有今日之事。秦王功盖天下，率土归心，若处以元良，委之国务，陛下如释重负，苍生自然乂安。"《旧唐书·高祖二十二子传》）唐高祖只好同意，并写了"手敕"，命令所有军队一律听从秦王的处置；同时，派黄门侍郎裴矩到东宫晓谕诸将士。东宫、齐王府知道大势已去，更知道秦王对于失败者的狠毒手段，于是纷纷逃离长安，隐藏到外地。事变最终平息了下来。

六月七日，唐高祖下诏立李世民为皇太子。诏文说："皇太子世民夙禀生知，识量明允，文德武功，平一宇内。朕付托得人，义同释负。自今以后，军机兵仗仓粮，凡厥庶政，事无大小，悉委皇太子断决，然后闻奏。"《唐大诏令集》卷三十）这就表明李世民实际上开始执政了。

过了几天，唐高祖提出："朕当加尊号为太上皇。"表示出要早些退位的意愿。八月，正式传位于太子。李世民即位于东宫显德殿。次年正月，改元"贞观"，大唐帝国开始了"贞观之治"的新时期。

十一、不拘一格　选才东宫

唐太宗李世民刚执政时，形势十分复杂，问题堆积如山，但由于政策、策略正确，局势迅速稳定，为"贞观之治"的形成奠定了坚实基础。

第一，妥善处理政变后的遗留问题。

玄武门事变以后，东宫、齐王府余党纷纷逃亡。对于东宫和齐王府的敌对势力,李世民实行高压政策。李建成的五个儿子和李元吉的五个儿子,株连被杀,两个兄弟被灭了门。高祖李渊眼看着自己十个少年、幼年的孙子被杀,却不能施救,心中的悲凉可想而知,这也是他想提前传位的原因之一。原秦王府诸将还建议诛杀李建成、李元吉的部属百余人,并抄家灭族。尉迟敬德坚决反对,他说:"有罪的只是太子、齐王,二人已死,如果打击面扩大到身边许多人,不利于安定团结。"

唐太宗李世民同意尉迟敬德的意见,下诏:"凶逆之罪,止于建成、元吉,其余党羽,一概不问。"就是只问建成、元吉之罪,其余的人一律不涉及。诏令虽下,一些地方并未认真执行。太子和齐王余党隐姓埋名躲在民间,仍不敢出头。那些企图侥幸获名得利的,争相到官府告密,以求封赏。李世民根据谏议大夫王珪的建议,于七月下令重申:"六月四日以前,事连东宫及齐王,十七日前连李瑗者,并不得相告言,违者反坐。"制止民间举报太子和齐王的余党,违反者治罪。采取这些宽大政策,最大限度地消除了敌对情绪,争取了多数,稳定了人心。

唐太宗还对东宫府属中的杰出人才加以提拔任用。李建成曾延揽一批骁勇的武将,这些人忠心事主,很讲义气。如将领薛万彻,带兵攻玄武门和秦王府,失败后与数十骑逃亡终南山。唐太宗派人请他回来,说他忠于自己的主上,这不是罪过。又如东宫翊卫车骑将军冯立,李建成被杀后,他不肯放弃抵抗,叹道:"生时享受他的恩惠,现在他死了,我决不逃亡!"率兵攻打玄武门,杀死屯营将军敬君弘。如今他前来请罪,唐太宗就好言抚慰,授以左屯卫中郎将。冯立很感激,说要以死报答皇上的宽宏大量。唐太宗的政策有效地促进了原东宫党羽的转化。

对于东宫府属中的能臣,唐太宗同样加以重用,甚至引为知己。例如,召回流放边地的东宫官属王珪、韦挺,授以谏议大夫之职，留在身边任顾问。原太子洗马魏徵的例子尤其突出。

玄武门之变不久，太子党人纷纷逃亡，魏徵却不为所动。有一天，唐太宗严厉责问他："你为何要离间我们的兄弟关系？"在场官员个个危惧战栗，魏徵从容对答："太子如果能听从我的建议，肯定不会有现在这样的灾祸！"太宗转怒为喜，倍加器重，封他为詹事主簿，后改任谏议大夫，直至丞相。贞观六年（632），在九成宫丹霄楼的赏月夜宴上，太宗饮酒微醉，出言坦荡："魏徵，从前是朕的仇敌，但他尽忠主上这一点是值得特别嘉奖的。正因如此，朕能在群臣中擢用他。朕的做法跟古人相比，也不逊色。"他这是以齐桓公和管仲的故事作比。确实，唐太宗任用魏徵，是中国历史上的一段佳话，齐桓公和管仲，唐太宗和魏徵，可谓明君和贤臣知遇的典范。

为了消除玄武门之变在封建伦理道德方面的不良影响，唐太宗特地追封李建成为息王，谥曰"隐"；李元吉为海陵王，谥曰"刺"。这样，既可以申明玄武门之变的正义性，又能表白唐太宗的仁爱之心。以礼改葬那天，唐太宗在千秋殿西边宜秋门痛哭致哀，并以皇子赵王李福为李建成后嗣。

礼葬隐太子前夕，魏徵从山东返回京城，升任尚书右丞兼谏议大夫；王珪也升为黄门侍郎。他们联名上表说："臣等昔受命太上皇，委质东宫，出入龙楼，垂将一纪。前宫结衅宗社，得罪人神，臣等不能死亡，甘从夷戮，负其罪戾，置录周行，徒竭生涯，将何上报？陛下德光四海，道冠前王，陟风有感，追怀棠棣，明社稷之大义，申骨肉之深恩，卜葬二王，远期有日。臣等永惟畴昔，忝曰旧臣，丧君有君，虽展事君之礼；宿草将列，未申送往之哀。瞻望九原，义深凡百，望于葬日，送至墓所。"（《贞观政要·论忠义》）

这是一篇感情真切而富于策略的奏章。首先肯定李建成"结衅宗社，得罪人神"，他的被杀是理所当然的；同时颂扬唐太宗"明社稷之大义，申骨肉之深恩"，以礼改葬二王。接着，从封建礼仪角度陈述自己作为太子旧属请求前来送葬的道理。没有煽动东宫旧属的怨恨情绪，反而从道义上弥补了骨肉相残所留下的伤痕。因此，唐太宗欣然答应，命令原东宫、齐王府僚属统统前往送葬。通过隆重的礼葬活动，原来十分激烈的秦府王与东宫、齐王府之间的矛盾，就这样消除了。

第二，采取措施安定山东（崤山以东）地区的局势。

李世民与李建成为争夺皇位，各自都推行结纳山东豪杰的方针。李建成开始得早，收效也大一些。平定刘黑闼时，李建成根据魏徵的建议，对俘虏全部开释，并发给路费，因此百姓心悦诚服。对比李世民征讨刘黑闼时的残酷镇压，人们自然对李建成有所好感。此后，李建成利用自己在河北地区的威望，积极培植地方势力。二人被杀的消息传来，在山东豪杰中，试图趁唐廷内讧兴兵作乱的，大有人在。还有一些分裂势力进行谋反活动，如贞观元年（627）九月幽州都督王君廓叛乱。再加上太子党羽逃至关东，倘若互相勾结，势必构成严重的隐患。

面对这种情况，唐太宗先派有相当影响的大将屈突通为陕东道行台左仆射，镇抚洛阳。这显然是估计到关东地区的形势而作出的紧急部署，以防止可能发生的叛乱。随后又及时地选派魏徵宣慰山东。

魏徵本是山东人，生于襄国郡钜鹿县。家境孤贫，通晓策术。遭隋末之乱，伪装成道士躲进深山。他在李密的瓦岗军里典掌过书记，曾先后十次向李密献计，表现了他的奇谋深策。后随李密降唐，在京师久不见知，请求解职回家，不久被窦建德俘虏，任为起居舍人。窦建德失败，魏徵投奔李建成，很受器重，曾提出"结纳山东豪杰"的方针。魏徵和山东、河北两地各种社会势力有着密切的联系。玄武门之变后一个月，唐太宗封魏徵为谏议大夫，请他去安抚河北地区，赋予他"便宜行事"的权力。

魏徵到达磁州，恰好遇着地方官要把前东宫、齐王府官属李志安、李思行等解送京师。魏徵跟副使商量说："对东宫、齐王府的人，皇上有诏令，一律不再追问。现在却把李思行等押送京师，这会使人不自安。我们做主把他们放了，太子和齐王的旧部也就安心归顺了。"于是，魏徵把这些人就地释放。这一措施，不仅体现了唐太宗的宽大政策，有利于消除逃亡者的疑虑，更重要的是，使唐太宗在河北地区树立"信义"，以争取山东豪杰的广泛支持。唐太宗赞赏魏徵的这次"便宜行事"，对他更加信任。

唐太宗初即位，下诏免除关东赋税一年。男女老幼欢欣鼓舞，喜笑颜开，竟至于歌舞庆祝。但不久又变卦，重新颁布敕令，说："已役已纳，并遣输纳，明年总为准折。"就是说，已经完成的赋税徭役，不退还。关东地区百姓大失所望。这时，正在宣慰山东的魏徵立即上书，强调指出："陛下初膺大宝，亿兆观德。始发大号，便有二言，生八表之疑心，失四时之大信。如国有倒悬之急，犹必不可为，况以泰山之安而辄行此事？为陛下为计者，于财利则小益，于德义则大损。臣诚智识浅短，窃为陛下惜之。"魏徵以为，皇帝一言既出，不可反悔，即使国家穷得揭不开锅，也不能把已经舍出去的粮食再要回来。魏徵的慷慨陈词，使太宗震惊，只得收回成命。

李唐皇室出于关陇贵族集团，而要实现全国范围的统治，不能不任用山东即东部地区的人士。广大的东部地区既是人才荟萃之地，又是当时财政命脉所在。"山东人物之所，河北蚕绵之乡。"可见其地位是何等重要。玄武门之变后，唐太宗一直留心物色山东之人，用来稳定其地局势，魏徵与崔仁师就是其中的杰出代表。魏徵宣慰山东前夕，曾向太宗指出："不示至公，祸不可解。"就是说，如果失之"至公"，山东之人就会产生怨恨，甚至结群思乱，天下就难以太平。对此，唐太宗心领神会，因此立即请魏徵"安喻河北"。

就关中人和山东人的习性等，唐太宗曾在殿堂上大发议论，言语中很有褒贬之意。殿中侍御史张行成跪奏说："臣听说天子以四海为一家，不应该对国民此疆彼界地说长道短……如果这样的话，就会给人心胸不够宏大宽广的印象。"（"臣闻天子以四海为家，不当以东西为限……若如是，则示人隘陋。"《旧唐书·张行成传》）这话深深打动了太宗的心弦。张行成是定州义丰（今河北安国）人，少年时师事著名经学家刘炫，后在王世充那里当过度支尚书，与山东各种势力联系广泛。唐太宗说过："古今皇帝用人，都是有人推荐的，而张行成，却是我自己发现的，朕很以为自豪。"为什么如此器重、让他参议大政呢？原因就在于张行成的意见反映了山东豪杰的愿望。

值得注意的是，唐太宗所拔擢的山东人士，往往并非士族高门，而是普通的微族寒门。例如，魏徵是小族之家，境况孤贫；崔仁师是破落户；张行成先世无名望；张亮以农为业，家境寒贱；戴胄出身低微；马周是个寒士。因为这些人大多经历了隋末战乱，跟山东地区人物联系密切，熟悉民间的情况，所以唐太宗利用他们，迅速地稳定了山东、河北地区的局势。

第三，审慎调整最高决策集团。

唐高祖时，先后有十二位宰相，几乎都是皇亲元勋或者是贵族、士族。其中最受重用的首推裴寂。裴寂是蒲州桑泉人，与李渊友谊颇深，参与起兵密谋，建立"佐命之勋"，在武德朝崇贵无比。然而，李世民与他历来就有矛盾。在皇位争夺中，裴寂公开袒护李建成，而太宗好友刘文静也死于他的谗毁。唐太宗认为裴寂的身份、作为，也就是个佞幸之臣，因而曾当面斥责："武德年间政治缺失太多,总根子就在您老先生!"

唐太宗开始不动声色地处理裴寂问题。从表面看,裴寂仍旧受到尊重甚至重用,贞观元年(627),封裴寂采邑一千五百户,在所有功臣中位居第一,但实际上剥夺了预议政事的实权,此时的裴寂几乎成了"寓公"。贞观三年(629),发生沙门法雅案件。据查,裴寂和心怀"怨望"的法雅有牵连,于是被免官,削食邑之半,放归本乡安置。裴寂依仗自己是先皇老臣,乞求让他留住京师,拖延不走。唐太宗大怒,以长安令王文楷发遣不力为由,笞三十。板子打的是王文楷的屁股,其实是在打裴寂的脸面。

不久,有人扬言"裴公有天子之分"。裴寂惶惧,却不敢向皇帝报告,唆使他人把说话者杀了灭口。事情败露后,唐太宗宣布裴寂的四大罪状:第一条,"位为三公而与妖人法雅亲密";第二条,"负气愤怒,称国家有天下,是我所谋";第三条,"妖人言其有天子之分,匿而不奏";第四条,"阴行杀戮以灭口"。最后说:"朕完全可以杀了你,你的罪行已经很严重了,处死刑是应该的。但法官们主张流放,朕就听大家的吧!"于是把他流放到静州。处置裴寂,显示了唐太宗在处理人事问题上的转变:不再用严酷的方式消灭政敌或者自己不喜欢的人。

对于武德时宰相中支持自己的,如陈叔达、萧瑀和宇文士及等,唐太宗的安排既合理,又有人情味。这三位分别出身于陈朝皇族、梁朝皇族及北周宗室。他们虽然衷心拥护秦王,是唐太宗的心腹之臣,但随着形势的改变,尤其是国家由战时体制转为经济建设体制,他们的思想方式难以与皇上的思路合拍,当年的核心集团中人成为改革和建设的阻力,应该退出领导岗位了。唐太宗即位后,就逐渐把他们从宰相的职位上调换下来,另作妥善的安置。

唐太宗整顿决策集团的关键,在于把秦王府旧属和亲信,包括从东宫争取过来的杰出人才,提拔到最重要的岗位上,并鼓励他们积极地去治理国事。

武德九年(626)六月,李世民刚立为皇太子,就以宇文士及为太子詹事,长孙无忌、杜如晦为左庶子,高士廉、房玄龄为右庶子,尉迟敬德为左卫率,程知节为右卫率,虞世南为中书舍人,褚亮为舍人,姚思廉为洗马。这样就组成了以自己为首的决策机构。除宇文士及外,长孙无忌和高士廉是亲戚,其他都是秦王府武将或"十八学士",而且大多在玄武门事变中作出过贡献。

同年七月,以高士廉为侍中,宇文士及为中书令,萧瑀为左仆射,封德彝为右仆射,长孙无忌为吏部尚书,杜如晦为兵部尚书。这就为李世民正式即位做了组织上的必要准备。贞观元年(627),封德彝去世后,长孙无忌补为右仆射。贞观二年(628)正月,长孙无忌自动辞职,杜如晦检校侍中、摄吏部尚书,李靖检校中书令。同年十二月,又把原东宫旧属王珪提拔到相位上来。贞观三年(629)二月,以房玄龄为尚书左仆射,杜如晦为尚书右仆射,李靖为兵部尚书,魏徵守秘书监,参与朝政。经过几年的调整,唐太宗完成了最高决策集团的重建工作。

十二、知人善任　举贤授能

唐太宗的英明,不但表现在他自身的聪明睿智,更在于他的知人、用人。唐太宗总结自己的用人经验,曾说过一段非常深刻的话:"人主的用人之道,实在不简单。自己认为贤能的人,未必就是好的;相反,大家都说他不行,这个人也未必就一无是处。所以,用人有一个悖论:有才能的人,人主却没有察举出来,这叫失才;而用了却发现他有更多的不才,这叫错认才。关键在于,对人才要各尽其用。人无全才,人主用其所长,避其所短。"

用人首先要知人,而真正知人是不容易的。唐太宗对辅佐大臣的认识恰当，评价中肯，可以说他能够知人。他说长孙无忌善于决断疑难问题，办法多而且谋划得快，但不善于带兵打仗；高士廉知识广博，悟性超群，危难时刻意志坚定，为官不结党，但缺少犯颜直谏的勇气。这都切中了两人的性格特点。人有才能，就要举用。举用之后，发现劣迹，不得姑息，必须斥退。一个人是真贤还是假贤，是完全贤还是部分贤，只有举用之后也就是在使用中，才能确切了解。对此，魏徵强调："对人的了解，自古就是最难的事情，所以要坚持对官员进行考察评估，及时调整他们的任职。"

用人之难，难在善任。而要使任人各得其所，必须掌握"才有长短，不必兼通"的道理。唐太宗即位之初，令封德彝荐举贤才，可他很长时间也没有推荐一个人。唐太宗质问原因，封德彝答道："不是我不尽心竭力，而是现在天下没有很优秀的人才。"唐太宗驳斥道："君子用人如用器物，应当各取其长处。古时候国家达到大治的，难道从别的时代去借人才吗？应当怪自己不能识别人才，怎么能诽谤同时代的人不才呢？"他晚年还强调："人不可能全知全能，所以朕常常告诫自己，要扬长避短。"

唐太宗在用人过程中，总是遵循"扬长避短"的方针，他任用房玄龄、杜如晦、戴胄等人，就是明证。房、杜不善于处理杂务琐事，但多谋善断，唐太宗扬长避短，充分发挥其相才，二人都成为青史留名的贤相。房玄龄用人也是如此，他不求全责备，也不用自己的长处去衡量别人，总是按照才能的高低或功绩的大小来录用，不嫌弃出身低微的人，唐太宗十分信任他。杜如晦充分发挥"剖断如流"的长处，与房玄龄默契配合，共掌朝政，中央的组织规模、法令制度、礼仪等，都由他们二人制定，深得时人的称赞，誉二人为"房谋杜断"。戴胄不通经史，太宗利用他性格忠直、秉公办事的长处，任为大理寺少卿。戴胄处事干练，案无滞留，敢于犯颜执法，能纠正皇上的量刑过失，使太宗发出了"法有所失，公能正之"的赞语。

唐太宗即位以后，百废待兴，为了克服当时的种种困难，进而大治天下，需要选拔和使用大批人才。唐太宗采取措施广开才路，不拘一格选拔人才。其选人用人，有这样一些特点：

其一，士庶并举。魏、晋实行九品中正制，在世袭贵族中遴选官员，形成士族垄断政权的局面；而许多贤才大才，往往出自庶民。仅仅在贵族中选拔人才，等于丢掉了天下人才的一大半。唐太宗力避前朝用人之失，采取士庶并举的方针。早在藩府时，他就注意物色有才能的庶族地主房玄龄、张亮、侯君集等人，同时也信任士族地主高士廉、长孙无忌、杜如晦等。即位后，继续实行这样的人才政策，王珪、韦挺、魏徵、马周就是庶民朝臣的杰出代表。他还扩大科举制，让更多有才能的人进入国家政治生活。

其二，官民同位。贞观三年（629）四月，唐太宗下诏说："普通人家的人，只要文武才能出众，或者言行忠谨，能够承担事务，就可以推荐到各级官府任职，得与官人同申。"就是说，推荐和任职的待遇与在职官员相同。马周本是"山东布衣"，在州里教书时，屡遭地方官斥责，被迫辞职；在各处流浪，又受到县令侮辱。住在驿舍中，驿舍主事人见他衣衫褴褛，也是颇为冷落。贞观三年（629），唐太宗下诏让官员们议论国家大事，提出建议。当时，马周在中郎将常何家里作客。常何是个武将，没读过书，提不出什么建议，马周就替他写了二十条建议。唐太宗看了常何的奏章，十分惊讶：常何识字不多，怎能写出这么好的奏章，所提建议又如此卓然可采？询问之后，才知道是常何的朋友马周替他写的。唐太宗立刻召见马周，马周一时未到，太宗竟坐立不安，一连四次派人去催。交谈之后，发现马周确有治国之才，就任命他做了监察御史。后来又任命他做中书令，主持朝廷大政。

其三，新故共用。唐太宗的用人标准是贤能，只要贤能，不管故旧还是新进，都一视同仁。原秦王府的心腹之臣如房玄龄、杜如晦、长孙无忌、高士廉等，他是非常信任的；而对隐太子李建成属下的有识之士，即所谓"昔仇"，他也加以重用。玄武门之变以后，魏徵成了阶下囚。唐太宗看重魏徵的才能，从治国大局出发，对他日渐亲重，让他进入宫禁，询问政治得失，授谏议大夫，又擢升为侍中，不到七年时间，魏徵由仇虏而位极人臣。魏徵也不负唐太宗厚望，忠正秉直，极言切谏，把臣子辅佐人主的义务发挥到了极致。唐太宗说："魏徵遇事随时规谏纠正，许多事情都切中我的过失，就像明洁的镜子照见自己的形体一样，美或丑都无所隐藏。"

唐太宗对亲故也是重视贤能，庸才低能者不用。他常说："君主一定要大公无私，才能使天下人心服。官员不论大小，都应当选用贤才。不应该按关系的远近、资格的深浅，来决定官职的大小。"唐太宗的叔父淮安王李神通，对被列为一等大臣的房玄龄、长孙无忌、杜如晦等很不服气，对太宗说："太原起兵的时候，臣第一个响应，赴汤蹈火、不辞辛苦。房、杜不过舞文弄墨，从来没有冲锋陷阵，功劳没有我大，官职却比我高。这实在不公平！"唐太宗听后，就把李神通过去怎样被窦建德打败、全军覆没，后来又败给刘黑闼、仓皇逃跑的事实，一件一件地摆出来，说："叔父是国家的至亲，我怎么能不信任呢？但是，治理国家不能以私废公！"李神通无言以对。还有一些将领，是秦王时期的老部下，太宗当了皇帝，他们没能高升，很不满意，吵吵嚷嚷地说："我们这些人多年来鞍前马后，出生入死，今天反倒不如李建成手下的人！"太宗说："选拔人才，不能分新旧、先后,新人贤明,旧人愚笨,我只能用新人,不能用旧人。"

其四,汉夷兼用。唐太宗在用人上还有一个特点,就是既重视汉族的能臣名将,也不歧视夷族,对夷族名将也倾心信用,这是十分难得的。他根据夷将的功勋与智勇,分任朝廷高级将领与地方都督之职。如突厥人阿史那社尔以智勇闻名,深为太宗器重。贞观十四年(640)出征高昌,唐太宗以他为交河道行军总管;战争结束后,唐太宗夸奖他廉正,赐给他从高昌得来的宝刀及各色彩绸一千丈。铁勒酋长契苾何力内附后,唐太宗授职左领军将军。贞观九年平吐谷浑,赤水源一战,唐将薛万均、薛万彻破围,兄弟二人均中枪,随从骑兵死伤十之六七。契苾何力率数百骑前往援救,拼命厮杀,薛氏兄弟才得免一死。后唐太宗擢升他为北门宿卫。

由于唐太宗广开才路,吸引和任用了不少精英,形成了唐初贤人在位众多的局面。贞观一代,人才济济。图画于凌烟阁的二十四位功臣,就是其中的佼佼者,他们是:长孙无忌、房玄龄、杜如晦、魏徵、尉迟敬德、李孝恭、高士廉、李靖、萧瑀、段志宏、刘弘基、屈突通、殷开山、柴绍、长孙顺德、张亮、侯君集、张公谨、程知节、虞世南、刘政会、唐俭、李勣、秦琼。唐太宗经常去凌烟阁观看画像,以表示对这些英才的赏识和纪念。此外,唐太宗器重的,还有著名的文学之士,如姚思廉、陆德明、孔颖达、颜师古等;有卓越的书法家和画家,如欧阳询、褚遂良、阎立德、阎立本等。这些谋臣猛将、文人学士,都为贞观之治贡献了自己的才干。

人才选拔和任用之后,还要考虑如何充分调动其积极性,使他们忠心耿耿、终生不渝。在这方面,唐太宗做得也相当成功。

首先,信任贤才,用则不疑。君主多有用人多疑、疑而又用的问题,从而使君臣之间不能相互信任。唐太宗深知君主多疑的害处，吸取前人教训，对大臣采取"洞然不疑"的态度。萧瑀以自己不受重用，嫉妒房玄龄，诬告房玄龄搞朋党，对主上不忠，还预言房玄龄一定会谋反，只是等时机成熟。唐太宗严厉批驳了萧瑀的诽谤。一次，有人密报长孙无忌职位过高，荣宠过度，太宗把密报给长孙无忌看，并说："朕对你毫不怀疑，假如心里装着各种传闻又不明说，则君臣的想法便有所不通。"

其次，用人司职，各负其责。唐太宗在即位之初，召素有贤名的景州录事参军张玄素进宫，咨问为政之道。张玄素说："隋朝皇帝好自作主张，独自处理日常政务，而不委任给群臣；群臣内心恐惧，只知道秉承旨意加以执行，没有人敢违命不遵。然而，以一个人的智力决断天下事务，即使聪明睿智，乖谬失误之处也在所难免，加上臣下谄谀，皇上受蒙蔽，国家还能不亡？陛下谨慎选择群臣，根据才具让他们各司其事，自己就可以拱手安坐，清和静穆，考察他们的成败得失，实施相应赏罚，天下自能大治！"唐太宗赞赏张玄素的建议，并能够身体力行，付诸实施。

贞观四年（630）的一天，唐太宗问房玄龄、萧瑀："隋文帝作为一代君主怎么样？"两人回答说："文帝勤于治理朝政，临朝听政，有时要到日落西山，五品以上官员，围坐论事，卫士传送餐饭。虽然品性算不上仁厚，亦可称为励精图治的君主。"唐太宗不赞同此论，说："你们只知其一，未知其二。你们赞扬欣赏他的，正是他的失误之处。文帝不精明却自以为精明，由于'精明'就喜欢'洞察一切'，这在人主叫做'苛察'，是最为忌讳的。不精明则上下不通，苛察则多有疑心，凡事自行决定，不信任群臣。天下如此之大，日理万机，费心劳神，难道处理每件事情都能切中？群臣既已得知主上的意见，便只有无条件接受，即使主上出现过失，也无人敢于谏诤，所以到第二代隋朝就灭亡了。朕则不是这样。选拔天下贤能之士，分别充任文武百官，让他们考虑天下大事,汇总到宰相那里,深思熟虑,然后上奏到朕这里。有功则行赏,有罪即处罚,谁还敢不尽心竭力各司职守?"这番谈话,可以看作唐太宗实行张玄素建议的一次总结,结论是:圣明的君主一定是用别人的大脑来思考,把许多聪明的大脑集中起来。唐太宗就是一位善于集思广益的英明君主。

再次,斥退小人,杜绝谗邪。要使贤能之士尽职尽责,充分发挥聪明才智,疏远、排斥小人是非常重要的。有一次,唐太宗对魏徵说:"因官职而去选择人才,不可仓促行事。任用一位君子,则众位君子都会来到;任用一位小人,则其他小人竞相引进。"他把用小人比作"养恶草","养恶草对好谷子有害"。

唐太宗引用北齐、隋朝的历史教训,说明群小之徒诽谤君子、谗害贤臣,给国家造成的极大危害。他说:"说人坏话的邪佞小人,都是国家的害虫。他们有的人花言巧语,阿谀奉承,互相勾结,结党营私;如果国君昏庸,就会被这些小人迷惑,忠臣孝子就要为此含冤受罪了。斛律明月是齐朝的良将,威震敌国。北周每年冬天都要砸破汾河上的封冰,就是担心他率兵西渡来进攻。斛律明月被祖孝徵谗言构罪遭杀害,北周开始侵略北齐。高颎是隋朝宰相,很有治理国家的才能,帮助隋文帝完成霸业,执掌朝政二十多年,天下依靠他得到安宁。隋文帝偏听妇人之言,一味排斥他。到后来他被炀帝杀害,隋朝的法制政令也就从此衰败。隋太子杨勇统率军队,代理朝政,本来就有储君的名分。杨素欺骗文帝,残害良善,离间父子之情,祸乱的根源就从这里开始了。隋文帝已经混淆了嫡子和庶子的名分,结果自己招来杀身之祸,国家不久就覆亡了。朕常常防微杜渐,以此禁绝谗言构罪的发生,可朕仍然担心还没有尽心尽力,或者还不能觉察它的苗头。"

为了防止奸佞小人对贤能之士的谗害,唐太宗决定对诽谤、诬陷者"以谗人之罪论之",即对诽谤者实行"反坐"。贞观三年

(629)，监察御史陈师合上《拔士论》，诽谤房玄龄、杜如晦，说他们思虑有限，图谋罢黜二人的宰相职位。唐太宗对房、杜的长处和缺点了如指掌，断定陈师合是"妄事诽谤"，便对他采取法律制裁，流放到岭外。贤能之士毕竟不是神，有时也会有小的错误和过失。居心叵测的人往往抓住不放，借机诽谤。对此，唐太宗态度十分明朗，总是保护贤能之士。比如魏徵、温彦博，在处理政务过程中曾有过失，有人据此弹劾，太宗置之不理，依旧信用他们，使之安心任事。

十三、科举取士　关注民生

贞观初年，有一次，唐太宗想亲自看看考试进士的情况。发榜那天，他带着几个内侍，来到考试进士的端门前，看见许多新考取的进士，排成长长的一队，整整齐齐，鱼贯而入。唐太宗非常高兴，对身边内侍说："天下英雄，入吾彀中矣！"彀指箭的射程，他这是说：天下的人才全都落到我的手中，为我所用了。他觉得，对于选拔人才，提高官员素质，乃至提高国民文化水平，科举制度确实具有很大作用。

所谓"科举"，就是由朝廷设立许多科目，通过分科考试，推举、选拔政府的各级官吏。科举制度创立于隋文帝时期，隋炀帝发扬光大，把它由临时改为定制。到唐朝，经过唐太宗的大力改革，科举制度更加完备。

唐朝的科举考试科目很多，其中进士科和明经科最受重视。明经科主要考儒家经典的记忆理解，进士科主要考诗赋策论的写作。进士科的前途看好，所以当时的读书人都愿意考进士科。考进士科录取很难，一般百人中只能录取一二人，因而人们比之于"登龙门"。"三十老明经，五十少进士"，进士比明经难考，三十岁考中明经科已经很老了，五十岁考中进士还算年轻。

考中进士，就取得了做官的资格，但需经过吏部考试，才能正式"授缺"。这个考试叫"选试"。选试内容有四项：一是"身"，相貌外表要端正，没有明显的生理缺陷；二是"言"，吐字要清楚，说话有条理；三是"书"，字要写得端正美观，符合行文规范；四是"制"，要具有审定文字的能力。

考中进士，叫做"及第"。武则天的时候，皇帝还在宫殿上亲自出题考试。因而有人把进士称作"天子门生"，意思是由皇帝亲自考取的。由于进士很难考，为了达到目的，应考的举子便在考前和考试期间想出种种办法进行活动。有的到处拜谒公卿，送礼物、献文章，希图得到赏识，好向主考官推荐。有的跑到官僚的车马前跪献文章，表示自己的诚意，这叫"求知己"。有的把自己的文章工工整整地写成卷轴，献给达官贵人或者名流学者，请他们推荐给主考官，这叫"行卷"。行卷往往决定阅读者印象的好坏，所以举子们都十分用心。这也促使读书人在应考前认真提高自己的文学修养，努力创作高水平的作品，从而对唐代文学的发展起了推动作用。

实行科举制度，官吏的选拔和任用都由中央决定，这就加强了中央政府的权力，有利于国家的统一。与此同时，科举也使大批出身寒微的读书人，有机会进入政府机构。像家世毫无名气的李义府，曾经写诗干谒："上林如许树，不借一枝栖。"（《咏鸟》）这是说上林苑有许多树，没有一枝可以让自己停留。唐太宗回答说："我将整棵大树都借给你，哪里只是一枝啊！"后来，李义府通过科举考试，进入上层社会，最后做了宰相。

科举使全国的读书人站在同一起跑线上，不承认考生的阶级差别，不考虑他们的身份和财产，消弭了一切鸿沟，人人机会均等，一以成绩定终身，这是当时世界上最公平的选拔制度。科举制度延续了一千五百多年，对于稳定国家政权、提高全民族文化水平发挥了重大作用。科举制度还传播到东亚其他国家，而周边国家的读书人宁愿参加中国的科举考试，在中国任职晋升。科举制度在17世纪为欧洲人所采用，改造为以英国为代表的"文官制度"，流布全世界，成为宪政国家整体的核心部件。这是中国文化对世界政治文明的杰出贡献。

唐太宗曾对侍臣说："凡事都必须致力于根本。国家以人民为根本，人民以穿衣吃饭为根本，凡经营衣食，以不失时为根本。要不失时，只有不苛烦百姓。如果战争不断，营建不停，就无法不占用农时。"

有一年，京城天旱，蝗虫大量滋生。唐太宗到禁苑中去视察庄稼，捧起几个蝗虫祝告说："粮食是百姓的生命，你吃了粮食，是坑害百姓。百姓有过错，责任在朕一人，你如果有灵性，只该吃朕的心，不要伤害百姓。"祝告完毕，就要吞下蝗虫，左右的人急忙劝阻："吃下去怕要生病。"唐太宗说："我正是希望灾难转移到朕身上的。"就把蝗虫吞了。后人看到这一情节，总以为唐太宗是在作秀，这就是对他的误解了。作为皇帝，他衷心希望全国无难无灾，在灾难真的降临、人力已无能为力时，他宁可求助于神灵虚妄。从这一点说，唐太宗确实有古仁人之心，与孟子说的"仁君"标准很接近了。

唐太宗对黄门侍郎王珪说："隋文帝开皇十四年，关中大旱，很多百姓饥饿困乏。当时国家的粮仓堆得满满的，但不允许开仓救济，却命令百姓逃荒到有粮食的地方去'就食'。隋文帝不爱惜百姓却爱惜仓库，竟到了这种地步。隋文帝晚年，国家储积的粮食总量，可以供给全国军民食用五六十年。隋炀帝正是以这样的财富作资本，豪华奢侈，荒淫无道，结果导致灭亡。隋炀帝丧失国家，他本人固然罪不可赦，但隋文帝聚财而不用财，任凭国人饥饿却不肯拯救，空虚天下以充实自己，对隋亡也应该承担不小的责任。凡是治理国家，务必蓄积于民，而不在于装满朝廷的仓库。古人说：'天下不足，君孰与足？'意思是说：如果百姓的用度不够，国君的用度又怎么会够？仓库的储粮能够防备荒年即可，此外何必劳烦储蓄？"

唐太宗做事重视顺应民心。他曾说："自古以来，帝王凡是要兴建工程，必须重视顺应民心。大禹开凿九山，疏通九江，耗费人力非常巨大，却没有人痛恨埋怨，就是因为民众愿意这样做。治水，代表了广大民众的根本利益。秦始皇营造宫室，历代人们都指责批评，因为那是为了满足私欲，与民心相背。"唐太宗还说："帝王习惯于骄奢淫逸，百姓恐惧于劳累疲敝。孔子说：'己所不欲，勿施于人。'劳累疲敝的事，不能施加给百姓。朕居于帝王尊位，富有天下，处理事情必须设身处地，节制自己的欲望，不做百姓不希望做的事情。"

唐太宗用生动的比喻，论述了对天下百姓实行仁义的重要。他说："树林茂密鸟就栖息，水面宽阔鱼就游动，仁义积聚百姓自然归顺。人们都知道畏惧躲避灾害，但如果灾害根本就不发生，不是更好吗？实行仁义，灾害就不会产生了。仁义之道，应当记在心里，经常使它继续发展。如有片刻松懈怠慢，离仁义就远了。仁义犹如人的饮食，饮食供养身体，才能够保存生命。仁义缺失的话，国家也就危险了。"

顺应民心，包括不夺民之所愿。长孙皇后要为唐太宗寻觅温良恭俭让的女子，让她们"关关雎鸠"地生很多优秀的王子。隋朝通事舍人郑仁基的女儿十六七岁，容貌美丽，堪称绝代佳人。长孙皇后寻访到之后，决定把她留在后宫。皇后不嫉妒，如此贤达，唐太宗大喜，决定封郑女为"充华"，从速召来。诏书已发，魏徵听说这女子早已许配士人陆爽，就急忙进宫见皇上，说："陛下作为百姓的父母，抚爱百姓，应以百姓的忧虑为忧，以百姓的欢乐为乐。自古以来，有道德的君主，都把百姓的心愿作为自己的心愿，所以君主住楼台亭榭，就要想到百姓应有房屋安身；君主吃美味佳肴，就要想到百姓应该没有饥寒交迫的担忧；君主眷顾妃嫔之时，就要想到百姓也有娶妻成家的欢乐。这是君主应当经常想到的道理。如今郑仁基的女儿，明明已经许配别人，陛下要聘娶，却没有询问是否已有婚约在先。此事传播出去，深恐它会损害圣上的美德。"唐太宗听了魏徵的话，非常吃惊，深自责备，停止派遣册封的使者，下令把郑氏女送还给其未婚夫。

左仆射房玄龄、中书令温彦博、礼部尚书王珪、御史大夫韦挺一干人，觉得这件事弄得皇上挺没面子的。再说，皇帝富有四海，理论上说，天下所有适龄妇女，除了直系血亲，都可能是皇帝的妻妾，皇帝要召幸其中一个，魏徵还有这许多啰唆！于是起来为皇帝打圆场："说郑氏女已经许配陆家，没有确切证据，册封的礼仪既已举行，就不可中途停止。"陆爽本人也上表说："我的父亲在世时，曾与郑家来往，有时互相馈赠资财，但并没有明确婚姻关系。外人不知道实际情况，看我们两家来往密切，才有这样的说法。"

唐太宗很是狐疑，就跟魏徵商量："群臣有可能看朕喜欢那女子，溜须拍马说瞎话，但当事人陆爽这样分辩，就可能真的没有婚约。朕还是娶了那个小丫头吧？"魏徵说："陆爽的心思我知道，他把陛下等同于太上皇了。"唐太宗询问何故，魏徵说："太上皇刚平定京城的时候，宠爱了辛处俭的妻子。辛处俭老大不高兴，说了些很过分的话，比如他说：'皇帝什么嗜好，夺人家的老婆。他有那么多佳丽藏在后宫，我却只有一个老婆，真是损不足以奉有余！'辛处俭当时任太子舍人。太上皇将他调出东宫，去做万年县令。辛处俭从此常怀恐惧，担心头颅不保。陆爽认为陛下今天虽然宽容了他，但担心以后会遭谴贬官，所以才再三自我表白。"唐太宗于是发出诏书说："郑氏之女，已经接受别人礼聘，朕先前发出诏书的时候，对此事没有详细审查，这是朕的不是，也是有关官署的过失。授充华的诏书应停止执行。"如此一来，人们纷纷称赞皇帝的宽容大度。

唐太宗亲身参与了推翻隋朝的斗争，亲眼看到强大的隋王朝被造反的瓦岗军等农民起义军推翻，教训历历在目。当了皇帝，他总是不忘隋朝的为政得失，作为自己的鉴戒。他经常对儿子说："一个皇帝，要是按正道办事，百姓就拥护他；如果不行正道，百姓就推翻他，这实在可怕啊！"他又说："水能载舟，亦能覆舟。百姓好比是水，皇帝好比是船。"

十四、农为邦本　本固邦宁

唐太宗即位后，曾主持开展过一次关于"自古理政得失"的辩论。这次辩论的目的是希望找到一条实现"天下大治"的途径。大乱之后究竟能否大治？看法很不一样，持怀疑态度的不少。连唐太宗也发出"今大乱之后其难治乎"的感叹，对于"致治"缺乏信心。魏徵满怀信心地说："大乱后容易施行教化，这就像饥饿的孩子容易喂养。如果皇上能够广施教化，臣僚尽心竭力，上下同心，经过战乱的国民都会积极响应，不出一个月，就能初见成效。三年成功，都算是很晚了。"

封德彝等人不以为然，引证历史，说夏、商、周三代以后，人心渐渐变坏，一代不如一代。所以秦朝专用法律，汉朝杂用霸道，秦、汉皇帝并非主动舍弃教化，而是没有办法才实行法治的，因为百姓根本就不可能教化了。封德彝直言斥责魏徵："魏徵书生，不识时务，如果听他的胡言乱语，国家就会破败不可收拾！"但唐太宗采纳魏徵的建议，做出了"大治"天下的决策。

天下如何大治？唐太宗和魏徵认为，必须抚民以静。也就是安定民心，不去骚扰，使民众各安其业，国家不干预百姓的生产生活，尽可能不发布文告诏令，最好是让百姓忘记朝廷的存在，这就等于恢复上古治世了。所谓"治世"，就是不施治而自治。

武德九年（626）八月，唐太宗初即位，北方突厥扬言以百万大军来攻进行威胁，颉利可汗侵犯至渭水之北。唐太宗坚决实行"安人理国"的方针，他挺身而出，订立了"便桥之盟"，突厥撤退而去。事后，唐太宗对大臣们说："朕新即位，当前的国策是求得稳定。""便桥之盟"是新朝廷的无奈之举，但国家实力尚未达到足以抵抗强敌的时候，这样的妥协退让也是必要的。

唐太宗和群臣商议"止盗"对策，提出了"安人理国"的四项措施：一是"去奢省费"，二是"轻徭薄赋"，三是"选用廉吏"，四是"使民衣食有余"。唐太宗强调："国君依靠国家，国家依靠国民。如果剥削国民，满足国君的私欲，就等于割自己的肉喂自己的嘴，把胃装满了，这人也就死掉了。所以，国君富了，百姓穷了，国家也就灭亡了。"这个比喻，形象地表明了治国必先安民的道理。

贞观元年（627），唐太宗重申"为君之道，必须先存百姓"；次年，进一步阐明治国在于"人君简静乃可致耳"。这样，以"存百姓"为宗旨、以"简静"为特征的治国方略，就明确规定下来。

唐太宗"抚民以静"的治国方略，是以"民为邦本"的政治思想和"静为农本"的经济思想为基础的。对于这一点，贞观二年（628）唐太宗曾说："凡事皆须务本。国以人为本，人以衣食为本，凡营衣食，以不失时为本。"鉴于隋亡于虐民的教训，太宗把"存百姓"当作为君之道的先决条件，同时又把"存百姓"跟帝王"正其身"相联系。他的思路很明确：国家的长治久安取决于百姓能否生存，百姓的存亡取决于君主自身能否克己寡欲。他把国治、民存、君贤三者有机联系起来，反复强调民存取决于君贤。他说："有道则人推而为主，无道则人弃而不用。"就是说，君主的安危受到人民力量制约。同时，唐太宗也清醒地认识到，要想在政治上大治，必须在经济上十分重视农业这个根本问题。他说："国以民为本，人以食为命，若禾黍不登，则兆庶非国家所有。"（均见《贞观政要》）具体地说，一方面要让农民休养生息，另一方面徭役要不违农时。

唐太宗不仅规定了以"静"为特征的施政方针，而且采取具体措施加以落实。

第一，推行均田，奖励垦荒。要使百姓"安静"，首先要有田可种。经历隋末丧乱，州县萧条，人口稀少，大量空荒地的存在是唐初实行均田制的前提。武德七年（624）四月，唐高祖颁布均田令，规定：丁男、中男给田一顷，所授之田，十分之二为永业田，十分之八为口分田。永业田可以世代继承，口分田则是在田主死后由官府收回，再分给别的丁壮。这种计口授田的土地分配法很合理，也便于实施，是一次和平的土地改革。

土地改革的主要内容，是对土地进行再分配。在农业社会，这是一项非常重要的国家政策。历代中央政府初建，都会在土地分配上做文章，核心内容是使土地的占有趋向平均，实现"耕者有其田"。均田所需的土地，可通过两种渠道获得：一是无主的荒地，准许农民开垦，并发给执照，成为他们的永业田；二是对占有田地过多的大地主，通过赎买或收归国有的形式，分割出一部分，分配给无地农民。唐太宗尤其关注均田，既要保证农夫有田可耕，同时也要保证地主拥有相当规模的土地，他们将是国家赋税收入的重要来源。

为了解决狭乡（人多地少）土地不够分配的问题，唐太宗极力鼓励农民迁往空荒地较多的地区即"宽乡",以便给足田数。贞观元年(627),关内旱灾,粮食歉收,政府组织饥民到关外"分房就食"。贞观二年(628),唐太宗提出:"安置客口,官人支配得所。"并宣布将把安置客口的情况作为地方官年终考评的指标之一,希望他们"善相劝勉"。所谓"客口",就是迁居地附籍的民户。其中有灾民、流民,也有部分自耕农,迁居的地方主要是宽乡。贞观十一年(637),新颁布的《唐律》规定,宽乡占田逾限不作违反律令论处,移民垦荒可以得到减免租税的优待。如果狭乡民户主动迁居宽乡,还可在一定时期内免除赋役负担:迁往本居千里之外,免三年;五百里外,免二年;三百里外,免一年。官员不按赋役令执行,要受"徒二年"的刑律处分。

第二,租庸调法与"轻徭薄赋"。唐初赋役称为"租庸调法",初定于武德二年(619),修订于武德七年(624)。其内容是:受田户每年纳粟二石,叫做"租"。丁壮每年服役二十日,如不服役可用绢代役,一天折绢三尺,二十天共计六丈,叫做"庸"。丁每年绢二丈,另加丝绵三两;或者纳麻布二丈五尺,另加麻三斤,叫做"调"。由于遭受隋末战乱的打击,唐初放宽了直接生产者徭役折算的年龄,严格了服庸时间的计算方法。唐太宗即位以后,基本上照章办理,对租庸调法没有做过重大的更改或调整。

"贞观之治"的出现,主要的还不是减免租赋,而在于制止对民力的滥用,反对劳役无时。唐初统治者亲眼目睹隋亡的全过程,有鉴于此,唐太宗十分强调去奢省费、躬行节俭。例如,贞观元年(627),他想营造一座宫殿,已经画了施工图,材料也准备好了,但一想到隋朝因役使民工过度而亡的教训,就不再兴建了。贞观二年(628),群臣再三建议营造一座新的宫殿,以改善"宫中卑湿"的条件,但唐太宗坚决不允许。他对大臣说:"修造华丽的宫殿，开辟广阔的水面亭台，这是帝王想要的，但却是百姓不想要的。我们要顺从百姓，压抑自己的享乐欲望。"民众减少了劳役负担，用于自己土地上的劳动时间相对增多，这是与民休息的关键措施。

第三，劝课农桑，不违农时。为了劝课农桑，唐太宗恢复了废弃数百年之久的藉田仪式，颁布《藉田诏》。当时的藉田典礼盛况空前，成为国家的盛大节日。皇帝重视藉田，在于告知天下，要以农事为本，国家不夺民力，农夫不违农时，真正使民众富裕起来，民富则国强。

唐太宗经常派遣使臣到各地巡视，劝课农桑。他自己在皇家园苑里种了几亩庄稼，有时锄草不到半亩，就感到很疲乏，由此深知农夫的辛苦。他要求巡察使者到州县时，直接到农人劳作的田地里劝励，不准搞迎来送往的花架子。他说，农夫本来很忙、很辛苦，官员再去搞排场，虚耗民力，这不叫"劝课农桑"，根本就是去添乱、捣乱。

劝课农桑的关键在于不违农时。唐太宗从农本思想出发，十分强调"农时甚要，不可暂失"。贞观五年（631），曾发生举行礼仪与农时冲突的事件。当时礼部官员援引阴阳家择用吉日的建议，说："皇太子将行冠礼，宜用二月为吉。"二月正是春耕大忙季节，唐太宗宁愿屈礼而便农，把冠礼改在秋后农闲的十月进行。唐太宗喜欢狩猎，以示不忘武备。为了不妨碍农时，他的狩猎活动尽量选择在农闲时进行。贞观年间，唐太宗举行过七次田猎，都选在冬天的三个月里进行。

唐太宗还运用法律手段来保证这项措施的贯彻。《唐律》有关涉"非法兴造"的条文，指出："诸非法兴造及杂徭役，十庸以上坐赃论。"所谓"非法兴造"，就是农忙时进行工程建设，违反农时，故被视为"非法"。

第四，兴修水利。贞观年间，水旱连年不绝，治水更成为一项紧迫任务。例如，贞观十一年（637）七月，洛水暴涨，淹没六百余家。唐太宗下诏自责说："暴雨成灾，大水泛滥，静思过错，朕非常慌恐。"同年九月，黄河泛滥，毁坏很多地方，唐太宗亲自到白司马坂（在河南洛阳东北）巡视，安抚灾民。

唐初对治水的专门机构进行了整顿。工部设有水部郎中和员外郎，京师设有都水监，掌管河渠疏浚与灌溉事宜。还制定出水利与水运的专门立法，即所谓《水部式》，以刑律保护河水与堤防的合理使用。凡是违反《水部式》规定的失职官员，务必惩处。贞观十八年（644），太常卿韦挺负责水运粮食至辽东，事先没有视察河道，致使六百余艘粮船因河道"浅塞不能进"。次年正月，"韦挺坐不先行视漕渠"的刑律，被"械送洛阳"，遭到"除名"的处分。

第五，设置义仓，救灾备荒。以储粮备荒为宗旨的仓储制度由来已久，隋文帝开皇年间尤盛。唐太宗对此又作了新的改进，使仓储制度更加完备。

隋末战乱，人口锐减。唐初武德年间（618—626）仅有二百余万户，不及隋朝最多时户数的四分之一。唐太宗即位后，十分关心户籍变动情况。发展农业生产，必须有足够的劳动力，因而贞观时期采取了措施：一是赎回外流到突厥的人口；二是奖励婚嫁，生育人口。这些措施使人口迅速增长。贞观二十三年（649），全国户数接近三百八十万户，虽然还不到隋朝最多时的一半，但比武德年间多了一百八十万户，二十年间增加了近一倍。为了显示政府奖励婚嫁，太宗还放出大批宫女，允许她们嫁与平民。唐太宗即位后，曾两次放出宫女：一次是在武德九年（626）八月，因整顿宫殿，放还宫女三千余人；另一次是在贞观二年（628）九月，派遣戴胄、杜正伦等于掖庭西门放出宫女。

唐太宗推行的这一系列重农政策，取得了十分明显的效果，一时间呈现出政治安定、经济繁荣的景况。关中地区是唐王朝的京畿之地，首先得到了恢复与发展。至贞观三四年，关中农业丰收，流散人口纷纷回乡。但就全国范围来说，从伊、洛以东，直至泰山，还是人烟稀少的荒凉状况。贞观六七年后，山东地区改变了昔日的残破面貌，人口滋蕃，商旅兴隆。到贞观八九年，百姓生活已经相当富足，斗米仅四五钱，马牛遍布原野，社会治安可以用"路不拾遗，夜不闭户"来形容。

十五、虚心纳谏　天听民听

在中国历代帝王中，虚心纳谏，唐太宗堪称第一；直言敢谏，魏徵不遑多让。太宗与魏徵的君臣际遇、臣谏君纳，已经传为千古佳话。

有一次，唐太宗问魏徵，君主如何才能"明"、怎样就会"暗"，魏徵回答说："兼听则明，偏信则暗。"唐太宗对此非常赞成。因为他知道，自己并非无所不知、无所不能。为政者必须听取不同意见，进而判断是非，然后采纳正确的意见。唐太宗很注意纳谏。他曾经对萧瑀说："朕少年时就喜爱收藏弓箭，得到几十张好弓，以为再也不会有比这些更好的了。不久前，拿给制弓的师傅看，他们却说，这些都不是好弓。朕问什么缘故，他们说，木心不直，自然脉理都邪，弓虽然硬，发箭却不能直。朕这才知道自己过去鉴别得不精。朕用弓箭定天下，还不能真正辨别其好坏，何况天下事情繁多，我怎么能全都懂得呢？"

贞观四年（630），唐太宗下令修复洛阳宫，准备自己到洛阳游玩时使用。给事中（专门负责向皇帝上书论述政令得失的官员）张玄素上书反对，他说："修复洛阳宫并不是当前最紧要的事情。当年，隋炀帝修建洛阳宫，大兴土木，用两千人拉一根大柱,从几千里以外运到洛阳,劳民伤财,给百姓造成极大苦难。如今战争刚刚结束,财力不足,民众的元气还没恢复,陛下却先修缮洛阳宫,这不是比隋炀帝还残暴吗?"唐太宗听了很不高兴,说:"你认为朕不如隋炀帝,那么朕比桀、纣如何呢?"张玄素毫不退让:"如果这个工程不停止,陛下和隋炀帝、夏桀、殷纣的差距实在不大。"尽管这番不客气的批评听来很是刺耳,但唐太宗经过考虑,觉得张玄素的话有道理,感叹地说:"朕考虑不周,你说得很对。"于是立即下令停工,并且赏赐张玄素二百匹彩缎,奖励他直言进谏。

濮州刺史庞相寿因贪污被罢了官,跑来向唐太宗求情,说自己多年在秦王府跟随太宗东征西讨,如今天下已定,自己却落得如此下场。唐太宗很同情他,要撤销惩处、恢复官职。魏徵坚决反对,说:"过去秦王府的人,现在官居要职的非常多,如果人人都仗着旧关系为非作歹,谁还肯做好事呢?"唐太宗接受了魏徵的意见,对庞相寿说:"朕过去做秦王,不过是秦王府的主人,凡事可为你们说话;如今朕是皇帝,就是天下的主人了,不敢偏袒老朋友。"

唐太宗鼓励各级官吏畅所欲言,不要因为怕得罪皇帝而隐瞒真相。有一次,他询问监修国史的房玄龄:"自古以来,撰修国史都不让本朝君主看,这是为什么呢?"房玄龄回答说:"一个正直的史官,他撰写国史一定会如实记录,对君主的功业不做夸大,对君主的过失也不加粉饰隐瞒。所以不会让当代的国君看到。因为国君看到对自己不利的记录,就可能发怒,影响史官的工作,还可能强迫史官修改记录,删除君主的过错。"太宗说:"有什么写什么,怎么会得罪君主呢?朕很想看看国史上怎样写的,把以前的错误作为今后的鉴戒,这有什么不好呢?"

房玄龄把有关高祖、太宗的两部分历史材料整理好,送给皇上看。唐太宗看到武德九年六月四日条下，记载有关玄武门之变杀死李建成、李元吉的情形，叙述得十分含糊，有意为秦王发动政变遮掩，便把编写国史的史官叫来，细致地讲了一遍当时的情况，并说诛杀李建成、李元吉一事不必隐讳，因为这是安定国家、有利百姓的事情。他还说："史官写历史，应该去掉浮词虚语，秉笔直书，这样才能起到惩恶劝善的作用。"然而，唐太宗看本朝《实录》，开了一个恶例，后来的皇帝对修史多有干涉，破坏了中国史官独立的优良传统。

在唐太宗的倡导下，大臣们都敢于直言，甚至连小地方官也敢于说出自己的意见。栎阳县丞刘仁轨是个八品小官，他反对皇上在秋收大忙时节打猎，要求改在冬闲的时候进行。唐太宗不但采纳了他的意见，还提升了他的官职，以示鼓励。

唐太宗派人征兵，兵员不足，有大臣建议：不满十八岁的男子，只要身材高大，也可以应征。太宗同意了，但诏书却被魏徵扣住不发。太宗催了几次，魏徵还是扣住不发。唐太宗大发雷霆，派人把魏徵叫来，训斥道："那些个头高大的男子，自己说不到十八岁，其实可能是故意隐瞒年龄，逃避征兵。朕已发布诏书，你为什么扣住？"魏徵不慌不忙地说："我听说，把湖水弄干捉鱼，虽能得到鱼，但到明年湖里就无鱼可捞了；把树林烧光捉野兽，也会捉到野兽，但到明年就无兽可捉了。如果把那些身强力壮、不到十八岁的男子都征来当兵，以后还从哪里征兵呢？国家的租税杂役，又由谁来负担呢？"

唐太宗虽然觉得魏徵说得有道理，可还是不服气。魏徵接着说："陛下的诏书上清清楚楚地写着征召十八岁以上的男子当兵，现在不到十八岁的男子也得应征，这不是说话不讲信用吗？"唐太宗很不高兴："朕什么时候不讲信用了？"魏徵说："陛下刚即位的时候，曾经下诏：拖欠官家财物的，一律免除，可官吏照样催收，这是不是说话不算数？陛下曾明令规定：关中百姓免收租赋二年，关外百姓免除劳役一年。如今服过劳役或交过租赋的又被征当兵，这是不是说话不算数？陛下一向说要以诚信待人，为什么征兵的时候怀疑百姓作假？无缘无故怀疑人，这能算讲信用吗？"魏徵的一席话，说得太宗哑口无言。好半天，唐太宗才说："朕过去总以为你固执，不通情达理。今天听你议论国家大事，才知道朕的过错很大啊！"于是特地下了一道诏书，重申免征不到十八岁的男子。

唐太宗从长安到洛阳，中途在昭仁宫（在河南寿安境内）休息，因对用膳安排不周而大发脾气。魏徵当面批评说："隋炀帝就是因为常常责怪百姓不献食物，或者嫌进献的食物不精美，遭到百姓反对，灭亡了。陛下应该从中吸取教训，兢兢业业，小心谨慎。如果能够知足，今天这样的食物陛下就应该满足了；如果贪得无厌，即使食物好一万倍，也不会满足。"唐太宗心中一惊，真诚地向魏徵道歉，当面有意狼吞虎咽地吃了那些刚才还拒之千里的食物。

贞观中期之后，唐朝经济更加繁荣，政治也很安定，朝臣都尽力歌颂太平盛世。只有魏徵不忘过去的艰苦，给唐太宗上了一道奏章（《十渐不克终疏》），指出他十个方面的缺点，希望他警惕，保持贞观初年的好作风。唐太宗把这个奏章写在屏风上，早晚阅读，引为鉴戒。由于魏徵处处为国家的利益着想，对皇帝的批评毫不客气，太宗对他既尊敬又畏惧。一天，他正在逗弄一只小鹞子，看见魏徵进来，怕被责怪，急忙藏在怀里。魏徵装作没看见，奏事故意拖延时间，等离开的时候，鹞子已经闷死了。

魏徵的直言不讳，有时也会引起皇上恼怒，有一次，唐太宗退朝回到寝宫，怒气冲冲地说："有机会我一定杀了这个乡巴佬儿！"（"会须杀此田舍翁！"）长孙皇后问杀谁，唐太宗说："魏徵常常当众顶撞，给朕难堪。"（"魏徵每廷辱我。"）长孙皇后默无一言，退了出去。过了一会儿，她穿着最庄重的礼服，恭恭敬敬地向唐太宗礼拜道贺，连呼"万岁"，就像正式的国家大典。唐太宗莫名其妙，皇后说："我听说君主圣明，臣子才敢直言进谏；今天魏徵敢于直言，正是因为陛下圣明，我岂能不祝贺！"（"妾闻主明臣直；今魏徵直，由陛下之明故也，妾敢不贺！"《资治通鉴·唐纪十》）太宗听了皇后委婉的批评，转为心平气和。

唐太宗说过一句名言："夫以铜为鉴（镜子），可以正衣冠；以古为鉴，可以见兴替；以人为鉴，可以明得失。"（《旧唐书·魏徵传》）意思是说，用铜镜照自己，可以看到穿戴是否整齐；用历史做鉴戒，可以知道历代兴衰更替的原因；看别人的成功和失败，可以吸取经验和教训。正因为唐太宗能纳谏，大臣们都敢于直言进谏，所以他在位期间，唐朝政治开明、经济繁荣。

《尚书》说："天视我自民视，天听我自民听。"皇帝是天之子，但上天考察皇帝却要看民众的意见，民众的满意就是上天的满意。要做好皇帝，首先要使百姓生活富足、对朝廷满意，唐太宗这样的认识，在历代帝王中都是难能可贵的。

十六、修明法律 怀柔吐蕃

唐高祖李渊刚进长安时，为表示宽大仁慈，争取人心，宣布：除杀人、抢劫、叛逆之类的犯罪要处以死刑，隋朝的其他法律一律废除。唐朝建立后，天下平定，但社会治安并无明显好转，社会秩序也很混乱，各地盗贼众多，刑事案件频发，暴民骚乱此起彼伏，严重地威胁着初生的政权。

唐太宗即位不久，就召集群臣专门研究社会治安问题，商量如何制止盗贼。有人说："重典治暴民，只有重重地惩罚，才能使盗贼不敢作奸犯科。"还有人说："盗贼越来越多，是刑法不严的缘故，应该恢复隋朝的严刑峻法。"魏徵的见解卓然不同，他反对实行酷法，反对严刑驭民。他说："乱世才用重典，我们已经安定天下，外敌业已消灭，主要任务是管理民众。对百姓要讲仁义，轻刑薄赋，这才是先王之政。"

唐太宗很同意魏徵的看法，因为他也清楚，盗贼猖獗，乃赋役繁重、官吏贪污勒索、百姓生活饥寒交迫所致。大多数民众，在大多数的情况下，是愿意奉公守法的。盗贼越剿越多，只能说明国家政策出了问题，必须从自身找原因，而不应该加重刑罚凌逼百姓。严厉的刑罚只会激起百姓更加强烈的反抗，隋炀帝就是前车之鉴。于是，太宗下令由长孙无忌、房玄龄等人和司法官员一起修订法律。

仿照汉代的察举之法，唐太宗下诏鼓励大臣和地方官员荐举人才。当时，全国各地等待荐举的人都集中在长安。荐举开始不久，就发现有人弄虚作假，谎报出身和资历，甚至不惜伪造证件。唐太宗震怒了，命令弄虚作假的人赶快自首，若不主动自首，查出之后就要处以死刑。诏令下达，有人自首，但也有人企图侥幸过关，果然，一些瞒报出身而没有自首的人落网了。唐太宗指示交给大理寺卿戴胄负责审理。

戴胄根据法律规定，判处这些人流放或充军。唐太宗大发雷霆，质问道："朕下过命令，不主动自首的要处死，你却判他们流刑，这不是让朕失信于天下吗？"戴胄镇静地答道："查出弄虚作假的人，如果不交给大理寺审讯，就直接杀了，我作为部门官员，是不能干涉的，皇帝有这样的特别处置权。但陛下主张走司法程序，把这些人交给我审讯，既然接了这宗案件，我就必须严格按照法律条文办事，犯了什么罪行，只能给以相应的惩罚，不能法外施恩，也不能枉法加重刑罚。"太宗大怒道："你不枉法，得到了严格执法的美名，可是朕呢？朕会让天下人耻笑，说朕的话不作数!"戴胄说:"陛下的诏令不过是因一时喜怒而发,未必经过深思熟虑。法律却是经过严密程序制定的,是朝廷公布天下的最高行为准则,所以,守法才是最大的信用。按法律办事,就要按捺个人一时的愤怒而保存国家的信誉。"良久,太宗转怒为喜,赞扬戴胄说:"你能严格执法,无偏无颇,你做得对。"指示长孙无忌、房玄龄加紧修订法律。

河内(今河南沁阳)有个名叫李好德的人,患有精神病。一天,他又犯病了,居然污言秽语大骂皇帝,被人以谋反罪扭送到官府。大理寺丞张蕴古负责审理这桩"谋反"大案。张蕴古经过仔细调查,向太宗报告说:"李好德患精神病,根据法律,精神病人不负法律责任,所以不应该对他判刑。"

侍御史权万纪弹劾张蕴古,力证李好德不疯,是正常人,谋反属实;还说张蕴古是相州人,李好德的哥哥李厚德官任相州刺史,张蕴古的判决显然是包庇罪犯,为的是讨好地方父母官。这显然是京官和外任相勾结而徇私枉法。唐太宗联想起有一次路过监狱,曾看到张蕴古和囚犯下棋,这样的人,肯定和罪犯家属串通一气,贪赃枉法,一气之下,下令处死了张蕴古。事后了解到李好德确实患有精神病,张蕴古是冤枉的,唐太宗深深自责,下了一道诏令:依照古制,今后凡是死刑,一定要经过三次复核,才能批准执行;并且告诉长孙无忌,一定把这一条写到法律中去。

法律规定,兄弟分居以后,官爵、功劳不能互相继承,但犯了罪却要连坐。有一次,一个叫房强的人,弟弟因为对朝廷不满,阴谋作乱。按照法律规定,谋反大罪即使没有行动,只是谋划,罪犯也要处死。房强对弟弟的谋反毫不知情,但按照兄弟连坐的法律规定,他也得被处死。唐太宗审查这个案子的时候,觉得这项判决有问题。他对房玄龄说:"谋反有两种情况,一种是兴师动众,已经有行动。那么他的亲属应该是知情的。知情不报,应当连坐。另一种是讲几句大逆不道的话,并无实际行动,或者还在密谋阶段,还没有行动,反形未露,他的亲属未必知道。不知情,就没有举报的责任。这两种情况应该区别开来。"他让房玄龄把言论罪和行动罪区别对待,只有言论、没有行动的罪犯,弟兄、亲戚不再连坐。

贞观十一年(637),新的法律修订完成,这就是著名的《唐律》。《唐律》是在隋《开皇律》基础上修订的,比起《开皇律》又有很大改进。它共分十二篇、五百条,内容周详、简明,是我国古代重要的法学文献。

新法制定之后,唐太宗要求官员们遵照法律办事。他说:"法律不是为我一个人的,是全天下人的。不论什么人,都要守法,没有任何例外。"不久发生的高甑生案件,成为考验法律威信的关键。

高甑生是唐太宗的老部下,任岷州(治今甘肃岷县)都督。一次,太宗任命李靖为行军大总管,率领各路兵马讨伐吐谷浑。高甑生耽误了行军的日期,李靖要按照军法治罪。高甑生很不服气,仗着是皇上的亲信,以为别人不敢惩罚,即使李靖也奈何不得。他还恶人先告状,诬告李靖谋反。唐太宗派人调查,结果根本没有李靖谋反这回事。根据《唐律》,大理寺以诬告罪判处高甑生流刑,唐太宗批准了这一判决。这时候,有人替高甑生求情,说他是原秦王府的功臣,即使犯了再大的罪也应该宽恕,何况这么点小过失。太宗说:"甑生违犯了李靖的军纪,又诬告李靖谋反,如果从宽处理,今后法律还怎么实行呢?国家的功臣很多,假如朕赦免了甑生,别人犯法,朕怎么禁止呢?甑生是朕过去的功臣,朕不会忘记的,但是,不能因此就不处分他。"

《唐律》吸取了隋炀帝严苛刑法的教训,条文定得比较宽平。这种改革,对于健全法制法律、安定社会秩序、促进社会生产发展,都具有积极作用。

吐蕃人生活在青藏高原,过着农耕和游牧的生活。他们勇敢善战,认为战死是光荣的,谁要是临阵逃跑,大家就拿一个狐狸尾巴挂在他的帽子上,嘲笑他像狐狸一样胆小。吐蕃人的首领称为"赞普",意思是雄壮强悍的男子。

早在武德三年(620),囊日论赞统一了吐蕃各个部落。囊日论赞是后来著名赞普松赞干布的父亲,在完成统一之后不久,他被大贵族毒死,吐蕃发生了内乱。松赞干布当时年龄还小,他依靠中小贵族的力量,平定了叛乱,自己做了赞普,把都城迁到逻些(今拉萨市),制定了官制和法律,建立了强大的专制政权。松赞干布非常羡慕唐朝的文化,希望和唐朝建立友好关系。贞观八年(634),他第一次派遣使臣到长安访问,唐太宗很快就派使臣回访,汉藏关系进入亲密时期。

这一年,松赞干布派使臣带着丰厚的礼物,到长安向唐朝皇室求婚。当时,各族首领都以能与唐宗室联姻为荣。松赞干布也想通过与唐朝建立亲戚关系,提高自己在青藏高原的名望,但唐太宗没有同意。使臣快快回到吐蕃,因为有辱使命,怕受惩罚,编了一通假话说:"刚到唐朝的时候,大唐皇帝对我们的欢迎非常隆重,很痛快同意将公主嫁给大王。可是后来吐谷浑王也来求婚,唐朝天子便不同意嫁公主给我们赞普。看来,一定是吐谷浑王在中间说了坏话。"松赞干布大怒,马上发兵攻打吐谷浑。

吐谷浑是西北地区的大国,经常袭击周边的国家,也曾向唐帝国发动过进攻。但此时它已经衰落,不是吐蕃的对手,很快就被松赞干布击溃。松赞干布打败吐谷浑,觉得向唐皇帝求婚的砝码又加重了许多,便再次派使臣带着厚礼到长安。使臣扬言:"我们是来迎娶公主的,如果不把公主嫁给我们赞普,我们的军队随后就到!"气焰很是嚣张。唐太宗派吏部尚书侯君集带兵讨伐吐蕃。松赞干布骄傲轻敌，结果被打得大败，收兵退回逻些，再不敢出战。

松赞干布看到唐帝国这样强大，既害怕又佩服。贞观十四年（640），他派大相（相当于宰相）禄东赞带着黄金五千两、珍宝数百件，再一次到长安求婚。唐太宗被松赞干布的诚意感动，同时也想笼络青藏高原上的这个强劲部落，决定将文成公主嫁给吐蕃赞普。

文成公主是唐朝皇族的女儿。唐朝采取历代中央政府的政策，用和亲笼络周边的部族或政权，尽可能地避免武装冲突。一般选取宗室的女儿外嫁，她们的正式身份是公主。文成公主聪明、美丽，读书很多，她为大唐的社稷江山甘愿远嫁吐蕃。太宗为她准备了豪华的嫁妆，其中有各种各样的日用器具、珠宝、绫罗、衣服，还有历史、文学书籍以及谷物种子等。

贞观十五年（641），唐太宗派礼部尚书江夏王李道宗护送文成公主入藏。文成公主带着宫女、乐队、工匠、官吏和江夏王的卫队，浩浩荡荡地向吐蕃行进。松赞干布亲自带领大队人马到柏海（今青海境内）迎接。在逻些，吐蕃民众穿着节日的服装，热烈欢迎远道而来的赞蒙（王后）。松赞干布高兴地说："我的先辈从来没有和上国通婚的，今天我能娶大唐公主，实在荣幸。我要为公主建一座城，作为永久的纪念，让子孙万代都知道。"他按照唐朝建筑的风格，在逻些为文成公主修建了城郭和宫室。

文成公主入藏的时候，带去了许多经书、诗书、佛经、佛像和有关医药、生产、工艺等方面的书籍，还带去了大量的谷物、蔬菜种子和生产工具。那时候，吐蕃没有历法，以麦熟为一年，文成公主帮助吐蕃人推行历法。她还教吐蕃妇女纺织、刺绣。她带去的水磨，深受吐蕃民众欢迎，使他们学会了利用水力资源。

文成公主信奉佛教，松赞干布在她的影响下，提倡佛教，修建了大昭寺，把公主带来的释迦牟尼像供奉在寺里。文成公主带去的乐队，大大丰富了当地的音乐。当时，松赞干布不断派贵族子弟到长安求学，唐朝许多有学问的人也被聘请到吐蕃掌管文书。唐朝还给吐蕃送去蚕种，派去养蚕、酿酒、制碾磨和造纸墨的工匠。先进的汉文化传入吐蕃，对吐蕃生产和文化的发展起了很大的促进作用。

唐太宗去世后，唐朝和吐蕃继续保持频繁的来往和密切的关系。唐高宗永徽元年（650），文成公主去世。她在吐蕃总共生活了四十年。吐蕃人民为了纪念她，特地规定了两个纪念日。一个是十月十五日，文成公主的生日。这一天，吐蕃境内男女老少都到寺庙里祈福。另一个是五月七日，这是文成公主的忌日。女孩子们化妆跳舞，歌唱文成公主的事迹。以后，中央朝廷与吐蕃的关系虽然经常出现反复，吐蕃也多次入寇中原，但文成公主入藏确立的亲密关系，始终是汉藏关系的主流。

十七、收服突厥　走马来京

唐高祖李渊在太原起兵的时候，为了全力南征，解除后顾之忧，曾向东突厥称臣。唐朝建立以后，东突厥颉利可汗（启民可汗之子）和突利可汗（颉利可汗之侄）认为他们对唐朝的建立有功，屡次派人到长安索取金帛，还不断出兵骚扰唐朝北部地区，从而成为唐朝北方的重大威胁。唐高祖知道朝廷暂时无力与突厥决战，只能采取怀柔对策，尽量满足突厥的各项索取。

唐太宗李世民即位不久，颉利可汗亲自领兵进犯，目的是给新王朝来个下马威，使之不敢轻视突厥。颉利可汗的先头部队来到离长安只有四十里的渭水便桥北岸，长安城震动。唐太宗扣留了进城刺探情报的突厥使者，布置好兵马，准备抗敌。

唐太宗亲率六名骑兵，飞奔渭水岸边。颉利可汗见对岸只有几名骑兵，跃马横枪，奔驰而来。他隔水遥望，见为首的正是大唐皇帝，不觉大吃一惊，不知如何是好。唐太宗高声喊道："颉利可汗，朕与你订立盟约，互不侵犯，你为何背弃盟约，侵扰我国土？"问得颉利哑口无言。唐太宗又指着天说："朕是天子，对不起朕，就是对不起天。你知道对不起天的后果吗？"颉利可汗不敢回答。他手下士兵本来就信鬼信神，见唐朝皇帝威风凛凛，自称天子，一个个急忙下马，向唐太宗跪拜。忽然，鼓声震天，旌旗招展，刀枪耀眼，原来是唐太宗紧急调来的部队已经到达，摆开战阵，耀武扬威。颉利可汗以为唐军已经有了充分准备，怕打起来自己吃亏，就和唐太宗在便桥议和，带着给他的金帛，引兵回去了。

这次事件之后，唐太宗加紧训练士兵，自己也每天在大殿之前带领将士习枪练箭。他对将士们说："突厥入侵，本是常事，可怕的是在安逸生活中忘了战争，敌人来了便束手无策。现在朕不让你们修筑花园，专教你们学习弓箭。平时朕是你们的教官，突厥入侵时，朕是你们的将帅，这样，中国的百姓就可以得到安宁了。"有位大臣进谏说："法律规定，凡是带兵器到皇宫者，一律处以死刑。如今这些普通将士竟然在大殿上张弓挟箭，万一出点差错，陛下不是很危险吗？"唐太宗笑着说："一个好的皇帝，应该把四海之内的百姓都看成一家人，开诚相见，推心置腹。为什么要平白无故地猜忌自己身边的将士呢？"唐太宗很快就训练出一支精锐的部队。

这时，东突厥内部发生了矛盾。颉利可汗与突利可汗互相猜忌，颉利可汗随便增加税收，引起贵族不满，再加上天灾，牲畜大批死亡，百姓挨饿受冻，反对他的人越来越多。原来，隶属于东突厥的范君璋投降了唐朝，他占据的山西北部，正是进攻东突厥必经的要道。范君璋降唐，等于断绝了突厥南侵的通道。唐太宗见时机已经成熟，就在贞观三年（629），任命兵部尚书李靖为大将、李勣等人为副将，率领十几万大军，由陕西、山西、甘肃等地，分六路出兵讨伐东突厥。

李靖是唐朝著名的将领，在唐朝的统一战争中，打过许多胜仗。他带领大军刚刚出发，突利可汗就带兵前来投降。唐太宗高兴地对大臣们说："太原起兵的时候，太上皇曾向突厥称臣，我一想起来就很痛心。今天突厥的可汗前来投降，可以一雪前耻了！"李靖大军继续北进，寻找颉利可汗的主力决战。

第二年春天，李靖率领三千骑兵，一举攻下定襄（今内蒙古和林格尔东北），俘虏了在突厥避难的隋炀帝皇后萧氏和孙子杨政道。此时，颉利可汗已经无力抵抗，为取得喘息机会，派人向唐求和。太宗知道突厥一向反复无常，便将计就计，假意答应下来，并派鸿胪卿唐俭出使突厥，让李靖带兵跟在唐俭的后面，相机行事。李靖传令整队，趁天黑出发。李靖在前面带队，李勣在后面接应，沿途发现突厥的哨兵，一律抓起来，押着他们跟着队伍前进，不使消息走漏。

颉利可汗接到唐俭带来的诏书，以为唐太宗中了他的缓兵计，十分得意。他正设宴招待唐俭，突然哨兵进来报告说："唐朝大将李靖、李勣离此只有七里远了！"颉利可汗见唐朝派使臣前来议和，便放松了戒备，突然听到这个消息，忙问唐俭："唐天子既然同意讲和，为何又派兵来偷袭？"唐俭说："可汗不必惊慌，李将军想必不知道皇上下了休战诏书，待我去告诉他。他知道我已经来到可汗的大帐议和，定会撤兵，请可汗放心！"唐俭走出帐篷，骑马飞奔而去。颉利信以为真，仍然不做战备，只等着唐俭返回。

唐军逼近的警报一个接一个传来。颉利走出帐篷，只见漫山遍野都是唐军，知道已经被唐俭所骗，便慌忙骑上快马逃跑，手下的士兵也各自逃命。唐军闯入突厥营地，突厥兵完全失去了抵抗能力，纷纷投降。这一仗，唐军俘虏了突厥士兵十多万人，缴获牲畜几十万头，并俘虏了颉利可汗。东突厥就此灭亡。

捷报传来，举国上下一片欢腾。唐太宗在顺天楼接见李靖、李勣等将领，给他们很多奖赏。颉利可汗跪在地上请罪，唐太宗斥责说："虐待百姓，是你的第一条大罪；与大唐屡次立盟而又负约，言而无信，是你的第二条大罪；恃强好战，屠杀生灵，是你的第三条大罪；多次入侵大唐境内，肆意烧杀抢掠，是你的第四条大罪；朕一再给你机会，好言招降，你拒不悔改，这是你的第五条大罪！"颉利可汗汗如雨下。唐太宗说："不过，自从便桥立盟以来，你没有大举入侵，还算有所顾忌，朕今天赦你不死，从今以后，你要接受我大唐的王化，改邪归正！"

太上皇李渊听说李靖征服了突厥，抓住了颉利可汗，感慨万千："当年汉高祖被匈奴困在白登山，没能报仇雪耻。我当年也曾无奈向突厥称臣。如今，我们灭掉突厥，活捉颉利，不但为大唐，也替古人扬眉吐气了！"太上皇请太宗和公卿大臣以及贵妃等，到凌烟阁举行庆功宴会。宴会上，太上皇亲自弹琵琶，太宗起舞。秦汉以来，中国与周边部族政权或和或战，互有胜负，如今彻底剿灭北方第一号强敌，开创了历史新纪元。

唐太宗把颉利可汗及其家属安置在太仆寺，厚加款待。但颉利可汗一直郁郁不乐。他住不惯房屋，便在院子里搭了穹庐顶的帐篷。唐太宗改任他为虢州（今河南灵宝）刺史，并对他说："虢州地近山区，麋鹿等野兽很多，可以游猎。"颉利不愿前往，唐太宗就又任他为右卫大将军（禁军的高级武官），赏赐了大量田宅。后来颉利可汗病逝，唐太宗按照突厥风俗实行火葬，在灞水东面修筑了高大坟墓，并让其子承袭父职。

大破东突厥后，唐朝在东突厥故地设置了许多羁縻州府，任用东突厥贵族做都督,并按照他们的习惯,规定职务可以世袭。这些州府名义上要接受唐帝国的册封,定期向中央朝贡,但不缴纳赋税,而且仍然保持本族风俗习惯。在这些州府之上,设置都护府,都护府的官员由中央直接任免,代表中央行使主权,管理边防和安置部族之间的事务。这样,北部边疆出现了空前安定的局面。在其他部族地区,唐太宗也采取设置羁縻州府的办法,进行松散的管理。

东突厥灭亡之后,部分突厥部众内迁归附唐朝。如何安置他们是个大问题,唐太宗便召集群臣商议。一些大臣主张分到内地各州县,改变其生活和风俗;一些大臣如魏徵等,认为突厥"非我族类,其心必异",迁到内地会酿成后患,主张让他们回到原来的住地。

唐太宗在许多重大问题上对魏徵言听计从,可这次没有采纳他的意见,而同意了温彦博的主张。温彦博建议把内迁突厥人安置在黄河南岸朔方之地(今内蒙古南部乌审旗一带),保全原有的部落,仍由酋长治理,维持原有风俗习惯,仍以畜牧生产为主。突厥首领也分别予以任用和安置。这就安抚了内迁的突厥部众,有近万户内迁突厥人住进了长安城。京城内番汉杂居,番人有的戴汉帽,汉人也有戴番帽的,语言交流,习俗杂糅,番汉和睦相处。

在朝廷里,唐太宗大量任用突厥贵族为官。突厥各部首领凡来到长安的,都拜为将军、中郎将等官。朝班中五品以上的突厥武官达一百多人,几乎占了朝廷武官的一半。唐王朝实际上已成为一个多民族的统治政权。

唐太宗对边地部族的大臣十分爱惜。如以智勇闻名的阿史那社尔,率突厥部众内属后,封为左骁卫大将军。后来在平定高昌的战役中立功,赐予宝刀和丝织品,封毕国公。铁勒部酋长契苾何力率部内属，唐太宗任为左领军将军。他屡建战功，一次随唐太宗出兵，被敌军刺伤，太宗亲自为他敷药。他的母亲和弟弟都在凉州，太宗让他回去探望，并安抚部众。那时突厥的薛延陀部很强盛，契苾何力的母亲、弟弟都去投奔薛延陀，部众也有准备去的。契苾何力回去后见到这种情况大惊，表示要忠于唐朝，不愿跟随他们去。部众就把他抓去见薛延陀的真珠可汗，契苾何力当着可汗的面，拔刀割去自己的左耳，起誓说："大唐朝的壮士，决不会屈服于你们，天地日月，愿知我心！"

当时，朝廷误传契苾何力投靠了薛延陀，大臣们都对皇上说："契苾何力入薛延陀，如鱼得水。"唐太宗说："契苾何力心如铁石，必不叛我。"后来薛延陀的使者来到长安，讲了契苾何力的情况，太宗极为感动，忙派人去与薛延陀谈判，答应把新兴公主嫁给真珠可汗，作为换回契苾何力的条件，契苾何力因而得以回还。

唐太宗对部族将领与汉人将领一视同仁，赢得了他们的尊敬。在唐太宗巩固边疆的各次战争中，部族将领和部族首领都起了很大作用。唐太宗以勇武的战斗精神和开明的民族政策，征服了周边的部族或政权，他们钦佩太宗的丰功伟绩，服膺他的人格魅力，尊称他为"天可汗"，即各族人民的共同领袖。

十八、亲征辽东　捷报频传

唐朝新立，高句丽国王高建武派使者来修好，表示要恢复称臣纳贡，并愿意放还因战争而流亡过去的中原人。

高句丽王向唐廷求和，意在腾出手来对付邻近的新罗、百济，两国招架不住，也来朝廷求助。刚即位的唐太宗还在与北方的突厥作战，只得安抚三个邦国，使他们暂时相安无事。

唐朝打败了突厥，高句丽王赶忙献上封域图，表示绝对臣服。唐太宗先派使者长孙师到高句丽，毁掉了"京观"，那是高句丽人为夸耀胜利而用战死在高句丽的隋朝军人的尸骨建立的。建武王担心唐朝来攻，悄悄沿着东北方扶余到西南边的大海，修起千里长城；又派太子桓权前往长安朝拜，侦察虚实。

唐太宗将计就计，派广州司马陈大德去还礼，顺便刺探情报。陈大德和手下收买高句丽官员，搜集到不少详细情报。当时高句丽只有四郡，唐太宗认为，以唐朝的国力，剿灭高句丽并非难事。但国家初定，唐太宗不愿意连续征战，动用民力，对高句丽的叛逆行为暂时隐忍，不予处置。

高句丽的一个大对卢（丞相）死了，儿子盖苏文执政。盖苏文主张对唐朝实行强硬政策，他杀掉建武王，立其弟之子为新国王，自己独揽大权。他联合百济攻打新罗，占领了几个城镇，新罗使者前来求救。唐太宗决定先礼后兵，劝说盖苏文退兵。唐朝使臣奉命叫大家各自退兵，恢复到战前状态。可盖苏文却说，那些占领的地方，原本就是高句丽的领土，退兵是不可能的；不但不退，新罗还要赔偿他因出征而带来的巨大损失。盖苏文傲慢的态度激怒了唐太宗，他要教训一下这个狂妄的家伙，决定亲征高句丽。

谏议大夫褚遂良不同意御驾亲征，说："陛下这次打了胜仗还好，万一战事不利，对国家、对您都挺危险。"兵部尚书李勣反驳说："上次陛下打算跟踪追击，消灭来犯的薛延陀部，结果被魏徵苦苦劝住。当时要真那么做了，薛延陀部连一匹马都别想回老家。如今他们缓过气来，又经常来骚扰咱们。"但多数朝臣反对亲征，大家都觉得御驾远征，万一西北的突厥再次进攻，或者内部有人乘机作乱，后果严重。唐太宗说："盖苏文施行暴政，逆天而动，百姓渴望得到我们的援救，我们必须出兵匡正高句丽！"

贞观十八年（644）七月，唐太宗命令将作大匠阎立德等到洪州、饶州、江州，造船四百艘，准备用来运载军粮。又派营州都督张俭带两万人渡过辽水，试探高句丽的实力。盖苏文觉察到唐朝的动作，派使者带着黄金来献，又派贵族五十名来充当人质，向朝廷赔罪。唐太宗出兵的主意已定，对盖苏文的示好行为坚决拒绝。十一月，以刑部尚书张亮为平壤道行军大总管，率领江南、淮河、岭南、三峡等地水兵四万，又在长安、洛阳招募了三千志愿兵，乘三百艘战舰出征，路线是从山东的东莱跨过渤海，直扑高句丽都城平壤。以兵部尚书李勣、江夏郡王李道宗为辽东道正、副行军大总管，率领步骑六万，还有西北边疆归附的部族部队，沿陆路攻取辽东。

贞观十九年（645）初春，唐太宗亲率远征大军从洛阳出发北上。走陆路的李勣部队提前出发，他作势要从怀远镇（今辽宁辽阳西北）进攻，实际是从北面渡过辽水，来到玄菟（今辽宁新宾西南）城下。李道宗的几千兵马也攻到新市（今辽宁抚顺）城，所部折冲都尉曹三良只带了十几名骑兵，就冲到城墙下示威。新市军民惊恐万分，不敢出城作战。张俭率领的营州（今辽宁朝阳）部队，与当地部族援兵从辽河压到建安城（今辽宁营口东），在那里打败了出战的敌人。

前锋小胜，唐军士气壮盛。紧接着，李勣、李道宗迅速拿下盖牟城（今辽宁盖平县境），俘虏两万居民，获得粮食十多万石。随后进到辽东城（今辽宁辽阳）下，唐太宗也从北平（今河北卢龙）来到辽东。高句丽援军步、骑四万出现在前锋阵前。唐军将领大都建议先防守，等待大军到来再会战。李道宗坚持发动进攻："敌人不顾长途跋涉，以为凭着人多势众就可取胜，我们必须狠狠予以打击。咱们作为先头部队，就是要为皇上扫清道路，难道还能把敌人留给皇上自己去打吗？"李勣也觉得有道理，便引军对敌。果毅都尉马文举策马直扑，冲乱敌阵，唐军受到鼓舞，一起冲上去和高句丽军厮杀，但行军总管张君义半途撤退。在危急关头，李道宗急忙把后退的士兵收拢，他发现敌人阵形已乱，马上带着几十名骑兵杀入重围，左冲右突。李勣顺势猛攻，大破高句丽军。

战斗结束不久，唐太宗也来到辽东城下，下令拆掉辽河桥，表示不灭高句丽不撤军。大军驻扎在辽东城附近的马首山下。唐太宗表扬了李道宗，提拔马文举为中郎将，将临阵脱逃的张君义就地处斩。李勣全力围攻辽东城，前后激战十二天，修的长围已有好几重，城下金鼓和呐喊声震天动地。南风吹来，唐军士兵登上冲杆，用火把点燃城池西南楼，火势四处蔓延。将士乘势冲入，高句丽军民虽然拼死抵抗，终属无效。辽东城攻克，城中高句丽兵一万多人战死，俘虏一万多人，另有百姓四万人。朝廷把此城改为辽州，将此前占领的盖牟城改为盖州。

水军自东莱渡海，首先袭击卑沙城（今辽宁大连东北）。卑沙城四壁高耸，只有西门可以攀登。一天深夜，先锋程名振率部杀到，副总管王文度当先登城。五月城破，唐军生俘军民八千多人。七月，水师进到建安城下，高句丽军突然杀到。副将张金树鸣鼓发动反击，将士奋勇冲杀，大破敌军。白岩城（今辽宁辽阳东北）已被攻克，唐朝大军云集安市城（今辽宁海城东南）下。

高句丽乌骨城（今辽宁凤城）派部队增援白岩城，遭到唐朝大将契苾何力截击。契苾何力带着八百骑兵，当先直入敌阵。混战中，被长枪刺中腰部，敌兵把他重重包围，危急时刻，薛万备单骑冲入，救契苾何力于万众之中。契苾何力认为如此失败简直是耻辱，立马在本阵把伤口简单包扎后，又返身杀回敌阵，高句丽军挡不住契苾何力及其部众的神勇，溃逃数十里。因为天黑了下来，唐军没有深入追击，乌骨援军才免于覆没。不久，刺伤契苾何力的高突勃被抓获，唐太宗让契苾何力自行处理，契苾何力说:"他为保卫自己的国家,冒着战场如雨般的锋镝白刃而刺伤我,实在是忠勇的壮士。再说,我俩素不相识,并无个人恩怨,各为其主而已。"他认为高突勃无罪,并予以释放。

六月,白岩城主代音见抵挡不住,悄悄派手下前来联系投降。唐太宗允准,并叫使者带着唐军旗帜回去,插在城头上。城内军民以为唐军已经入城,纷纷放下武器投降。此前,白岩城曾搞过一次假投降,以作缓兵之计。唐太宗大怒,说攻破该城,要把城里的财物全部赐予将士,也就是说要放纵士兵抢掠全城。城破,李勣请求屠城,唐太宗下马道歉说:"实践诺言,昭信于人,你的要求得很对。但放纵战士到城里杀人,掳掠那些无辜的百姓,朕实在不忍心。这样吧,将军部下有功的,朕都以自己的钱财酬赏,赎买此城军民不死。"

白岩城一万余人得到保全,其他地方来此参与保卫的高句丽士兵也受到抚慰,并发放路费,让他们回去。盖牟城陷落的时候,从加尸城来援的七百人也被唐军俘虏。此时见唐太宗如此宽宏大度,很受感动,自愿加入唐军作战。唐太宗告诉他们:"各位的家都在加尸城,你们为我战斗的话,家人就会受连累。为了得到你们而毁掉一个家庭,朕实在做不到,请各自回家吧。"发了路费,让这些人也回家去了。

十九、安市坚守　无功而返

当此之时,高句丽急忙派遣北部耨萨(高句丽酋长称"耨萨",大城设此官职,一如中原王朝的都督)高延寿、高惠真,率高句丽、靺鞨兵十五万增援安市城。高延寿不听老将的劝阻,提兵进攻唐军。进到离安市城只有四十里的地方,唐太宗还担心他们中途变卦,便派左卫大将军阿史那社尔率两千突厥骑兵去诱敌,刚一交战就诈败而逃。高句丽军一鼓作气向前突击,在安市城东南八里的山前列阵,打算大破唐军。

唐太宗带数百骑兵,和长孙无忌等到山顶瞭望,了解地形、敌情。见到高句丽、靺鞨军列阵长达四十里,唐太宗颇有顾虑。江夏郡王李道宗建议说:"既然高句丽倾国而来,平壤的守备肯定不强。陛下给我五千精兵,拿下那块根本之地,让敌人进退不得,面前这数十万重兵肯定不战而降。"但太宗没采纳这项建议。

为了削弱敌人的斗志,唐太宗派使者去见高延寿,说:"朕是来讨伐盖苏文谋杀君主之罪的,并不想和你们作战。到你们境内,粮食不足,才拿下几座城邑取粮。等到高句丽内部安定了,对你们的损失,国家会赔偿的。"高延寿以为唐太宗怯战,戒备松弛了下来。

夜里,唐太宗召开最高军事会议,决议李勣带步、骑一万五千在西岭列阵,长孙无忌带精兵一万为奇兵扰敌,自己指挥四千步骑,悄然登上北山埋伏,约定诸军听到鼓角声,就一起冲出去杀敌。第二天,高延寿等人发现李勣带兵布阵,赶紧整顿部队,准备迎战。唐军的怒吼地动山摇,挟风掣雷般冲向敌阵。敌军大败,四面逃散,约有两万人被杀。

高延寿大败之后,收集残兵三万人,依山固守。唐军四面合围,长孙无忌把包围圈附近的桥梁、归路都断掉了。无奈之下,高延寿只好投降。唐太宗笑着说:"东夷的年轻人嘛,在大海的角落边上逞能还行,要真碰上决胜时候,跟朕这见多识广的老人还差得远呢!"高句丽众将无言对答。唐太宗把耨萨以下酋长三千人选拔出来,授予军职,并迁徙到内地;剩下的高句丽人,全都放还平壤。俘虏们得到这个消息,无不高举双手磕头感激,欢呼声响彻方圆数十里。靺鞨兵有三千三百人被抓起来活埋,以惩罚他们侵犯皇帝御驾。

唐太宗把这一战视为平生得意之作,写信给留守的太子和群臣夸耀说："我这个常胜将军，宝刀还没有老！"并把自己埋伏的山命名为"驻跸山"，以作纪念。而高句丽人闻此败讯，不再打算死守城池，后黄城、银城的军民撤退一空。从安市到平壤，方圆几百里都没了人烟。只有安市坚持抵抗，不肯投降。

从大军进到辽东之日算起，前后耗时六个月。盖苏文悄悄派使者联络西北部族薛延陀，教唆他们进攻唐朝。薛延陀真珠可汗颇为心动，遣使来窥探，唐太宗直截了当地对他们说："告诉你们的真珠可汗，朕如今攻打高句丽，国内兵力不足，你们若想偷袭，这正是好机会！"真珠可汗派使者来道歉，并表示愿意出兵帮助，但唐太宗谢绝了他们派兵助战的请求。

安市人见唐军拿他们没办法，信心渐涨。每当看见唐太宗的车驾从城下经过，便纷纷站在城墙上放声辱骂。唐太宗大怒，李勣表示要在攻克后，把全城百姓都活埋。安市军民听到这个消息，更加拼命坚守，城池也就更难被攻破了。随军降将高延寿和高惠真，建议直取安市背后的乌骨城，然后直趋平壤。群臣也觉得这办法好，并告诉唐太宗，张亮的部队也已到达卑沙城，可以合兵攻拔乌骨，然后渡过鸭绿江，直取平壤。但长孙无忌坚决反对，理由很简单："天子亲征，和一般将领不同，绝对不能乘危侥幸。如今安市和建安的敌人，大约有十万，我们绕过去，后军可能会被偷袭。天子出征，只能力求万全。还是先破安市，再取建安，然后长驱而进为好。"

江夏郡王李道宗指挥部队高筑土山，逐渐逼近城的东南角，安市人也将城墙不断加高来抗拒。唐军用冲车礌石把城楼打坏，安市人立即树起大木栅塞住缺口。前后六十天，用了五十万左右的劳动力，将土山修到离城只有几丈光景。一天晚上，土山垮塌下来，把城墙压垮，负责守卫的唐将傅伏爱擅离职守，山上无人指挥。高句丽兵立即从城墙缺口冲出来，占领了土山。唐太宗眼见这么好的机会丢了,非常恼火,将傅伏爱斩于军前。李道宗也光着脚到军旗下请罪,唐太宗严肃地告诉他:"你的罪确实该死。但与其像汉武帝那样杀王恢而损失大将,不如像秦穆公重新用孟明视反败为胜,何况你还有破盖牟、辽东的功劳,这次就开恩饶了你。"

九月底,辽东的秋天越来越冷,草也枯黄了,河水开始结冰,粮草将尽,部队不能再久留,唐太宗只好下令班师。走之前,先把辽州和盖州的百姓迁过辽河,送到内地安置。接着,唐军在安市城下炫耀部队,城里的人都躲起来不敢回应。安市城主在城头上拜辞,唐太宗很欣赏他忠于职守的气节和才干,赏赐一百匹绢。随后,以李勣、李道宗等步、骑四万断后,徐徐还军。

这次东征高句丽,占领了玄菟、横山、盖牟、辽东、卑沙、麦谷、银山、后黄、白岩等十城。其中辽东、盖牟、白岩三城七万人迁入中原。新城、建安、驻跸三大战,杀敌四万,而唐军战士伤亡不过两千人,但战马死伤七八成。唐太宗自太原起兵以来,所向披靡,未尝败北,而且每战必是全胜。蕞尔高句丽,竟然因为天气和安市城,只得放弃占领的土地撤退。这次很难说是战胜还是战败的出征,令唐太宗十分郁闷,他不禁仰天长叹:"假如魏徵还在的话,一定会劝阻我征辽。"

回到营州,唐太宗命将战死者的遗体集中到营州柳城(今辽宁朝阳),设太牢祭祀,亲自临哭尽哀。死难者的父母听说此事,都很欣慰,他们说:"咱们的儿子虽然战死了,但皇上亲自为他们哭灵送葬,哀荣备至,死而无憾!"到了北平,唐太宗为战死的将士建了悯忠寺,以超度他们远在异邦的亡灵。北平的接待官员用鲜绿的青菜招待皇上,唐太宗问:"隆冬时节,怎么还有如此鲜菜?"地方官说是用暖棚栽种的,专供皇帝。唐太宗大怒,斥责地方官违背自然规律,冬行夏令,立予革职。其实,这不过是他因战事不顺,心情郁闷,有意找地方官的茬。

车驾到达定州,太子李治迎接。大军出发的时候,唐太宗对太子说:"除非朕回来见到你,才会换掉这件袍子。"到秋天的时候,袍子朽坏不少,臣下请他另换一件,太宗说:"战士的衣服也坏了不少,朕不能独自换新衣服。"一直到回到定州,太子亲自送了件新袍子给他,才更换过来。

兴师动众征辽,竟无功而返,唐太宗并不甘心。一年以后,他又想亲征,房玄龄等人再三相劝才劝住。但他还是派将军薛万彻去袭击高句丽,大军在边境取得一些胜利。第二次对高句丽作战还没有全面展开,唐太宗病重,战争只得停止。

二十、废立太子　遗祸后世

唐太宗李世民在武德九年(626)八月即位,到贞观二十三年(649)三月去世,共在位二十三年。在位期间,他奉行大治天下的方针,励精图治,锐意进取,使唐王朝迅速达到了天下大治的局面:社会定安,生产恢复,百姓安居乐业,国力日益强盛;同时,造就了皇帝兼听并纳、广任贤良,大臣敢于发表和坚持己见,上下同心同力求治这样一种封建社会少有的政治风气。所有这些,开创了"贞观之治"这一古代社会少见的太平盛世,唐太宗也因此成为中国封建帝王中最为杰出的代表。

在贞观盛世的巨大成功面前,唐太宗自认为在武功、文治和怀远三方面都超迈古人,骄傲和自满情绪开始滋长,思想和行为逐渐发生变化,以"隋亡为戒"的历史教训逐渐淡忘,帝王的欲望和专制本能越来越多地在他身上体现出来。因此,到贞观中后期,号称太平盛世的贞观之治逐渐失去了光彩。

贞观初年,唐太宗比较注意节俭,禁止营造宫殿和追求奢侈,到贞观中后期,这种情况逐渐改变,宫殿的营造多了起来,追求奢侈的现象也越来越严重。"求骏马于万里,市珍奇于域外",在唐太宗的要求下,"难得之货,无远不臻;珍玩之作,无时能止"(《贞观政要·论慎终》)。由于皇帝不断营造宫室和追求奢侈,老百姓的徭役负担不断加重,服徭役的农民道路相继,甚至"兄去弟还,首尾不绝,远者五六千里,春秋冬夏季略无休时"(《旧唐书·马周传》)。贞观十六年(642),更是出现农民为逃避赋役,自己折断手足,谓之"福手福足"的情况。

在大臣的任用上,唐太宗也不像贞观初期那样唯才是举,以德行、学识、才干为先了。许多勋戚子弟充塞朝廷。这些人没有实际能力,还互相牵制,大大影响了行政效率。在兼听纳谏方面,也不如从前。贞观初期,唐太宗是恐人不言,导之使谏,鼓励臣下犯颜直谏;到贞观中后期,则变得渐恶直言,不悦人谏,有时虽然勉强听谏,内心却不愿接受。特别是贞观十七年(643)魏徵去世后,除刘洎、马周等少数人仍然不断进谏外,其余大臣都一味阿谀奉承,从而使唐太宗变得骄横专制起来,兼听纳谏的良好作风逐渐丧失。

同时,在贞观中后期,唐太宗与大臣间的关系也发生了变化,他开始疑忌朝臣,特别是贞观后期,这种疑忌心理越来越严重,对大臣动辄问罪,轻则贬黜,重则杀戮,使出身寒微的大臣遭到严重打击,甚至连尉迟敬德、房玄龄这样一些佐命功臣也未能幸免。贞观十七年(643),太子废立事件以后,这种疑忌进一步加深。

起初,唐太宗立长子李承乾为皇太子。后来,太子染上了许多坏习气,喜好声色,漫游无度,再加上患过足疾,行走不便,太宗便逐渐有些厌恶,转而宠爱四子李泰,准备更换太子。魏徵在世时,坚决反对废立,极力维护太子的地位。魏徵去世后,李承乾因谋反被废为庶人,与之牵连的大将侯君集被杀,中书侍郎兼太子左庶子杜正伦也因此获罪。由于魏徵生前曾推荐杜正伦和侯君集有相才，因而太宗怀疑他们曾结为朋党，再加有人诋毁魏徵，说他曾把自己的谏辞给谏议大夫褚遂良看过。于是，唐太宗解除了亲自答应的魏徵之子魏叔玉和衡山公主的婚约，并派人推倒了自己亲自撰文并书写的魏徵碑。

太子承乾被废之后，唐太宗想立四子李泰为皇太子，但遭到一些元老重臣的反对。最后，在长孙无忌、褚遂良等人的坚持下，决定立九子李治为皇太子。由于宰相刘洎曾支持李泰做太子，唐太宗对他很不放心，后来由于褚遂良的诬告，便趁机将他杀掉，并清洗了其他支持李泰做太子的大臣。唐太宗临终时，对寒族地主出身的宰相李勣也不放心，将他由宰相降为叠州都督进行考验。这一切，都显示了唐太宗突出的疑忌心理。

贞观中后期，唐太宗虽然在政治上开始走向下坡路，但并未堕落成昏庸的君主，在某些方面，他还能够保持贞观前期的良好作风，且能对自己一生的功业进行冷静的回顾和总结。

贞观二十一年（647）五月，唐太宗问左右大臣："自古帝王，虽然能平定中原，却不能使周围的小国臣服；我的才能赶不上古人，但取得的成绩却比他们还多。这是什么原因？你们可以随便说说自己的真实看法。"群臣都说："陛下的功德如天地，说什么也不足以形容。"唐太宗说："不然。我之所以能达到这么高的成就，只不过是做到了五件事。第一，自古帝王多嫉妒才能胜过自己的人，而我看到别人的长处，像看到自己的一样高兴。第二，无论何人都不可能十全十美，我往往能弃其所短，用其所长。第三，有的帝王爱贤者恨不得抱在怀里，憎不肖者又恨不得推入沟壑，而我对贤者尊敬、重用，对不肖者也很哀怜，使两者都能各得其所。第四，自古帝王大多厌恶正直之士，或者公开处决，或者暗中杀害，而我从即位以来，正直之士比比皆是，不曾罢免过一人，也不曾给一人治罪。第五，自古帝王都看重汉人，看不起蛮夷，我独能一视同仁，一样关怀爱护，所以他们都来归附。我有今天的成就，就是因为做到了这五件事。"唐太宗总结的这五条成功原因，是比较符合实际的。

临终之前，唐太宗也并未片面地陶醉于成功之中，还能够坦率地指出和承认自己的缺点。贞观二十二年（648）春天，即逝世的前一年，他亲自为太子李治撰写了《帝范》十二篇，把自己所做的错事说给儿子听，要他以古代圣贤为师，不要效法自己。他说："古人说过，效法上等，仅能学到中等；而效法中等，必然要成为下等。你若只学我，就连我也赶不上了。我居大位以来，不对的地方很多：锦绣绸缎、珍宝珠玉不绝于前，宫室楼台屡有兴建，好狗骏马到处搜求，又经常外出巡游，劳费和麻烦百姓。这些都是我的过失，你千万不要以为是对的而加以学习。我不过度使用民力，给百姓的益处很多，又开创了大唐的天下，功劳很大。因为给百姓的益处多、损害少，所以百姓还不抱怨；又因为功劳大而过失小，所以事业才没有垮掉。但比起尽美尽善来，还差得很远。"作为封建帝王，在为自己即将盖棺论定的时候，尚能谈及自己的缺点，很不容易，也难能可贵。

作为皇帝，唐太宗宫闱生活和历代封建帝王一样，妻妾成群，皇后虽然只有一个，妃嫔则为数众多。为了满足自己的欲望，唐太宗还曾多次挑选美女和才女，罗致宫中，甚至连隋炀帝的皇后萧氏、弟弟元吉的爱妃杨氏、堂兄庐江王李瑗的爱姬崔氏、贞观名将侯君集的姬人也都纳入后宫。这种行为，历来为后世史家所讥议，宋代史学家范祖禹、理学家朱熹，都曾对唐太宗的这种行为有过指责。在宫闱生活方面，唐太宗虽然不能和荒淫无耻的隋炀帝相比，但也算得上好色之君。

唐太宗的好色也可谓遗祸后世。他宠爱武媚娘，即后来的武则天,经常召幸。在武媚娘春风得意时,白天经常出现太白星。星相家李淳风说这是"女主昌"的征兆,唐太宗又想起民间流传的《秘记》所载:"唐三代而亡,女主昌。女主武氏代有天下。"为此,唐太宗杀了许多武姓的人,但就是不忍心杀武媚娘。

在唐太宗的众多后妃当中,能够以自己的贤德对皇上产生影响的,主要有两个,贞观前期是皇后长孙氏,贞观后期主要是妃子徐惠。

长孙皇后出身于显赫的贵族世家,自幼受到过良好的教育,知书善文,聪明贤淑,是一个有见解、识大体、宽厚仁慈的女性。她以自己的贤德和才干,影响了唐太宗的家庭生活和政治行为,为贞观之治的形成做出了重要贡献。

长孙皇后最突出的政治见解,就是防范外戚专权。哥哥长孙无忌,是丈夫唐太宗的佐命元勋,太宗对他信任备至,委以宰相之职。对此,长孙皇后一再以汉朝诸吕与霍氏等外戚专权乱政的历史事实提醒丈夫,要求降低长孙无忌的官位。她还让哥哥亲自向太宗要求降职,直到临终前,还告诫丈夫注意防止外戚专权。在古代历史上,后妃得宠时,加强父兄的权势比比皆是。而长孙皇后则力避裙带之嫌,把外戚专权乱政而导致身败名裂的历史教训作为切骨之诫,诚为远见卓识。贞观期间没有外戚干政,与长孙皇后有着重要的关系。

长孙皇后的政治见解和才干,对唐太宗产生了很重要的影响。长孙皇后在世时,唐太宗经常和她讨论国家大事,听取她对某些大问题的意见。贞观初年,唐太宗能够虚怀纳谏,与长孙皇后的协助是分不开的。每当唐太宗任气使性不能虚心听取谏言时,长孙皇后便通过各种方式进行规劝,使太宗能够继续保持虚怀纳谏的好作风。长孙皇后熟读经史,因而也常常引用历史典故来劝谏太宗。

在唐太宗晚年，对他影响较大的是贤妃徐惠。徐惠是当时著名的才女，聪明绝顶，博览群书，还未成年就已经很有名气。徐惠入宫以后，虽然位列妃嫔，但对国家大事也十分关心，经常和唐太宗谈论国家大事，议论朝政，并提出一些自己的见解和看法。太宗喜欢她知书善文、纵论古今的才华，把她看作长孙皇后一样的人物，对其见解也颇多接受。

贞观后期，由于唐太宗频繁发动战争，徭役和兵役的征发空前严重，造成了社会矛盾的激化。因此在贞观二十二年（648），徐惠向太宗上疏进行劝谏（《谏太宗息兵罢役疏》），这篇上疏结构严谨，声情并茂，论据充实，真切感人，深受太宗的赞赏。

二十一、多才多艺　文武兼擅

唐太宗不仅是杰出的军事家和政治家，而且还是一位多才多艺的君主。他精于弓马，擅长诗书，是一位文武全才的皇帝。

唐太宗以马上取天下，在征服中原和边疆的过程中，多得力于武略和骑射。他弓马娴熟，从晋阳起兵到登基称帝，他的生涯几乎是和弓马相伴的。他所用的弓箭，比平常人用的要大一倍，命中率高，威力大。在指挥战争期间，他每每乘骏马、持大弓，冲锋陷阵。登基之后，娴熟的骑射技术依旧不减当年。唐太宗尤其喜爱骏马，以至成癖。昭陵六骏石刻，既是唐初雕刻艺术的形象展示，也是唐太宗嗜马成癖的真实写照。

唐太宗还擅长诗文和书法。他一生写了不少诗文，编入《全唐文》和《全唐诗》中的就有文七卷、赋五篇、诗一卷六十九首。他的文章主要是政论、史论、诏敕之类，其中《帝范前后序》《金镜》等是代表作品。唐太宗的文章大多为骈体，注重辞藻，讲求对偶，形式上还没有摆脱六朝以来的绮丽文风。雄才大略与绮丽文风的对比，成为后人议论较多的话题，也见出时代风气对人的域限之大。

唐太宗虽然爱好和擅长诗文,但却不重文名。他说:"君主要以德政治天下,只靠文章是没有用的。"在贞观时期,唐太宗一直没有答应刊行自己的诗文集。

唐太宗的书法,主要师法于晋人王羲之。他最为擅长的是飞白书,功力很深,曾书飞白字赏赐群臣,成为大家珍藏的目标。太宗还十分重视对技法的钻研,并写了《笔法论》《指法论》《笔意论》等文章,从初学到深造,对书法做了精辟的分析。由于太宗对王羲之书法的推崇,贞观时期出现了一场书法革新运动,统一了南北朝以来南师王帖、北宗魏碑的自立门户的局面,使王书成为全国书体的正宗。

唐太宗虽为一代英主,但在晚年,由于疾病缠身,久治不愈,生了乞求长生不老的迷信思想,迷恋上了方士炼制的金石丹药。贞观二十三年(649)五月,唐太宗因金石丹药服用过多,中毒暴亡,享年五十二岁。

唐太宗是中国历史上的英明君主,他的一生可以分为两个时期:前期的武功和后期的文治。最难得的是,他在两个方面都创造了卓越的成就。在早期的战争中,年轻的李世民大智大勇,在困难局面下,看到并最大限度地发挥有利的因素。在隋末各路造反大军中,太原的一支要弱于其他,刘武周、薛举、王世充、窦建德的实力远远大过太原李氏,但他们都成了败将或降将,先后臣服于李世民。战争比拼实力,更比拼时机,李世民能够主动把握时机,引领战争进程,从而胜利在握。李世民不但运筹帷幄,而且身先士卒,冲锋陷阵,具有勇武精神。战场上的李世民是个英勇的战士,面对强敌,勇往直前,具有压倒一切敌人的英雄气概,使全军振奋,使敌人丧胆。

唐朝建立后,唐太宗的注意力转移到了文治。玄武门之变解决了继位问题,唐太宗认为,战场与官场的斗争应该完全结束了。这时的唐太宗以全新的面目出现在世人面前,他的新,最关键的就在于能够及时改变立场与观点,抛开一切顾虑,把国家的事情办好。比如玄武门之变,这是无论如何都难以磨灭的"污点",他残杀兄弟,凌逼父皇,按照传统儒家的评判标准,他可谓不忠、不孝、不悌的罪人。他无法向世人辩解。但他的英明恰恰就在这里,既然无法辩解,那就不再辩解;既然污点无法抹去,那就不去抹它。他对自己的统治能力有着充分的自信,根本不去计较背后的流言飞语。实际上,这样的流言飞语即使存在,也会很快被贞观治世带来的切身利益冲淡,不再有多少人关注、纠缠皇家曾经的流血冲突。而后世的明太祖朱元璋就显得相形见绌,他十分忌讳自己"盗贼""土匪""和尚"的经历,试图叫人们彻底忘记,为此不惜深文周纳,在和平年代屠杀平民,结果是"劣迹"愈发清晰牢固。

唐太宗擅长征战,更擅长治国。他把天下的才能之士笼络在自己的身边,委以重任,虚心纳谏,闻过不怒。他制定、颁布了切合实际的法律法令,使国民有规范可依。他采取各种办法刺激经济发展,达到全民富裕,实现民富国强。

唐太宗仰慕汉文帝,行事学习效法,甚至细节都很相似。诸如:听从大理寺卿从轻处理"御犯",因建筑预算数额大而停建宫殿,很像是从《史记》里"抄"来的。其实不然,仁人之心自然是相通的。在贞观时期,国家政治很少有重大失误。《贞观政要》记述的唐太宗圣贤且英明的事迹,大多数是可靠的,尽管也不无些微粉饰的成分。

唐太宗不服老,更集中表现在东征高句丽一事。他不了解辽东的酷寒,不熟悉高句丽的国势。他在隋末扫平诸方势力的战争中所向披靡,也就不屑于隋朝文帝、炀帝在高句丽的溃败。他以为自己御驾亲征，小小高句丽会望风而降，天朝大军兵不血刃，就献俘宗庙。征辽虽然捷报频传，但战略目标没有达到，反倒助长了高句丽的野心，以为"天可汗"对他都无可奈何，从此可以与"天朝"平起平坐。征辽无功，对唐太宗打击很大。食金丹侵害了他的身体，征辽不胜则摧毁了他的精神，一代英明君主，含恨而终。唐太宗创造了伟大的成就供后人景仰，也留下无尽的问题启示后人深思。

《旧唐书·太宗本纪》

太宗本纪上

太宗文武大圣大广孝皇帝讳世民，高祖第二子也。母曰太穆顺圣皇后窦氏。隋开皇十八年十二月戊午，生于武功之别馆。时有二龙戏于馆门之外，三日而去。高祖之临岐州，太宗时年四岁。有书生自言善相，谒高祖曰："公贵人也，且有贵子。"见太宗，曰："龙凤之姿，天日之表，年将二十，必能济世安民矣。"高祖惧其言泄，将杀之，忽失所在，因采"济世安民"之义以为名焉。太宗幼聪睿，玄鉴深远，临机果断，不拘小节，时人莫能测也。

大业末，炀帝于雁门为突厥所围，太宗应募救援，隶屯卫将军云定兴营。将行，谓定兴曰："必赍旗鼓以设疑兵。且始毕可汗举国之师，敢围天子，必以国家仓卒无援。我张军容，令数十里幡旗相续，夜则钲鼓相应，虏必谓救兵云集，望尘而遁矣。不然，彼众我寡，悉军来战，必不能支矣。"定兴从焉。师次崞县，突厥候骑驰告始毕曰："王师大至。"由是解围而遁。及高祖之守太原，太宗时年十八。有高阳贼帅魏刁儿，自号"历山飞"。来攻太原，高祖击之，深入贼阵。太宗以轻骑突围而进，射之，所向皆披靡，拔高祖于万众之中。适会步兵至，高祖与太宗又奋击，大破之。

时隋祚已终，太宗潜图义举，每折节下士，推财养客，群盗大侠，莫不愿效死力。及义兵起，乃率兵略徇西河，克之。拜右领大都督，右三军皆隶焉，封敦煌郡公。大军西上贾胡堡，隋将宋老生率精兵二万屯霍邑，以拒义师。会久雨粮尽，高祖与裴寂议，且还太原，以图后举。太宗曰："本兴大义以救苍生，当须先入咸阳，号令天下；遇小敌即班师，将恐从义之徒一朝解体。还守太原一城之地，此为贼耳，何以自全！"高祖不纳，促令引发。太宗遂号泣于外，声闻帐中。高祖召问其故，对曰："今兵以义动，进战则必克，退还则必散。众散于前，敌乘于后，死亡须臾而至，是以悲耳。"高祖乃悟而止。

八月己卯，雨霁，高祖引师趣霍邑。太宗恐老生不出战，乃将数骑先诣其城下，举鞭指麾，若将围城者，以激怒之。老生果怒，开门出兵，背城而阵。高祖与建成合阵于城东，太宗及柴绍阵于城南。老生麾兵疾进，先薄高祖，而建成坠马，老生乘之，高祖与建成军咸却。太宗自南原率二骑驰下峻坂，冲断其军，引兵奋击，贼众大败，各舍仗而走。悬门发，老生引绳欲上，遂斩之，平霍邑。

至河东，关中豪杰争走赴义。太宗请进师入关，取永丰仓以赈穷乏，收群盗以图京师，高祖称善。太宗以前军济河，先定渭北。三辅吏民及诸豪猾诣军门请自效者日以千计，扶老携幼，满于麾下。收纳英俊，以备僚列，远近闻者，咸自托焉。师次于泾阳，胜兵九万，破胡贼刘鹞子，并其众。留殷开山、刘弘基屯长安故城。太宗自趣司竹，贼帅李仲文、何潘仁、向善志等皆来会，顿于阿城，获兵十三万。长安父老赍牛酒诣辕门者不可胜纪，劳而遣之，一无所受。军令严肃，秋毫无所犯。寻与大军平京城。高祖辅政，受唐国内史，改封秦国公。会薛举以劲卒十万来逼渭滨，太宗亲击之，大破其众，追斩万余级，略地至于陇坻。

义宁元年十二月，复为右元帅，总兵十万徇东都。及将旋，谓左右曰："贼见吾还，必相追蹑。"设三伏以待之。俄而隋将段达率万余人自后而至，度三王陵，发伏击之，段达大败，追奔至于城下。因于宜阳、新安置熊、谷二州，戍之而还。徙封赵国公。高祖受禅，拜尚书令、右武候大将军，进封秦王，加授雍州牧。

武德元年七月，薛举寇泾州，太宗率众讨之，不利而旋。九月，薛举死，其子仁杲嗣立。太宗又为元帅以击仁杲，相持于折墌城，深沟高垒者六十余日。贼众十余万，兵锋甚锐，数来挑战，太宗按甲以挫之。贼粮尽，其将牟君才、梁胡郎来降。太宗谓诸将军曰："彼气衰矣，吾当取之。"遣将军庞玉先阵于浅水原南以诱之，贼将宗罗睺并军来拒，玉军几败。既而太宗亲御大军，奄自原北，出其不意。罗睺望见，复回师相拒。太宗将骁骑数十入贼阵，于是王师表里齐奋，罗睺大溃，斩首数千级，投涧谷而死者不可胜计。太宗率左右二十余骑追奔，直趣折墌以乘之。仁杲大惧，婴城自守。将夕，大军继至，四面合围。诘朝，仁杲请降，俘其精兵万余人、男女五万口。既而诸将奉贺，因问曰："始大王野战破贼，其主尚保坚城，王无攻具，轻骑腾逐，不待步兵，径薄城下，咸疑不克，而竟下之，何也？"太宗曰："此以权道迫之，使其计不暇发，以故克也。罗睺恃往年之胜，兼复养锐日久，见吾不出，意在相轻。今喜吾出，悉兵来战，虽击破之，擒杀盖少。若不急蹑，还走投城，仁杲收而抚之，则便未可得矣。且其兵众皆陇西人，一败披退，不及回顾，散归陇外，则折墌自虚，我军随而迫之，所以惧而降也。此可谓成算，诸君尽不见耶?"诸将曰:"此非凡人所能及也。"获贼兵精骑甚众,还令仁杲兄弟及贼帅宗罗睺、翟长孙等领之。太宗与之游猎驰射,无所间然。贼徒荷恩慑气,咸愿效死。时李密初附,高祖令密驰传迎太宗于豳州。密见太宗天姿神武,军威严肃,惊悚叹服,私谓殷开山曰:"真英主也。不如此,何以定祸乱乎?"凯旋,献捷于太庙。拜太尉、陕东道行台尚书令,镇长春宫,关东兵马并受节度。寻加左武候大将军、凉州总管。

宋金刚之陷浍州也,兵锋甚锐。高祖以王行本尚据蒲州,吕崇茂反于夏县,晋、浍二州相继陷没,关中震骇,乃手敕曰:"贼势如此,难与争锋,宜弃河东之地,谨守关西而已。"太宗上表曰:"太原王业所基,国之根本,河东殷实,京邑所资。若举而弃之,臣窃愤恨。愿假精兵三万,必能平殄武周,克复汾、晋。"高祖于是悉发关中兵以益之,又幸长春宫亲送太宗。

二年十一月,太宗率众趣龙门关,履冰而渡之,进屯柏壁,与贼将宋金刚相持。寻而永安王孝基败于夏县,于筠、独孤怀恩、唐俭并为贼将寻相、尉迟敬德所执,将还浍州。太宗遣殷开山、秦叔宝邀之于美良川,大破之,相等仅以身免,悉虏其众,复归柏壁。于是诸将咸请战,太宗曰:"金刚悬军千里,深入吾地,精兵骁将,皆在于此。武周据太原,专倚金刚以为捍。士卒虽众,内实空虚,意在速战。我坚营蓄锐以挫其锋,粮尽计穷,自当遁走。"

三年二月,金刚竟以众馁而遁,太宗追之至介州。金刚列阵,南北七里,以拒官军。太宗遣总管李世勣、程咬金、秦叔宝当其北,翟长孙、秦武通当其南。诸军战小却,为贼所乘。太宗率精骑击之,冲其阵后,贼众大败,追奔数十里。敬德、相率众八千来降，还令敬德督之，与军营相参。屈突通惧其为变，骤以为请。太宗曰："昔萧王推赤心置人腹中，并能毕命，今委任敬德，又何疑也。"于是刘武周奔于突厥，并、汾悉复旧地。诏就军加拜益州道行台尚书令。

七月，总率诸军攻王世充于洛邑，师次榖州。世充率精兵三万阵于慈涧，太宗以轻骑挑之。时寡不敌众，陷于重围，左右咸惧。太宗命左右先归，独留后殿。世充骁将单雄信数百骑夹道来逼，交抢竞进，太宗几为所败。太宗左右射之，无不应弦而倒，获其大将燕颀。世充乃拔慈涧之镇归于东都。太宗遣行军总管史万宝自宜阳南据龙门，刘德威自太行东围河内，王君廓自洛口断贼粮道。又遣黄君汉夜从孝水河中下舟师袭回洛城，克之。黄河已南，莫不响应，城堡相次来降。大军进屯邙山。九月，太宗以五百骑先观战地，卒与世充万余人相遇，会战，复破之，斩首三千余级，获大将陈智略，世充仅以身免。其所署筦州总管杨庆遣使请降，遣李世勣率师出轩辕道安抚其众。荥、汴、洧、豫九州相继来降。世充遂求救于窦建德。

四年二月，又进屯青城宫。营垒未立，世充众二万自方诸门临榖水而阵。太宗以精骑阵于北邙山，令屈突通率步卒五千渡水以击之，因诫通曰："待兵交即放烟，吾当率骑军南下。"兵才接，太宗以骑冲之，挺身先进，与通表里相应。贼众殊死战，散而复合者数焉。自辰及午，贼众始退。纵兵乘之，俘斩八千人，于是进营城下。世充不敢复出，但婴城自守，以待建德之援。太宗遣诸军掘堑，匝布长围以守之。吴王杜伏威遣其将陈正通、徐召宗率精兵二千来会于军所。伪郑州司马沈悦以武牢降，将军王君廓应之，擒其伪荆王王行本。

会窦建德以兵十余万来援世充，至于酸枣。萧瑀、屈突通、封德彝皆以腹背受敌，恐非万全，请退师谷州以观之。太宗曰："世充粮尽，内外离心，我当不劳攻击，坐收其敝。建德新破孟海公，将骄卒惰，吾当进据武牢，扼其襟要。贼若冒险与我争锋，破之必矣。如其不战，旬日间世充当自溃。若不速进，贼入武牢，诸城新附，必不能守。二贼并力，将若之何？"通又请解围救险以候其变，太宗不许。于是留通辅齐王元吉以围世充，亲率步骑三千五百人去武牢。

建德自荥阳西上，筑垒于板渚，太宗屯武牢，相持二十余日。谍者曰："建德伺官军刍尽，候牧马于河北，因将袭武牢。"太宗知其谋，遂牧马河北以诱之。诘朝，建德果悉众而至，陈兵汜水，世充将郭士衡阵于其南，绵亘数里，鼓噪，诸将大惧。太宗将数骑升高丘以望之，谓诸将曰："贼起山东，未见大敌。今度险而嚣，是无政令；逼城而阵，有轻我心。我按兵不出，彼乃气衰，阵久卒饥，必将自退，追而击之，无往不克。吾与公等约，必以午时后破之。"建德列阵，自辰至午，兵士饥倦，皆坐列，又争饮水，逡巡敛退。太宗曰："可击矣！"亲率轻骑追而诱之，众继至。建德回师而阵，未及整列，太宗先登击之，所向披靡。俄而众军合战，嚣尘四起。太宗率史大奈、程咬金、秦叔宝、宇文歆等挥幡而入，直突出其阵后，张我旗帜。贼顾见之，大溃。追奔三十里，斩首三千余级，虏其众五万，生擒建德于阵。太宗数之曰："我以干戈问罪，本在王世充，得失存亡，不预汝事，何故越境，犯我兵锋？"建德股栗而言曰："今若不来，恐劳远取。"高祖闻而大悦，手诏曰："隋氏分崩，崤函隔绝。两雄合势，一朝清荡。兵既克捷，更无死伤。无愧为臣，不忧其父，并汝功也。"乃将建德至东都城下。世充惧，率其官属二千余人诣军门请降，山东悉平。太宗入据宫城，令萧瑀、窦轨等封守府库，一无所取，令记室房玄龄收隋图籍。于是诛其同恶段达等五十余人，枉被囚禁者悉释之，非罪诛戮者祭而诔之。大飨将士，班赐有差。高祖令尚书左仆射裴寂劳于军中。

六月，凯旋。太宗亲披黄金甲，阵铁马一万骑，甲士三万人，前后部鼓吹，俘二伪主及隋氏器物辇辂献于太庙。高祖大悦，行饮至礼以享焉。高祖以自古旧官不称殊功，乃别表徽号，用旌勋德。

十月，加号天策上将、陕东道大行台，位在王公上。增邑二万户，通前三万户。赐金辂一乘，衮冕之服，玉璧一双，黄金六千斤，前后部鼓吹及九部之乐，班剑四十人。

于时海内渐平，太宗乃锐意经籍，开文学馆以待四方之士。行台司勋郎中杜如晦等十有八人为学士，每更直阁下，降以温颜，与之讨论经义，或夜分而罢。

未几，窦建德旧将刘黑闼举兵反，据洺州。十二月，太宗总戎东讨。

五年正月，进军肥乡，分兵绝其粮道，相持两月。黑闼窘急求战，率步骑二万，南渡洺水，晨压官军。太宗亲率精骑，击其马军，破之，乘胜蹂其步卒，贼大溃，斩首万余级。先是，太宗遣堰洺水上流使浅，令黑闼得渡。及战，乃令决堰，水大至，深丈余，贼徒既败，赴水者皆溺死焉。黑闼与二百余骑北走突厥，悉虏其众，河北平。时徐圆朗阻兵徐、兖，太宗回师讨平之，于是河、济、江、淮诸郡邑皆平。十月，加左右十二卫大将军。

七年秋，突厥颉利、突利二可汗自原州入寇，侵扰关中。有说高祖云："只为府藏、子女在京师，故突厥来，若烧却长安而不都，则胡寇自止。"高祖乃遣中书侍郎宇文士及行山南可居之地，即欲移都。萧瑀等皆以为非，然终不敢犯颜正谏。太宗独曰:"霍去病,汉廷之将帅耳,犹且志灭匈奴。臣忝备藩维,尚使胡尘不息,遂令陛下议欲迁都,此臣之责也。幸乞听臣一申微效,取彼颉利。若一两年间不系其颈,徐建移都之策,臣当不敢复言。"高祖怒,仍遣太宗将三十余骑行划。还日,固奏必不可移都,高祖遂止。八年,加中书令。

九年,皇太子建成、齐王元吉谋害太宗。六月四日,太宗率长孙无忌、尉迟敬德、房玄龄、杜如晦、宇文士及、高士廉、侯君集、程知节、秦叔宝、段志玄、屈突通、张士贵等于玄武门诛之。甲子,立为皇太子,庶政皆断决。太宗乃纵禁苑所养鹰犬,并停诸方所进珍异,政尚简肃,天下大悦。又令百官各上封事,备陈安人理国之要。己巳,令曰:"依礼,二名不偏讳。近代已来,两字兼避,废阙已多,率意而行,有违经典。其官号、人名、公私文籍,有'世民'两字不连续者,并不须讳。"罢幽州大都督府。辛未,废陕东道大行台,置洛州都督府;废益州道行台,置益州大都督府。壬午,幽州大都督庐江王瑗谋逆,废为庶人。乙酉,罢天策府。

七月壬辰,太子左庶子高士廉为侍中,右庶子房玄龄为中书令,尚书右仆射萧瑀为尚书左仆射,吏部尚书杨恭仁为雍州牧,太子左庶子长孙无忌为吏部尚书,右庶子杜如晦为兵部尚书,太子詹事宇文士及为中书令,封德彝为尚书右仆射。

八月癸亥,高祖传位于皇太子,太宗即位于东宫显德殿。遣司空、魏国公裴寂柴告于南郊。大赦天下。武德元年以来责情流配者并放还。文武官五品已上先无爵者赐爵一级,六品已下加勋一转。天下给复一年。癸酉,放掖庭宫女三千余人。甲戌,突厥颉利、突利寇泾州。乙亥,突厥进寇武功,京师戒严。丙子,立妃长孙氏为皇后。己卯,突厥寇高陵。辛巳,行军总管尉迟敬德与突厥战于泾阳，大破之，斩首千余级。癸未，突厥颉利至于渭水便桥之北，遣其酋帅执失思力入朝为觇，自张形势，太宗命囚之。亲出玄武门，驰六骑幸渭水上，与颉利隔津而语，责以负约。俄而众军继至，颉利见军容既盛，又知思力就拘，由是大惧，遂请和，诏许焉。即日还宫。乙酉，又幸便桥，与颉利刑白马设盟，突厥引退。

九月丙戌，颉利献马三千匹、羊万只，帝不受，令颉利归所掠中国户口。丁未，引诸卫骑兵统将等习射于显德殿庭，谓将军已下曰："自古突厥与中国更有盛衰。若轩辕善用五兵，即能北逐獯鬻；周宣驱驰方、召，亦能制胜太原。至汉、晋之君，逮于隋代，不使兵士素习干戈，突厥来侵，莫能抗御，致遗中国生民涂炭于寇手。我今不使汝等穿池筑苑，造诸淫费，农民恣令逸乐，兵士唯习弓马，庶使汝斗战，亦望汝前无横敌。"于是每日引数百人于殿前教射，帝亲自临试，射中者随赏弓刀、布帛。朝臣多有谏者，曰："先王制法，有以兵刃至御所者刑之，所以防萌杜渐，备不虞也。今引帣卒之人，弯弧纵矢于轩陛之侧，陛下亲在其间，正恐祸出非意，非所以为社稷计也。"上不纳。自是后，士卒皆为精锐。壬子，诏私家不得辄立妖神，妄设淫祀，非礼祠祷，一皆禁绝。其龟易五兆之外，诸杂占卜，亦皆停断。长孙无忌封齐国公，房玄龄邢国公，尉迟敬德吴国公，杜如晦蔡国公，侯君集潞国公。

冬十月丙辰朔，日有蚀之。癸亥，立中山王承乾为皇太子。癸酉，裴寂食实封一千五百户，长孙无忌、王君廓、尉迟敬德、房玄龄、杜如晦一千三百户，长孙顺德、柴绍、罗艺、赵郡王孝恭一千二百户，侯君集、张公谨、刘师立一千户，李世勣、刘弘基九百户，高士廉、宇文士及、秦叔宝、程知节七百户，安兴贵、安修仁、唐俭、窦轨、屈突通、萧瑀、封德彝、刘义节六百户、钱九陇、樊世兴、公孙武达、李孟常、段志玄、庞卿恽、张亮、李药师、杜淹、元仲文四百户，张长逊、张平高、李安远、李子和、秦行师、马三宝三百户。

十一月庚寅，降宗室封郡王者并为县公。

十二月癸酉，亲录囚徒。

是岁，新罗、龟兹、突厥、高句丽、百济、党项并遣使朝贡。

贞观元年春正月乙酉，改元。辛丑，燕郡王李艺据泾州反，寻为左右所斩，传首京师。庚午，以仆射窦轨为益州大都督。

三月癸巳，皇后亲蚕。尚书左仆射、宋国公萧瑀为太子少师。丙午，诏："齐故尚书仆射崔季舒、给事黄门侍郎郭遵、尚书右丞封孝琰等，昔仕邺中，名位通显，志存忠说，抗表极言，无救社稷之亡，遂见龙逢之酷。其季舒子刚、遵子云、孝琰子君遵，并以门遭时谴，淫刑滥及。宜从褒奖，特异常伦，可免内侍，量才别叙。"

夏四月癸巳，凉州都督、长乐王幼良有罪伏诛。

六月辛巳，尚书右仆射、密国公封德彝薨。壬辰，太子少保宋国公萧瑀为尚书左仆射。是夏，山东诸州大旱，令所在赈恤，无出今年租赋。

秋七月壬子，吏部尚书、齐国公长孙无忌为尚书右仆射。

八月戊戌，贬侍中、义兴郡公高士廉为安州大都督。户部尚书裴矩卒。是月，关东及河南、陇右沿边诸州霜害秋稼。

九月辛酉，命中书侍郎温彦博、尚书右丞魏徵等分往诸州赈恤。中书令、郢国公宇文士及为殿中监。御史大夫、检校吏部尚书、参与朝政、安吉郡公杜淹署位。

十二月壬午，上谓侍臣曰："神仙事本虚妄，空有其名。秦始皇非分爱好，遂为方士所诈，乃遣童男女数千人随徐福入海求仙药，方士避秦苛虐，因留不归。始皇犹海侧踟蹰以待之，还至沙丘而死。汉武帝为求仙，乃将女嫁道术人，事既无验，便行诛戮。据此二事，神仙不烦妄求也。"尚书左仆射、宋国公萧瑀坐事免。戊申，利州都督义安王孝常、右武卫将军刘德裕等谋反，伏诛。

是岁，关中饥，至有鬻男女者。

二年春正月辛丑，尚书右仆射、齐国公长孙无忌为开府仪同三司。徙封汉王恪为蜀王，卫王泰为越王，楚王祐为燕王。复置六侍郎，副六尚书事，并置左右司郎中各一人。前安州大都督、赵王元景为雍州牧，蜀王恪为益州大都督，越王泰为扬州大都督。

二月丙戌，靺鞨内属。

三月戊申朔，日有蚀之。丁卯，遣御史大夫杜淹巡关内诸州。出御府金宝，赎男女自卖者还其父母。庚午，大赦天下。

夏四月己卯，诏骸骨暴露者，令所在埋瘗。丙申，契丹内属。初诏天下州县并置义仓。夏州贼帅梁师都为其从父弟洛仁所杀，以城降。

五月，大雨雹。

六月庚寅，皇子治生，宴五品以上，赐帛有差，仍赐天下是日生者粟。辛卯，上谓侍臣曰："君虽不君，臣不可以不臣。裴虔通，炀帝旧左右也，而亲为乱首。朕方崇奖敬义，岂可犹使宰民训俗。"诏曰："天地定位，君臣之义以彰；卑高既陈，人伦之道斯著。是用笃厚风俗，化成天下。虽复时经治乱，主或昏明，疾风劲草，芬芳无绝，剖心焚体，赴蹈如归。夫岂不爱七尺之躯、重百年之命？谅由君臣义重，名教所先，故能明大节于当时，立清风于身后。至如赵高之殒二世，董卓之鸩弘农，人神所疾，异代同愤。况凡庸小竖，有怀凶悖，遐观典策，莫不诛夷。

辰州刺史、长蛇县男裴虔通，昔在隋代，委质晋藩，炀帝以旧邸之情，特相爱幸。遂乃志蔑君亲，潜图弑逆，密伺间隙，招结群丑，长戟流矢，一朝窃发。天下之恶，孰云可忍！宜其夷宗焚首，以彰大戮。但年代异时，累逢赦令，可特免极刑，除名削爵，迁配驩州。

秋七月戊申，诏："莱州刺史牛方裕、绛州刺史薛世良、广州都督府长史唐奉义、隋武牙郎将高元礼，并于隋代俱蒙任用，乃协契宇文化及，构成弑逆。宜依裴虔通，除名配流岭表。"太宗谓侍臣曰："天下愚人，好犯宪章，凡赦宥之恩，唯及不轨之辈。古语曰：'小人之幸，君子之不幸。''一岁再赦，好人喑哑。'凡养稂莠者伤禾稼，惠奸宄者贼良人。昔文王作罚，刑兹无赦。又蜀先主尝谓诸葛亮曰：'吾周旋陈元方、郑康成间，每见启告理乱之道备矣，曾不语赦也。'夫小人者，大人之贼，故朕有天下已来，不甚放赦。今四海安静，礼义兴行，非常之恩，施不可数，将恐愚人常冀侥幸，唯欲犯法，不能改过。"

八月甲戌朔，幸朝堂，亲览冤屈。自是，上以军国无事，每日视膳于西宫。癸巳，公卿奏曰："依礼，季夏之月，可以居台榭。今隆暑未退，秋霖方始，宫中卑湿，请营一阁以居之。"帝曰："朕有气病，岂宜下湿。若遂来请，靡费良多。昔汉文帝将起露台，而惜十家之产。朕德不逮于汉帝，而所费过之，岂谓为民父母之道也。"竟不许。是月，河南、河北大霜，人饥。

九月丙午，诏曰："尚齿重旧，先王以之垂范；还章解组，朝臣于是克终。释菜合乐之仪，东胶西序之制，养老之义，遗文可睹。朕恭膺大宝，宪章故实，乞言尊事，弥切深衷。然情存今古，世踵浇季，而策名就列，或乖大体。至若筋力将尽，桑榆且迫，徒竭夙兴之勤，未悟夜行之罪。其有心惊止足、行堪激励，谢事公门，收骸闾里，能以礼让，固可嘉焉。内外文武群官年高致仕、抗表去职者，参朝之日，宜在本品见任之上。"丁未，谓侍臣曰："妇人幽闭深宫，情实可愍。隋氏末年，求采无已，至于离宫别馆，非幸御之所，多聚宫人，皆竭人财力，朕所不取。且洒扫之余，更何所用？今将出之，任求伉俪，非独以惜费，亦人得各遂其性。"于是遣尚书左丞戴胄、给事中杜正伦等，于掖庭宫西门简出之。

冬十月庚辰，御史大夫、安吉郡公杜淹卒。戊子，杀瀛州刺史卢祖尚。

十一月辛酉，有事于圆丘。

十二月壬午，黄门侍郎王珪为侍中。

三年春正月辛亥，契丹渠帅来朝。戊午，谒太庙。癸亥，亲耕藉田。辛未，司空、魏国公裴寂坐事免。

二月戊寅，中书令、邢国公房玄龄为尚书左仆射，兵部尚书、检校侍中、蔡国公杜如晦为尚书右仆射，刑部尚书、检校中书令、永康县公李靖为兵部尚书，右丞魏徵为守秘书监，参预朝政。

夏四月辛巳，太上皇徙居大安宫。甲子，太宗始于太极殿听政。

五月，周王元方薨。六月戊寅，以旱，亲录囚徒。遣长孙无忌、房玄龄等祈雨于名山大川，中书舍人杜正伦等往关内诸州慰抚。又令文武官各上封事，极言得失。己卯，大风折木。

秋八月己巳朔，日有蚀之。薛延陀遣使朝贡。

九月癸丑，诸州置医学。

冬十一月丙午，西突厥、高昌遣使朝贡。庚申，以并州都督李世勣为通汉道行军总管，兵部尚书李靖为定襄道行军总管，以击突厥。

十二月戊辰，突利可汗来奔。癸未，杜如晦以疾辞位，许之。癸丑，诏建义以来交兵之处，为义士勇夫殒身戎阵者各立一寺，命虞世南、李伯药、褚亮、颜师古、岑文本、许敬宗、朱子奢等为之碑铭，以纪功业。

是岁，户部奏言：中国人自塞外来归及突厥前后内附、开四夷为州县者，男女一百二十余万口。

太宗本纪下

四年春正月乙亥，定襄道行军总管李靖大破突厥，获隋皇后萧氏及炀帝之孙正道，送至京师。癸巳，武德殿北院火。

二月己亥，幸温汤。甲辰，李靖又破突厥于阴山，颉利可汗轻骑远遁。丙午，至自温汤。甲寅，大赦，赐酺五日。民部尚书戴胄以本官检校吏部尚书，参预朝政。太常卿萧瑀为御史大夫，与宰臣参议朝政。御史大夫、西河郡公温彦博为中书令。

三月庚辰，大同道行军副总管张宝相生擒颉利可汗，献于京师。甲申，尚书右仆射、蔡国公杜如晦薨。甲午，以俘颉利告于太庙。

夏四月丁酉，御顺天门，军吏执颉利以献捷。自是西北诸番咸请上尊号为"天可汗"，于是降玺书册命其君长，则兼称之。

秋七月甲子朔，日有蚀之。上谓房玄龄、萧瑀曰："隋文何等主？"对曰："克己复礼，勤劳思政，每一坐朝，或至日昃。五品已上，引之论事。宿卫之人，传餐而食。虽非性体仁明，亦励精之主也。"上曰："公得其一，未知其二。此人性至察而心不明。夫心暗则照有不通，至察则多疑于物。自以欺孤寡得之，谓群下不可信任，事皆自决，虽劳神苦形，未能尽合于理。朝臣既知上意，亦复不敢直言，宰相已下，承受而已。朕意不然。以天下之广，岂可独断一人之虑？朕方选天下之才，为天下之务，委任责成，各尽其用，庶几于理也。"因令有司："诏敕不便于时，即宜执奏，不得顺旨施行。"

八月丙午，诏三品已上服紫，五品已上服绯，六品七品以绿，八品九品以青；妇人从夫色。甲寅，兵部尚书、代国公李靖为尚书左仆射。

九月庚午，令收瘗长城之南骸骨，仍令致祭。壬午，令自古明王圣帝、贤臣烈士坟墓无得刍牧，春秋致祭。

冬十月壬辰，幸陇州，曲赦陇、岐二州，给复一年。辛丑，校猎于贵泉谷。甲辰，校猎于鱼龙川，自射鹿，献于大安宫。甲子，至自陇州。戊寅，制决罪人不得鞭背，以明堂孔穴针灸之所。兵部尚书侯君集参议朝政。

十二月辛亥，开府仪同三司、淮安王神通薨。甲寅，高昌王麴文泰来朝。是岁，断死刑二十九人，几致刑措。东至于海，南至于岭，皆外户不闭，行旅不赍粮焉。

五年正月癸酉，大蒐于昆明池，蕃夷君长咸从。丙子，亲献禽于大安宫。己卯，幸左藏库，赐三品已上帛，任其轻重。癸未，朝集使请封禅。己酉，封皇弟元裕为邓王，元名为谯王，灵夔为魏王，元祥为许王，元晓为密王。庚戌，封皇子愔为梁王，贞为汉王，恽为郯王，治为晋王，慎为申王，嚣为江王，简为代王。

夏四月壬辰，代王简薨。以金帛购中国人因隋乱没突厥者男女八万人，尽还其家属。

六月甲寅，太子少师、新昌县公李纲薨。

七月甲辰，遣使毁高句丽所立京观，收隋人骸骨，祭而葬之。戊申，初令天下决死刑必三覆奏，在京诸司五复奏，其日尚食进蔬食，内教坊及太常不举乐。

秋九月乙丑，赐群官大射于武德殿。

冬十月，右卫大将军、顺州都督、北平郡王阿史那什钵苾卒。

十二月壬寅，幸温汤。癸卯，猎于骊山。丙午，赐新丰高年帛有差。戊申，至自温汤。

六年春正月乙卯朔，日有蚀之。
二月丙戌，置三师官员。戊子，初置律学。
三月戊辰，幸九成宫。
六月己亥，鄁王元亨薨。辛亥，江王嚣薨。
冬十月乙卯，至自九成宫。
十二月辛未，亲录囚徒，归死罪者二百九十人于家，令明年秋末就刑。其后应期毕至，诏悉原之。是岁，党项羌前后内属者三十万口。

七年春正月戊子，诏曰："宇文化及弟智及、司马德戡、裴虔通、孟景、元礼、杨览、唐奉义、牛方裕、元敏、薛良、马举、元武达、李孝本、李孝质、张恺、许弘仁、令狐行达、席德方、李覆等，大业季年，咸居列职，或恩结一代，任重一时；乃包藏凶慝，罔思忠义，爰在江都，遂行弑逆，罪百阎、赵，衅深枭獍。虽事是前代，岁月已久，而天下之恶，古今同弃，宜置重典，以励臣节。其子孙并宜禁锢，勿令齿叙。"是日，上制《破阵乐舞图》。辛丑，赐京城酺三日。丁卯，雨土。乙酉，薛延陀遣使来朝。庚寅，秘书监、检校侍中魏徵为侍中。癸巳，直太史、将仕郎李淳风铸浑天黄道仪，奏之，置于凝晖阁。
夏五月癸未，幸九成宫。
八月，山东、河南三十州大水，遣使赈恤。
冬十月庚申，至自九成宫。
十一月丁丑，颁新定《五经》。壬辰，开府仪同三司、齐国公长孙无忌为司空。

十二月丙辰，狩于少陵原，诏以少牢祭杜如晦、杜淹、李纲之墓。

八年正月癸未，右卫大将军阿史那吐苾卒。辛丑，右屯卫大将军张士贵讨东、西五洞反獠，平之。壬寅，命尚书右仆射李靖，特进萧瑀、杨恭仁，礼部尚书王珪，御史大夫韦挺，鄘州大都督府长史皇甫无逸，扬州大都督府长史李袭誉，幽州大都督府长史张亮，凉州大都督李大亮，右领军大将军窦诞，太子左庶子杜正伦，绵州刺史刘德威，黄门侍郎赵弘智，使于四方，观省风俗。

二月乙巳，皇太子加元服。丙午，赐天下酺三日。

三月庚辰，幸九成宫。

五月辛未朔，日有蚀之。丁丑，上初服翼善冠，贵臣服进德冠。

七月，始以云麾将军阶为从三品。陇右山崩，大蛇屡见。山东、河南、淮南大水，遣使赈恤。

八月甲子，有星孛于虚、危，历于氐，十一月上旬乃灭。

九月丁丑，皇太子来朝。

冬十月，右骁卫大将军、褒国公段志玄击吐谷浑，破之，追奔八百余里。甲子，至自九成宫。

十一月辛未，右仆射、代国公李靖以疾辞官，授特进。丁亥，吐谷浑寇凉州。己丑，吐谷浑拘我行人赵道德。

十二月辛丑，命特进李靖、兵部尚书侯君集、刑部尚书任城王道宗、凉州都督李大亮等为大总管，各师师分道以讨吐谷浑。壬子，越王泰为雍州牧。乙卯，帝从太上皇阅武于城西。

是岁，龟兹、吐蕃、高昌、女国、石国遣使朝贡。

九年春三月，洮州羌叛，杀刺史孔长秀。壬午，大赦。每乡置长一人，佐二人。乙酉，盐泽道总管高甑生大破叛羌之众。庚寅，敕天下户立三等，未尽升降，置为九等。

夏四月壬寅，康国献狮子。

闰月丁卯，日有蚀之。癸巳，大总管李靖、侯君集、李大亮、任城王道宗破吐谷浑于牛心堆。

五月乙未，又破之于乌海，追奔至柏海。副总管薛万均、薛万彻又破之于赤水源，获其名王二十人。庚子，太上皇崩于大安宫。壬子，李靖平吐谷浑于西海之上，获其王慕容伏允。以其子慕容顺光降，封为西平郡王，复其本国。

秋七月甲寅，增修太庙为六室。

冬十月庚寅，葬高祖太武皇帝于献陵。戊申，祔于太庙。辛丑，左仆射、魏国公房玄龄加开府仪同三司，余如故。

十二月甲戌，吐谷浑西平郡王慕容顺光为其下所弑，遣兵部尚书侯君集率师安抚之，仍封顺光子诺曷钵为河源郡王，使统其众。右光禄大夫、宋国公萧瑀依旧特进，复令参与朝政。

十年春正月壬子，尚书左仆射房玄龄、侍中魏徵上梁、陈、齐、周、隋五代史，诏藏于秘阁。癸丑，徙封赵王元景为荆王，鲁王元昌为汉王，郑王元礼为徐王，徐王元嘉为韩王，荆王元则为彭王，滕王元懿为郑王，吴王元轨为霍王，豳王元凤为虢王，陈王元庆为道王，魏王灵夔为燕王，蜀王恪为吴王，越王泰为魏王，燕王祐为齐王，梁王愔为蜀王，郯王恽为蒋王，汉王贞为越王，申王慎为纪王。

夏六月，以侍中魏徵为特进，仍知门下省事。壬申，中书令温彦博为尚书右仆射。甲戌，太常卿、安德郡公杨师道为侍中。己卯，皇后长孙氏崩于立政殿。

冬十一月庚寅，葬文德皇后于昭陵。

十二月壬申，吐谷浑河源郡王慕容诺曷钵来朝。乙亥，亲录京师囚徒。

是岁，关内、河东疾病，命医赍药疗之。

十一年春正月丁亥朔，徙邴王元裕为邓王，谯王元名为舒王。癸巳，加魏王泰为雍州牧、左武候大将军。庚子，颁新律令于天下，作飞山宫。甲寅，房玄龄等进所修《五礼》。诏所司行用之。

二月丁巳，诏曰：

夫生者天地之大德，寿者修短之一期。生有七尺之形，寿以百龄为限，含灵禀气，莫不同焉，皆得之于自然，不可以分外企也。是以《礼记》云："君即位而为椑。"庄周云："劳我以形，息我以死。"岂非圣人远鉴，通贤深识？末代已来，明辟盖寡，靡不矜黄屋之尊，虑白驹之过，并多拘忌，有慕遐年。谓云车易乘，羲轮可驻，异轨同趣，其蔽甚矣。

有隋之季，海内横流，豺狼肆暴，吞噬黔首。朕投袂发愤，情深拯溺，扶翼义师，济斯涂炭。赖苍昊降鉴，股肱宣力，提剑指麾，天下大定。此朕之宿志，于斯已毕。犹恐身后之日，子子孙孙，习于流俗，犹循常礼，加四重之榇，伐百祀之木，劳扰百姓，崇厚园陵。今预为此制，务从俭约，于九嵕之山，足容棺而已。积以岁月，渐而备之。木马涂车，土桴苇籥，事合古典，不为时用。

又佐命功臣，或义深舟楫，或谋定帷幄，或身摧行阵，同济艰危，克成鸿业，追念在昔，何日忘之！使逝者无知，咸归寂寞；若营魂有识，还如畴曩，居止相望，不亦善乎！汉氏使将相陪陵，又给以东园秘器，笃终之义，恩意深厚，古人岂异我哉！自今已后，功臣密戚及德业佐时者，如有薨亡，宜赐茔地一所，及以秘器，使窀穸之时，丧事无阙。所司依此营备，称朕意焉。

甲子，幸洛阳宫，命祭汉文帝。

三月丙戌朔，日有蚀之。丁亥，车驾至洛阳。丙申，改洛州为洛阳宫。辛亥，大蒐于广成泽。癸丑，还宫。

夏四月甲子，震乾元殿前槐树。丙寅，诏河北、淮南举孝悌淳笃，兼闲时务；儒术该通，可为师范；文辞秀美，才堪著述；明识政体，可委字人；并志行修立，为乡闾所推者，给传诣洛阳宫。

六月甲寅，尚书右仆射、虞国公温彦博薨。丁巳，幸明德宫。己未，定制诸王为世封刺史。戊辰，定制勋臣为世封刺史。改封任城王道宗为江夏郡王，赵郡王孝恭为河间郡王。己巳，改封许王元祥为江王。

秋七月癸未，大霖雨。穀水溢入洛阳宫，深四尺，坏左掖门，毁宫寺十九所；洛水溢，漂六百家。庚寅，诏以灾命百官上封事，极言得失。丁酉，车驾还宫。壬寅，废明德宫及飞山宫之玄圃院，分给遭水之家，仍赐帛有差。丙午，修老君庙于亳州，宣尼庙于兖州，各给二十户享祀焉。凉武昭王复近墓二十户充守卫，仍禁刍牧樵采。

九月丁亥，河溢，坏陕州河北县，毁河阳中潬。幸白司马坂以观之，赐遭水之家粟帛有差。

冬十一月辛卯，幸怀州。乙未，狩于济源。丙午，车驾还宫。

十二月辛酉，百济王遣其太子隆来朝。

十二年春正月乙未，吏部尚书高士廉等上《氏族志》一百三十卷。壬寅，松、丛二州地震，坏人庐舍，有压死者。

二月乙卯，车驾还京。癸亥，观砥柱，勒铭以纪功德。甲子，夜郎獠反，夔州都督齐善行讨平之。乙丑，次陕州，自新桥幸河北县，祀夏禹庙。丁卯，次柳谷顿，观盐池。戊寅，以隋鹰扬郎将尧君素忠于本朝，赠蒲州刺史，仍录其子孙。

闰二月庚辰朔，日有蚀之。丙戌，至自洛阳宫。

夏五月壬申，银青光禄大夫、永兴县公虞世南卒。

六月庚子，初置玄武门左右飞骑。

秋七月癸酉，吏部尚书、申国公高士廉为尚书右仆射。

冬十月乙卯，狩于始平，赐高年粟帛有差。乙未，至自始平。己亥，百济遣使贡金甲雕斧。

十二月辛巳，右武候将军上官怀仁大破山獠于壁州。

十三年春正月乙巳朔，谒献陵。曲赦三原县及行从大辟罪。丁未，至自献陵。戊午，加房玄龄为太子少师。

二月丙子，停世袭刺史。

三月乙丑，有星孛于毕、昴。

夏四月戊寅，幸九成宫。甲申，阿史那结社尔犯御营，伏诛。壬寅，云阳石燃者方丈，昼如灰，夜则有光，投草木于上则焚，历年而止。自去冬不雨至于五月。甲寅，避正殿，令五品以上上封事，减膳罢役，分使赈恤，申理冤屈，乃雨。

六月丙申，封皇弟元婴为滕王。

秋八月辛未朔，日有蚀之。庚辰，立右武候大将军、化州都督、怀化郡王李思摩为突厥可汗，率所部建牙于河北。

冬十月甲申，至自九成宫。

十一月辛亥，侍中、安德郡公杨师道为中书令。

十二月丁丑，吏部尚书、陈国公侯君集为交河道行军大总管，率师伐高昌。乙亥，封皇子福为赵王。壬午，巂州都督王志远有罪，伏诛。诏于洛、相、幽、徐、齐、并、秦、蒲等州并置常平仓。己丑，吐谷浑河源郡王慕容诺曷钵来逆女。壬辰，狩于咸阳。

是岁，滁州言："野蚕食槲菜，成茧大如柰，其色绿，凡六千五百七十石。"高句丽、新罗、西突厥、吐火罗、康国、安国、波斯、疏勒、于阗、焉耆、高昌、林邑、昆明及荒服蛮酋，相次遣使朝贡。

十四年春正月庚子，初命有司读时令。甲寅，幸魏王泰宅。赦雍州及长安狱大辟罪已下。

二月丁丑，幸国子学，亲释奠，赦大理、万年系囚，国子祭酒以下及学生高第精勤者加一级，赐帛有差。庚辰，左骁卫将军、淮阳王道明送弘化公主归于吐谷浑。壬午，幸温汤。辛卯，至自温汤。乙未，诏以梁皇侃、褚仲都、周熊安生、沈重、陈沈文阿、周弘正、张机，隋何妥、刘焯、刘炫等前代名儒，学徒多行其义，命求其后。

三月戊午，置宁朔大使，以护突厥。

夏五月壬戌，徙封燕王灵夔为鲁王。

六月乙酉，大风拔木。己丑，薛延陀遣使求婚。乙未，滁州野蚕成茧，凡收八千三百石。

八月庚午，新作襄城宫。癸巳，交河道行军大总管侯君集平高昌，以其地置西州。

九月癸卯，曲赦西州大辟罪。乙卯，于西州置安西都护府。

冬十月己卯，诏以赠司空、河间元王孝恭，赠陕东道大行台尚书右仆射；郧节公殷开山，赠民部尚书；渝襄公刘政会等，配飨高祖庙庭。

闰月乙未，幸同州。甲辰，狩于尧山。庚戌，至自同州。丙辰，吐蕃遣使献黄金器千斤以求婚。

十一月甲子朔，日南至。有事于圆丘。

十二月丁酉，交河道旋师。吏部尚书、陈国公侯君集执高昌王麴智盛，献捷于观德殿，行饮至之礼，赐酺三日。乙卯，高句丽世子相权来朝。

十五年春正月丁卯，吐蕃遣其国相禄东赞来逆女。丁丑，礼部尚书、江夏王道宗送文成公主归吐蕃。辛巳，幸洛阳宫。

三月戊申，幸襄城宫。庚午，废襄城宫。

夏四月辛卯，诏以来年二月有事泰山，所司详定仪制。

五月壬申，并州僧道及老人等抗表，以太原王业所因，明年登封已后，愿时临幸。上于武成殿赐宴，因从容谓侍臣曰："朕少在太原，喜群聚博戏，暑往寒逝，将三十年矣。"时会中有旧识上者，相与道旧以为笑乐。因谓之曰："他人之言，或有面谀。公等朕之故人，实以告朕，即日政教，于百姓何如？人间得无疾苦耶？"皆奏："即日四海太平，百姓欢乐，陛下力也。臣等余年，日惜一日，但眷恋圣化，不知疾苦。"因固请过并州。上谓曰："飞鸟过故乡，犹踯躅徘徊；况朕于太原起义，遂定天下，复少小游观，诚所不忘。岱礼若毕，或冀与公等相见。"于是赐物各有差。丙子，百济王扶余璋卒。诏立其世子扶余义慈嗣其父位，仍封为带方郡王。

六月戊申，诏天下诸州，举学综古今及孝悌淳笃、文章秀异者，并以来年二月总集泰山。己酉，有星孛于太微，犯郎位。丙辰，停封泰山，避正殿以思咎，命食减膳。

秋七月甲戌，孛星灭。

冬十月辛卯，大阅于伊阙。壬辰，幸嵩阳。辛丑，还宫。

十一月壬戌，废乡长。壬申，还京师。癸酉，薛延陀以同罗、仆骨、回纥、靺鞨、霫之众度漠，屯于白道川。命营州都督张俭统所部兵压其东境；兵部尚书李勣为朔方行军总管，右卫大将军李大亮为灵州道行军总管，凉州都督李袭誉为凉州道行军总管，分道以御之。

十二月戊子朔，至自洛阳宫。甲辰，李勣及薛延陀战于诺真水，大破之，斩首三千余级，获马万五千匹，薛延陀跳身而遁。旋破突厥思结于五台县，虏其男女千余口，获羊马称是。

十六年春正月辛未，诏在京及诸州死罪囚徒，配西州为户；流人未达前所者，徙防西州。兼中书侍郎、江陵子岑文本为中书侍郎，专知机密。

夏六月辛卯，诏复隐王建成曰隐太子，改封海陵剌王元吉曰巢剌王。

秋七月戊午，司空、赵国公无忌为司徒，尚书左仆射、梁国公玄龄为司空。

九月丁巳，特进、郑国公魏徵为太子太师，知门下省事如故。

冬十一月丙辰，狩于岐山。辛酉，使祭隋文帝陵。丁卯，宴武功士女于庆善宫南门。酒酣，上与父老等涕泣论旧事，老人等递起为舞，争上万岁寿，上各尽一杯。庚午，至自岐州。

十二月癸卯，幸温汤。甲辰，狩于骊山，时阴寒晦冥，围兵断绝。上乘高望见之，欲舍其罚，恐亏军令，乃回辔入谷以避之。是岁，高句丽大臣盖苏文弑其君高武，而立武兄子藏为王。

十七年春正月戊辰，右卫将军、代州都督刘兰谋反，腰斩。太子太师、郑国公魏徵薨。戊申，诏图画司徒、赵国公无忌等勋臣二十四人于凌烟阁。

三月丙辰，齐州都督齐王祐杀长史权万纪、典军韦文振，据齐州自守，诏兵部尚书李勣、刑部尚书刘德威发兵讨之。兵未至，兵曹杜行敏执之而降，遂赐死于内侍省。丁巳，荧惑守心前星，十九日而退。

夏四月庚辰朔，皇太子有罪，废为庶人。汉王元昌、吏部尚书侯君集并坐与连谋，伏诛。丙戌，立晋王治为皇太子，大赦，赐酺三日。丁亥，中书令杨师道为吏部尚书。己丑，加司徒、赵国公长孙无忌太子太师，司空、梁国公房玄龄太子太傅，特进、宋国公萧瑀太子太保，兵部尚书、英国公李勣为太子詹事，仍同中书门下三品。庚寅，上亲谒太庙，以谢承乾之过。癸巳，魏王泰以罪降爵为东莱郡王。

五月乙丑，手诏举孝廉茂才异能之士。

六月己卯朔，日有蚀之。壬午，改葬隋恭帝。丁酉，尚书右仆射高士廉请致仕，诏以为开府仪同三司、同中书门下三品。

闰月戊午，薛延陀遣其兄子突利设献马五万匹、牛驼一万、羊十万以请婚，许之。丙子，徙封东莱郡王泰为顺阳王。

秋七月庚辰，京城讹言云："上遣枨枨取人心肝，以祠天狗。"递相惊悚。上遣使遍加宣谕，月余乃止。丁酉，司空、太子太傅、梁国公房玄龄以母忧罢职。

八月，工部尚书、郧国公张亮为刑部尚书，参预朝政。

九月癸未，徙庶人承乾于黔州。

冬十月丁巳，房玄龄起复本职。

十一月己卯，有事于南郊。壬午，赐天下酺三日。以凉州获瑞石，曲赦凉州，并录京城及诸州系囚，多所原宥。

十八年春正月壬寅，幸温汤。

夏四月辛亥，幸九成宫。

秋八月甲子，至自九成宫。丁卯，散骑常侍清苑男刘洎为侍中，中书侍郎江陵子岑文本、中书侍郎马周并为中书令。

九月，黄门侍郎褚遂良参预朝政。

冬十月辛丑朔，日有蚀之。甲辰，初置太子司议郎官员。甲寅，幸洛阳宫。安西都护郭孝恪率师灭焉耆，执其王突骑支送行在所。

十一月壬寅，车驾至洛阳宫。庚子，命太子詹事、英国公李勣为辽东道行军总管，出柳城，礼部尚书、江夏郡王道宗副之；刑部尚书、郧国公张亮为平壤道行军总管，以舟师出莱州，左领军常何、泸州都督左难当副之。发天下甲士，招募十万，并趣平壤，以伐高句丽。

十二月辛丑，庶人承乾死。

十九年春二月庚戌，上亲统六军发洛阳。乙卯，诏皇太子留定州监国；开府仪同三司、申国公高士廉摄太子太傅，与侍中刘洎、中书令马周、太子少詹事张行成、太子右庶子高季辅五人同掌机务；以吏部尚书、安德郡公杨师道为中书令。赠殷比干为太师，谥曰忠烈，命所司封墓，葺祠堂，春秋祠以少牢，上自为文以祭之。

三月壬辰，上发定州，以司徒、太子太师兼检校侍中、赵国公长孙无忌，中书令岑文本、杨师道从。

夏四月癸卯，誓师于幽州城南，因大飨六军以遣之。丁未，中书令岑文本卒于师。癸亥，辽东道行军大总管、英国公李勣攻盖牟城，破之。

五月丁丑，车驾渡辽。甲申，上亲率铁骑与李勣会围辽东城，因烈风发火弩，斯须城上屋及楼皆尽，麾战士令登，乃拔之。

六月丙辰，师至安市城。丁巳，高句丽别将高延寿、高惠真率兵十五万来援安市，以拒王师。李勣率兵奋击，上自高峰引军临之，高句丽大溃，杀获不可胜纪。延寿等以其众降，因名所幸山为驻跸山，刻石纪功焉。赐天下大酺二日。

秋七月，李勣进军攻安市城，至九月不克，乃班师。

冬十月丙辰，入临渝关，皇太子自定州迎谒。戊午，次汉武台，刻石以纪功德。

十一月辛未，幸幽州。癸酉，大飨，还师。

十二月戊申，幸并州。侍中、清苑男刘洎以罪赐死。是岁，薛延陀真珠毗伽可汗死。

二十年春正月，上在并州。丁丑，遣大理卿孙伏伽、黄门侍郎褚遂良等二十二人，以六条巡察四方，黜陟官吏。庚辰，曲赦并州，宴从官及起义元从，赐粟帛、给复有差。

三月己巳，车驾至京师。己丑，刑部尚书、郑国公张亮谋反，诛。

闰月癸巳朔，日有蚀之。

夏四月甲子，太子太师、赵国公长孙无忌，太子太傅、梁国公房玄龄，太子太保、宋国公萧瑀各辞调护之职，诏许之。

六月，遣兵部尚书、固安公崔敦礼，特进、英国公李勣击破薛延陀于郁督军山北，前后斩首五千余级，虏男女三万余人。

秋八月甲子，封皇孙为陈王。己巳，幸灵州。庚午，次泾阳顿。铁勒回纥、拔野古、同罗、仆骨、多滥葛、思结、阿跌、契苾、跌结、浑、斛薛等十一姓各遣使朝贡，奏称："延陀可汗不事大国，部落鸟散，不知所之。奴等各有分地，不能逐延陀去，归命天子，乞置汉官。"诏遣会灵州。

九月甲辰，铁勒诸部落俟斤、颉利发等遣使相继而至灵州者数千人，来贡方物，因请置吏，咸请至尊为可汗。于是北荒悉平，为五言诗勒石以序其事。辛亥，灵州地震有声。

冬十月，前太子太保、宋国公萧瑀贬商州刺史。丙戌，至自灵州。

二十一年春正月壬辰，开府仪同三司、申国公高士廉薨。丁酉，诏以来年二月有事泰山。甲寅，赐京师酺三日。

二月壬申，诏以左丘明、卜子夏、公羊高、穀梁赤、伏胜、高堂生、戴圣、毛苌、孔安国、刘向、郑众、杜子春、马融、卢植、郑康成、服子慎、何休、王肃、王辅嗣、杜元凯、范宁二十一人，代用其书，垂于国胄，自今有事于太学，并命配享宣尼庙堂。丁丑，皇太子于国学释菜。

夏四月乙丑，营太和宫于终南之上，改为翠微宫。

五月戊子，幸翠微宫。

六月癸亥，司徒、赵国公无忌加授扬州都督。

秋七月庚子，建玉华宫于宜君县之凤凰谷。庚戌，至自翠微宫。

八月壬戌，诏以河北大水，停封禅。辛未，骨利干国遣使贡名马。丁酉，封皇子明为曹王。

冬十一月癸卯，徙封顺阳王泰为濮王。

十二月戊寅，左骁卫大将军阿史那社尔、右骁卫大将军契苾何力、安西都护郭孝恪、司农卿杨弘礼为昆山道行军大总管，以伐龟兹。

是岁，堕婆登、乙利、鼻林送、都播、羊同、石、波斯、康国、吐火罗、阿悉吉等远夷十九国，并遣使朝贡。又于突厥之北至于回纥部落，置驿六十六所，以通北荒焉。

二十二年春正月庚寅，中书令马周卒。司徒、赵国公无忌兼检校中书令，知中书门下二省事。己亥，刑部侍郎崔仁师为中书侍郎，参知机务。戊戌，幸温汤。戊申，还宫。

二月，前黄门侍郎褚遂良起复黄门侍郎。中书侍郎崔仁师除名，配流连州。癸丑，西番沙钵罗叶护率众归附，以其俟斤屈裴禄为忠武将军，兼大俟斤。戊午，以结骨部置坚昆都督。乙亥，幸玉华宫，乙卯，赐所经高年笃疾粟帛有差。己卯，蒐于华原。

四月甲寅，碛外番人争牧马出界，上亲临断决，然后咸服。丁巳，右武候将军梁建方击松外蛮，下其部落七十二所。

五月庚子，右卫率长史王玄策击帝那伏帝国，大破之，获其王阿罗那顺及王妃、子等，虏男女万二千人、牛马二万余以诣阙。使方士那罗迩娑婆于金飚门造延年之药。吐蕃赞普击破中天竺国，遣使献捷。

六月癸酉，特进、宋国公萧瑀薨。

秋七月癸卯，司空、梁国公房玄龄薨。

八月己酉朔，日有蚀之。

九月己亥，黄门侍郎褚遂良为中书令。

十月癸亥，至自玉华宫。十一月戊戌，眉、邛、雅三州獠反，右卫将军梁建方讨平之。庚子，契丹帅窟哥、奚帅可度者并率其部内属。以契丹部为松漠都督，以奚部置饶乐都督。

十二月乙卯，增置殿中侍御史、监察御史各二员，大理寺置平事十员。

闰月丁丑朔，昆山道总管阿史那社尔降处密、处月，破龟兹大拨等五十城，虏数万口，执龟兹王诃黎布失毕以归，龟兹平，西域震骇。副将薛万彻胁于阗王伏阇信入朝。癸未，新罗王遣其相伊赞千金春秋及其子文王来朝。

是岁，新罗女王金善德死，遣册立其妹真德为新罗王。

二十三年春正月辛亥，俘龟兹王诃黎布失毕及其相那利等，献于社庙。

二月丙戌，置瑶池都督府，隶安西都护府。丁亥，西突厥肆叶护可汗遣使来朝。

三月丙辰，置丰州都督府。自去冬不雨，至于此月己未乃雨。辛酉，大赦。丁卯，敕皇太子于金液门听政。是月，日赤无光。

四月己亥，幸翠微宫。

五月戊午，太子詹事、英国公李勣为叠州都督。辛酉，开府仪同三司、卫国公李靖薨。己巳，上崩于含风殿，年五十二。遗诏皇太子即位于枢前，丧纪宜用汉制。秘不发丧。庚午，遣旧将统飞骑劲兵从皇太子先还京，发六府甲士四千人，分列于道及安化门，翼从乃入；大行御马舆，从官侍御如常。壬申，发丧。

六月甲戌朔，殡于太极殿。

八月丙子，百僚上谥曰文皇帝，庙号太宗。庚寅，葬昭陵。上元元年八月，改上尊号曰文武圣皇帝。天宝十三载二月，改上尊号为文武大圣大广孝皇帝。

史臣曰：臣观文皇帝，发迹多奇，聪明神武。拔人物则不私于党，负志业则咸尽其才。所以屈突、尉迟，由仇敌而愿倾心膂；马周、刘洎，自疏远而卒委钧衡。终平泰阶，谅由斯道。尝试论之：础润云兴，虫鸣螽跃。虽尧、舜之圣，不能用梼杌、穷奇而治平；伊、吕之贤，不能为夏桀、殷辛而昌盛。君臣之际，遭遇斯难，以致抉目剖心，虫流筋擢，良由遭值之异也。以房、魏之智，不逾于丘、轲，遂能尊主庇民者，遭时也。

或曰：以太宗之贤，失爱于昆弟，失教于诸子，何也？曰：然。舜不能仁四罪，尧不能训丹朱，斯前志也。当神尧任谗之年，建成忌功之日，苟除畏逼，孰顾分崩，变故之兴，间不容发，方惧"毁巢"之祸，宁虞"尺布"之谣？承乾之愚，圣父不能移也。若文皇自定储于哲嗣，不骋志于高句丽；用人如贞观之初,纳谏比魏徵之日。况周发、周成之世袭,我有遗妍;较汉文、汉武之恢弘,彼多惭德。迹其听断不惑,从善如流,千载可称,一人而已!

赞曰:昌、发启国,一门三圣。文定高位,友于不令。管、蔡既诛,成、康道正。贞观之风,到今歌咏。

古今名家评说

非常人也。大度类于汉高,神武同于魏祖,其年虽少,乃天纵矣。(《资治通鉴·隋纪七》作:"此非常人,豁达类汉高,神武同魏祖,年虽少,命世才也。")

——(唐)刘文静,见《旧唐书·刘文静传》

太宗时政化,良足可观,振古而来,未之有也。

——(唐)吴兢:《贞观政要·序》

官吏多自清谨,王公妃主之家,大姓豪猾之伍,无敢侵欺细人。商旅野次,无复盗贼,囹圄常空,去年犯死者仅二十九人。又频致丰稔,米斗三钱,马牛布野,外户不闭,行旅自京师至于岭表,自山东至于沧海,皆不赍粮,取给于路。入山东村落,行客经过者,必厚加供待,或发时有赠遗。此皆古昔未有也。

——(唐)吴兢:《贞观政要·政体第二》

煌煌太宗业,树立甚宏达。

——(唐)杜甫:《北征》

七德舞,七德歌,传自武德至元和。元和小臣白居易,观舞听歌知乐意,乐终稽首陈其事。太宗十八举义兵,白旄黄钺定两京。擒充戮窦四海清,二十有四功业成。二十有九即帝位,三十有五致太平。功成理定何神速,速在推心置人腹。亡卒遗骸散帛收,饥人卖子分金赎。魏徵梦见子夜泣,张谨哀闻辰日哭。怨女三千放出宫,死囚四百来归狱。剪须烧药赐功臣,李勣呜咽思杀身。含血吮创抚战士,思摩奋呼乞效死。则知不独善战善乘时,以心感人人心归。尔来一百九十载,天下至今歌舞之。歌七德,舞七德,圣人有作垂无极。岂徒耀神武,岂徒夸圣文。太宗意在陈王业,王业艰难示子孙。

——(唐)白居易:《七德舞》

昔唐太宗定天下,未尝不自行,朕何敢偷安!
——(后周)柴荣(世宗),见王溥《五代会要》

大凡帝王举动,贵其自然。朕览唐史,见太宗所为,盖好虚名者也。每为一事,必豫张声势,然后行之,贵传简册,此岂自然乎!
——(宋)赵炅(太宗),见《续资治通鉴长编·宋纪十七》

唐太宗除乱比汤、武,致治几成、康,可谓贤君矣。然夸大而好名,虽听言纳谏,然不若汉文帝之至诚也。人君惟至诚临下,何患治道之不成哉?
朕谓专以至诚为上,太宗英明有余,诚有未至也。
——(宋)赵构(高宗),见李心传《建炎以来系年要录》

唐有天下,传世二十,其可称者三君,玄宗、宪宗皆不克其终。盛哉,太宗之烈也!其除隋之乱,比迹汤、武;致治之美,庶几成、康。自古功德兼隆，由汉以来未之有也。至其牵于多爱，复立浮屠，好大喜功，勤兵于远，此中材庸主之所常为。然《春秋》之法，常责备于贤者，是以后世君子之欲成人之美者，莫不叹息于斯焉。

——（宋）欧阳修：《新唐书·太宗本纪》

自古拨乱之主身致太平，未有若光武、太宗者也。……太宗起义兵晋阳，斩宋老生，击败薛仁杲，破刘武周，走宋金刚，擒窦建德，降王世充，皆身为大将削平僭窃，四方遂定。既即大位，知守成之为难，委任房、杜与谋大政，而魏郑公、王珪、马周之徒，谏必行、言必听，以仁义治天下。数年之后，天下大治，蛮夷君长袭衣冠，带刀宿卫，东薄海、南跨岭，户辟不闭，行旅不赍粮，取给于道，几致刑措，享国二十余年。夫以光武当王莽之余，太宗当隋炀之后，身平祸乱，创复大业，不数年之间遂致太平、享国长久者，彼诚知君道，而雄材盛德足以致帝王之隆也。故履患难而无惧慑之志，处安乐而无骄逸之心。太平之治，其应如响，不其然乎？

——（宋）欧阳修：《光武太宗身致太平论》

太宗可谓知君道矣。夫君以一人之身，而御四海之广，应万机之众，苟不以至诚与贤，而役其独智以先天下，则耳目心志之所及者，其能几何？是故人君必清心以莅之，虚己以待之，如鉴之明，如水之止，则物至而不能罔矣。

上之所好者，下之所竞也。太宗虚己以求直言，故群臣争救其失，惟恐其言之不切。太宗不惟悦而从之，又赏以劝之，此人君之所难能也。夫如是，何患于有过乎？

太宗可谓能审取舍矣。魏徵仁义之言也，欲顺天下之理而治之；封德彝刑罚之言也，欲拂天下之性而治之。夫民莫不恶危而欲安，恶劳而欲息。以仁义治之则顺，以刑罚治之则拂矣。故治天下在顺之而已，咈之而能治者，未闻之也。太宗从魏徵而不从德彝，行之四年，遂致太平。仁义之效，如此其速也。故治道在人主所力行耳，孰不可为太宗乎？及其成功，复归美于下，此前世帝王之所不及也。

——（宋）范祖禹：《唐鉴·太宗一》

太宗知招来绝域之弊，故有所不为，然以兵克者，则以为己有而郡县置之，其为疲劳百姓一也。岂先行其言，而后从之者欤？然其不受康国，足以为后世法矣。使其行事每如此，其盛德可少贬哉。

太宗欲闻直言而恶告讦，不惟堲（古通"疾"）谗，而又罪之，可谓至明且远矣。此为君为长之道也。

太宗可谓不忘戒矣。睹隋之宫苑，而以诒谋掩蔽戒群臣。夫知彼之所以亡，则图我之所以存，而不敢怠矣。此三王之所由兴也。

——（宋）范祖禹：《唐鉴·太宗二》

太宗乐而不忘忧，喜而不忘惧，可谓能持盈守成矣。夫惟忧于未然、惧于无形，故卒乎无忧惧也。

人主不患有过，患不能改过也。太宗一言之失，而其臣已救正之。惟能亲贤以自辅，听谏以自防，所以为美也。虽过，庸何伤乎？

太宗以增戍兵不若修文德，其言岂不美哉？然非能行之，直以辩折臣下而已。其殆不欲增戍而卒亲征，不为其小而为其大，岂大者能胜德乎？《书》曰："非知之艰，行之维艰。"太宗之谓矣。

——（宋）范祖禹：《唐鉴·太宗三》

太宗之伐高丽，非独恃其四海之富、兵力之强也，本其少时奋于布衣，志气英果，百战百胜，以取天下。治安既久，不能深居高拱，犹思所以逞志，扼腕踊跃，喜于用兵，如冯妇搏虎，不能自止。非有理义以养其志，中和以养其气，始于勇敢、终于勇敢而已矣。

太宗以武拨乱，以仁胜残，其才略优于汉高而规模不及也；恭俭不若孝文，而功烈过之矣。迹其性本强悍，勇不顾亲，而能畏义而好贤，屈己以从谏，刻厉矫揉，力于为善，此所以致贞观之治也。夫贤君不世出，自周武、成、康历八百余年而后有汉，汉八百余年而后有太宗。其所成就如此，岂不难得哉！

——（宋）范祖禹：《唐鉴·太宗四》

太宗文武之才，高出前古，驱策英雄，罔罗俊乂；好用善谋，乐闻直谏。拯民于汤火之中，而措之衽席之上，使盗贼化为君子，呻吟转为讴歌，衣食有余，刑措不用。突厥之渠，系颈阙庭；北海之滨，悉为郡县，盖三代以还，中国之盛，未之有也。惜其好尚功名而不及礼乐，父子兄弟之间，惭德多矣。

——（宋）司马光：《稽古录》卷十五

立嫡以长，礼之正也。然高祖所以有天下，皆太宗之功；隐太子以庸劣居其右，地嫌势逼，必不相容。向使高祖有文王之明，隐太子有泰伯之贤，太宗有子臧之节，则乱何自而生矣？既不能然，太宗始欲俟其先发，然后应之，如此，则事非获已，尤为愈也。既而为群下所迫，遂至喋血禁门，推刃同气，贻讥千古，惜哉！夫创业垂统之君，子孙之所仪刑也，彼中、明、肃、代之传继，得非有所指拟以为口实乎？

——（宋）司马光：《资治通鉴·唐纪七》

予观孟子以来，自汉高祖及光武，及唐太宗，及我太祖皇帝，能一天下者四君，皆以不嗜杀人者致之，其余杀人愈多，而天下愈乱。秦、晋及隋，力能合之，而好杀不已，故或合而复分，或遂以亡国。

——（宋）苏辙，见朱熹《四书章句集注·梁惠王章句上》

唐太宗之贤，自西汉以来，一人而已。任贤使能，将相莫非其人，恭俭节用，天下几至刑措。自三代以下，未见其比也。

——（宋）苏辙：《历代论·唐论》

汝生不及贞观中，斗粟数钱无兵戎！

——（宋）王安石：《河北民》

法度之行，礼乐之盛，田畴之制，庠序之教，拟之先王未备也；躬亲行阵之间，战必胜，攻必取，天下莫不以为武，而非先王之所尚也；四夷万古所不及以政者，莫不服从，天下莫不以为盛，而非先王之所务也。

——（宋）曾巩：《唐论》

古之人主，自中君以上，为理所屈，皆能行之，而诚未必加也。若汉文帝之于务农，唐太宗之于从谏，几于诚矣。或问二君之诚孰愈，予谓文帝言不足而意有余，未尝为外貌观美，繁于词命而形于制度，不过诏令丁宁而已，而身之所履则可信不诬矣。夫知稼穑者必尚俭，彼身衣弋绨、足履革舄，集书囊为殿帷，罢露台、却走马，此其意可见也。太宗每见贤臣则求谏，援引古今，出入经传，此虽无害于闻过，而有好名之心，似于诚有所不足也。意有余者忘言，实有余者忘名，理之必然也。文皇尝曰："恨不扑杀此老！"文德皇后问谁，帝曰："魏徵。"夫太宗之信用徵如此，而犹有杀心焉，则平日之厚敬而深信之，未必情也。且好谏者不讳其过，而魏徵以谏章与史官，帝闻而怒，遂有仆碑罢婚之事，何怨之深如此！二事或疑其不信，予谓或有之。
——（宋）张耒：《文皇论》，见《苏门六君子文萃》

（唐）太宗所以能成王业者，以其能屈己从谏耳。
——（宋）吕公著，见《宋史全文·宋神宗二》

用人之道，取其长者，必护其短，其大节苟可称，则其细故虽略焉可也。汉高祖不以小行而废陈平，唐太宗不以怨仇而废魏徵，卒之谋谟谏诤，皆为名臣，其理盖昭昭也。
——（宋）留正等，见《宋史全文·宋神宗三》

忠言之于国，犹脉理之于身也。脉理通而后身安，忠言用而后国治。否则手足不相为用，君臣不能无异意矣。汉高祖、唐太宗，俱以能听言而开创大业。武帝奢纵，能容一汲黯；武后淫虐，能容一狄仁杰，而不至于乱亡。言之有益于人之国也如此。
——（宋）留正等，见《宋史全文·宋高宗一》

昔者唐之太宗，以神武之略起定祸乱，以王天下，威加四海矣。然所谓固天下之势以遗诸子孙者，盖未立也。于是乎藉兵于府，置将于卫，据关而临制之。处兵于府，则将无内专之权；处将于卫，则兵无外擅之患。然犹以为未也，乃大诛四夷之侵侮者：破突厥，夷吐浑，平高昌，灭焉耆，皆俘其王，亲驾辽左而残其国。凡此者，非以黩武也，皆所以立权而固天下之势者也。

——（宋）何去非：《何博士备论·唐论》

唐太宗于君臣去行迹，而致贞观之治；德宗待宰辅多疑贰，而招奉天之乱。

——（宋）何郯，见《宋史·何郯传》

太宗举兵五年，定海内，率天下于仁寿富庶之域者，亦以天下之才为天下之务而已。任于仇雠，起于疏远，委之以政，责之以功，谏无不从，谋无不获。且太宗之才，固非天下之所及，然而不以此骄天下之士，惴惴然常若有所不逮，此所以能为千百年之基也。

——（宋）程祁，见《新安文献志·程待制传》

文帝文不胜质，唐太宗质不胜文。
太宗之用智，诚不及文帝之性仁也。

——（宋）秦桧，见李心传《建炎以来系年要录》

或问：近世之治，惟太宗为盛；变故迭兴，亦未有如唐者，何也？曰：太宗备君人之能，故其治举；太宗不纯乎君人之道，故其弊端易滋也。

或曰：太宗腹心房杜、药石王魏，君臣相得，近古未有也。

然于徵也,生则如友,死则如仇,何也?曰:太宗有过,惟徵极言之。极言则易疏,势使然也。太宗尚仇徵于既死,若德宗,则仇(陆)贽于犹生。

或问汉唐孰能用谏,曰:汉祖实副其名,唐宗名过其实;名实隐然,莫如文帝。

或问:太宗渐不克终,得非自夸仁义之既效欤?曰:自夸则有之,然不若斯言之甚也。《旧史》止谓之"偃武修文",《新史》则曰"劝行仁义"尔。

——(宋)刘炎:《迩言》卷九

汉高祖私意分数少。唐太宗一切假仁借义,以行其私。(若海)

汉唐之兴,皆是为利。须是有汤武之心,始做得。太宗亦只是为利,亦做不得。(扬)

太宗诛建成、元吉,比于周公诛管、蔡,只消以公私断之。周公全是以周家天下为心,太宗则假公义以济私欲者也。(端蒙)

(或谓史赞太宗,止言其功烈之盛,至于功德兼隆,则伤夫自古未知有。答曰)史臣正赞其功德之美,无贬他意。其意亦谓除隋之乱是功,致治之美是德。自道学不明,故曰功德者如此分别。以圣门言之,则此两事不过是功,未可谓之德。(骧)

(宋)朱熹:《朱子语类·历代论》

当时之治,不唯贞观而已,虽并隆于尧、舜可也。

——(宋)吕祖谦:《东莱博议》

后世人主好学者莫如唐太宗,贞观之规模不可以不复。

——(宋)真德秀:《读书记》

两汉盛时,太宗所可及也。禹、汤、文、武之业,岂不在所希慕乎?

——(宋)胡寅:《读史管见》

太宗富有天下,贵为天子,功业皆其所自致,而能俯首抑意,听拂逆之辞于畴昔所恶之臣。呜呼!此其所以致贞观之治,庶几于三代之王者乎?

——(宋)陆九渊:《陆九渊集》卷三十一"问德仁功利"

二帝三王之治,后世莫能及者,顺人之道,尽乎仁义也。唐太宗以英武之资,克敌人如拉朽,所向无前……二帝三王之治,特由此而推之耳。

——(宋)郭思贞:《贞观政要序》

三代以后享国之久,唯汉与唐;唐之可称者,三君而已。太宗文皇帝身兼创业守成之事,纳谏求治,励精不倦,其效至于米三钱、外户不闭,故贞观之盛,有非开元、元和之所可及,而太宗卓然为唐三宗之冠。

——(元)吴澂:《春秋纂言》

欲安邦定国者,必悉唐宗兵法。

——(元)成吉思汗,见《元史·太祖本纪》

至于后世之君,莫不列之讲读,形之论议,景仰而效法焉。夫二帝三王之事尚矣,两汉之贤君六七作,何贞观之政独赫然耳目之间哉?

夫太宗之于正心修身之道，齐家明伦之方，诚有愧于二帝三王之事矣。然其屈己而纳谏，任贤而使能，恭俭而节用，宽厚而爱民，亦三代而下绝无而仅有者也。后之人君，择其善者而从之，其不善者而改之，岂不交有所益乎？

禹以本固邦宁为难，汤以时沈克终为难。太宗身兼创业、守成之事，不以其已能者自满，而以其未能者为惧，其致贞观之治也哉！

——（元）戈直：《贞观政要集论》

惟唐太宗皇帝英姿盖世，武定四方；贞观之治，式昭文德，有君天下之德而安万世之功者也。

太宗规摹虽不及（汉）高祖，然能驾驭群臣，及大业既定，卒皆保全，此则太宗又为优矣。

凡人有善不可自矜，自矜则善日削；有不善不可自恕，自恕则恶日滋。太宗常有自矜自恕之心，此则不如汉高也。

——（明）朱元璋，见《明太祖实录》

论（汉）高祖豁达大度，世咸知之，然其记丘嫂之怨，而封其子为羹颉侯；内多猜忌，诛夷功臣，顾度量亦未弘远。（唐）太宗规摹虽不及高祖，然能驾驭群臣，及大业既定，卒皆保全，此则太宗又为优矣。

——（明）朱元璋：《明太祖宝训》卷四

若唐文皇帝，倡义靖难，定天下于一。躬擐甲胄，至履弘堂而登睿极。其思患也,不可谓不周;其虑后也,不可谓不远。作《帝范》十二篇以训其子,曰饬躬阐政之道在其中。

昔唐太宗拨乱反正,贞观盛世,自古罕论。求其故,尽忠于国,虽仇必赏;心怀异谋,虽亲必诛。

——(明)朱棣,见《明成祖实录》

(唐)太宗才胜,高帝义胜。高帝不事诗书,而大义了然;太宗文雅足称,而大义未明。

——(明)朱瞻基,见《明宣宗实录》

三代以后,治功莫盛于唐;而唐三百年间,莫若贞观之盛。太宗在唐为一代英明之君,其济世康民,伟有成烈,卓乎不可及已。所可惜者,正心修身,有愧于二帝三王之道,而治未纯也。

——(明)朱见深,《明宪宗实录》

唐太宗才,朕所不如,若论闺门德行,朕亦不学他。
——(明)朱由检(崇祯帝),见蒋德璟《敬日堂外集》
卷六(《召对中左门议处督抚及救刘总宪纪事》)

人臣敢言的用之,则名在人主,罪之,则名在臣下。太宗本不喜魏徵,故欲优容他,以自成其名。
——(明)蒋德璟:《敬日堂外集》卷六
(《召对中左门议处督抚及救刘总宪纪事》)

三代以后,如文皇者,真千古一帝也!
——(明)王志坚:《读史商语》卷三

三代以下英雄之主，独称汉高祖、光武、唐太宗。然而高祖起义之年六八，光武兴复之岁三九，皆生长民间，周历世故；未有出于纨袴裙屐之中，发于孩提髫龄之始，而具凌驾四海之气，抱震撼八荒之才，如太宗者也。太宗自秦王以上，比迹汤、武；自登极以后，庶几成、康。腐儒辈犹以尺寸瑕瑜之，何异虾度神龙乎？

——（明）张大龄：《玄羽外编·史论》

太宗在位，朝有贤良之宰辅，内有长孙之贤后，致治之美庶乎？成康、秦汉以来皆莫及也。宾天之时，四夷入仕及朝贡者数百人，皆痛哭剪发，剺面割耳，流血洒地，非有得于华夷之心而能然乎？史臣曰："秦汉以来，功德兼隆，一人而已。"

——（明）赵弼：《雪航肤见》

朕观古来帝王，如唐虞之都俞吁咈，唐太宗之听言纳谏，君臣上下，如家人父子，情谊浃洽，故能陈善闭邪，各尽所怀，登于至治。

——（清）玄烨（康熙帝），见《清圣祖实录》

当隋炀之时，天下瓦解，群雄睢盱，窥伺名器。于是太宗以英雄之资，备仁义之德，复得高祖之贤为之父。《易》曰："包荒吉，纳妇吉，子克家。"盖高祖以柔中之德，赖太宗以阳刚之体发而用之，以安天下，固宜唐室之兴也勃焉。

然太原兴兵，长安立帝，不必诡行诈伪以异利也；不必尊江都而立代王也。宜正其罪名，声大义以讨之。即位之后，励精图治，损己益人，爱民从谏，躬行仁义，用房元（玄）龄、魏徵之侪，君臣相得，不敢怠遑，用致贞观之盛，令德善政，不可殚述，可谓三代以下特出之贤君矣。虽征辽之役，志满意盈，然既失之后，即复魏徵之碑，劳其妻子，深自损责，其于改过亦已敏矣。

夫贤君不世出，成、康以降数百年而有汉文帝，汉文以降又数百年而有太宗。要之以虚心待物、损上益下，用致天下之盛，太宗与文帝率用是道。文帝质美德纯，过于太宗，然致治之盛，岂能及贞观哉？人或论太宗有魏徵而身修国理，魏徵既没而骄满之意生者，是不尽然。惟其有太宗之君，然后有魏徵之臣。使太宗中人之主，则虽有魏徵，其亦如之何哉？独心无知道之实，而身有好名之念，屈己从谏，而不免以术驭人，故不能致天下于熙皞耳。然后世有逆谏而恶贤、骄奢而自满者，方之太宗，则又不啻倍蓰矣。

——（清）弘历（乾隆帝）：《乐善堂全集·唐太宗论》

……及唐贞观，太宗以英武之资，能用贤良之士，时若房元（玄）龄、杜如晦、魏徵、王珪诸人，布列左右，相得益彰。盖自三代以下，能用贤纳谏而治天下者，未有如此之盛焉。……

……贞观之治盛矣，然其所以致治，则又在于用此数贤，而数贤之中，又推魏徵裨益为多。然魏徵不能自必信用于太宗，以见其功业，则又知太宗所以独信魏徵，言听计从而见效若彼者，固人君所当服膺，书绅而勿失也。

——（清）弘历：《〈贞观政要〉序》

太宗英睿，从谏如转圜。士君子有致君尧舜之心，遇可为尧舜之主，不披肝露胆，罄底蕴以相告，非人情矣。（魏）徵之谏固不可及，亦太宗成之也。身殁未几，媚毁遽行，又似一日无徵，众寒杂至，虽英睿如太宗，且不免为佞邪所播弄，悲哉！前此之转圜，亦徵有以佐之也。明君良臣相需殷而相得彰，亶其然乎？

——（清）朱轼：《史传三编·名臣传十三（魏徵）》

昔汉宣兴，而龚（遂）、黄（霸）辈出；唐宗作，而薛（大鼎）、贾（敦颐）有声，岂不以表端者无曲影、源澄者无污流？吏治清浊，宁不由于上心哉？宁不由于上心哉！

——朱轼：《史传三编·循吏传六（薛大鼎）》

自古英哲非常之君，往往得人鼎盛。若汉之武帝，唐之文皇，宋之仁宗，元之世祖，明之孝宗。其时皆异材勃起，俊彦云屯，焜耀简编。

——（清）曾国藩：《国朝先正事略序》

户牖皆惊气若神，书生早识帝王真。金瓯那有虬髯地，玉玺宜归日角人。马汗自流松柏晚，龙鳌几覆李花春。槐黄赚尽英雄去，留得朱三是细民。

——易顺鼎：《咏古诗五十八首同樊山作·唐太宗》

建成、元吉，智勇远不逮世民，乃得此贤兄弟以为助，正应式好无尤，联作指臂，而乃两不相容，私结妃嫔，阴募壮士，且嗾使杨文干之叛命，欲为表里相应之举，是诚何心哉？岂除去世民，即能安然为嗣皇帝、俨然做皇太弟乎？……

唐太宗为一代贤君，当即位初年，犹觉励精图治，如恐不逮。惟太宗既勤内治，复善外攘，国未靖则姑与突厥言和，敛锋以避之；国已靖则始与突厥言战，声罪以讨之。且册夷男，纳突利，以夷攻夷，卒雪前耻而告成功，驭外之道，莫善于此。

……

若中国素崇礼义，号为文物之邦，唐太宗为三代下仅见之君，尤称英敏。乃玄武门自戕骨肉，巢王妃可作嫔嫱，敢自渎伦，竟尔作俑，卒至承乾无父，元昌无兄，齐王祐恶逾太子，赵节、杜荷等不顾懿亲，内外谋逆，几成大祸。幸天尚佑唐，得以早日扑灭，不致蔓延，然父子兄弟之间，遗憾已多。太宗岂能辞咎乎？夫戎狄之国，犹不能舍纲常而谋治安，况在中华？

太宗一英武主，累战皆捷，独东征高句丽，顿兵安市城下，岂强弩之末，不能穿鲁缟欤？毋乃所谓暮气已深，不复如前此之冒险进取欤？或谓由李世勣、长孙无忌辈，一再劝阻，以致师老无功，靡然退还。不知天子亲征，事权统一，欲进则进，何待踌躇？彼世勣、无忌得以劝阻者，无非阴窥上意，乘隙进言耳。不然，世勣等往攻薛延陀，何以直度碛北，不少逗留，扫番众，降夷酋，收服铁勒诸部，不数月间，即荡平北荒、威行穷海乎？故亲征，美名也，而弊多利少，万乘之主，不堪一挫，诸将又皆怀顾忌，谁敢以乘舆作孤注？此亲征之所以少战功也。

——蔡东藩：《唐史演义》第二十一回

若论武力扩张，依照唐人国力，正可尽量向外伸展。但即在唐太宗时，一般观念已对向外作战表示怀疑和厌倦。中国人对国际，只愿有一种和平国际性的武装。唐代虽武功赫奕，声威远播，但中国人的和平头脑始终清醒。……中国人既不愿在武力上尽力扩张，向外征服，同时又不愿在财富上尽量积聚，无限争夺。

——钱穆：《中国文化史导论》

（李世民）即位后，于次年改元贞观。贞观共二十三年，当时的政治比较清明，经济由恢复而迅速发展，社会稳定，人民生活得到改善，国力强盛，边境安宁。史家称此时为"贞观之治"，被认为是中国封建时代少有的"太平盛世"。

所谓"贞观之治"，除了当时的政治、经济、文化等都有所发展之外，还有如下的四个重要特点：(1)唐太宗君臣论治；(2)选练举贤；(3)轻徭薄赋，发展生产；(4)华戎同轨，爱之如一。

——翦伯赞：《简明中国通史》

唐太宗是中国皇帝中出类拔萃的人物。他击败了侵略中国的突厥族，建立起疆域广大、超越前代的大帝国。

——范文澜：《关于中国历史上的一些问题》

汉与唐为吾国民族历史上最光荣灿烂之时期。太宗乘天下鼎沸，叱咤风云，荡平群寇，修齐庶政，然后南征北讨，收服四裔，威令所行，东综日本海，北逾西伯利亚，西被底格里斯河，南极印度及海洋洲，国势之盛，且超汉代而上之。太宗诚自古未有之民族英雄也！

——成本俊：《民族英雄唐太宗之精神及其事业》

假如中国历史上没有李世民这样一位卓越的天才的军事家和政治家，华夏民族究竟会演变到怎样的境地？综数百年华夷乱离黑暗之局，成大一统的民族复兴与新局面的开创，其版图西至葱岭以东，南至中南半岛，东临大海，北被大漠。而国计民生之康裕，学术艺事之发达，典章制度之昭明，思想文化之融汇与创导，至使倭人贩其余绪以立国，欧西各国向往而慕化。其气魄之大、业绩之伟，无可媲美。推崇功业，数典不忘，我们岂能忘掉李世民！

——柳克述：《知识青年从军之先例李世民》

李世民大帝是中国最杰出的英明君主之一，他用他高度的智慧，殷勤而小心地治理他的帝国，不久就为中国开创了一百三十年之久的第二个黄金时代。

自从盘古开天辟地，李世民大帝是中国帝王中最初一个被中国人真心称颂崇拜的人物，固由于他的勋业，也由于他本身的美德。他治理国家的一言一行，成为以后所有帝王的规范。

——柏杨：《中国人史纲》

唐太宗在我国历史中是一位非常伟大的人物，其文治武功，固不待言，尤其是有超人的天才，而且又能好学好问，真可以说是天纵之圣。从《（李卫公）问对》书中，我们可以体会到这一位天才皇帝的智慧和风度。在战略思想中，他的地位远超过拿破仑。

——钮先钟：《战略家　思想与著作》

唐太宗是历史上最有"奇情"气质的英雄人物，柔情侠骨，一应俱全。在打天下的政治斗争中，当然他有和人一样的霹雳手段，但在这些政治性的"俗情"以外，他有许多"奇情"，使江山多彩，为人类增辉。

——李敖：《奇情与俗情》

有秦王天子，少而灵鉴，长而神武。昔先代丧乱，率土分崩，兵戈竞起，群生荼毒，而秦王天子早怀远略，兴大慈悲，拯济含识，平定海内，风教遐被，德泽远洽，殊方异域，慕化称臣，氓庶荷其亭育，咸歌《秦王破阵乐》。闻其雅颂，于兹久矣。

——[印度] 戒日王，见玄奘《大唐西域记》

由于唐太宗的丰功伟绩，一个不可预知的中国，一个英雄史诗的中国，并改写了几千年来一直延续着的文明史。

——[法] 勒内·格鲁塞：《草原帝国》

李世民在这时候勤于听政，勇于就谏，是以彻底的运用了机缘，而达成历史上的"贞观之治"。

——[美] 黄仁宇：《贞观之治》

这位英明的君主（指唐太宗）一再以各种名义将自己残忍的行动解释得合理化，但是他始终不将之掩饰。这场骨肉相残的经过，见于唐朝的历史，与李世民很多成功的事迹并列，历史学家对其功业不能怀疑。我们如果将这故事忽略不写，或仅是不着痕迹地轻描淡写，都可能使中国君主制度的真相含糊，而不能了解其本身的矛盾，因之抹杀了历史的连续性。

——[美] 黄仁宇：《中国大历史》

太宗的统治以低调结束，但它是唐代第一个鼎盛时期，而且某些方面在整个中国历史上是无与伦比的。他留给他的继承者一大笔遗产：合理的和高效能的行政机构、繁荣的经济、广大的国土。虽然他在高句丽的失败投下了阴影，但在一定程度上全国出现了自汉朝全盛期以来所没有的兴旺景象，一个充满自信的、安定繁荣的局面。显然，太宗时代的清平之治一定会使那些在他死后的不稳定的甚至危险的年代中供职的官员们产生深切的追思。

随着时间的流逝，太宗的威信和荣誉也随之增长。对于中国文人来说，太宗代表了一个文治武功理想地结合起来的盛世：国家有一个精力充沛聪明而谨慎的皇帝统治，他牢固地掌握着他的帝国，同时又一贯谦虚地耐心地听取群臣——这些大臣本身也是卓越的人物——的意见。太宗的施政作风之所以被人推崇，不仅由于它的成就，而且还由于它接近儒家的纳谏爱民为治国之本这一理想，另外还由于它表现了君臣之间水乳交融的关系。

　　——［美］崔瑞德、鲁惟一：《剑桥中国隋唐史》

　　整个中国历史上只有两个朝代，即汉代与唐代奉行道的哲学。这两个帝国是当时全部地球文明中最健康、最幸运、最先进的国度。监狱是空的，遗落在街道上的贵重东西没有人捡，所有国民充满自信。这是因为这两个朝代的政府达到了礼制与正义政府的水准。历史学家把这两个朝代称为中国的黄金时代。

　　——［美］张绪通：《管理之道》

唐太宗的父子兄弟

帝王家,总是有这样那样的尴尬事体。唐高祖李渊几乎是被"逼上"造反之路的,李建成则颇有欲"坐享其成"之嫌。一场兵变,击碎梦想,谁又能说不是他们的昏聩、残狠所致?唐太宗儿子众多,但事迹显著的也就那么几个:愍太子李承乾、高宗李治、濮王李泰、越王李贞……以唐太宗之英明,在皇位继嗣上也难免狐疑,最终的继位者贤愚参半……

唐高祖李渊

李渊（566—635），唐朝开国皇帝，唐太宗李世民之父。字叔德，陇西成纪（今甘肃秦安）人。本为隋太原留守，在次子世民谋划下，举兵反隋，西入长安，建唐称帝，在位九年，逊位太宗。在位期间，实行一系列改革措施，加强了封建集权统治。后期妃嫔成群，宠妃怠政。未能妥善处理诸子的皇位之争，导致玄武门之变，最终被迫逊位。

一、出身高门　因功仕隋

李渊出身世家。祖父李虎，为后魏左仆射，封陇西郡公，官至太尉，是著名的"八柱国"之一，死后追封唐国公。父亲李昞袭封，北周时任安州（治今湖北安陆）总管、柱国大将军。母亲为隋文帝独孤皇后的姐姐。

北周天和元年（566），李渊出生于长安。七岁时父亲去世，袭爵唐国公。

李渊青年时，倜傥豁达，任性直率，宽仁容众，有很高的威望。李渊的妻子窦氏，是隋朝贵族窦毅之女，隋文帝独孤皇后又是李渊的姨母，因此，他在朝中十分受宠。历任谯州（治今安徽亳州）、陇州（治今陕西陇县）、岐州（治今陕西凤翔）刺史。史称李氏在陇西"富有龟玉，姻娅帝王"，李氏家族是重要的关陇贵族集团之一。

隋大业初年，李渊为荥阳（治今河南荥阳）、楼烦（治今山西静乐）二郡太守，不久，又被任命为殿内少监。大业九年（613），升任卫尉少卿。这一年，隋炀帝远征高句丽，李渊受命在怀远镇（今辽宁辽阳西北）负责督运粮草。

当时，民众不堪困苦，怨声沸腾，大贵族杨玄感利用民众的不满情绪，起兵反隋。李渊飞书奏闻，隋炀帝命他镇守弘化郡（治今甘肃庆阳），兼知关右诸军事，以抵御杨玄感。杨玄感兵败，李渊继续留守这些地方。在此期间，李渊广树恩德，结纳豪杰，因此炀帝对他有所猜忌。

大业十一年（615），李渊调任山西、河东黜陟讨捕大使，携家眷至河东，行至龙门，遭到毋端儿农民军的阻击。李渊率军击溃了这支队伍，收降万余人，声威大震。次年，升为右骁卫将军，并任太原道安抚大使。当时，隋炀帝自楼烦巡游雁门，被突厥始毕可汗包围，形势十分危急，李渊从突厥大军中救出炀帝，不久，炀帝派李渊与马邑郡守王仁恭北备突厥。当时，两军兵马不足五千，李渊选能骑善射者两千余人，模仿突厥人的饮食居止训练士卒。有一天，军队与突厥军相逢，李渊纵兵出击，大败突厥，此后突厥收拢部属北移，不敢南下骚扰。

大业十三年（617），李渊为太原留守。太原是军事重镇，不仅兵源充足，而且粮饷富裕，储粮可供十年之用。李渊凭借这些有利条件，在太原发展自己的势力，以图大举。

李渊初到太原时，有"历山飞"魏刁儿率领农民军结营于太原之南，上党、西河、京都道路断绝。魏刁儿所部有十几万人，巧于攻城，勇于力战，多次打败隋军。李渊为树立自己的威信，决定讨伐"历山飞"。两军相遇于河西雀鼠谷口。农民军有两万余人，布阵齐整，李渊所部步、骑仅有五六千人，诸将面有惧色。李渊决定智取，分所部将士为二阵：以老弱兵卒居中，扬旗鸣鼓，排成大阵，造成是主力的假象；以麾下精兵数百骑，分置左右队为小阵。交战时，李渊令王威领大阵居前，张旗鸣鼓，以壮声势。义军以为李渊在阵中，选派精锐迎战，王威因惧怕而落马,率部逃脱。义军不知是计,见阵中有大批辎重,纷纷上前争夺。李渊乘机率小阵的左右二队,大呼而前,两面夹击,义军顿时大乱而败。

李渊击败"历山飞",在太原的地位得以巩固,晋阳一带的官僚、地主、豪商纷纷投靠。李渊又命次子李世民在晋阳招揽党羽,倾财赈施;长子李建成也在河东暗中交结英俊,发展势力。而此时的隋炀帝远在江都,沉湎声色,鞭长莫及,李渊实际上已经成为太原的最高统治者。

二、晋阳起兵　拥立隋主

隋炀帝的残暴统治,使国内矛盾异常尖锐。炀帝生活奢侈,大兴土木,建东都、修长城、开运河、筑驰道,弄得民不堪命。他又好大喜功,巡游江南,北上榆林,以夸耀自己的权势;出兵边塞,征伐高句丽,以显赫自己的武威。结果徭役无时,战争频繁,社会生产遭到严重破坏,人民生活苦不堪言,致使黄河之北,千里无人烟;江淮之间,土地荒芜。百姓无法生活下去,不得不铤而走险,以武力反抗炀帝的残暴统治。

大业七年(611)起,各地农民起义风起云涌,有的隋军将领也割据一方,以致群雄作乱,天下沸腾。其实,全国有近二百支反隋武装,且在反隋斗争中不断走向联合,逐渐形成三支主要力量:李密和翟让领导的瓦岗军,杜伏威领导的江淮军,窦建德领导的河北军。在农民军的冲击下,隋炀帝的统治风雨飘摇,岌岌可危。

在义军蜂起的同时,统治阶级内部也分崩离析。李渊目睹动荡不安的大局,逐渐萌生叛隋思想。特别是农民军的大发展,直接促使他把思想付诸行动。

大业十三年(617)二月,马邑人刘武周起兵,杀太守王仁恭,自称皇帝,建元"天兴"。李渊以讨伐刘武周为名,大规模招募兵卒组建正规军。由于以维护隋朝统治为号召,远近的地主武装纷纷赴集,不几天就有近万人成为李渊直接控制的部队。

李渊的行动,引起了副留守王威和高君雅的怀疑。李渊设计杀掉王、高二人,宣布自己大举义兵,是为了安定天下,维护帝国安全;还宣布与突厥和亲,避免战争。在得到突厥支持后,李渊公开打出反隋旗帜,大业十三年(617)六月,向各地发布文告,说自己将发动"义兵"讨伐无道昏君。

晋阳起兵后,李渊决定进军关中,直取长安,以号令天下,图谋大业。西河郡(治今山西汾阳)郡丞高德儒拒绝接受李渊的指挥,李渊便命长子建成、次子世民率军攻取。当时,文武官员还没有正式设职任衔,军中便以排行呼太子建成、次子世民为"大郎""二郎"。临行前,李渊对两个儿子说:"你们虽然年富力强,但处理事情缺乏经验,先去攻取西河,看看你们的能力。"大郎、二郎二人受命,率军直逼西河。行军途中,二人与士兵同甘共苦,所过秋毫无犯。沿途百姓送的蔬菜水果,不买不食,即便推辞不掉,也不独得,而是与士兵一起享用。将士们见此十分感动,皆愿为之效命,所以人皆奋勇,所向无敌。不几天,二人攻下西河,擒斩高德儒,又开仓济贫,令百姓各安旧业,名声逐渐传播开来。

西河告捷后,李渊建置大将军府,称"大将军"。以长子李建成为陇西公、左领军大都督,统率左三军;以次子李世民为敦煌公、右领军大都督,统率右三军。以裴寂、刘文静为大将军府长史、司马;殷开山、刘正会、温大雅、唐俭、权弘寿等为掾属,记室参左等;以鹰扬王长阶、姜宝谊、杨毛、京兆长孙顺德、窦琮、刘弘基等分为左右统军、副统军。初步建立了军事、行政机构。

大业十三年（617）秋七月，李渊率兵西图关中，隋武牙郎将宋老生屯兵霍邑（今山西霍县），阻挡李渊前进。适逢阴雨连绵，粮饷不给，又传言突厥与刘武周联合，欲乘虚袭击太原，因而有的将领主张先还师太原，再待机以图后举。李渊准备班师，李建成兄弟反对，遂决定继续进军，并最终击败了宋老生。

平定霍邑后，李渊又连取临汾郡和绛郡。九月，李渊率军直逼河东。隋骁骑大将军屈突通镇守河东，断绝津梁。裴寂主张以重兵攻克河东，歼灭屈突通，以绝后患。李世民则认为兵贵神速，应避实就虚，直入关中。李渊左右权衡，决定分兵两路，由李世民率军渡河入关，直取长安，同时留下相当兵力对付屈突通。此时，李渊的女儿平阳公主也率军前来，与李世民会师后，屯兵阿城；李建成也自新丰来到灞上；李渊自率大军自下邽西上，形成了对长安的包围之势。

十月，李渊至灞上，驻军大兴城（隋朝都城，唐改长安）春明门西北，与李世民、李建成军会师，兵众达二十余万。李渊命诸军各依垒壁，勿入村舍，不得抢掠。此时，京师留守刑部尚书卫文升、右翊卫将军阴世师、京兆郡丞滑仪，挟代王杨侑守城。李渊遣使招降被拒，下令攻城。十一月，隋都长安被李渊攻陷。

进入长安后，李渊下令封府库，收图籍，禁掳掠。遣建成、世民率所统将卒守城。城内百姓对李渊的部队夹道欢迎，秩序井然。

大业十三年（617）十一月，李渊立代王杨侑为皇帝，即隋恭帝，改元"义宁"，遥尊炀帝为太上皇；李渊为大都督内外军事、大丞相，晋封唐王，位在王公之上；以武德殿为丞相府，设官治事，独揽军国大权，总理万机。又以陇西公李建成为唐国世子，敦煌公李世民为京兆尹，改封秦公，姑臧公李元吉为齐公。又以裴寂为丞相府长史，刘文静为司马。礼乐征伐，兵马粮仗，事无巨细，悉归丞相府负责。李渊通过丞相府，牢牢控制了长安的局势，隋恭帝不过傀儡而已。

为进一步巩固自己的势力集团，李渊又大封功臣。义宁二年（618）正月，封丞相府长史裴寂为魏国公，司马刘文静为鲁国公，其余诸将也各有封赏。

三、长安称帝　建国大唐

大业十四年（618）五月，宇文化及和司马德戡在江都（今江苏扬州）发动兵变，杀害炀帝，立秦王杨浩为帝，宇文化及自为大丞相。旋即率十余万禁卫军北上，扬言要返回关中。行至童山（今河南浚县西南），被李密率瓦岗军击败。宇文化及率余众走魏县（今河北大名），毒杀杨浩，自立为帝，国号"许"，年号"天寿"。次年，宇文化及在聊城被窦建德擒杀。

隋炀帝被杀，隋朝名存实亡，不再需要隋恭帝这个傀儡，于是逼其禅位，李渊即皇位于太极殿，国号"唐"，建元"武德"，定都长安，大赦天下。六月，任李世民为尚书令，丞相府长史裴寂为尚书仆射，丞相府司马刘文静为纳言，隋民部尚书萧瑀、丞相府司录窦威为内史令。不久，又立李建成为皇太子，李世民为秦王，李元吉为齐王。以李渊为首的李氏王朝建立了起来。

李渊在短短一年多的时间里，就建立起一个新王朝，原因何在？不外以下几个方面。

首先，农民军在中原地区和江淮地区牵制了大量隋军，造成京都所在关中地区防守力量空虚，李渊得以顺利攻占长安。

李渊晋阳起兵时，各地农民起义军风起云涌，特别是瓦岗军与河北义军，成为牵制隋军的主要力量。瓦岗军最初由东郡（治白马，今河南滑县）人翟让领导，单雄信、徐世勣（即李勣）、王伯当等人各聚众归附，众至数万人。李密在杨玄感失败后，流转各地，最后投奔了瓦岗寨。李密加入瓦岗军后，向翟让献策，攻破军事要塞金堤关（今河南荥阳东北），攻克荥阳和附近的几座县城。隋炀帝急忙派河南讨捕大使张须陀，率带领精兵两万前来镇压。在李密的策划下，瓦岗军主力埋伏在荥阳大海寺北面的树林里，再由翟让率小部义军迎战，佯装败退，把张须陀引入包围圈。义军从四面八方围攻，杀得隋军人仰马翻，张须陀也被杀死，瓦岗军声威大震。

大业十三年（617），瓦岗军又一举攻占了洛阳附近的隋朝粮仓兴洛仓（今河南巩县境内）。起义军开仓济贫，附近穷苦百姓扶老携幼，前来取粮。义军深得民心，队伍迅速壮大。洛阳的越王杨侗，派虎贲郎将刘长恭率军两万五千前来镇压，被瓦岗军所败，死亡过半。瓦岗军乘胜攻取回洛仓，大军直指洛阳城下，与隋军展开争夺大战。隋炀帝派亲信王世充调集十几万军队增援洛阳。瓦岗军却屡败隋军，始终处于优势，控制了黄河以南、淮河以北的许多郡县。

河北起义军以窦建德为首，主要活动在河北中部，劫富济贫，深得当地民众拥护，兵力达十几万人。大业十三年（617），隋炀帝调涿郡留守薛世雄，率军三万驰援洛阳。隋军路过河间地区时，窦建德亲自率军阻击，大败隋军，薛世雄仓皇逃回涿郡，不久死去。河北义军的活动，沉重打击了河北地区的朝廷势力。后来，窦建德在乐寿（今河北献县）建立了农民政权，国号"夏"，称"夏王"。

江淮义军以杜伏威、辅公祏为首，主要活动在东南地区。隋炀帝派大将宋颢前往镇压，起义军采用火攻，将隋军全部烧死在芦苇荡。大业十三年，隋炀帝又派陈稜带领禁军前往镇压。陈稜是隋朝名将，曾远征琉球，可他对起义军却束手无策，不敢出战，而是凭借优势兵力，步步为营，企图蚕食义军。江淮义军采用激将法,派人送给他一套妇人穿的衣服,并称他为"陈姥",诱他出战。陈稜被激怒,率军出战,义军乘机冲入敌阵,左杀右砍,隋军大败。接着,义军又对隋朝的军事重镇江都形成包围之势。

各地起义军转战南北,沉重打击了隋朝统治者,牵制着隋军的主力。为了镇压起义军,隋军主力集中在东都洛阳和江都一带,隋炀帝本人也坐镇江都。关中地区成为隋朝军事力量比较薄弱的地区,李渊正是利用这一时机,乘虚入关,建立了李氏王朝。

其次,隋炀帝的腐朽统治,使其众叛亲离,统治集团内部出现裂缝,统治力量削弱。李渊乘隋炀帝自顾不暇之际,发展力量,进占长安。

早在隋炀帝第二次征高句丽时,杨玄感受命在黎阳仓(今河南孟县境内)督运军粮。他见隋朝统治大势已去,便在大业九年(613)六月公开起兵反隋,达官子弟趋之若鹜,纷纷奔附。可见,在隋朝统治集团中,反隋的念头已普遍存在。杨玄感起兵后,一些隋军将领故意弃甲地,有意送给杨军,沿途穷苦民众也踊跃参军,不足两个月,杨玄感便聚众十余万人。但由于目光短浅,凡庸无谋,战略方针失策,杨玄感最后兵败自杀。

杨玄感反隋虽然失败,但隋朝官僚贵族反叛事件却一再发生。主要有:罗艺,据涿郡及附近诸郡,自称幽州总管,成为威震燕地的大势力;梁师都,据朔方(今内蒙古西部),国号"梁",突厥封其为"解事天子";刘武周,据马邑,称皇帝,突厥封其为"定杨可汗";薛举,据金城(今甘肃兰州),称"西秦霸王";李轨,据武城,称"大凉皇帝";萧铣,据巴陵(今湖南岳阳),称梁帝;沈法兴,据吴兴(今浙江湖州),称梁王。他们起兵割据,称帝称王,都不同程度地削弱了隋朝的统治力量。

隋炀帝无法收拾时局,逃到了江都。大业十四年(618),右屯卫将军宇文化及发动兵变,隋炀帝易服逃跑,被叛军擒捉。炀帝还厚颜无耻地问:"我犯了什么罪?"兵变将官说:"你轻动干戈,游玩不息,穷奢极欲,荒淫无度,拒听忠言,专任奸邪,使青年男子死在战场,妇女老弱填入沟壑,万民失业,变乱四起,还说什么无罪。"炀帝又说:"你们跟着我享尽荣华富贵,我没有对不起你们的地方。今日之事,为首者是谁?"兵变将官:"全国同怨,何止一人。"结果,隋炀帝被叛军缢杀。

另外,李渊注意策略,缩小敌对面,利用民众的反隋思想,扩大自己的势力。李渊所以起兵晋阳,目的是取隋而代之。胸藏谋略的李渊,不像杨玄感那样公开打出"反隋"的旗号,而是在"尊隋"的名义下逐步夺取隋政权。大业十三年(617)六月,李渊立隋代王杨侑为帝,遥尊炀帝为太上皇,实际上控制了关中局势,杨侑不过是个工具。这样,一方面避免了大臣犯上谋反的恶名;另一方面,可以用安定隋室的旗号公开招兵买马,扩大势力。由于李渊的社会关系和政治地位,起兵后迅速得到各种势力的支持。李渊也做出一副"卑身下士"的样子,广罗人才。于是,三秦士庶,衣冠子弟,郡县长吏,纷纷归附。对于这些人,李渊封官许愿,以廉价的许诺换取他们的支持。

对于农民起义,李渊本来是深恶痛绝的,但斗争形势迫使他从镇压,改为竭力利用农民军的力量。李渊进军长安时,瓦岗军首领李密曾写信给他,约以共同灭隋。李渊一反常态,卑辞答谢,并假意推李密为主。李渊这样做,无非是想利用李密的势力,阻挡住东都洛阳的隋军,以便顺利西进。事实正如李渊所料,瓦岗军在李密的谋划下,夺取了隋朝的兴洛仓和回洛仓,兵逼洛阳,牵制了隋军的主力,使其无暇顾及长安,李渊得以顺利西进。进军到黄河东岸时,隋将屈突通断绝津梁,阻遏西进。李渊及时派人和关中起义军取得联系,并拜当地起义军首领孙华为左光禄大夫,封武乡县公,加冯翊郡守。在关中起义军的协助下，李渊才得以在极短的时间内渡过黄河，控制了渭水流域。

为了解除后顾之忧，李渊还与突厥通好，卑辞言和，至于称臣。这些，都充分表现了李渊丰富的政治经验。正因为如此，李渊才能在群雄并起的局势下立于不败之地，最后取隋而代之，建立自己的政权。

李渊善于用人，手下有一批文官武将，他们在建立唐朝的大业中也起了重要作用。李渊太原起兵之前，就广纳豪杰，收罗了大批人才。大业九年（613），李渊镇守弘化郡，广树恩德，众多款附。在太原的地位巩固以后，他又命次子李世民密诏豪杰，倾财赈施，礼贤下士。长子李建成也在河东潜结英俊。诸如刘文静、殷开山、刘正会、温大雅、唐俭、权弘寿、武士彟、王长阶、姜宝谊、杨毛、长孙顺德、窦琮、刘弘基等，一大批志士仁人团结在李渊的周围。晋阳起兵后，进军关中，沿途又交结各路豪杰；行军途中，与士卒同甘共苦，各级将士乐于效力。攻入长安后，为加强将士对自己的支持，又大封功臣，如裴寂封魏国公，刘文静封鲁国公，等等。晋阳旧吏，个个希望李渊称帝，以便得到更高的官职。能使周围将士甘心卖命，这不能不说是李渊得以称帝建国的一个重要因素。

四、兼并群雄　统一全国

李渊称帝长安时，群雄未靖，许多隋将割据称雄，多支农民军亦称霸一方，全国处于四分五裂的状态。具有政治野心的李渊，不愿偏安关中一隅之地，便储粮积粟、厉兵秣马，一旦军实充足，即剿抚兼施，开始统一全国的战争。

李渊兵锋，首先指向对关中构成威胁的薛举、薛仁杲父子。薛举是金城郡（治今甘肃兰州）富豪，家产巨万，雄于一方。大业十三年（617）四月，薛举驱逐隋官，自称"西秦霸王"，年号

"秦兴"。不久称帝,定都天水(今属甘肃),封子薛仁杲为齐公,据陇西全境,众至十三万,成为西北地区的一股大势力。薛举起兵反隋,首先要夺取关中。李渊抢先攻占长安,薛举父子便以十万兵力进逼关中。李渊派李世民率军出击,薛军败归。

武德元年(618)五月,李渊长安称帝,薛举又率精骑攻扰,关中大乱。唐军恃兵多将广,有轻敌之意,结果在高墌(今陕西长武北)之役中,败于薛军。消息传到长安,京师骚动,人心惶惶。薛举得胜后,则趾高气扬,欲乘胜直取长安。就在这时,薛举病逝,其子薛仁杲继位。李渊命秦王李世民为元帅,再次率军讨伐,在高墌城外大破薛军,薛仁杲被迫投降,陇西并入唐境。

与此同时,凉王李轨自称天子,年号"安乐",由安修仁掌握枢密,据有张掖、敦煌等河西五郡之地。李渊密遣安修仁之兄安兴贵入凉,任为左右卫大将军。武德二年(619),安兴贵与弟安修仁擒李轨,倾覆李轨的政权,凉亡,河西五郡并入唐境。

李渊的劲敌除薛举、李轨外,还有刘武周。刘武周原是马邑鹰扬府校尉。大业十三年(617),聚兵万余,自称太守,依附突厥,攻占楼烦、雁门、定襄等郡,受封"定杨可汗",不久自称皇帝,建元"天兴"。武德二年(619),勾结突厥,南侵并州(治晋阳,今山西太原西南)。并州总管齐王李元吉抵挡不住,太原危急。接着,刘武周攻陷平遥、介州,李渊派右仆射裴寂督军抗击,也被打败,几乎全军覆没。刘武周乘胜进逼太原,李元吉弃太原逃归长安,关中震骇。李渊准备放弃黄河以东地区,退保关中。紧要关头,李世民主张绝不放弃,并自请率军讨伐。李渊命李世民率兵自龙门(今陕西韩城境)渡河,进击刘武周。唐军渡河后,坚壁不战,待敌军粮草不给,气势衰落,一鼓作气,速战速决,刘武周全军溃败,部将尉迟敬德投降。刘武周势穷,率残部北遁突厥,后被突厥杀死。并州归入唐朝版图。

薛举、李轨、刘武周消灭后，关中形势得以稳定。李渊便集中力量争取中原。

争夺中原的劲敌，主要是王世充。王世充本为隋江都通守，隋炀帝被弑后，他在东都洛阳立杨侗为帝，不久击败瓦岗军，瓦岗军首领李密降唐，其余将帅多归附王世充。武德二年（619），王世充废掉杨侗，自称皇帝，国号"郑"，年号"开明"，占据洛阳，成为河南最大的割据势力。武德三年（620）七月，李渊派李世民率军直驱河南，攻打洛阳。王世充所属河南州县，相继降唐，王世充坐困洛阳，遣使向窦建德求援。窦建德欲与王世充合力败唐，然后再寻机灭王，因而接受了王世充的请求，引兵十万进军成皋（今河南荥阳汜水镇）。李世民率唐军抢占重镇武牢，阻击窦建德。窦建德布长阵二十里，鼓噪前逼唐阵。唐军坚守不战，以逸待劳。窦建德军粮草供应不畅、士卒饥疲，唐军乘机出击，窦建德抵挡不住，败退三十里，最后受伤被俘。王世充见大势已去，率群臣两千余人降唐。河北诸县也相继归唐，唐朝基本上控制了黄河流域。

与此同时，李渊还派李靖至夔州（今重庆奉节），进攻占据长江中游地区的萧铣。萧铣于武德元年（618）在巴陵称帝，不久迁都江陵，出兵攻夺唐朝的巴、蜀地，拥兵四十万。武德四年（621），唐将李靖、李孝恭围江陵，萧铣外无援兵，只好投降，长江中下游地区亦为唐所有。

李渊兼并割据称雄的隋朝贵族后，又把矛头指向在灭亡隋朝中起过重要作用的农民军。窦建德被俘后为李渊所杀，其部将于武德四年（621）推刘黑闼为主，在漳南（今山东德州一带）起兵反唐。刘黑闼勇决善战，各地的窦建德残部又闻风而起，不到半年时间，刘黑闼就完全恢复了窦建德故地。

李渊命李世民、李元吉率军东征刘黑闼。刘黑闼率步、骑两万迎战,从午间杀到黄昏,未分胜负。唐军在洛水上游筑坝截水,看到难以取胜,就决水灌敌,刘黑闼兵败,逃奔突厥。两个月后,刘黑闼卷土重来,重新恢复故地。武德五年(622),在洺州(今河北永年)自称"汉东王"。齐王李元吉前往讨伐,为刘黑闼所败。李渊又派太子李建成亲征,李建成采纳魏徵的建议,实行安抚政策,争取民心,以瓦解刘黑闼的部队。武德六年(623),刘黑闼兵败被杀,唐朝又控制了河北、山东地区。

占据江淮地区的杜伏威,在大业十三年占据历阳(今安徽和县),自称"总管",任用士人。武德元年(618),移居丹阳,上表隋越王杨侗,被任为东南道大总管,封楚王。唐军围攻洛阳,派人招降,杜伏威归降,封吴王,任江淮以南安抚大使。刘黑闼兵败被杀后,杜伏威命部将辅公祏留守丹阳,自请入朝,被留在了长安。武德六年(623)秋,辅公祏率江淮义军在丹阳反唐,自称"宋帝",唐借故杀杜伏威。李渊派大将军李孝恭、李靖、李世勣(即李勣)等分路进攻,武德七年(624),辅公祏率军自丹阳出走,被地主武装捕获,送唐营处斩。江南、淮南,从此也成为唐朝的辖区。

李渊在统一全国过程中,最后消灭的是梁师都。梁师都于隋大业十三年(617)在朔方起兵反隋,攻占雕阴、弘化、延安等郡,自称皇帝,国号"梁",年号"永隆",依附突厥贵族,受封为"解事天子",唐贞观二年(628)为唐军消灭。至此,李渊父子兼并了地方割据势力,又打败了农民军,统一了全国。

五、创立制度　修明政治

李渊建唐称帝,百废待举,他一面组织力量进行统一全国的战争,一面注意加强政权建设。唐朝前期的政治、经济、军事制度,在李渊时期基本上粗具规模。

第一，建立各级政府组织机构。李渊建唐伊始，一切政权组织都因袭隋制，直到武德七年（624），才为适应全国统一后的形势，根据前代制度，确定了唐代的政权组织系统。

中央实行三省六部制。三省即中书省、门下省、尚书省。中书省的长官为中书令，僚属有中书侍郎、中书舍人等，是决策机关，负责草拟有关军国大事的诏敕。门下省长官为侍中，僚属有黄门侍郎、给事中等，是审议机关，主管审核中书省的决定，并有权驳回。尚书省的长官为尚书令（太宗时废尚书令，另设左右仆射），僚属有左右丞、左右司郎中等，是执行机关，负责执行中书、门下二省的决定。三省的长官均属宰相，他们共商国事，共同对皇帝负责。六部即吏、户、礼、兵、刑、工。吏部主掌官吏的考核与升降，户部主掌户籍及赋税，礼部主掌礼仪及科举，兵部主掌军事，刑部主掌刑法诉讼，工部主掌土木工程。各部长官都称尚书，直属尚书省。每部又领四司，计二十四司，分别执行中书、门下二省制定的政令。监察机关为御史台，长官是御史大夫，负责纠察百官。

地方行政机构基本上是州县两级制，州设刺史，县设县令。刺史每年一巡属县，考课官吏，访问治安，催督赋役，保举人才。县令主一县之事，县以下有乡，乡以下有里，里是最基层的政权单位，置里正一人，辖百户左右，其职责是检查户口、劝课农桑，检查违法，催驱赋役。

中央和地方各级政权机构的建立，在中国历史上有着承前启后的重大意义。各级政权组织严谨，分工明确，政府机构的运转和职能得到充分发挥。

第二，实行均田制和租庸调制。唐初，经隋末战乱，人口减少，武德初年仅有二百余万户，不及隋朝最多时的四分之一。由于缺乏劳动力，大量土地荒芜。在这种地广人稀的情况下，要保证赋税收入、稳定政权,就必须把流亡人口固定在土地上,迅速恢复和发展生产。为此,唐朝采用北魏、隋朝的均田制和租庸调制,稍加修订,颁布全国。

武德七年(624)四月,唐高祖李渊颁布均田令,其内容:一是对百姓授田的规定。丁男(二十一至六十岁为丁男)和十八岁以上的中男(满十六岁为中男)各授田一顷,其中口分田八十亩,永业田二十亩。老男(六十岁以上为老男)、重病、废疾者授口分田四十亩,寡妻妾授口分田三十亩,这些人如果是户主,则每人授永业田二十亩,口分田三十亩。尼姑、道姑各授田二十亩,工商业者减丁男之半,一般妇女、部曲、奴婢不再授田。二是对贵族官僚授田的规定。有封爵的贵族按依据品级授给不同数量的永业田,从亲王到公侯伯子男,授田数量由一百顷递降至五顷。在职官员从一品到八九品,授田数由三十顷递降到两顷。有战功的勋官也分别授田三十顷至六十亩不等。此外,各级官吏还有职分田,地租作为官俸的补充。官府有公廨田,其地租充作办公费用。三是对土地买卖的规定。官僚贵族的永业田和赐田,可以自由出卖。百姓在无力丧葬时准许出卖永业田,若百姓从人多地少的"狭乡"迁往人少地多的"宽乡",亦准许出卖。

在地主土地私有制的情况下,不可能实现真正的"均田"。均田令在当时并没有得到认真执行,但均田令的颁布,对唐初农业生产的恢复和发展起了积极的推动作用。

唐初在均田制的基础上,还实行租庸调制。它初定于武德二年(619)二月,修订于武德七年(624)四月。租庸调制规定:凡是授田的农民,每丁每年向国家纳粟两石,叫做"租";又随乡土所产,每年缴纳绢两丈、绵三两,或缴纳布两丈五尺、麻三斤,叫做"调";每丁每年要服役二十天,如不亲自服役,可每天折绢三尺或布三尺七寸,叫做"庸"。如果政府额外加役,加役十五天，免调；加役三十天，租调全免。每年的额外加役，最多不得超过三十天。唐代的租庸调和隋朝相比，以庸代役的条件放宽了，从而使农民有更多时间从事农业生产。租庸调制理顺了政府和百姓之间的关系，百姓在缴纳赋税之后，可以更多投入生产建设，大唐迅速崛起为大帝国，与这些合理政策的颁布有直接关系。

第三，实行府兵制。府兵制始创于西魏宇文泰时期，历北周、隋而至于唐。李渊太原起兵时有兵三万，进军关中后，众达二十余万。为使这支军队归心于唐和解决军粮问题，李渊把军队逐步纳入府兵系统，基本具备了府兵制的雏形。武德元年（618），李渊称帝不久，即置军府，任用功臣和招降军将为卫大将军、将军，完全因袭隋制。当时十二卫所属有骠骑、车骑两将军，是事实上的领兵者，武德二年（619）置十二军，每军有将、副各一人，以督耕战。武德六年（623），废十二军；武德八年（625），因突厥入侵，又重设十二军。十二军是唐初关中比较固定的基本禁卫部队。此外，李建成、李世民、李元吉各开府领兵。

府兵制建立在均田制之上，是一种兵农合一的制度。兵士平时在家生产，农闲时由兵府加以训练。府兵的经常性任务，是轮流到京师宿卫或到边境戍守，称作"番上"；若遇有战事，则出征打仗。府兵服役期间，可免除本身租调，但"番上""出征"时的兵器、衣服、粮食均需自备。这种"寓兵于农"的兵制，从均田农民中征兵，保证了兵源；资粮、甲仗自备，减少了国家的开支。同时，练兵权与将兵权分离，防止了将帅拥兵跋扈，对加强中央集权起了一定的作用。

第四，实行科举制。科举制始创于隋，李渊初即位，就设立京师和地方学校，收揽人才。但同时也恢复了隋朝废除的中正官，以本州高门士人充任。这是对士族的让步，不过朝廷的大中正只是名誉职务，用人权仍在吏部，而吏部用人的主要途径就是科举。士人仕进不再专凭门第高低，而是主要依据才学德识，从而使唐代的用人较以前有所改进。

唐初，主持科举考试的是吏部考功员外郎。参加科举考试的生员主要有两种：一是国子监所属各学校的学生，称为"生徒"；二是各地私学中由州县保荐的学生，称为"乡贡"。

科举分常举和制举两种。常举即每年举行的定期考试，考试科目一般为秀才、明经、进士、明法、明算等科，其中明经、进士两科为热门。明经科主要考帖经，重在儒家经典的背诵记忆；进士科主要考诗赋和时务策，需要独立思考。进士科较难考，但一旦考中进士科，就取得了做官的资格，因此人们称中进士为"登龙门"。制举是皇帝根据需要亲自主持的考试，科目多临时设置，考试时间也不固定，录取人数较少，表示皇帝恩泽下临民众，实际意义不大。

科举制的最后确立和进一步完备，有着重要意义。与"九品中正制"相比，所有读书的丁男都有应试资格，打破士族门阀垄断仕途的局面，为寒门士子入仕开了绿灯，从而扩大了统治基础。

第五，制定《武德律》。隋朝末年，政府滥用刑法，百姓手足无措。李渊攻下长安后，效法汉高祖刘邦，约法十二条。称帝后，又宣布废除隋朝的《大业律令》，并命裴寂、刘文静等依隋《开皇律》重新修订法律。在"务在宽简，取便于时"原则的指导下，制定了新律五十三条。到武德七年（624），正式颁布新律，即《武德律》。从内容上看，《武德律》较隋律用刑有所减轻，但对民众反抗的制裁却更加严酷。

六、被迫退位　古稀寿终

唐高祖李渊是很有作为的将军，即位为帝，依然励精图治，所创各项制度奠定了唐帝国霸业的基础。但随着局势的稳定和物质的丰裕，李渊的脾性和作为发生了变化，妃嫔成群，生活腐化，疏懒怠政。这必然导致一系列的不良后果。

武德二年（619），李渊听信裴寂的谗言，居然处死了开国功臣刘文静，罪名是"谋反"，而天下都知道这是诬陷。刘文静最早参与谋划晋阳起兵，在唐王朝建立过程中南征北战，屡立战功。李渊称帝后，大封功臣，刘文静对位在裴寂之下甚感不平，遂与之产生矛盾。有一天，刘文静酒后口出怨言，裴寂等乘机陷害，说刘文静欲反朝廷，李渊竟听信其言，杀了刘文静。李渊赏罚不明，势必加深统治集团内部的矛盾和斗争。

李渊带领父子兵征讨四方，终于号令天下，位尊九五；但他的儿子面对皇位，兄弟残杀已不可避免。李渊对此几乎无所作为，只能听任命运安排。太子和秦王互相攻击，甚至不惜采取诬陷手段，晚年的李渊再也不复早年大将军的英武，反倒为儿子们利用和挟持。

武德九年（626）夏，突厥犯边，李建成建议父皇命齐王李元吉为出征元帅，意欲借此把秦王府的精兵骁将掌握在自己手中，然后除掉秦王。不料这一密谋为秦王得知，紧要关头，李世民先发制人，密告太子、齐王淫乱后宫，李渊决定次日诘问。

次日，李世民在玄武门设下伏兵，太子、齐王途经时，李世民及部下将他们杀死，并让心腹尉迟敬德带甲入宫报告李渊。此时李渊正与臣子萧瑀、裴寂坐在小龙船上，准备在这里开会，叫太子和秦王对质，对儿子们的争斗作最后决断。但这决断，秦王已然替他作出。李渊见尉迟敬德全身披挂立在岸边，十分惊骇。尉迟敬德说，太子和齐王造反，秦王已把他们处死，特派我前来保驾。李渊听后目瞪口呆，想不到秦王竟会杀害亲兄弟。旁边的萧瑀等，赶忙劝李渊把国事都托付秦王，尉迟敬德也敦促李渊下诏，令诸军悉受秦王节制，以便制止东宫和齐王府军队的骚乱。李渊无奈，被迫写下"手敕"，命令所有军队悉听秦王处置，并于六月一日下诏立次子世民为皇太子。

此时，全国局势基本上已被李世民所控制，李渊无奈，表示愿意早些退位。八月，李世民正式即皇帝位。从此，李渊徙居太安宫，过起了太上皇的生活。

李渊做了太上皇，心灰意冷，也就不再干预政事。李世民表面上对父亲也隆礼相敬，享乐需要尽量满足，并准备在长安城东北修建大明宫，作为其养老享乐之所。李渊也明白李世民的用意，所以也就知趣而退，乐于过太上皇的生活。李渊的这种做法，有利于减少宫廷矛盾，同时也为李世民施展雄才大略创造了良好的环境。

贞观九年（635）五月，李渊病逝，享年七十岁。初谥"太武皇帝"，后定谥"神尧大圣大光孝皇帝"，庙号"高祖"，葬献陵。

唐高宗李治

李治（628—683），唐朝第三位皇帝，唐太宗李世民第九子，母文德皇后长孙氏。字为善，小名雉奴。李治在皇位继承之争中"不战而胜"，成为太宗的第二位太子，并顺利继位。在位三十四年，前期恪守乃父遗训，重用元老，社会保持较好局面；后宠信武媚，立为皇后，被其左右，自己平庸无能，遗祸子孙。

一、鹬蚌相争　老九得利

唐太宗李世民共育有十四个儿子。其中，长子承乾、四子泰、九子治，为长孙皇后所生，其余均出于后宫妃嫔。根据嫡长子继承制，李世民在即位的当年，便立嫡长子李承乾为太子。

起初，李承乾对父亲还有所顾忌，也尽量不让负责教育他的大臣抓住把柄。但随着年龄的增长，他不再把大臣们看在眼里，有人劝谏，不但不听，有时还派人去暗杀。李承乾自幼脚残，不甚受父亲喜爱，只是依据排行，才取得太子资格。太宗对他越来越不满意，便产生了废立的念头。

李泰是李承乾的胞弟，以文笔见长，颇受父亲宠爱，得到的赏赐往往厚于太子。李泰得知哥哥失宠，因二哥、三哥都是庶子，没有继承皇位的资格，便想尽快挤掉承乾而自代。他拉拢在自己府中管事的韦挺、杜楚客等，让他们广泛结交朝中大臣，为自己做太子造舆论，又与驸马都尉柴令武、房玄龄之子驸马都尉房遗爱等二十余人结成死党，形成颠覆太子的一大势力。

李承乾本来就因父亲的偏爱而担心失位，又觉察到弟弟的活动，更害怕被挤掉。然而，此时他已无法挽回自己的影响，想得到父皇宠爱已不可能，要保住自己的地位，只有设法除掉弟弟。于是，他先派人冒充李泰府中的人，到父皇面前密告李泰种种不法行为，结果被李世民识破；再派人去暗杀李泰，也没有成功。

李承乾眼看大势已去，便暗中招募刺客死士，联络对父亲有不满情绪的李元昌、侯君集等人，密谋杀入皇宫，发动武装政变，直接夺取皇位。当时正值太宗第五子李祐为逃避惩罚，在外地举行武装叛乱，虽然很快平息，但也为承乾添加了一副兴奋剂。他认为：东宫与皇宫只有一墙之隔，不过二十余步的距离，一旦起事，便可马到成功，不会落到五弟的下场。

岂料李承乾的刺客中，有个叫纥干承基的，因李祐事件受到牵连，接受审讯时主动交代了太子的政变计划。太宗大惊，立即命人囚禁太子，派人核查情况属实，一举清洗了太子党。李世民征询大臣如何惩治承乾，来济建议："陛下不失慈父的形象，太子又可以活命，便是最好的办法。"太宗接受这一建议，废承乾为庶人。

李承乾被废，李泰似乎成为理所当然的太子人选。他每天都到宫中侍候，讨父亲的欢心；太宗本来就喜欢他，便当面表示要立他为太子。但大臣们的意见却有两派：岑文本、刘洎等主张立李泰，在朝中地位显赫的长孙无忌和褚遂良等人却主张立九子晋王李治。太宗拿不定主意，既不愿为立李泰使几位功臣现在或以后受害，也不想使李泰失去元老派的支持。

为消除父亲的顾虑，李泰表示自己临死前杀掉儿子，再把皇位传给九弟李治。李世民很赏识李泰的宽宏大度，便再次征求大臣们的意见，褚遂良对李泰的许诺表示异议："若魏王（李泰）以后真做了皇帝，还肯杀掉亲生儿子，传位晋王吗？"太宗自然不能保证。褚遂良紧接着提醒皇上："当初承乾立为太子，陛下却厚爱魏王，待遇过于太子，才酿成后来兄弟争立、太子图谋政变的悲剧。这可是血的教训。如果您立魏王为太子，为避免以后悲剧重演，请您先给晋王一个妥善的安置，才能大家平安无事。"这番话入情入理，若李泰做皇帝，李治和几个元老大臣很难幸免；这种结局是可以预料的，太宗又陷入了困惑。

面临种种阻力，李泰为尽快取得太子资格，希望胁迫软弱的九弟退出竞争。他找到李治，说："原来你与七叔元昌关系密切，现在他因谋反被杀，你不怕受到牵连？"李治年少，还并没有意识到眼前的处境，也不知道正在争夺的内幕，的确被李泰的话吓住了，整天忧心忡忡，唯恐有朝一日父亲来惩罚自己。太宗逐渐发现九儿的神色不对，便追问原因，李治如实坦白，才知道是四儿暗中在搞小动作，心里很不高兴。

太宗召见李承乾，承乾说："儿臣贵为太子，还能有什么不满足的？只不过总被李泰排挤、陷害，才不得不结交朝中大臣，希望能够安稳度日罢了。有人趁机煽风点火,教我做了一些不法之事。如果立李泰为太子,正好成全了他们的阴谋。"太宗仔细考虑这话颇有道理,就暗中决定不立李泰,让九儿继承皇位。为稳固下一任皇帝的统治,太宗召集长孙无忌、房玄龄、褚遂良、李勣几位重臣,要统一他们的步调,以后好死心塌地尽忠李治。

太宗开场便宣称自己对三个儿子(承乾、李泰、李祐)和一个弟弟(元昌)的所作所为非常痛心,活着没有意思,说完便要拔刀自尽。长孙无忌等赶快上前抱住,表示绝对听命于皇帝,不论决定立谁,都不许再有异议。其实,问题已很明确,长孙皇后的三个儿子,太宗刚刚已排除两个,李治成为唯一合法的候选人。太宗的戏实际是演给房玄龄和李勣等人看的。太宗刚说出要立晋王,长孙无忌马上表示赞成,并说:"谁若再有异议,就要杀死他。"立晋王为太子的决定在最高统治圈内通过。既然皇帝已有明确决定,朝中百官没人再敢阻拦。

为防止李泰闹事,太宗派人把他囚禁起来。决定宣布后,李世民又作了解释:"我若立魏王为太子,则太子之位似乎可以通过图谋钻营得到,这样就为以后没有取得太子资格的后代树立了不好的榜样。现在,太子图谋发动政变,魏王伺隙谋取太子位,我就把二人都废掉。这种方法要成为一种制度,后世若再发生类似事件,也要照此办理;这样可以避免出现争夺皇位的悲剧。另外,如果魏王得立,承乾必被处死,他要巩固自己的地位,晋王也难以保全;晋王做皇帝,与承乾、魏王都没有直接的竞争冲突,二人的生命安全都可得到保障。"这是贞观十七年(643)的事,李治刚十五岁。承乾和李泰相争,两败俱伤,结果使李治坐收渔翁之利。

李治生来仁弱,性格不似太子的风风火火,也不似魏王的心机深重,这也说明他不具有执掌乾坤的魄力。立为太子后,太宗为巩固他的地位、培养其治国才能,花费了不少心血。在废掉李承乾和李泰的同时,清洗了他们各自的同党,消灭了颠覆李治的隐患;让当时最有权势的大臣都兼东宫官职,名义是教育太子,其实是为培养他们与未来皇帝的感情。为树立李治的威信,太宗下令全国的军队都要服从太子调遣,大将军以下的官员都要听从太子的处分。太宗还经常让太子陪同自己朝见群臣,当场观摩对日常政务的处理,并让他发表对某些问题的处理意见。

太宗虽然确立了李治的太子地位,也为他日后做皇帝作了各方面的努力,但内心对这个性情温和、天赋不高的儿子不甚满意,认为他过于懦弱,将来恐怕难有作为。为此,他一度想废掉李治,让三子李恪继位,因为李恪在许多方面颇与自己相像。但李恪为隋炀帝女儿杨氏所生,是庶子。更重要的是,废太子李治的想法遭到长孙无忌等人的反对。在再加上李治的努力,以后便没再提废立太子之事。太宗东征高句丽,留太子镇守,没出什么纰漏;而且对太子表现出来的孝道,太宗是赞赏的。

贞观二十三年(649)四月,唐太宗病重,为太子做了人事安排。他把开国功臣大司空李勣贬到外地,对太子说:"李勣才智过人,但你对他未曾有丝毫恩惠,恐怕日后难以真正为你效力。为此,我现在把他贬到外地,等你做了皇帝,再把他召回来做丞相,这样,他或能对你感恩。"太宗临终前,把支持李治做太子的长孙无忌和褚遂良叫到床前,托以后事。

唐太宗李世民去世后,李治即位,是为唐高宗,时年二十二岁。

二、勤于政事 得父遗风

李治即位后,严格按照父亲的遗训,重用长孙无忌和褚遂良,把李勣调回来做了右仆射,对他们非常信任。

李治虽然天赋不高,但经过太宗多年的苦心培养,毕竟掌握了一些为政驭民的本领，特别是对太宗的言传身教，受到很深的影响。长孙无忌、褚遂良、李勣、于志宁都是贞观时代的重要谋臣，对治国都有一套经验。形成一个强有力的政治集团，而且君臣齐心合力，所以李治初做皇帝的几年中，被后世誉为有贞观遗风。即使在武则天参与政事以后，高宗李治经常有病，又贪于声色，但对政事的处理仍遵循太宗的遗训。

早期的唐高宗李治雄心勃勃，确有治理好国家的愿望。他鼓励大臣对有关国计民生的各个方面多提意见，并能虚心接受。学习太宗，善于纳谏，成为弥补他天赋不高的重要手段。

高宗非常勤于政事。太宗后期一般是每三天朝见一次百官，处理日常政务。李治则坚持每天上朝，及时解决各种随时遇到的问题，他说："我年龄不大就做皇帝，必须一天到晚孜孜不倦地工作，犹恐有些需要及时处理的事情积压拖延。"直到显庆二年（657）五月，宰相李义府提出：现在是太平盛世，每天上朝也并没有多少要紧的事情可做，请改为隔日上朝。李治接受了这个建议，才改为每两天朝见一次。

善于听从劝谏，是唐太宗李世民的一大优点。唐高宗李治在即位之初，便鼓励大臣对有关国计民生的各个方面多提意见，并把每天召见十个刺史询问情况作为一项制度坚持下来。同时，李治也肯于接受正确意见。

有一次，李治带人出外打猎，路上下起雨来，他问谏议大夫谷那律："用油布做的雨衣怎么样才能不漏一点水？"谷那律回答说："要是用瓦做，肯定不会漏雨。"用瓦做的"雨衣"当然是指房子，谷那律的言外之意，是批评皇上本来就不该出来打猎游玩。李治愉快地接受了批评，从此废除皇帝游猎的常规。又有一次，李治询问减轻百姓负担的办法。来济指出：不必要的劳役是老百姓的一大负担，出工则违误农时，出钱又须花费很多，建议免除一切不十分紧迫的徭役征发。

贞观年间,从天竺国来了个术士,声称有长生不老之术。太宗对此很是相信,给他以优厚的待遇,让他配制长生不老药。这位术士为拖延时间,开出一张非常奇特的药方,所需药物不仅遍布全国各地的深山大川,有些还需要到天竺等国寻找。为尽快制药,太宗派出大批人四处购求,但术士终于没有成功。李治继位后,这位已经白发苍苍的术士又来献方子,但李治对此则根本不信,他说:"自古以来哪有什么神仙,秦始皇、汉武帝都曾四处求长生药,结果是徒费钱财,骚扰百姓,谁也没能长生。如果真有长生不老之人,现在他们都到哪里去了呢?"这位术士被当场赶走。李治能有这样的见解,确也难能可贵。

贞观时期的法律比较疏阔,所以政治宽和。李治对此也继承下来。对监狱里囚犯少、死罪率低的情况表示满意。

李渊生二十二子,太宗生十四子,这些皇室成员往往仗势欺人,横行不法,欺凌百姓,胡作非为。李渊的小儿子滕王元婴,与太宗第七子蒋王李恽,都是搜刮民财的能手,四处盘剥、掠夺,民愤很大。在一次普赐诸王时,高宗说:"滕王叔叔和蒋王哥哥都善于自己经营,我看就不必赐予财物,只赏给他们两车麻,让他们回去做穿铜钱的绳子吧。"("滕叔、蒋兄自能经纪,不须赐物;给麻两车以为钱贯。"《资治通鉴·唐纪十五》)高宗虽然没严厉惩罚,却使他们当场亮相,大失脸面,这是不罚之罚,让人们看到了高宗的另一面。

太宗之女高阳公主嫁房玄龄之子房遗爱,对李治做皇帝有不满情绪;高祖之女丹阳公主的丈夫薛万彻,太宗之女巴陵公主的丈夫柴令武,高祖第六子荆王李元景等人也各有牢骚。于是,他们联合起来,形成一派势力,阴谋发动政变,推翻高宗的统治,共举自称有做皇帝征兆的李元景为帝。但此事很快被高宗发觉,他立即命长孙无忌负责调查,很快真相大白。太宗第三子李恪颇为父亲喜欢,并一度有做太子的可能,因而对高宗和长孙无忌等也有对立情绪。房遗爱自知死罪难免,便声称李恪是主谋,希望以此换得一条生路。结果,李恪虽被逮捕,高宗也并未因此饶恕房遗爱,下令将房遗爱、薛万彻、柴令武等斩首,赐李元景、李恪、高阳公主、巴陵公主自尽。同时,有一大批人受到株连。这次由皇亲组成的政变阴谋很快流产,反映了李治处理事情还是比较果断的。

高宗李治执政期间,没有惊天动地的功绩,也没有表现出特殊的治国才能,却由于基本继承了太宗的治国路线,本人也比较谨慎,所以政治局面基本稳定,经济仍保持持续繁荣的势头,人口也不断增加。

由于国力持续强盛,在整个高宗时期,对外战争经久不息。战争扩大了疆域版图,维护了国家的统一,加强了对边疆地区的控制,促进了中外经济交往与文化交流,扩大了中国在当时世界上的影响。随着政治的腐败,兵役、徭役的连年征发,民众也怨声载道。

麟德元年(664),东征将帅刘仁轨上奏:现在的战士,健壮而有勇力者极少,大多年老体弱、衣着破烂,人人有翘首西归之意,没有为国效力之心。我问他们:"从前招募时,我见百姓都争相从征,甚至有人甘愿自备粮食衣物,参加义征;现在你们为何如此狼狈?"他们回答说:"如今的官府和从前不同,人心也已变化。过去在东、西征役中死亡的将士,都有人专程带着朝廷的圣旨参加临丧吊祭,追赠官职、爵位,或直接把官爵赐给他们的子弟;凡参加渡海东征的人都可得到一级勋衔。自显庆五年(660)以来,阵亡将士已无人问及他们的姓名和籍贯,官府也不再保留参加渡海东征的名单。所以,遇有征役,年轻力壮的富家子弟纷纷买通官府逃避兵役,而穷人虽年老体弱也必须服役。如显庆五年的东征之役,将官们答应胜利之后有高官重赏等种种优厚待遇,但战争结束后,只见不断有人以各种罪名被逮捕入狱,却没有人得到任何赏赐;本已受到重大的经济损失,却又落得性命堪忧。原来,大家都以参与征役获得勋衔为荣耀,但在后来的征战中,他们仍须与一般百姓一样从事苦力劳动。所以,在服役初期就不断有人逃亡,后来开小差者更是屡见不鲜。"我又问:"从前的战士留守边疆五年尚可支持,你们现在才刚刚一年,为何衣着就这样破烂?"他们说:"临来之时,官府让我们准备一年的服装,但现已离家两年,却还没有让回去的音讯。"依此看来,百姓本不愿从征,生活艰苦,士气低落,又怎能取得胜利呢?希望朝廷能采取新的措施。刘仁轨反映的问题具有一定代表性,但终高宗之世,东征之役仍时断时续。

然而,更严重的事情还是在宫中。武则天在政坛上崛起,这颗"耀眼的明星"使高宗这颗本来就不那么明亮的星星彻底暗淡了下去。

三、平庸无能　大权旁落

李治即位后,立王氏为皇后。王皇后不能生育,渐渐失宠,萧淑妃在后宫的地位迅速攀升。这引起了王皇后的忧虑,担心萧淑妃会取代自己的地位。她要找个同盟军,同盟军适时地出现了——武则天。

武则天原本是唐太宗的妃子,曾得到太子李治的好感。太宗去世后,武则天随众嫔妃削发为尼。李治在一次进香时,二人相见,旧情复萌。出于对萧淑妃的嫉妒,王皇后鼓动皇帝让武则天蓄发,重新纳入后宫。武则天进宫后,王氏又在皇帝面前一再称赞其种种好处,皇帝越发喜欢,萧淑妃不再受宠。

王皇后虽然达到了排挤萧淑妃的目的，但自己的地位并未获得改善，反而更趋低下。所以，她又把攻击矛头指向了武则天。不久，王皇后与母亲魏国夫人诅咒武则天的事情暴露，高宗大怒，下令魏国夫人以后不许出入宫廷，王皇后的舅舅中书令也因此被罢免。高宗也开始有了废皇后之意。

不久，武则天生了个女孩，王皇后自己生不出小孩，但十分喜爱这个小女孩，经常来抱她，这给武则天陷害王皇后提供了机会。这天王皇后走后，武则天掐死了亲生孩子，又把她蒙在被子里。等高宗来到，武则天装着看孩子，共同发现小女孩已死，号啕大哭，借此诬陷王皇后。这次事件，坚定了高宗废后的决心。

为得到大臣们的支持，高宗带武则天登门拜访舅舅长孙无忌。但刚一提到废后，便遭到长孙无忌的拒绝。随后朝见百官时，高宗突然宣布封武则天为宸妃，以示特宠，并以此提高其地位。

此时，皇上废立皇后的意图已为百官所共知，善于察言观色、为人笑里藏刀的中书舍人李义府，因正受长孙无忌排挤，正式奏请废掉皇后王氏，立武则天为后。这个奏本深得高宗赏识，同时，许敬宗、袁公瑜、崔义玄等人也都成为废立皇后的支持者。在朝廷内部，围绕皇后废立，遂分为两大阵营。

在争取到一批人的支持之后，高宗召开大臣会议，专门讨论皇后废立问题。李勣不愿卷入这场纷争，称病没有参加。废立皇后的理由基本是成立的：不孝有三，无后为大。王皇后既然不能生育，不能为皇家传宗接代，理应被废；武则天已生了儿子，立为皇后也算顺理成章。但长孙无忌、褚遂良、韩瑗、来济等元老重臣激烈反对。褚遂良对此当场表示：太宗临终时亲口对我们说，把好儿好媳托付给我们，至今不过六年，废皇后不符先帝遗训；王皇后出身名门贵族，平常并无过错，也不应轻易废掉。退一步说，即使重新议定皇后，也不应选择武则天。一则武则天出身寒微,二则她曾做过太宗的妃子,父子共妻的名声若传之后世,实在不太好听。

褚遂良的这番话,虽也合乎情理,但实在太露骨,又当场以辞职相要挟,并趴在地上叩头流血。这使高宗大失脸面,一怒之下,命人把褚遂良拉出去,经长孙无忌讲情,才没有给他加刑。长孙无忌的态度早已明确,这时在场的另一重臣于志宁一直不敢表态,韩瑗、来济等也表示反对,高宗的提议在最高统治圈内受阻。

几天后,高宗再次征求李勣的意见,李勣回答得很圆滑:"这是陛下的家务事,何必要问外人。"既不公开支持,也不表示反对。许敬宗则公开宣扬:"种地的老百姓遇上好收成,多收获几担粮食,还想换换老婆,何况皇帝!况且天子要废立皇后,与别人有什么关系,何必要提出种种异议?"这无疑是对高宗的支持。

李治做了皇帝,而且做得有声有色,这是长孙无忌、褚遂良等人积极努力的结果。李治初做皇帝,各方面也多依靠他们;他们自恃有功,希望皇帝能听命于己,最好是大臣们拼力工作,皇帝坐享其成。但此时的李治已近而立之年,他为已有成就所陶醉,对长期被元老重臣控制郁闷不乐。他认为,自己完全可以独立治政,而且不会比先皇差。废立皇后成为反映控制与反控制这对矛盾的焦点。李治要摆脱元老大臣的左右,只能继续坚持自己的做法。永徽五年(654)冬,李治正式宣布废掉王皇后和萧淑妃,罪名是要用毒药害人;同时宣布立武则天为皇后。

经过皇后废立事件,贞观时代遗留的元老大臣除李勣外,大部分被罢免或疏远;支持武则天做皇后的李义府、许敬宗等奸佞小人,组成了新的统治中心。

显庆五年(660)冬,高宗开始生病,头痛眩晕,视力模糊,难以主持日常政务,因而上朝时往往委托武则天代为处理。武则天生性聪慧,又有很好的文史修养,对朝政的处理总能使高宗感到满意。

在做皇后前后的一段时间里，武则天对高宗百依百顺。然而，当地位巩固且拉拢到一批心腹之后，特别是直接处理政务对自己的能力有了新的认识，武则天便开始控制高宗，皇帝的一举一动都受到她的监视。王皇后和萧淑妃被关在别院，处境悲惨，高宗偶然发现，萌发同情之心。武则天得知后，遂令人将二人残杀。

高宗对自己的处境也渐不满意。麟德元年（664），高宗与上官仪商议，准备废掉武则天，并由上官仪草拟了诏书。武则天很快得知了这次密谋，找皇帝质问，高宗把责任都推给了上官仪。结果，上官仪与儿子被杀，高宗对武后的反抗宣告失败。从此，高宗每次上朝，都由武后垂帘听政，朝野内外皆恭称"二圣"，实权已完全转移到武后手中。

唐高宗李治是一个平庸的皇帝。在他完全信任长孙无忌等人并尽量恪守父亲遗训时，承贞观遗风，虽然没有建立丰功伟绩，尚能使国泰民安；当他想摆脱元老大臣的束缚，自己独掌朝政时，大权又很快被武则天和一帮新的大臣所掌控。他没有驾驭群臣、独执政柄的本领，只能被他人所左右。虽然高宗后期仍不断有求贤纳谏之举，但徒有虚名的皇帝使这事显得有些滑稽。

四、两度立储　临终托政

唐高宗李治共有八子：李忠、李孝、李上金、李素节、李弘、李贤、李显、李旦。王皇后无子，前四子均为后宫嫔妃所生，后四子出于武则天。

李治初即位，王皇后请李治立李忠为太子。李忠虽为长子，却是后宫刘氏所生，本没有做太子的资格。王皇后利用这一点，希望他在成人后能亲近自己，巩固自己的地位。永徽三年（652），十岁的李忠被立为太子。

李忠立太子一年后,武则天的第一个儿子李弘出生。武则天立为皇后,皇后的儿子应是法定的皇位继承人。许敬宗根据嫡长子继承制的原则,建议更换太子。显庆元年(656),李忠被废,四岁的李弘立为太子。

龙朔三年(663),十一岁的李弘开始接受做皇帝的培训。随着年龄的增长,李弘对各种事情逐渐有了自己的见解。李忠因受上官仪株连被害,引起李弘的同情,要求父亲收尸安葬,得到应允。此时,武则天正逐步独揽朝政,儿子的成熟使她感觉到了威胁。一次偶然的机会,李弘发现囚禁萧淑妃两个女儿的所在,非常同情,请求父亲释放她们。李弘的建议当然不合母亲的心思。不久,二十四岁的李弘突然病逝。人们有充分理由怀疑这是个阴谋,施害者正是其亲生母亲武则天,因为太子的聪明正直已经威胁到了武后的前途,而她的前途绝不止于做个皇后。

李弘去世,其弟李贤被立为太子。李贤自幼聪明,博览群书,深得父亲喜爱。这时的李贤也已二十多岁,武后怕难以驾驭,管教甚严,后来,终于以李贤好声色为借口废去,又改立第三子李显为太子。

永淳二年(683)冬,高宗病情加重。他让太子监国,并拒绝接见朝廷百官。同年十二月,高宗到洛阳,确定改元"弘道",并大赦天下。不久,高宗病危,令太子在灵前即位,诏令宰相裴炎辅政,凡军国大事有疑难处,可听从天后(武则天)处置。随后去世,终年五十六岁。第二年,高宗的灵柩从洛阳运到长安,埋葬在今陕西乾县,号乾陵。

高宗才能平庸,但自负甚高,这种自负在武则天入宫后遭受致命打击,转而变成自卑。高宗自觉处处不及武后,虽然试图夺回政权,但反抗实在微弱,放弃抵抗后遂在声色中麻醉自己,身体每况愈下,终至不治。

隐太子李建成

李建成（588—626），唐高祖李渊长子，太宗李世民之兄。小字毗沙门，陇西成纪（甘肃秦安）人。武德元年（618）立为太子。谥曰"隐"。他勇猛善战，为唐朝的建立做出了一定贡献，但战功不如秦王李世民，威望也有所不及。因感到源自秦王的威胁，兄弟间互相倾轧，以至于血肉相残，最终在玄武门殒命秦王箭下。

一、粗豪勇猛　助父开国

李建成生性豪放爽直，不拘小节，喜欢打猎饮酒，结交了大批嗜赌好斗的不法之徒。

隋朝末年，李渊受命镇守太原，留李建成在河东（今山西永济）居住，同时结交当地英豪，扩大势力。

李渊准备起兵反隋，派人密召李建成与其弟李元吉赴太原。大业十三年（617）六月，李渊在晋阳起兵后，决定进军关中，直取隋都长安，以便利用其政治优势号令天下。西河郡（治今山西汾阳）守将高德儒不肯服从，李渊派李建成、李世民二人率军前去攻伐。兄弟二人与士兵同甘共苦，所过秋毫无犯，甚得军心民心。李建成等很快攻下西河，擒斩高德儒，在城中开仓济贫，令百姓各安旧业，二人名声逐渐传播开来。

西河告捷后，李渊建置大将军府，自称大将军，以长子李建成为陇西公，左领军大都督，统率左三军；以次子李世民为敦煌公，右领军大都督，统率右三军。以裴寂、刘文静为大将军府长史、司马，以殷开山、唐俭等人为掾属、记室等，以长孙顺德、刘弘基等人分任左右统军、副统军，初步建立军事、行政机构。

大业十三年（617）七月，李渊率军西图关中。隋将宋老生屯兵霍邑（今山西霍县），阻挡西进。适逢秋雨连绵，又有流言说突厥与刘武周联合，准备乘虚袭击太原。有人主张回师太原，以后再伺机举兵。李渊准备班师，李建成、世民兄弟坚决反对。李渊决定继续进军，终于击败了宋老生。

平定霍邑后，李渊连取晋州、绛州，九月，进军河东。隋朝大将军屈突通率军镇守河东，抗拒李渊部队。李渊决定分兵，一部分对付屈突通，一部分直取长安。李建成率兵，自新丰（今陕西临潼）至灞上（今陕西西安东），李渊率军从下邽（今陕西临渭）西上，形成对长安的包围之势。十月，李渊来到灞上，与李建成、李世民会师，合兵二十万，令诸军各依壁垒，不得抢掠。十一月，攻陷长安。

进入长安后，李渊立隋朝的代王杨侑为帝，改元"义宁"，遥尊隋炀帝杨广为太上皇。李渊自立为唐王、大丞相，总揽内外军事。以李建成为唐王世子，开府设置官员属吏；李世民为京兆尹，改封秦公；李元吉为齐公。后又任李建成为抚军大将军、东讨元帅，授尚书令，命其率军去进攻洛阳。

大业十四年（618），宇文化及杀害隋炀帝后，李渊在长安自立为帝，国号"唐"，建元"武德"。立李建成为皇太子，李世民为秦王，李元吉为齐王。

凉州（今甘肃武威）李轨自号"凉王"，年号"安乐"。后来，他被李渊派去的安兴贵杀死。安兴贵准备颠覆李轨政权时，李渊派李建成率兵出发，迅速到原州（今宁夏固原）接应。李建成率兵昼夜奔驰，士卒不堪劳苦，逃亡过半。但李建成如期抵达指定地点，帮助安兴贵杀死李轨，接管凉州。

胡人在北部边境作乱，朝廷派李建成征讨。在鄜州（今陕西富县）大败敌军，斩首以千计。李建成将俘虏的胡人首领全部授予官职，命他们回去招降部众，胡人投降。李建成见胡人众多，担心日后为患，便派他们筑城，暗中带兵杀死六千人，胡人首领奔逃。李建成巡守北部边境，曾经俘获四百名地方盗匪，下令将他们全部割掉耳朵后放掉。

二、处置失当　势倾位危

为了培养太子李建成的行政能力，唐高祖李渊下诏，军政大事之外的日常政务，一概由太子裁决；又任命李纲、郑善果为东宫官员，让他们协助太子处理政务。

秦王李世民常年统兵征战，屡立战功，名震天下，属下文武官员众多，势力渐渐壮大。东宫中允王珪、洗马魏徵等，认为秦王日渐崛起，对太子地位构成威胁，而太子不善谋略，今后应当讲求方法，树立形象。

当时，刘黑闼盘踞河北，王珪认为太子应当前去率兵平叛，树立威信，同时团结东部地区的英杰，壮大自己的势力。李建成请命东征，采用魏徵建议，实行安抚政策，对刘黑闼部众分化瓦解，争取人心。武德六年（623），刘黑闼兵败被杀，李建成大获全胜，控制了河北、山东地区。

李渊晚年，妃嫔众多，其中张婕妤、尹德妃最受宠幸。二妃亲戚子弟，大多在宫中任职。李建成与李元吉商议，在宫内结好妃嫔，防止别人非议，借以巩固自己在父皇心中的地位。

其时，天下尚未平定，秦王李世民长期在外统兵作战，妃嫔们很少与他相见。李世民攻占洛阳后，各妃嫔对洛阳宫里的财宝珍玩，私下里多有求索，还有人为自己的兄弟请求官职。李世民命人将所有财物造册登记，同时下令非有军功均不得封官爵。各妃嫔请托不得，都在背后怨骂。

李世民任陕东道行台，李渊特命他在自己管辖范围内可专权独断。李世民将一处良田分给淮安王李神通，可巧张婕妤也为父亲请求赏赐这片土地。李渊同意，下手谕把这片土地赏赐给张婕妤之父。李渊诏书到达时，李神通已经得到土地，不肯再让出来。张婕妤诬告李世民违背谕旨，私自赏给他人。李渊大怒，召见李世民大加斥责："我的诏令不如你的命令？"几天之后，又对裴寂说："此儿典兵既久，在外专制，为读书汉所教，非复我昔日子也。"《旧唐书·高祖二十二子传》。《新唐书·高祖诸子传》作："儿久典兵，为儒生所误，非复我昔日子。"）

秦王府官员杜如晦，骑马路过尹德妃父亲门前，被尹府家人殴打，打断了一根手指。尹父惧怕李世民追究，急忙派人告诉尹德妃，让她在皇上面前讲秦王坏话，告秦王侍从暴打尹父。李渊听了，勃然大怒，不加调查，斥责李世民："你的左右侍从，连我妃嫔的家人也欺负到了如此地步，何况对普通百姓呢！"（"尔之左右，欺我妃嫔之家一至于此，况凡人百姓乎！"《新唐书·高祖诸子传》作："儿左右乃凌我妃家，况百姓乎？"）李世民申辩，李渊不予理睬，各位妃嫔趁机中伤秦王，父子关系由此渐渐疏远。

突厥人入侵北部边境，威胁长安，李渊准备迁都洛阳，李世民苦谏，方才作罢。李建成对李渊说："秦王阻止迁都，是希望率兵抵御突厥，长期保留军队，拥兵自重，以便夺取皇位。"（"秦王欲外御寇，沮迁都议，以久其兵，而谋篡夺。"《新唐书·高祖诸子传》）李渊对李世民越发心中不满。

李渊下令，太子李建成居东宫，秦王李世民入居西宫承乾殿，齐王李元吉入居武德殿。三王入宫，侍卫皆带弓箭刀枪。从此以后，李渊诏令，太子命令，秦王命令，齐王命令，政出多门，宫内宫外人人恐惧，不知所从。

李建成招募骁勇两千人，入宫为甲士，驻扎在长林门，号称"长林兵"；又命左虞候率可达志，招募幽州突厥兵三百人入宫。

有人将此事上报，李渊斥责李建成擅自行动，把可达志流放筀州（今四川西昌）。

杨文干生性凶狠奸诈，李建成对他很是欣赏，派他出任庆州（今甘肃庆阳）总管，招募兵士送到长安。李渊驾幸仁智宫，命秦王李世民、齐王李元吉随行。李建成对李元吉说："秦王已经笼络了各位妃嫔，他金银财宝众多，贿赂馈赠之物不缺，我们不能坐等受害。"李元吉同意，命手下官员尔朱焕、桥公山运送兵士、铠甲给杨文干，通知他迅速发兵前来。尔朱焕等人心中恐惧，到达豳乡（今陕西彬县）后，上报朝廷杨文干造反。宁州（今甘肃宁县）人杜凤也同时上报。李渊派遣司农卿宇文颖把杨文干诱回京师，李元吉暗中结好宇文颖，让他告诉杨文干事实真相，杨文干于是举兵造反。李渊因事情牵连李建成，下诏派人逮捕王珪、魏徵、韦挺、徐师谟、冯世立，准备把他们杀掉；同时召李建成入宫进见。徐师谟劝李建成趁此机会举兵夺权，詹事主簿赵弘智则劝李建成前去请罪。李建成听从赵弘智的建议，去见父皇。李渊将他囚禁，派兵看守。

杨文干攻陷宁州，李渊惊惧而逃，连夜率卫士南奔十余里，天明方回宫中。李渊问计秦王，李世民认为，派一员大将前去，就能消灭杨文干。李渊说："事情牵连建成，恐怕响应者众多，你亲自去，回来，我立你为太子，废建成为蜀王。蜀地狭窄，如果他不肯服从，消灭他也容易。"（"事连建成，恐应者众。尔自行，还，吾以尔为太子，使建成王蜀，蜀地狭，不足为变，若不能事汝，取之易也。"《新唐书·高祖诸子传》）李世民率军直奔宁州，杨文干被部下斩杀，余众投降。

李世民走后，李元吉和宫内妃嫔，在李渊面前为李建成说情；封德彝也私下里劝李渊慎重决定。于是，李渊将李建成释放回宫，并责备兄弟二人不能相互容忍。从此，李建成、李元吉与李世民之间，猜忌、敌视越来越严重。

有天夜里，李建成请李世民宴饮。酒席上，李世民突然难受，吐血数升，被人扶回西宫。李渊闻讯，只是对李建成说，秦王不能饮酒，以后晚上不要聚会；又对李世民说："我从晋阳起兵，平定天下，全靠你的力量……我看你们兄弟互不服气，同在京师，隔阂会越来越深。你还是回洛阳行台，陕州（今河南陕县）以东全部由你掌管，可以建天子旌旗。"（"吾起晋阳，平天下，皆尔力……观而兄弟终不相下，同在京师，忿阋且深。尔还洛阳行台，自陕以东悉主之，建天子旌旗，如梁孝王故事。"同上）李世民哭泣请留，声称不愿远离父亲。李建成等担心秦王割据天下，以后不好对付，也悄悄派人劝说。最终，李渊没有派李世民离京回洛。

三、玄武变起 中箭身亡

武德九年（626）夏天，突厥侵犯边境，李建成推荐李元吉率兵征讨，以便掌握兵权。长孙无忌、房玄龄、杜如晦、尉迟敬德、侯君集等，劝秦王李世民趁机先发制人，除掉李建成、李元吉。李世民听从大家的意见，入宫进见父皇，告李建成等人与后宫淫乱，又说他们想杀自己："儿臣没有对不起兄长和三弟，现在他们却想杀我，这是为敌人王世充、窦建德复仇。假如儿臣死去，即使在地下，也羞于和以前的敌人相见。"（"臣无负兄弟，今乃欲杀臣，是为世充、建德复仇。使臣死，虽地下，愧见诸贼。"《新唐书·高祖诸子传》）李渊大惊，命三兄弟第二天共同入宫。张婕妤迅速将李世民告状的消息通知了李建成、李元吉。李元吉建议武装侍卫，称病不去。李建成说："不入宫进见，怎么了解事情的发展？"主张进见。

六月四日清晨，太子李建成、齐王李元吉骑马来到玄武门，见秦王李世民正在此处，察觉形势不对，立刻转身想走，李世民一箭射死李建成，李元吉中箭逃跑，被尉迟敬德追杀。东宫、齐王府闻讯，发兵攻打玄武门，李世民闭门抵抗，流矢射入宫中。不久秦王府兵到，李建成、李元吉部下一哄而散。

李渊问裴寂等应当如何处置，萧瑀、陈叔达说："臣听说内外不分，则父子不亲。当断不断，反受其乱。建成、元吉无功无德，秦王功盖天下，内外归心，立为太子，交付军国大权，陛下就可以减轻沉重负担了。"于是，李渊召见秦王，好言抚慰。

武德九年（626）六月七日，李世民被立为太子；八月，高祖退位禅让，秦王李世民即皇帝位，是为唐太宗。

李建成死时三十九岁。长子李承宗为太原王，早年去世。其他几个儿子，安陆王李承道、河东王李承德、武安王李承训、汝南王李承明、钜鹿王李承义，全部被杀。太子余党惊惧不安，庐江王李瑗起兵造反。朝廷于是下诏，除李建成、李元吉、李瑗三人外，其余的人概不株连，天下这才平静下来。

天下安定后，贞观二年（628），唐太宗李世民追封李建成为息王，赐谥曰"隐"，以礼改葬，诏命东宫旧臣全部前去送葬。安葬日，李世民在宜秋门前痛哭。贞观十六年（642），唐太宗又追赠李建成为皇太子。

齐王李元吉

李元吉（603—626），唐高祖李渊第四子，太宗李世民之弟。小字三胡，陇西成纪（甘肃秦安）人。初封齐王，后改封巢王，谥曰"剌"。他任并州总管，手握重兵。为人猜忌多疑，阴险好斗，骄横跋扈。他丢失并州，唐高祖却不加治罪，无异于纵容其骄横行为。在太子李建成与秦王李世民的嗣君之争中,他挑拨离间,欲从中取利,结果身死玄武门。

一、骄横跋扈　丢失并州

隋朝末年,李渊奉命镇守太原,将家属留在河东地区,令长子李建成守家,并命李建成、李元吉等结交当地豪杰,树立个人形象,扩大家族势力,为以后夺取天下做准备。李元吉协助李建成做了大量工作。

隋炀帝大业十三年(617),李渊准备起兵反隋,秘密派人通知建成、元吉二人速到太原。六月,李渊起兵。

李渊率领大军直指长安,命长子李建成、次子李世民随军行动,三子李元吉留守太原。夺取长安后,李渊自任大丞相,分封诸子、众将,李元吉封姑臧郡公,后进齐国公,总揽十五郡军事大权,加授镇北将军、太原道行军元帅。李渊称帝后,进封李元吉为齐王,授并州总管。

李元吉刚生下来时,相貌丑陋,母亲心中嫌弃,不想抚养,由乳母陈善意喂养长大。成年后,李元吉性格猜忌多疑,阴鸷好斗。又因久居边镇,手握重兵,越发放纵奢侈,骄横跋扈。他喜好军事,经常命手下家奴、姬妾数百人披甲装束,手持兵器,相互击刺。长期演练,死伤人数众多。后来,李元吉中剑受伤,乳母陈善意出面禁止他继续胡闹,李元吉竟恼羞成怒,命健壮武士将陈善意杀死,又私下赐谥号曰"慈训夫人"。

刘武周占领汾州(治今山西隰县)、晋州,威胁太原。李渊派右卫将军宇文歆,协助李元吉镇守太原。李元吉喜欢捕鸟打猎,出门时往往带三十车捕捉鸟兽用的罗网,自称"宁可三日不食,不能一日不猎"。夜幕降临后,李元吉带人出府,悄悄到百姓家中奸淫妇女。府门整夜不关,敌人虎视眈眈。宇文歆严肃劝谏，李元吉不听。于是，宇文歆上表李渊，陈述齐王纵情狩猎、践踏民田、纵兵掠夺、射箭伤人、夜淫民女等诸般劣迹，说太原附近百姓对李元吉恨之入骨，自己无法与他共守太原。李渊接表，下诏召见李元吉。李元吉派人威胁太原百姓，让他们去长安请求让齐王留守太原，李渊信以为真，放回了李元吉。

刘武周派五千骑兵驻扎黄蛇岭，李元吉派将军张达率步兵百人前去攻击。张达认为士兵太少，不能贸然进攻，李元吉却强逼出战，否则军法从事。张达率军出战，百名士兵全部战死。张达大怒，引导刘武周部队攻陷榆次（今山西榆次），李元吉退保祁州（今山西祁县），刘武周部队迅速追击，李元吉逃回并州。刘武周部队士气大振，乘胜追击，李元吉欺骗司马刘德威："你率老弱士兵守城，我率精锐出战，抵御敌人进攻。"随后，他携带珍宝财物、妻妾奴仆连夜出城，丢下军队直奔长安。太原城陷落敌手，并州地区尽归刘武周。高祖李渊没有追究李元吉的罪责，这无疑助长了他的骄纵之气。

逃回长安不久，李渊任李元吉为侍中、襄州道行台尚书令、稷州（治今山西稷山）刺史。秦王李世民围困东都洛阳，准备消灭王世充，窦建德率兵前来增援。李世民率领精锐骑兵迎击，留李元吉、屈突通二人守大营。王世充认为形势发生变化，马上派兵出击。屈突通协助李元吉巧设伏兵，击溃王世充军，擒获王军部将，斩杀八百士卒。洛阳攻下后，李元吉拜司空，赐王冕衮服，鼓吹乐二部，班剑仪仗二十人，黄金两千斤，与太子李建成、秦王李世民同时各得一炉铸钱，后升任司徒，兼任侍中及并州大都督。

二、挑拨离间　阴险狠毒

天下平定，秦王李世民南征北战，功劳最大，太子李建成因长期留守长安，名望不如李世民响亮，许多人对他不怎么敬佩。

李元吉喜欢挑拨离间，他希望李建成、李世民二人仇视、争斗，他好从中取利。于是，他反复向大哥吹风："秦王功高，名声越来越大，又受父皇宠爱。殿下虽然做了太子，地位并不稳固，如不早作谋划，很快就会受害。不如让我为殿下杀掉秦王。"（"秦王功业日隆，为上所爱，殿下虽为太子，位不安，不早计，还踵受祸矣，请为殿下杀之。"《新唐书·高祖诸子传》）李建成不忍心杀害兄弟，李元吉五次三番，劝说不止，李建成逐渐同意。

在得到大哥同意后，李元吉便协助他结交宫内人员，厚赂中书令封德彝，让他在李渊面前说太子的好话，讲秦王的坏话，因此李渊渐渐怀疑、疏远李世民。

李元吉招募众多凶悍亡命之人，给予优厚待遇，加意培植，以便能够为自己卖命。记室参军荣九思委婉劝谏，李元吉不听。齐王属官裴宣俨免职后，到秦王府任职。李元吉怀疑他泄露自己的作为，将其鸩杀。从此以后，对李元吉的所作所为，齐王府上下无人敢讲。

一次，秦王李世民随父皇到齐王府邸，李元吉派人藏在卧室里，准备刺杀他。李建成发觉后，坚决阻止行刺。李元吉说："我这是帮助太子，秦王对我有什么害处？"（"为兄计，于我何害？"同上）

武德九年（626），突厥侵犯边地，太子李建成推荐齐王李元吉率军征讨。李元吉领命后，调用秦叔宝、尉迟敬德、程知节、段志玄等很多秦王属下将官，又调秦王府精兵归属自己指挥，李渊未加制止。李元吉又秘密奏请父皇，请求杀掉秦王。李渊说："秦王平定四海，杀秦王，没有任何理由。"李元吉说："秦王平定洛阳，不马上向长安进贡财物，却私下里大肆散发金钱玉帛，树立个人恩信，难道这不是谋反吗？"李渊没有回答。

李元吉与李建成密议，李元吉率军走后，由李建成在昆明池杀掉李世民，然后谎称暴病身亡，报告李渊；接着，李元吉再杀尽秦琼等秦王府部下将领。率更令王晊悄悄将这个计划告诉了秦王，并说李元吉对护军薛宝说过，只要除掉秦王，取得东宫之位易如反掌。于是，秦王李世民召集部将，布置人马之后，进宫向高祖李渊报告李建成、李元吉淫乱后宫，并说二人要杀害自己。李渊大惊，命兄弟三人第二天入宫，准备调查原委，当面对质。第二天清晨，李建成、李元吉在玄武门被李世民截杀。

李元吉死时二十四岁。他的儿子梁郡王李承业、渔阳王李承鸾、善安王李承奖、江夏王李承裕、义阳王李承度，全部被杀。

李世民继位后，贞观二年（627），追封李元吉为海陵郡王，赐谥曰"剌"——《逸周书·谥法解》"暴戾无亲曰剌"。后改封巢王，谥号如故。

荆王李元景

李元景（？—652），唐高祖李渊第六子，太宗李世民异母弟，母贵嫔莫丽芳。武德三年（620）封赵王。贞观初年（627），升任雍州牧。贞观十年（636），改封荆王，授荆州都督。

贞观十一年（673），朝廷下诏：荆州都督荆王李元景、徐州都督徐王李元礼、潞州都督韩王李元嘉、郑州刺史郑王李元懿、豫州刺史道王李元庆、邓州刺史邓王李元裕、寿州刺史舒王李元名、幽州都督燕王李灵夔、苏州刺史许王李元祥、安州都督吴王李恪、相州都督魏王李泰、齐州都督齐王李祐、益州都督蜀王李愔、扬州都督越王李贞、并州都督晋王李治、秦州都督纪王李镇等，所受封号准予世袭。但长孙无忌等坚决反对，因而这一决议被废除。其后李元景改封鄜州刺史。

永徽初年（650），李元景升任司徒，赐予实封一千五百户。

永徽四年（653），前宰相房玄龄之子房遗爱谋反，李元景之子李则与其来往较多，李元景受牵连入狱。当时，吴王李恪也牵连在内，高宗李治对大臣说："我请求诸公免除我哥哥（指李恪）的死罪。"兵部侍郎崔敦礼说："陛下希望施恩德于亲族，但不能为此违背国家法令。"于是，李恪、李元景被赐死。

很久以后，追封李元景为沈黎王，过继渤海王李奉慈之子李长沙为嗣，但降为侯爵。神龙初年（705），唐中宗李显下令恢复李元景的王爵，由李元景之孙李遂继承。李遂死后，无子，封国废除。

韩王李元嘉

李元嘉（618—688），唐高祖李渊第十一子，太宗李世民之弟，母宇文昭仪（隋朝左武卫大将军宇文述之女）。武德四年（621）封宋王，武德十年（636）改封韩王。

李元嘉的母亲宇文昭仪，很得唐高祖李渊宠爱。李渊即位之初，曾想立宇文昭仪为皇后，但昭仪坚决辞让。因为母亲的缘故，李元嘉尤得父皇喜爱，登极后所生皇子没有谁比得上他。（"元嘉少以母宠，特为高祖所爱，自登极晚生皇子，无及之者。"《旧唐书·高祖二十二子列传》）

贞观六年（632），唐太宗李世民任命李元嘉为潞州刺史。当时，他才十五岁，因母亲宇文太妃病重，哭泣不食。母亲去世后，李元嘉居丧期间哀毁过度，太宗多次劝慰，让他保重身体。

李元嘉少年时就勤奋好学，藏书至万卷。他逐卷用古本考订正误，又采碑文古迹，多得异本。他与弟弟李灵夔友爱，相处甚为融洽，受到广泛称赞。他洁身自好，礼贤下士，诸王没有能和他相提并论的，可谓唐太宗朝的贤王。

贞观九年（635），改封李元嘉为韩王，升任滑州都督。

高宗末年，李元嘉任泽州刺史。武后临朝执政，李元嘉升为太尉，改任定州刺史。同时，霍王李元轨任司徒，舒王李元名任司空，滕王李元婴开府仪同三司，鲁王李灵夔任太子太师，越王李贞任太子太傅，纪王李慎任太子太保。诸王的职位看似很高、很受尊崇，但武后已经在谋划削弱诸王。

李元嘉因此十分恐惧，与儿子李譔和越王李贞之子李冲，纠集李唐宗室子弟起兵讨伐武后。行动尚未开始，恰逢武后下诏，令宗室子弟都到京师祭祀祖庙。李元嘉派使者遍告诸王："这次大祭祀是个阴谋，祭祀举行之后，武后一定要诛杀诸王，不如现在就起兵，不然，我们李家人就要灭绝了！"

于是，李元嘉假造中宗诏书，统领诸王发兵。李冲率兵五千攻打济州，但诸王仓促间不能集结军队，被武后派出的官军击溃，兵变以失败告终。李元嘉到京师，因是这次兵变的主谋，武后迫使他自裁，王号被削。李元嘉终年七十岁。

神龙初年（705），朝廷恢复李元嘉的王号和封国，由第五子李讷继承。

霍王李元轨

李元轨（？—688），唐高祖李渊第十四子，太宗李世民异母弟，母张美人。武德六年（623）封蜀王，后改封吴王，又改封霍王。

李元轨勤奋好学，多才多艺，父亲李渊对他特别喜爱。唐太宗曾经问群臣，在各位子侄弟兄之中，哪位亲王最为贤良。魏徵推举李元轨，认为他博学多才，温和孝顺，李世民深表赞同，为李元轨聘娶了魏徵的女儿。

李元轨曾经陪李世民打猎，李元轨箭无虚发，猎物众多。李世民抚着李元轨的后背感叹："你武艺过人，可惜如今无处施展。如果天下尚未平定，这些武艺岂不全能用上了？"（"尔艺过人，顾今无所施。方天下未定，得若岂不用乎？"《新唐书·高祖诸子传》，下同。）

贞观七年（633），李元轨出任寿州（治今安徽寿县）刺史。贞观十年（636），改封霍王，又历任绛州、徐州、定州三州刺史，实封食邑五千户。

李元轨在州任职，每日闭门读书，日常政务委托本州长史、司马处理。他平时谦虚谨慎，遵守法纪，恪守道德规范。他与布衣刘玄平来往密切。有人问刘玄平，李元轨在哪方面有特长，刘玄平沉吟不语。问话的人不解其意，追问不止，刘玄平说："一个人有了短处，才能显示出其长处。霍王各种长处无所不具，你让我讲哪个方面的长处啊？"（"人有短，所以见长。若王无所不备，吾何以称之。"）

突厥进犯定州，李元轨命士兵偃旗息鼓，大开城门，突厥军怀疑城中有伏兵，不敢入城，遂乘夜色撤退而去。定州人李嘉运暗中勾结突厥，事情败露，朝廷下诏，命李元轨捕杀所有与李嘉运有牵连的人。李元轨认为敌人强大，距离又近，人心本来就动摇不定，为了稳定民心、防止内乱，他只杀了首犯李嘉运，其他人一概不予追究。处理完毕，他上表请罪，自我批评。太宗高兴地说："全部捕杀的命令发出后，我心里一直有些后悔。不是霍王明智，定州恐怕就要危险了。"（"朕固悔之。非王之明，几失定州矣。"）

在前线的一次遭遇战中，王文操与敌人苦战，兵败撤退，他的两个儿子王凤、王贤用身体遮挡掩护父亲撤走。王文操逃脱，但两个儿子全都战死。所在县压下这个事迹，没有上报，李元轨从其他渠道了解后，遣使前去吊祭王凤、王贤，并将此事上报朝廷。朝廷下诏，追赠王凤、王贤为朝散大夫，表彰王氏家族。

李元轨每次进京朝见，都上疏陈述朝政得失，多所指正。唐太宗对他非常尊重，每有大事，都秘密派人前去咨询。唐太宗去世后，朝廷命李元轨与侍中刘齐贤共同修治太宗陵墓。李元轨博学多识，熟知历代典章制度，刘齐贤深为叹服。

有人建议李元轨经商取利，李元轨说："你应当指正我的过失，为什么要劝诱我谋利呢？"不予采纳。（"汝当正吾矣，反诱吾以利邪？"）

李元轨后任司徒，又出任襄州（治今湖北襄樊）、青州（治今山东青州）二州刺史。垂拱三年（687），越王李贞起兵反对武则天，因准备不充分，很快失败。李元轨因与越王李贞有来往，被武则天流放黔州（治今重庆彭水），用槛车押送。槛车走到陈仓（今陕西宝鸡）时，李元轨逝世，死因不明。

愍太子李承乾

李承乾（614—645），唐太宗李世民长子，母独孤皇后。字高明，陇西成纪（甘肃秦安）人。武德三年（620）封恒山王。唐太宗即位后，立为皇太子。贞观十七年（643）被废。他因嫡长子而被立为太子，但缺乏为人君应有的才能。他喜好声色，言行放荡，狂傲不羁；又与魏王李泰争夺储君之位，各自结党。他准备起兵诛杀李泰，被人告发，废为庶人。

一、身为太子　言行放荡

李承乾出生于承乾殿，因而取名"承乾"。高祖武德三年（620），封恒山王。唐太宗即位后，立为皇太子。

李承乾幼而聪明，思维敏锐。成年后，喜好声色漫游，但因畏惧父亲李世民，还不敢放纵自己的行为。他处理政事、接见众臣时，言辞忠厚，"忠孝"二字几乎成了口头禅；回宫之后，则与自己宠幸的人狎戏作乐。每有属下官员劝谏，他都正襟危坐，沉痛检讨。劝谏者深受感动，人人都以为太子特别贤良忠正，无人察觉他本性的虚伪圆滑与粗野狡诈。

随着时间的推移，李承乾的劣迹慢慢传到大臣们和太宗的耳中。每当孔颖达、令狐德棻、于志宁、张玄素、赵弘智、王仁表、崔知机等朝中大臣劝谏太子，太宗都予以厚赐，以示鼓励，同时也是提示太子应改恶从善。李承乾狂傲不悛，人们劝谏时，他当面点头答应，唯唯称是，表示坚决改过；背后却遣人暗中调查诸人言行，伺机报复。

魏王李泰勤奋好学，礼贤下士，唐太宗比较器重。李承乾腿脚有毛病，走路不很平稳，不符人君庄严之相。他害怕自己的太子身份被父亲废掉，而魏王是最强竞争者，因而二人各自结党，壮大势力，相互窥伺攻击。

东宫有位唱戏的少年，善于搔首弄姿，李承乾异常喜爱，二人朝夕相伴，寝食与同。太宗派人杀掉了那少年，与此牵连的人也有几个被杀。李承乾认为此事是李泰在背后捣鬼，对之特别仇恨。他怀念那少年，画其图像，日夜观看；又在花园里为少年修造坟墓，赠官树碑，朝夕祭祀。每次到坟边徘徊，他都惋惜落泪，痛苦异常，内心里越发憎恨李泰、怨恨太宗，从此称病不问政务，几个月不曾出宫。

在宫中，李承乾命奴仆上百人练习音乐，束成胡人发型，用彩帛制成舞衣，挥竿舞剑，群斗作乐，鼓声昼夜不绝。他又命人铸造大铜炉和六个大鼎，派人盗取百姓牛马，在炉鼎中煮熟，带领宠幸的美女、俊男搞起了"野炊"。

李承乾喜好突厥语言、服饰。他挑选奴仆中长得像胡人的，用羊皮制衣，盘上发辫，每五人组成一个部落，建造毡房，树立五狼头旗帜，排兵布阵，演习练兵。他自己也建造毡帐居住，命各部落弄羊烧煮，用佩刀割肉而食。他又曾身扮可汗，假装死去，令众人号哭，涂黑面孔给他送葬，用众多马匹环绕他来回奔走。他曾说："假如我拥有天下，就带数万骑兵到金城（今甘肃兰州），披散开头发，投奔思摩王，当他的一个部下，该是多么痛快！"（"使我有天下，将数万骑到金城，然后解发，委身思摩，当一设，顾不快邪！"《新唐书·太宗诸子传》，下同）

李承乾还命奴仆剪开毛毡，制成铠甲，张旗布阵，与汉王李元昌各自率领一部分人，大呼小叫，相互击刺。有不服从命令的，就一顿暴打，有的竟被打死或致残。他宣称，如果自己做了皇帝，要在皇苑里设置万人营，与汉王分兵打仗，二人坐观，以图痛快。他还说："我做了皇帝，定要满足自己的欲望！如果有谁劝谏，我就把他杀掉。杀死五百人，就没有人再敢乱嚼舌头，我的耳根子就清静了。"（"我作天子，当肆吾欲；有谏者，我杀之，杀五百人，岂不定？"）

二、不遵礼法　废为庶人

李承乾憎恨李泰，曾派封师进、张师政、纥干承基等人筹划刺杀，没有成功。后来他与汉王李元昌、侯君集、李安俨、赵节、杜荷等滴血盟誓，准备起兵诛杀李泰。

贞观十七年（643），齐王李祐在齐州（今山东济南）造反。

李承乾曾对纥干承基说:"我宫殿的西墙,离大内只有二十步,距离太近了,与齐州不一样。"("我宫西墙,去大内正可二十步及耳,岂与齐州等?"《新唐书·太宗诸子传》。《旧唐书》作:"我西畔宫墙,去大内正可二十步来耳,此间大亲近,岂可并齐王乎?")意思是说,一旦起事,比齐王更容易得手。

后来齐王造反,事情牵扯到纥干承基,纥干承基被捕下狱,准备问成死罪。为求活命,纥干承基上告李承乾试图谋反。唐太宗命长孙无忌、房玄龄等等共同查究,事实皆有明验,按律当杀。

唐太宗不忍心杀掉儿子,便让大臣们商讨如何处理。谋反当诛,其实无需商讨,因而大臣们都不敢说话。只有通事舍人来济站出来,说:"陛下上不失作慈父,下得尽天年,即为善矣。"于是唐太宗下令,将李承乾废为庶人,流放黔州。

贞观十九年(645)十二月,李承乾去世,唐太宗闻讯废朝,命以国公礼节安葬,赐谥曰"愍"。

李承乾之子李象,任怀州(治今河南沁阳)别驾,越州(治今浙江绍兴)都督,封郇国公。另一子李厥,任鄂州(治今湖北武汉)别驾。李象之子李适之,在玄宗开元年间曾任宰相。

濮王李泰

李泰(618—652),唐太宗李世民第四子,母长孙皇后。字惠褒,小字青雀,陇西成纪(今甘肃秦安)人。武德三年(620)封宜都王,后改封卫王,又改封越王,再改封魏王。后因阴谋夺取太子位,降爵东莱郡王,又改封顺阳王,后进封为濮王。他富有才学,精明强干,深受唐太宗喜爱。但阴险狠毒,不仅未能得立,还被降爵外放;幸运的是,最终回朝开府,没有死于非命。

一、身受宠幸　谋夺储位

李泰是唐太宗第四子,按嫡子排行则是次子,愍太子李承乾是他的胞兄,高宗李治是他的胞弟。

李泰初封宜都王,又改封卫王,再改封为越王,任扬州（治今江苏扬州）大都督,后任雍州牧、左武候大将军。改封魏王。

李泰在诸王中文才最好,表现得精明强干,唐太宗赏识他,格外偏爱。太宗命他在魏王府设置文学馆,可以自己招引文学之士做馆内人员。又因为李泰肥胖,腰腹硕大,走路不便,特许他可乘坐小车进宫朝见。

司马苏勖劝李泰招集宾客著书,效法古代贤良亲王的作为,既闻名于当代,又流芳于后世。于是,李泰奏请撰写《括地志》。朝廷派著作郎萧德言、秘书郎顾胤、记室参军蒋亚卿、功曹参军谢偃等人主持工作,很多文人学士参与写作。众多贵族子弟也想趁机立名邀宠,纷纷前来攀附,魏王府一时门庭若市。李泰察觉到自己门前车马喧嚣有些过分,希望迅速编成,于是分发给全国各州道府县,命各地负责本地区卷册章节,写成后上交魏王府。

《括地志》共五百五十篇,分四期完成。唐太宗下诏,将此书收藏于宫廷秘阁,又驾幸延康坊魏王府第,以示恩宠,表明对这件工作非常满意,当日赦长安犯人死罪,免坊人一年租税,魏王府中官吏僚佐各有赏赐。

由于父皇的宠爱,魏王李泰平时待遇和每月的份例银,都远超皇太子李承乾。谏议大夫褚遂良进谏,首先缕述历代经验:"帝王尊嫡卑庶,将长子立为储君。因此,储君在各方面都与帝王相同,庶出子弟不能攀比。历代朝廷行用此法,以避免尊卑不分,杜绝弟兄间产生嫌隙,成为祸乱之源。从前的帝王制定各种规定,都是从普通人的正常心理出发来考虑问题,拥有国家的人，子孙后代必然有嫡庶之分；对庶子再喜爱，待遇上也不能超过嫡长子。如果应当亲近的反而受到疏远，应当尊崇的待遇反而卑下，这就是以私情损害国法，惑乱臣民思想，制造国家混乱。"

褚遂良接着指出："现在魏王各种待遇都超过东宫太子，舆论认为这样不对。过去汉朝窦太后宠爱梁王，分封四十余城，梁王建造苑囿三百里，修治宫室、复道，浪费钱财无数，出警入跸，显赫异常。后来不得意，发病而死。汉宣帝骄纵淮阳王，差点宠坏他，后来派正直谦恭、严谨忠厚的大臣辅佐，才得以保全。如今，应当训导魏王注意节俭克制，待好习惯养成之后，再慢慢增加他的收入，提高他的待遇。还应当为他选择师傅，劝导他谦虚谨慎。然后鼓励他在文学方面努力发展，由此把他塑造成道德修养高深的贤明亲王。这样做，就是古人所提倡的圣人之教，用不严苛的办法塑造人才。"唐太宗虽然认为褚遂良说得很对，但由于对魏王宠爱太深，竟不肯改变错误的做法。

唐太宗又下诏，命李泰搬进武德殿居住。侍中魏徵劝谏："魏王是陛下的爱子，陛下如果希望他平安保全，就不应当把他放到招人猜忌的地方。武德殿在东宫西面，又是以前齐王李元吉居住过的宫殿，很多人认为这么做不合适。虽然时间已经发生变化，事情也与过去不同，但人言可畏，不能不防。陛下虽然宠爱魏王，但还是希望停办这件事，以便成就魏王身受宠幸而心中审慎的美德。"唐太宗总算是接受了劝谏，收回成命，不再主张把魏王迁往武德殿。

父皇的娇宠溺爱，刺激李泰产生了夺取皇位的野心。他招集驸马都尉柴令武、房遗爱等，密商计策。又派韦挺、杜楚客以贿赂、馈赠等手段，结交朝中大臣。许多人依附李泰，魏王势力日渐强大。

贞观十七年（643），李承乾被废黜。唐太宗曾在背后许诺立李泰为皇太子。岑文本、刘洎请求立魏王李泰为皇太子,长孙无忌等人则请求立晋王李治,唐太宗犹豫不决。

二、弄巧成拙　降爵外放

李泰知道父皇犹豫,就前去威胁晋王李治,说他与太子朋党李元昌有牵连。李治生性懦弱,忧形于色。唐太宗觉出李治行为反常,询问原因,李治如实回答。太宗闻言之下,怅然失意,无语静坐。

唐太宗曾召来李承乾,斥责其所作所为不合礼法。李承乾回答:"儿臣贵为太子,还能有什么不满足的?只不过总被李泰排挤、陷害,不得不结交朝中大臣,希望能够安稳度日罢了。有人趁此机会煽风点火,教我做了一些不法之事。如果立李泰为太子,正好成全了他们的阴谋。"("臣贵为太子,尚何求?但为泰所图,与朝臣谋自安尔。无状之人,遂教臣为不轨事。若泰为太子,正使其得计耳。")唐太宗叹息道:"是啊,如果立李泰为太子,那就是告诉天下人,太子之位可以用阴谋夺得。李泰做太子,承乾、李治都会死掉;李治做太子,承乾、李泰都不会有危险。"("是也,有如立泰,则副君可诡求而得。使泰也立,承乾、治俱死;治也立,泰、承乾可无它。"《新唐书·太宗诸子传》)

于是,唐太宗下诏,解除李泰雍州牧、相州都督、左武候大将军等职务,降爵为东莱王。同时规定,今后如果太子无道,有诸王窥伺太子位置的,必须两个同时处分,全部废黜。

后来,晋王李治立为太子。但唐太宗对如此措置始终心有不甘,内心还是偏向李泰。他对长孙无忌说:"你劝朕立雉奴(李治小名),但雉奴过于懦弱,能否治理好国家令人担忧,这个决定是否明智呢?"("公劝我立雉奴,雉奴仁懦,得无为宗社忧,奈何?"同上)

李泰后来又改封顺阳王，在均州郧乡（今湖北郧县）居住。唐太宗曾经拿着李泰的表章对左右说："李泰文辞可喜，难道不算治世良才？我无时无刻不顾念李泰，只不过为国家考虑，让他在外地居住，使兄弟们都得以保全。"（"泰文辞可喜，岂非才士？我心念泰无已时，但为社稷计，遣居外，使两相完也。"同上）

贞观二十一年（647），李泰又晋封为濮王。

永徽元年（650），唐高宗李治即皇帝位，朝廷下诏，李泰可以开府办差，招请官属僚佐，各种待遇全部超规格提高。

永徽三年（652），李泰在郧乡去世，年仅三十五岁。朝廷追赠太尉、雍州牧，赐谥曰"恭"。高宗为之辍朝，并下令"葬事官给，务从优厚"。

齐王李祐

李祐（？—643），唐太宗李世民第五子，母阴妃。唐武德八年（625）封宜阳王，又改封楚王，后改封燕王，再改封齐王。他喜好玩乐，宠信奸佞小人，疏远正人君子，是个不折不扣的纨绔子弟。后来起兵造反，兵败后被赐死。

一、纵情玩乐　远贤近佞

李祐的母亲是阴氏，而祖父与外祖父却可谓"仇家"。外祖父阴世师，隋末与代王杨侑留守长安，祖父李渊太原起兵，幼子李智云为阴世师杀害；而李渊入长安后，又杀了阴世师。

武德八年（625），李祐被封为宜阳王。当年，又改封楚王。

贞观二年（628），李祐改封燕王，任豳州（治今陕西彬县）都督。贞观十年（636），改封齐王，授齐州（治今山东济南）都督。

李祐早年封齐王，舅舅阴弘智分析皇位继承之势，对他说："你们兄弟众多，你父皇去世之后，你必须拥有武装力量，才能自我保护。"于是，李祐厚待舅舅的妻兄燕弘信，赏给他许多金银布帛，命他暗中招募擅长剑术的武士。

贞观初年，唐太宗担心儿子们不遵守国家法令制度，因而辅助诸王的长史、司马，都尽量选择正直刚毅、严肃认真的大臣担任，不管哪位亲王有违法犯纪之事，都命他们迅速上奏。李祐纵情玩乐，亲近奸邪之人，又特别喜欢游猎。齐王长史薛大鼎屡次进谏，李祐不听。唐太宗认为薛大鼎辅导无方，就地免职。

权万纪曾任吴王李恪长史，为人耿直，性情急躁，太宗便派他去约束李祐，权万纪到来后，每次见到李祐违法，都犯颜直谏，毫不客气。李祐的手下有昝君谟、梁猛彪，二人善于骑射，是李祐最宠信的人，权万纪劝谏李祐疏远二人，李祐不听。二人均被权万纪斥退后，李祐又派人招之回府，对他们的宠信变本加厉。

唐太宗担心李祐不能悔过自新，亲自写信，严厉斥责。权万纪担心自己也受惩处，便对李祐说："齐王您是陛下爱子，陛下希望您能改正错误，因此才严加训导。如果您能悉心改正，我到朝中去为您说情。"李祐于是上表谢罪，承认自己的诸般错误，保证今后不再重犯。权万纪进京见驾，太宗给予表彰、赏赐，对李祐却没有宽恕的意思，还写信严厉斥责。李祐见权万纪受到赏赐，而自己却仍被斥责训诫，以为权万纪在皇帝面前出卖自己，心中十分不平。

二、起兵造反　贬废赐死

权万纪生性偏执狭隘，专门以严苛的方式来约束李祐。他不允许李祐走出城门，命令李祐去掉所有飞鹰猎犬，赶走昝君谟、梁猛彪，不许与二人相见。李祐发怒，打算派昝君谟杀了他。计划泄露，权万纪逮捕昝君谟，将此事上奏了朝廷。

贞观十七年（643），唐太宗派刑部尚书刘德威前往调查权万纪所奏事件，同时命李祐与权万纪进京。权万纪奉诏先行，李祐派燕弘亮追赶，在路上把他射死，还肢解尸体，扔入粪池。

杀死权万纪后，昝君谟等人劝李祐造反。李祐下令，征召城中十五岁以上男子入伍，分封属下官吏任拓东王、拓西王等职。他自称上柱国，打开府库，赏赐从周围入城的百姓。修治兵器，制造铠甲，准备战斗。太宗闻讯，派兵部尚书李勣与刘德威领兵征讨。

李祐以为事情办得稳妥，每夜招引燕弘亮等五人与王妃饮酒作乐。嬉笑之际，李祐说官军很快就要到来，燕弘亮吹嘘说："大王不必担心。我右手照常吃酒，只用左手即可用刀杀尽那些官军。"李祐宠信燕弘亮，众人闻言大笑。

太宗又派人送书信斥责李祐："我曾经警告你不要亲近小人，正是因为担心你这样做。你素来性情乖戾、缺少德行，为谄言蛊惑，终于招致祸端，自取覆灭。你变成枭獍一样的人，忘记忠孝，扰乱齐州，死有余辜。你违背礼义，为天地所不容；抛弃父兄、背叛君主，为人神所共愤。你以前是我的儿子，今天是国家的仇人。过去没有听说你有什么好的名声，现在也只有无穷的劣迹。我听说郑叔、西汉戾太子都做过猖獗的事情，哪有父亲期望生出你这样的儿子？我因此上惭皇天、下愧后土，叹惋之致，不知道还能说什么。"

李勣等人兵马尚未进入齐王封地，青州、淄州等数州兵马，就开始不听李祐的命令。李祐传檄号召造反，各县都不行动。有人劝李祐掠走城中青年男女，选择一个位置险要的地方，出去据守。李祐犹豫不决。

兵曹杜行敏计划捕捉李祐，许多士兵都愿意追随。于是，杜行敏率人连夜凿通围墙，进入王府。李祐与燕弘亮等身穿铠甲，手持兵刃，在室内抵抗。双方对峙到中午，杜行敏大呼："李祐昔为帝子，今为国贼！我杜行敏为国讨贼，义无反顾。齐王如果不降，就会被烧死！"命士兵堆积柴草，准备放火烧房。李祐出室投降，同伙全部被杀。

李祐被送到京师，朝廷赐死，贬为庶人，废除爵位。与李祐有牵连的，共杀掉四十余人。

越王李贞

李贞（？—688），唐太宗李世民第八子，母燕德妃。贞观五年（631）封汉王，后改封原王，又改封为越王。曾起兵反抗武则天，兵败自杀。李贞擅长骑射，涉猎文史，有行政才干，是宗室亲王之中的卓越人才。

贞观年间，李贞先后任安州、徐州、扬州、相州和绛州刺史，封越王。高宗李治即位后，历任左卫大将军，绛、相、蔡州刺史。中宗李显即位后，授太子太傅。嗣圣元年（684），迁太子少保、豫州刺史。

武则天掌权后，任李贞为太子傅、豫州（治今河南洛阳）刺史。中宗李显被武则天废黜，出居房陵（今湖北房县），李贞与韩王李元嘉、鲁王李灵夔及其子范阳王李蔼、江都王李绪，还有自己的儿子琅玡王李冲等联合筹划，准备扶助中宗李显，废黜武则天。

垂拱四年（688），都城明堂建成。武则天命令全体李氏亲王入京参加礼仪活动。大家都怀疑武后准备杀戮亲王。事情紧急，韩王李元嘉假造中宗李显书信给李冲，"诏书"写道："朕被关押了，各位亲王要立即起兵救朕。"李冲得书，命长史萧德琮招募士兵，通知诸位亲王约期举兵。

八月，李冲首先发兵，公开反对武则天执政。可除了父亲李贞外，李氏亲王无人响应。李贞率军队攻占上蔡时，李冲已经失败。李贞招兵，得众七千，分为五营：李贞自居中营，以裴守德为大将，领中营；以赵成美为左中郎将，领左营；间弘道为右中郎将，领右营；以安摩诃为郎将，领后军；以王孝志为右将军，领前军；以韦孝礼为司马，管理官署官吏五百人。

九月，武则天派左卫大将军曲崇裕、夏官尚书岑长倩率军十万征讨。以凤阁侍郎张光辅为诸军节度，下诏取消李贞、李冲父子皇室宗亲属籍。曲崇裕等率兵来到豫州，李贞少子李规及裴守德率兵交战失败。李贞闭城拒守。裴守德原为武士，李贞将他提拔起来，把女儿嫁给他，委托他办理重要事务。

朝廷大军逐渐逼近，家里人对李贞说："事情已经这样，大王难道甘心忍受侮辱屠戮吗？"李贞闻言，服药而死；李冲退走博州（治今山东聊城），被守门士兵杀死；李规自杀；裴守德及妻子自缢。李贞从发兵至失败，共二十天。

开元四年（716），唐玄宗下诏，备礼改葬李贞、李冲，赐李贞谥曰"敬"。

箴规和襄助的女人们

唐太宗之所以能够开创"贞观之治",应该说与他周围的女性大有关系。母亲窦氏精心教导太宗,把他培养成一代文武全才;皇后长孙氏屡劝太宗纳谏,开明政治,她功不可没;皇妃徐惠效法长孙氏,积极进谏,也有一定影响。宗室女文成公主为和亲远嫁异域,青史留名;其他公主或恪守妇德、琴瑟和谐,或淫邪不轨、害人害己……也都个性鲜明,异彩纷呈。

皇太后窦氏

窦氏（生卒年不详），唐高祖李渊皇后，太宗李世民生母。京兆平陵人。窦氏生前，李渊尚未称帝，皇后是去世后追认的。她精心教导儿子李世民，以贤德和才干辅佐丈夫和儿子夺得天下，唐朝的建立也有她的功劳。她生前为丈夫宠爱，死后受子女敬佩。

一、才貌双全　贤德孝顺

窦氏出身于官宦之家，父亲窦毅，北周时任上柱国，入隋为定州总管，封神武公。窦毅娶北周武帝宇文邕的姐姐襄阳长公主。窦氏就出生在这样一个环境优裕的官僚家庭，全家人对她百般呵护、宠爱。

窦氏出生时颇不寻常，发垂过颈，窦家一片恐惶。惊恐之余，窦氏父母又是一阵欣慰，因为窦氏看上去聪明伶俐，十分招人喜欢。随着时光的流逝，窦氏转眼就长到了三岁，一头乌黑的头发，已与身同长，格外引人注意。小窦氏记忆力超人，喜爱读书，过目不忘，尤其喜欢读《女诫》《列女传》等。

舅舅北周武帝宇文邕，见外甥女聪明好学，十分喜欢，便留窦氏在宫中生活。窦氏在皇宫中每日读书、写字，生活得悠然自得。宇文邕连年征战，积劳成疾。宣政元年（578）五月，因突厥骚扰边境，宇文邕亲自率军讨伐，途中不幸病倒，返回长安的当天晚上便离开了人世。窦氏得知舅舅逝世的消息，悲痛万分。宇文邕生前提倡节俭，常穿粗布袍，宫中不事装饰，宫女多有减少，这些都给年幼的窦氏留下了深刻印象。

北周静帝大象三年（581）二月，大丞相杨坚篡位建"隋"。

窦氏听说后，蹦到床下，慨然道："恨我非男子，不能救舅家祸。"（《新唐书·后妃传上》）父亲窦毅连忙捂住她的嘴，连连低声叫道："千万不要胡说，若让杨坚听到，是要杀头的。"可窦氏却不以为然。

窦毅见女儿渐渐长大，不仅相貌非凡，而且言谈举止都与平常女子不同，便和襄阳长公主说："咱们的女儿天生相貌不凡，知识也非同一般，定会大福大贵。我们不能随便嫁与普通人家，一定要仔细择婿，与她相配才行！"夫妻俩让人在屏间画了两只孔雀，有人求婚，就让那人射屏间孔雀，射中孔雀的眼睛便许婚。

当时，窦毅女儿才貌双全，早已远近闻名。贵胄王孙们听说窦毅招婿，纷纷前来比试。不过，这些贵胄王孙张弓发矢，都不能中，只好败兴离去。李渊也前来"应试"，连发两箭，一箭中孔雀左眼，一箭中孔雀右眼。窦毅见李渊英俊潇洒，举止不凡，心中暗喜，遂把窦氏许配与他，从而成就了一对良缘。

李渊对窦氏十分中意，婚后相亲相爱。窦氏刚嫁到李家，恰逢李渊的母亲有病。李母性格怪异，脾气暴躁，家人都十分怕她，没人愿意侍奉。窦氏自幼熟读《女诫》之类的书籍，受家庭环境影响，所以非常贤德，刚入夫家，便承担起侍奉婆婆的琐碎之事。窦氏对婆婆尽心尽力，甚为孝顺。为了陪伴病中的婆婆，甚至整月不脱衣服和鞋，几乎没睡一个好觉。李渊一家为此非常感动。

窦氏与李渊情投意合。两人时常在一起读书写字，探讨文章。窦氏的书法与李渊之书十分相似，一般人很难分辨。

二、相夫教子　夫爱子敬

窦氏嫁给李渊不久，便生下一子，取名"建成"。开皇十八年（598）十二月二十二日，又生下次子李世民。据说，李世民出生时，有两条龙在门外相戏，三天才离去。人们见了，十分惊奇，议论纷纷。窦氏也觉得世民非同一般，十分怜爱。

李世民自幼聪明敏捷，胆识过人，窦氏精心教导，督促他读书写字，父亲则教他骑射要领。所以，青少年时期的李世民既有文韬武略，又能骑射征战。后来，窦氏又生下三子李玄霸、四子李元吉，以及女儿平阳公主。

李渊娶窦氏后，可谓春风得意。岳丈窦毅是隋朝定州总管，姨母是炀帝独孤皇后，因而朝廷十分重视李渊。李渊历任谯州（治今安徽亳州）、陇州（治今陕西陇县）、岐州（治今陕西凤翔）刺史。窦氏随李渊的职务不断调动，过着迁徙不定的生活。窦氏有见解、识大体，聪明贤淑，宽厚仁慈。她以自己的贤德和才干，影响着李渊的家庭生活和政治生涯，李渊能够建立大业，与窦氏的品德不无一定的关系。

李渊喜好养马，窦氏便劝他："皇上也喜欢马，何不全都献上？留下只能带来祸害，没有任何好处。"（"上性乐此，盍以献？徒留之速罪，无益也。"《新唐书·后妃传上》）但李渊没听劝告。隋炀帝听说后，果然治了李渊的罪

隋炀帝在位期间，穷奢极欲，滥杀无辜，朝政混乱。窦氏去世后，李渊为保全自己，便采用窦氏生前的劝告，时常给皇帝献上名马，炀帝十分欢喜，遂封他为大将军。为此，李渊怀念窦氏，曾哭泣着对子女说："我要是早听你们母亲的话，早就当上大将军了。"（"早用而母言，得此久矣！"同上）由此可见窦氏对李渊的影响和助益。

窦氏教育子女很有办法，言传身教，子女对她都十分敬佩。李渊父子在外征战，窦氏牵肠挂肚，回来后对李渊关心备至，对子女谆谆教诲。窦氏对次子李世民尤为喜爱，相对其他子女，关心也就更多一些。遗憾的是，窦氏辛苦操劳一生，未看到丈夫李

渊登基称帝，便病逝于涿郡，享年四十五岁。

李渊称帝后，命窦氏墓地为"寿安陵"，高祖去世后，又与窦氏合葬于献陵。

武德九年（626）八月，窦氏次子李世民即位。做了皇帝后，李世民始终不忘母亲的谆谆教诲。有一天，经过母亲居住过的"庆善宫"，停下来满怀深情观览一番，然后对左右大臣说："朕出生在这里，如今再也见不到母亲了，培育我的恩德不能当面报答了。"（"朕生于此，今母后永违，育我之德不可报。"同上）说完大哭，左右受到感动，都痛哭起来。后来，太宗下诏有司大发赈灾物品，救济平民百姓，以此来报窦氏的养育之恩。

唐高宗上元中，追谥窦氏为"太穆神皇后"。

皇后长孙氏

长孙氏（601—636），唐太宗李世民皇后，高宗李治之母。小字观音婢，祖籍洛阳（一说雍州长安）。她十三岁嫁李世民，先后册封王妃、太子妃，武德九年（626）立为皇后。她博闻强识，深明大义，善于借古喻今，匡正李世民为政的失误，并保护忠正得力的大臣。贞观盛世的成就，她功不可没。

一、夹缝生存　凡事忍让

长孙氏的父亲长孙晟，在隋朝任右骁卫将军。他喜欢涉猎史书，颇具文韬武略，且英勇善战。尤其通晓边事，隋帝与突厥及其他外族的往来，都是由他预先交涉。长孙氏的母亲，是隋朝扬州刺史高敬德之女。

长孙氏自幼循规蹈矩，以古代善恶自鉴，严格按照礼教行事，再加上相貌出众，家人视其为掌上明珠，待之如众星捧月。

长孙氏渐渐长大，方圆几十里都知道右骁卫将军家出了美女，而且十分聪慧，所以上门提亲的人很多。家里也为长孙氏的婚嫁费了一番脑筋，但能与她般配的如意郎君实在难找。

长孙氏的伯父长孙炽，曾是北周的一名学者。他从传闻中得知，武帝宇文邕的外甥女窦氏，生来奇特，见识超常，因而印象特别深刻。窦氏后来嫁给李渊，生有四男一女。长孙炽想，如此明智贤慧的母亲，教养出来的孩子肯定非同一般。长孙一家托人四处打听，后来听说李渊次子李世民文武双全、一表人才，年龄与长孙氏相若，便托人倒提亲，要把长孙氏许配李世民。李渊也听说长孙晟家的女儿天生丽质，而且博学多识，这桩婚姻可谓水到渠成。

李世民智勇双全，为帮助父亲建立唐朝拼杀疆场，立下了汗马功劳。而太子李建成，无论功劳、才能、人品，以及在群臣中的威信，都远在李世民之下。而且唐初的一班开国元勋、文臣武将，大多跟随李世民打天下，深深爱戴和拥护他，对太子打心眼里不服。因此，李世民的存在，对太子李建成继位构成了威胁。

李建成处心积虑，要把二弟这颗"眼中钉""肉中刺"除掉。而李世民的三弟李元吉，也想成为大唐的皇帝。不过，他觊觎皇帝宝座，则要越过大哥李建成、二哥李世民两重障碍。在他眼里，最大的障碍是文武双全、威重功高的李世民。一场皇权的明争暗斗，在兄弟三人之间展开。

长孙氏嫁到李家后，面临着错综复杂的局面。李世民的母亲窦后去世后，后宫一时混乱，而三兄弟的明争暗斗，给长孙氏的生活增添了许多麻烦和苦恼。因为李世民的关系，自己无形之中也成了妃嫔们诽谤的对象。可长孙氏出众的为人处事能力，使她赢得了宫中大部分人的信任。她认为做人首先要坐得正、站得直。她竭心尽力侍奉公公李渊，使他在丧妻之后，感受到儿女的亲情温暖。与那些争宠相斗的妃嫔相比，李渊从心底里喜欢、信任这个贤惠的儿媳。在妯娌之间，长孙氏凡事忍让，尊敬、顺从她们，从不顶撞，不怕吃亏，尽量让她们挑不出刺儿、找不到借口，以消除猜忌。

为了帮助丈夫建立一个有利的环境，长孙氏昼夜焦思劳神，处处忍辱负重。到玄武门之变，兄弟之间真刀真枪干起来的时候，她一反软弱顺从的性格，旗帜鲜明，勇敢地帮助李世民激励将士。兄弟三人经过一番残害，武德九年（626），李世民胜出登基，夫贵妻荣，长孙氏也由秦王妃被立为皇后。

二、德冠后宫　深明大义

在当时的历史条件下，长孙皇后参政议政均受到限制，但她还是最大限度地发挥了贤内助的作用，尽量不让后宫事务影响唐太宗。

长孙皇后处处关心体贴丈夫，后宫发生不顺心的事，也尽量不去麻烦，而且凡事都顺着太宗的心思。有时太宗下朝回到后宫，心情不畅，常会不明缘由地训斥宫中侍役者。每当此时，长孙皇后总是先附和，命令把惹皇上生气的人抓起来。之后再问明情况，遇到冤枉了好人，又总是替皇上道歉。等到太宗高兴时，再慢慢告诉事情的经过。

长孙皇后赏罚分明，人人竭力效忠，宫中气氛比较宽松和谐，没有人整天提心吊胆的。只要是太宗的孩子，不管是嫡生庶出，长孙皇后都待如己出，加以爱护。豫章公主出生后，母亲去世，长孙皇后主动抚养，给公主的母爱甚至超过了自己的亲生儿女。她对妃嫔，甚至宫女，都体贴入微。妃嫔、宫女有病时，他总是亲自探望，把自己用的好药、食物送给她们，使之尽快痊愈。因此，后宫上下都十分爱戴长孙皇后。整个后宫充满了欢声笑语，宫内上下都生活在一种温暖和谐的气氛中，使唐太宗得以把整个身心都投入管理国家大事。

历朝历代的皇后、妃子，为了娘家亲属，大多是百般讨好皇上，恳求给个一官半职。长孙皇后却深明大义，只想朝中安宁，不想给皇上带来任何麻烦。

长孙皇后的哥哥长孙无忌，玄武门之变中立了功，唐太宗想任命他做右仆射（宰相之一）。太宗把这个想法告诉皇后时，长孙皇后深感不安，对太宗说："妾位居后宫之首，全家已贵宠至极，实在不愿父兄再位居显要。历史上外戚弄权误国的事太多了。汉高祖死后，吕产、吕禄专权；汉宣帝时，霍山、霍禹专权。他们最后都因谋反篡位而被杀，祸及家族。这应该成为刻骨铭心的教训。"（"妾托体紫宫，尊贵已极，不愿私亲更据权于朝。汉之吕、霍，可以为诫。"《新唐书·后妃传上》）听完这话，太宗对长孙皇后愈加敬重。

对于历史，唐太宗李世民太熟悉了，只是太宗与长孙无忌从布衣之交到出生入死，长孙无忌为太宗立下了汗马功劳。太宗看中的是长孙无忌的才能。所以他从容地说："皇后的苦心我是知道的。我用长孙无忌是为社稷着想，是为官择人，唯才是用，并不因为他是你哥哥。没有才能的人，虽是至亲也不能任用；如果有才，虽有仇隙，只要改过，我也重用。右仆射这职位只有他才能胜任，别无佳选。请皇后不必过虑。"贞观元年（627），太宗任命长孙无忌为尚书右仆射、吏部尚书、左武候大将军。

长孙皇后见太宗不听自己的劝阻，只好派人把长孙无忌叫到宫中，直言相劝："皇上任命你为右仆射，我已向皇上表明，你不适合。长孙家的人最好不要再做高官，这样可以省去不少麻烦。你最好向皇上力辞右仆射之职。""右仆射"的职位很有诱惑力，可长孙无忌理解妹妹的苦心，于是亲自拜见太宗，坚决请求辞去职务。长孙皇后又极力劝说太宗接受。终于在贞观二年（628），太宗接受了长孙无忌的辞职请求。

皇后的地位和权力仅在天子之下，对于一个国家起着举足轻重的作用，若再进一步影响和控制皇帝，其权力之大可想而知。历史上有许多后妃弄权误国，影响朝政，甚至断送江山。长孙皇后吸取历史教训，时时引以为戒。她认为国家大事应由皇帝与大臣商量决定，对于朝廷上的事，她从不过问，更不用说干预了。长孙皇后知识渊博，与太宗私下闲谈时，引经据典、滔滔不绝，可一旦太宗提到朝政，她就岔开话题不肯发言。

三、规谏君王　严于克己

长孙皇后虽不干涉朝政，但遇到太宗做出不明智之事，有损江山社稷时，却总是苦苦规劝，用心可谓良苦。

有一次，太宗下朝归来，满面怒容地吼道："有机会，我一定杀了这个乡巴佬！"长孙皇后大吃一惊，却笑着问："皇上又跟谁生气了？"太宗余怒未消，恨恨地说："魏徵这个老东西太不像话了，他经常当着满朝文武的面使我难堪，下不来台，真是可恨！"

听了这话，长孙皇后默默退出，回到寝宫，穿上只有在册封、庆典、朝会仪式上才穿的朝服，端端正正地站在太宗面前，然后深深一拜。太宗一看，惊诧地问道："皇后为何这般庄重？"长孙皇后答道："我听说只有君主贤明，采纳忠言，才会有正直的大臣出现。魏徵的确是少见的忠直之臣，这正是皇上贤明、能采纳忠言的缘故。有这样的君和臣，国家有幸、百姓有幸，所以我不能不表示祝贺。"（"妾闻主明臣直；今魏徵直，由陛下之明故也，妾敢不贺！"《资治通鉴·唐纪十》）太宗转怒为喜，对魏徵的怨愤转为内心的敬佩，感慨地说："多亏皇后及时提点，给我敲了警钟，否则险些误了大事。"就这样，太宗上朝时，有魏徵这样的忠臣劝诫；下朝后，有长孙皇后"把关"，勤政爱民，事事办得合情合理，深得民心，从而才有"贞观之治"的繁盛。

长孙皇后不仅劝诫皇上采纳忠言，而且严于克己。长乐公主是长孙皇后的亲生女儿，生得聪明伶俐，才貌出众，深得父母喜爱。长乐公主出嫁时，皇宫上下都为此忙碌。太宗下令，长乐公主的嫁妆要超过永嘉长公主一倍。永嘉长公主是高祖李渊的女儿。魏徵听说此事，马上劝谏说："从前汉明帝要分封自己的儿子，说：'我的儿子决不能高于先帝的儿子，所以分封的领地只能是先帝儿子们的一半。'如今陛下女儿出嫁，论情感，您和公主是父女，更亲密一些；论道理、论地位，长乐公主就不能和永嘉长公主相比，可嫁妆反而超过永嘉长公主的一倍，道理何在呢？"太宗尽管心里十分不满，但为了表明自己的大度和圣明，还是下令资送公主的嫁妆按永嘉长公主的一半陪送。

回到后宫，太宗把这件事告诉了长孙皇后，以为会招致皇后的埋怨。谁知长孙皇后感慨地说："魏徵能够引用古今道理说服皇上控制私人感情，把事情办得更公正、更令人信服，这说明他真是一心为国的忠臣。魏徵不过是您殿下的大臣，他能不顾自己的安危，冒犯皇上的威严，驳回不合理的决定，真是难能可贵，皇上应该采纳他的忠言。"听了长孙皇后一番话，太宗如释重负。之后，便得意洋洋，仿佛自己做了善事；长孙皇后看皇帝的高兴劲儿，心中十分舒坦。皇后派人带着四百缗钱、四百匹绢，去魏徵府上表示感谢，并捎话说："很早听说魏公为人刚直不阿，从公主出嫁这件事上看得更加清楚。希望魏公能永远保持这种高尚的情操，对国家的忠心不要有丝毫改变。"

长孙皇后不贪权，也不贪钱。她一生崇尚节俭，一粒米、一寸布都视为有用之物，从不奢侈。

贞观元年（627），长孙皇后亲自带领宫廷内外自贵妃到宫内女官、内外命妇去"亲蚕"——栽桑养蚕，表率天下。她深知，战乱刚刚结束，国家困难重重，百姓从流离失所到安居乐业的局面刚刚形成，若要帮助丈夫治理好国家，就要谦恭、谨慎、节俭。

在平时的生活中，长孙皇后率先垂范，教育子女也是这样。一次，太子的乳母遂安夫人向皇后启奏说，太子衣食住行方面的器具不够排场，有意添置。长孙皇后没有答应，说："作为太子，怕的是道德未能树立、美名不能传扬，怎么能担忧日常器物不够用呢！"（"为太子，所患德不立而名不扬，何忧少于器物也！"《旧唐书·长孙皇后传》）

四、久病缠身　叮咛国事

长孙皇后一直患有哮喘病。贞观八年（634），旧病复发，卧病在床。太宗经常亲临探视，太子李承乾日夜守护。全国各地的名医都为皇后诊断过，用了很多好药，可病情仍无好转。

万般无奈，太子李承乾向母后秘密请示说："药都用遍了，母后的病仍然没有起色。现在只有两个办法：一是大赦天下，二是奉劝更多的人加入佛道。做这样的善事，祓除灾祸，或许神仙能够保佑您早日康复呢。"长孙皇后睁开眼，正色道："死生乃命中注定，并非人力可以强加。如果修福可以延寿，我又没做过恶；如果行善也没效果，又求个什么福呢？况且大赦事关国家大政，而佛、道不过是些方术宗教，不仅会使政体萎靡多弊，而且皇上从来不予理睬的，怎么能因我一个妇道人家而扰乱国家大法呢？"（"死生有命，非人力所加。若修福可延，吾素非为恶。若行善无效，何福可求？赦者，国之大事；佛道者，示存异方之教耳，非惟政体靡弊，又是上所不为，岂以吾一妇人而乱天下法？"《旧唐书·长孙皇后传》）

太子不愿违背母后的意愿，只是把这事告诉了房玄龄。房玄龄又原原本本地奏知太宗，太宗与大臣们听后莫不感动。朝臣一致请求太宗大赦天下，长孙皇后知道后，对太宗说："大赦与劝人入佛道都无济于事，只会让别人觉得皇上为了我，什么规定都可以破坏，岂不误了国家大事？皇上若真的那样做，我只求速死。"太宗只好作罢。

在病重和生命垂危之际，长孙皇后更表现出非凡的高尚品质和牺牲精神。

长孙皇后的精神一天不如一天，她预感到来日无多，觉得还有许多事情放心不下，于是派人把太宗请来。喘息了一阵后，她对太宗说："房玄龄对皇上忠心耿耿，办事慎重细致。他与陛下谋划了许多奇谋秘计，却从未泄露给他人。这样劳苦功高的人，应该继续重用才是。我自己攀龙附凤，荣华富贵已达到顶点，像我娘家的人无功无德，让他们掌握朝中大权，众臣难服，处境就危险了。皇上只给他们奉朝请（古代以春季朝见为朝，秋季朝见为请，是朝廷安置闲散官员的散官官号）就行了。请皇上千万不要忘记，否则，就辜负了我的一片心意。"

当时，房玄龄因与皇上意见不合，受到责备，罢官回家。长孙皇后对此深感不安，所以才切切叮咛。后来，唐太宗恢复了房玄龄的官职。朝廷上下知道其中缘故的，无不赞誉长孙皇后的美德。

长孙皇后临终前，紧紧拉着唐太宗的手，说："皇上不必过于悲伤，我死后不要因为我的葬礼花很多的钱。埋到山上，不用修陵墓。棺椁要用最简单的，陪葬物品只用木器、陶器。皇上真能照我说的办，那就是对我最好的纪念。希望皇上永远重用魏徵、房玄龄那样的忠臣，采纳他们发自肺腑的忠言，广开言路。清除那些谄媚奸佞之徒，不听信谗言。尽量少征发徭役、兵役，一心勤政为民，争取年年五谷丰登，岁岁国泰民安，我死也瞑目了。"太宗泪流满面地答应了。

贞观十年（636）六月，长孙皇后与世长辞，年仅三十六岁，谥号"文德皇后"，葬昭陵（今陕西礼县东北）。两个字的谥号，称为"复谥"，当"单谥"不足以表达逝者的美好品德时才会用到，较为少见；而且唐人认为"文"是最好的谥号，"为美无以尚也"，可见唐太宗对妻子的无上赞美。

长孙皇后去世后，唐太宗非常思念，便在宫中建筑层观（高耸的楼观），用以眺望昭陵，有时还让大臣陪同。一次，太宗让魏徵陪同，并指着昭陵的方向问是否看清了。魏徵装作没看见，太宗着急地说："怎么会没看见，那是昭陵啊！"魏徵回答说："以为陛下望的是献陵，原来是昭陵啊！"献陵是唐高祖李渊的陵墓。太宗听懂了魏徵的意思，便哭着下令拆掉了层观。

长孙皇后曾采选古代妇女的事迹，编成《女则》十篇。这书原本是她用以自我检查的，没打算给皇上看。皇后去世后，有人把它交了上来，太宗拿它给侍臣看，并说："皇后的这本书，可以垂范百世。我岂能不知天命而割舍情感呢？只是失去了贤内助，哀伤不可抑制而已。"（"后此书可用垂后，我岂不通天命而割情乎？顾内失吾良佐，哀不可已已！"《新唐书·后妃传上》）说罢，恸哭失声。

充容徐惠

徐惠（627—650），唐太宗李世民妃子。湖州长城（今浙江长兴）人。贞观十年（636），徐惠被纳为才人，不久升充容。她是当时著名的才女，入宫后深受唐太宗宠爱。她经常和皇上谈论国家大事，议论朝政，直言劝谏，太宗对她的意见多有接受。她和长孙皇后一样，以贤德闻名，成为历代妃嫔效法的榜样。

一、工诗能文 一代才女

徐惠天资聪颖，五个月大就能开口讲话。四岁时，已能口诵《论语》《毛诗》等经典。八岁即能作文，不仅通顺流畅，而且颇有文采，显示出超乎寻常的天赋。

为了丰富知识，父亲徐孝德让女儿广泛阅读，经史子集无不阅览。徐惠自己也喜欢读书，常常废寝忘食，就连走路都拿着书。天赋加以勤奋，使徐惠从小就具有了较为渊博的知识。父亲曾叫她拟《离骚》作《小山篇》，她脱口而出："仰幽岩而流盼，抚桂枝以凝想；将千龄兮此遇，荃何为兮独往！"表现出深湛的文学造诣。

徐惠还未成年，即以才华闻名遐迩。唐太宗得知有这样一位才女，非常高兴，下诏将她选入宫内。贞观十年（636），徐惠进入后宫，册为"才人"。

徐妃不但文章写得好，诗亦端雅可人，因此特受到唐太宗宠爱。她的诗基调明快，艳丽之中透出自重自爱的情感。无忧无虑的宫中生活，多反映在她的诗作里。抒情、柔美是她诗作的特点，这些诗收录在《全唐诗》里（卷五）。其中《赋得北方佳人》的"纤腰宜宝珠，红衫艳织成"，《长门怨》的"守分辞芳辇，含情泣团扇"，都反映了她的风格。特别是《秋风函谷应诏》中的"秋风起函谷，劲气动河山"，表现出一种男子气魄。

徐惠"挥翰立成，词华绮赡"的才学，深得太宗欣赏、礼待，很快将她升为婕妤，不久又升至充容。按唐制，已入了九嫔之列。太宗还把她父亲提升为礼部员外郎。

徐妃的出现，很快就把唐太宗从失去长孙皇后的痛苦中解脱出来。聪颖、伶俐的徐妃,抚平了太宗的哀伤之心。

徐妃有很多与长孙皇后相似的地方。唐太宗执政期间,有不合民心之处,徐妃敢于主动进谏,给予太宗很大的帮助。可以说,唐太宗时期出现的鼎盛局面,与长孙皇后和徐惠这两位贤内助有很大的关系。

二、直言进谏　得帝尊宠

贞观后期,唐太宗多次出兵讨伐四夷。征战需要人力、物力、财力作保障,这必然加重百姓的负担,激化社会矛盾。因此,徐妃利用一切时机劝说太宗,极力阻止发动战争。同时警告太宗:"百姓的痛苦、疲劳是叛乱的导火线,当民众不堪重负时,必然会起义反抗。"希望皇上能减少兵役、劳役,让百姓休养生息、发展生产。

贞观二十二年(648)春,唐太宗出游玉华宫,徐妃上疏,指出近年战争、劳役的双重压迫,东征高句丽,西讨龟兹,加上兴筑翠微、玉华等宫殿,使士兵和马匹疲于战争,船只、车辆忙于运输,势必造成田园荒芜。

徐妃虽为女子,但她明白治国的基本道理。当太宗巡游天下时,她就告诫:"有道之君,以逸逸人;无道之君,以乐乐身。"(《新唐书·后妃传上》)。在给太宗上疏中,她认为珍玩伎巧,是国家沦丧的根本所在;珠宝玉器,是迷人心窍的毒药。珍玩珠宝盛行民间,必然会败坏淳朴的民风。她还举例说:"商纣王迷恋玉器,最后导致了国破家亡。"所以,她说:"做皇帝应提倡节俭,而不能奢华,应该给后人留下治国的法制、原则,让人们都遵从,这样大唐王朝必会更加强盛,永远立于不败之地。"可见,徐妃非常痛恨玩物丧志之人。

徐妃这篇近千字的疏文(《谏太宗息兵罢役疏》),新、旧《唐书》均有记载,《旧唐书》还全文照录。这篇疏文结构严谨,论据充实,全是徐妃的肺腑之言。

唐太宗对徐妃的进谏非常赞赏,给予很丰厚的赏赐和高度的荣誉,她的父亲也因此被提升为水部员外郎。

作为妃嫔,能直言极谏,不在乎皇上的情绪,甚至可以说冒着丢掉地位的危险,可见徐妃确属非凡女子。徐妃对唐太宗的知遇之恩,也非常感激,她爱戴太宗,感情极为深厚。

贞观二十三年(648),唐太宗去世,徐妃痛苦万分,因思念而患病,病情日益加重,而她却不让太医医治。她曾充满深情地对她比较亲近的人说:"先帝待我情深义厚,我就是想早些死去,假若真有灵魂的话,就让我在那边日夜侍奉,这就是我最大的心愿。"("吾荷顾实深,志在早殁,魂其有灵,得侍园寝,吾之志也。"《旧唐书·后妃传上》。《新唐书》作:"帝遇我厚,得先狗马侍园寝,吾志也。")

永徽元年(650),徐妃病逝,年仅二十四岁。唐高宗继位后,念其贤德,下诏追谥"贤妃",并按照其遗愿祔葬昭陵,实现了她永远陪伴在唐太宗身边的愿望。

文成公主

文成公主(?—680),唐太宗收养的宗室之女。吐蕃赞普松赞干布倾慕中原文化,欲与大唐联姻;一再请求后,唐太宗答允。贞观十五年(641),文成公主赴藏与松赞干布成婚。在入藏时,她带去了汉地的碾磨等工具,制陶、制纸、制酒等工艺,历算、医药书籍以及种子等,促进了吐蕃经济文化的发展,从而成为汉藏友好的象征。

一、深明大义　万里和亲

唐朝初年，在祖国西南部的西藏高原上，崛起了一个强大的部族政权——吐蕃。贞观十年（636），年轻的吐蕃赞普松赞干布统一西藏高原，经过一系列政治经济改革，使吐蕃成为一个奴隶制强国。

松赞干布向往大唐的制度文物、礼乐冠裳。他曾几次向唐朝求婚，都被唐太宗回绝。贞观十四年（640）冬天，松赞干布再次派大相禄东赞（藏文史书名"伦噶尔"）和智塞恭顿为正副使者，携带黄金五千两和大量贵重礼物，率从者百名，从逻些（今拉萨）出发，千里迢迢来到唐都长安，向唐太宗再次求婚。唐太宗被松赞干布的精诚打动，赏识这位"性骁武，多英略"的年轻赞普，于是接受请求，决定把宗室之女文成公主嫁给他。

得知让自己远嫁吐蕃时，文成公主的内心很矛盾。她自幼被唐太宗和长孙皇后收养，在宫中生活无忧无虑，受过良好教育，熟读经史、诗文。吐蕃在她心目中是个遥远的地方，让自己嫁到遥远的边疆，不能与亲人往来，且那里风俗习惯与中原很多不同，不安和愁苦便涌上心头。但文成公主能理解皇上的意图和自己的使命，意识到与松赞干布结婚，能使汉藏人民世代友好，便愉快同意了这桩婚事，并悉心筹划未来的生活和事业，做好了嫁到"僻寂荒寒"的青藏高原去的一切准备。

唐太宗为文成公主准备了丰厚的嫁妆，以显示唐朝的富庶和国力；同时还有中原的经史、医药、文学、历法等书籍，以及各种先进的生产技术；此外还另备洁车奉载释迦牟尼佛像。

唐太宗特派自己的族弟、礼部尚书李道宗主婚，并护送文成公主去吐蕃。贞观十五年（641）正月，文成公主和禄东赞等在长安城的十里送客亭，告别了送行的人们，乘上车马浩浩荡荡地离开了唐都长安。

文成公主和禄东赞等人经过鄯城（今青海西宁），越过险峻的赤岭，进入吐谷浑，在专门为文成公主修建的行馆停留月余，以消除旅途疲劳，然后继续向吐蕃进发。越过青海的日月山时，文成公主不由更加思念家乡。唐太宗为了宽慰她，特意用黄金铸造了日月模型，派人远道送来，让文成公主带在身边。从此，这座山就叫做"日月山"，如今山上仍有一通刻着"日月山"三个大字的旧石碑。

青海有一条河，叫"倒淌河"，河水自东向西流入青海湖。传说它本来也是由西向东流的，因为文成公主从这条河边起，要弃轿乘马，进入草原。她感到离家越来越遥远，不禁失声痛哭，随着哭声出现了"天下江河皆东去，唯有此水向西流"的现象，"倒淌河"由此而名。这些传说，表达了人民对文成公主的深切怀念。

二、万世传颂　蕃汉团结

文成公主嫁来的消息传到吐蕃，吐蕃民众都十分喜悦、兴奋，他们在许多地方准备了马匹、牦牛、船只、饮水和食物。松赞干布从吐蕃赶到黄河源头附近的柏海，迎接文成公主。他打扮成唐朝的驸马，以唐朝女婿的身份拜见李道宗。李道宗辞别赞普和公主，返回长安。松赞干布陪着公主前往逻些。

经过千山万水的长途跋涉，文成公主到达逻些，吐蕃民众穿着节日盛装，迎接这位不远万里而来的赞蒙（即"王后"）。松赞干布在逻些建筑了一座华丽的王宫，在这里和文成公主举行了隆重的婚礼，至今著名的布达拉宫里仍保存着他们结婚的洞房遗址。

文成公主带去大唐先进的文化和技术，有各种谷物、蔬菜种子、工艺品、药材、茶叶及各种书籍，对吐蕃的农牧业、手工业以及宗教文化的发展都起到了推动作用。

文成公主入藏前，吐蕃人都是住帐篷、穿毡裘；文成公主入藏后，上层人物都改住房屋，人们的生活习惯有所改变，生活条件也随之改善。吐蕃没有文字，记事都用结绳或刻木的原始办法。文成公主建议松赞干布创造自己的文字，于是松赞干布指令桑扎布去研究，选出三十个字母和拼音及造句的文法，从此吐蕃有了自己的文字。文成公主把唐朝的天文历法带入吐蕃，从此吐蕃开始用唐朝的农历，为吐蕃经济、文化的发展特别是农业生产提供了方便。文成公主还是一个虔诚的佛教徒，在文成公主和尼泊尔婆尊公主的影响下，松赞干布信仰了佛教，从此佛教逐渐在吐蕃得到广泛传播。

文成公主入藏后，松赞干布不断派遣贵族子弟到长安求学，唐朝许多有学问的人，也被聘请到吐蕃掌管文书，加强汉藏两族的友好关系。

贞观二十三年（649），唐太宗逝世，松赞干布到长安吊丧，并献金银珠宝十五种，"请置太宗灵座前"。唐高宗即位，封松赞干布为"驸马都尉""西海郡王"，并赐物两千种。永徽元年（650），松赞干布去世。

永隆元年（680），吐蕃流行黑痘症，文成公主染病去世。文成公主逝世后，吐蕃民众为她举行了隆重的葬礼，还规定藏历四月十五日，为藏族的"萨噶达瓦"节。这是公主到达拉萨的纪念日，每逢这一天，藏族民众按照传统习惯，载歌载舞，在布达拉宫后面的龙王庙举行盛大纪念活动。藏历十月十五日，相传是文成公主的生日，这一天，藏族民众都穿上节日盛装，到寺院去祈祷祝福。

文成公主在吐蕃生活了四十年，那里至今还流传着文成公主进藏的许多传说。

平阳昭公主

平阳公主（？—623），唐高祖李渊第三女，太宗李世民胞妹，母皇后窦氏。平阳公主的名讳和出生日期，以及成年之前的事迹，史书均失载。长大之后，李渊将她许配武将柴绍为妻。婚后，柴绍携妻居住隋都长安。

隋大业十三年（617）五月，李渊决定起兵。当时，平阳公主和丈夫柴绍都在长安，李渊派使者前往，要将他二人秘密召回太原。柴绍对公主说："你父亲要起兵扫平乱世，我打算前去迎接他的义旗。但一起离开行不通，我自己走后又担心你有危险，该怎么办呢？"平阳公主说："你应当赶紧离开。我一个妇人，遇到危险也容易躲藏，到时候自会有办法的。"（"君宜速去。我一妇人，临时易可藏隐，当别自为计矣。"《旧唐书·柴绍传》）

于是，柴绍立刻动身，从小道直奔太原。平阳公主也很快回到鄠县（今陕西户县）的李氏庄园，女扮男装，自称"李公子"，变卖产业，赈济灾民，很快招募起一支几百人的队伍。父亲起兵的消息传来，平阳公主便打出旗号，响应义举。

随后，平阳公主到处联络反隋义军，在三个多月的时间里，就招纳了四五支已有相当规模的起义军。其中最大的一支是胡商何潘仁，他在司竹园占山为王，手下有几万人。平阳公主派家僮马三宝前去游说，何潘仁欣然归降，并率部攻陷鄠县城。接着，平阳公主又陆续收编了李仲文、向善志、丘师利等人，他们各带数千人来归。

在此期间，隋朝京师留守不断派兵前来攻打，平阳公主率领义军击败了每一次进攻，而且势如破竹，连续攻占盩厔、武功、始平等地。

平阳公主的这支部队，纪律严明，令出必行。公主严禁士卒侵掠，因而深受百姓拥护。人们称平阳公主为"李娘子"，把她的部队称作"娘子军"。娘子军威名远扬，远近奔赴者甚众，不久就发展到了七万人。平阳公主派人把自己这边的情况报告了父亲，李渊喜出望外。

隋大业十三年（617）九月，李渊主力渡过黄河，进入关中。而此时，他的三女儿平阳公主已经在关中打下了一大片地盘。他派柴绍带几百骑兵渡过黄河，占领华阴，接应公主。

随后，平阳公主挑选一万多精兵，与李世民会师渭河北岸，共同攻打长安。柴绍隶属于李世民，与平阳公主平级。夫妻二人各领一军，各有幕府（指挥部）。十一月，攻克长安。

关中平定之后，李渊建唐称帝，封爱女为"平阳公主"。因为独立立有军功，每次赏赐，都与其他公主有所不同。

唐朝建立之初，各地割据势力众多，诸如陇西薛举、凉州李轨、洛阳王世充、河北窦建德。稳定长安后，李渊命李世民出征，先后讨平了这些割据势力。这些战役，平阳公主夫君柴绍都曾参与。而此时平阳公主，则主要是驻守苇泽关，以保卫李氏起家的山西。这处关隘，后来也因平阳公主率"娘子军"驻守而更名"娘子关"。

武德六年（623）二月，平阳公主去世，谥曰"昭"（谥法："明德有功曰'昭'"），史称"平阳昭公主"。

关于平阳公主的葬礼，高祖下诏加"前后部羽葆鼓吹、大辂、麾幢、班剑四十人、虎贲甲卒"。礼官认为，女子殡葬用鼓吹不合古制。高祖反驳说："鼓吹就是军乐，以前平阳公主在司竹起兵响应举义，亲自擂鼓鸣金，立下了攻坚定难的功勋。……公主的功劳等于佐助王命，不是平常妇女比得了的，以军礼安葬有何不可？"（"鼓吹，军乐也。往者公主于司竹举兵以应义旗，亲执金鼓，有克定之勋。……公主功参佐命，非常妇人之所匹也。何得无鼓吹！"《旧唐书·柴绍传》）最终以军礼安葬，而这在封建史上是独一无二的。

丹阳公主

丹阳公主（生卒年不详），唐高祖李渊第十五女，太宗李世民异母妹，生母不详。

丹阳公主在皇宫中长大，生活条件优越，因此颇有些心高气傲。

长大之后，丹阳公主被指配嫁给右卫将军薛万彻。薛万彻乃一介武夫，蠢笨不堪，公主认为嫁给这样一个莽汉，是难以忍受的耻辱，婚后不肯与驸马同床，甚至不和他同席吃饭。就这样僵持了好几个月。

这桩婚事是唐太宗亲自指配的，所以比较关注。薛万彻南征北战，勇冠三军，为唐朝的巩固做出了很大贡献。太宗爱惜薛万彻是个将才，一心笼络，才把妹妹嫁给他。如今丹阳公主却对薛万彻不理不睬，这是太宗所不愿看到的。

太宗决定亲自调解这对夫妇的关系，便办了一场酒宴，把薛万彻和其他驸马都召来。席间，太宗与薛万彻谈笑风生，显得十分亲密。太宗提出打赌，赌自己的佩刀，太宗故意赌输，当场把佩刀解下来"输"给薛万彻。丹阳公主见此，欢喜不已。宴席结束后，她第一次与丈夫同车而行，美滋滋地回家去了。

唐太宗日理万机，仍惦念着将帅、妹妹的婚姻幸福，也算是一个充满人情味的皇帝。

常乐公主

常乐公主（？—688），唐高祖李渊第十九女，太宗李世民异母妹，生母不详。

常乐公主下嫁赵瑰，生有一女，长大后配周王李元方为妃。李元方是唐高祖之子，贞观三年（629）去世。

唐高宗时，武则天掌权，意欲篡唐，因而大肆杀戮李唐宗室。周王妃也因小事触怒武后，被其杀害。武后还把常乐公主和赵瑰驱逐到括州，赵瑰任括州刺史，又改任寿州（治今安徽寿县）刺史。

垂拱四年（688），唐太宗第八子越王李贞起兵反对武后，写信给赵瑰，赵瑰准备响应。常乐公主把越王的使者叫来说："请致意越王，越王前进，我们跟着前进；越王后退，我们也不后退。如果李姓的大小亲王都是真正的男人，不会允许武才人作乱这么久还不作声！当年杨坚篡夺后周的江山，尉迟迥不是王族，还能举兵起义，联合突厥，讨伐叛逆，天下震动。如今诸王都是李姓血脉，供奉同一个祖先，现在不舍生取义反抗武后，还等什么？！作为人臣与国家同患难，是忠臣；不肯救国家之难，就是叛逆。各位亲王们努力啊！"（"为我谢王，与其进，不与其退。若诸王皆丈夫，不应淹久至是。我闻杨氏篡周，尉迟迥乃周出，犹能连突厥，使天下响震。况诸王国懿亲，宗社所托，不舍生取义，尚何须邪？人臣同国患为忠，不同为逆，王等勉之！"《新唐书·诸帝公主传》）

然而，仅过了二十天，越王李贞就失败了。酷吏周兴上书弹劾赵瑰、常乐公主与越王同谋，结果，常乐公主夫妇同被杀害。

襄城公主

襄城公主（？—651），唐太宗李世民长女，母不详。下嫁萧瑀之子萧锐。萧瑀是唐朝开国元勋，凌烟阁二十四功臣之一。

襄城公主性情温和，恭敬孝谨，一举一动都中规合矩。太宗"贤之"，屡次下诏让公主们以她为榜样，向她学习。

按照惯例，公主出嫁后，不能住丈夫家，要新建公主府。有关部门打算建造，公主辞谢道："我既已出嫁，公婆就等于父母，如果住在别处，每天的昏定晨省就会缺失。"（"妇人事舅姑如事父母，若居处不同，则定省多阙。"《旧唐书·萧瑀传》）因此，襄城公主就住在萧家故宅，只是略作修饰，在门口竖立两支戟，以表明这是公主的住宅而已。

襄城公主在太宗一朝，备受礼遇，与萧锐夫妻感情也很好，生活可谓幸福美满。但后来萧锐去世，襄城公主在丧夫之痛中备受苦寂的煎熬。唐太宗见女儿日益消瘦、憔悴，十分心疼，又为她择定了佳婿，这就是姜简。于是，襄城公主再嫁姜简。

永徽二年（651），襄城公主去世，唐高宗亲自在命妇朝堂哀悼她，又命工部侍郎丘行淹往襄城公主家吊祭，让公主陪葬昭陵（太宗陵）。

高阳公主

高阳公主（？—653），唐太宗李世民之女，母不详。始封地为高阳，长大成人后，下嫁宰相房玄龄之子房遗爱。

高阳公主在太宗诸女中最受宠爱,所以陪嫁也比其他公主多。但她恃宠而骄,在家里的表现尤为霸道。

房玄龄退休,应由长子房遗直继承银青光禄大夫一职。房遗直要把这一职位让给弟弟房遗爱,但太宗没有批准。

房玄龄死后,高阳公主指使丈夫与哥哥分家,却又诬称是房遗直要分财产。房遗直在太宗面前自行剖白,太宗严厉地批评了高阳公主,还因此疏远了她们夫妇。公主失去父皇的宠爱,心情十分郁闷。

恰巧此时,御史审问一宗盗窃案,从法名"辩机"的和尚那里搜获一个金宝神枕,辩机供认是高阳公主赠送的。原来,辩机在公主的封地上建房,公主与丈夫打猎,见到辩机,看他相貌英俊、身材魁梧,于是公主便与他私通,还公开住在辩机那里。为了安抚丈夫,高阳公主改让另外两个女人侍候房遗爱。太宗得知此事大怒,下令腰斩辩机。结果,辩机和尚被处死,与此有牵连的奴婢十余人也被杀。辩机受刑而死,高阳公主更加郁闷愤恨,父亲太宗驾崩时,她居然一点也不悲伤。

高宗继位后,高阳公主又让房遗爱与兄长房遗直相互诉讼分割财产。高宗认为这有失兄弟友爱之道,将房遗爱贬任房州刺史,房遗直为隰州刺史。

高阳公主的行为,仍旧毫不收敛。当时,和尚智勖会占卜祸福,惠弘能招引鬼魂,道士李晃颇懂医道,三人都经常出入公主府邸,与公主关系暧昧。高阳公主还指使掖庭令陈玄运,窥探皇宫和朝堂的"气",用占星术预测朝廷命运。

先前,驸马都尉薛万彻获罪被除去名籍,降为宁州刺史。他到朝廷来,与房遗爱十分亲近,对朝廷颇有怨言,而且还说:"我如今虽然有脚病,只要安坐京城,那些人也不敢轻举妄动。"进而与房遗爱谋划:"假如朝廷有变化,我们应当尊奉荆王李元景为君王。"

  荆王李元景的女儿，嫁的是房遗爱的弟弟房遗则，因此元景与遗爱二人往来密切。李元景自称曾在梦中用手握住太阳、月亮。驸马都尉柴令武，娶太宗之女巴陵公主，官拜卫州刺史，托词公主有病，留在京城求医，因而也与房遗爱相互串通谋划。

  高阳公主图谋罢免房遗直官职，夺掉他的封爵，便让人诬告他对自己无礼。房遗直也上疏列举房遗爱与公主的罪状，并说："他们恶贯满盈，恐怕牵累到臣下的家门。"高宗令长孙无忌审问其事，又得到了房遗爱与公主谋反的罪证。

  吴王李恪的母亲，是隋炀帝的女儿。李恪文武全才，唐太宗觉得他像自己，想立他为太子，长孙无忌极力争辩才罢。也正因此，李恪与长孙无忌关系恶化。李恪平素名望较高，为人心所向，长孙无忌非常忌恨他，想寻找借口诛灭李恪，以断绝众望。房遗爱得悉实情后，便自称与李恪是同谋，希望像当年纥干承基密告太子李承乾谋反那样得免一死。

  永徽四年（653），高宗诏令将房遗爱、薛万彻、柴令武处斩，李元景、李恪、高阳公主、巴陵公主一并赐自尽。高宗流着泪对身边大臣说："荆王是朕的叔父，吴王是朕的兄长，朕想赦免他们不死，可以吗？"兵部尚书崔敦礼认为不可，最终仍旧赐死。

皇亲国戚建功勋

　　封建皇朝的定鼎，有时候是一个家族甚或亲族集团实力的体现。李唐王朝的建立，可以说是很好的例证。唐朝开国的皇亲国戚，可谓体系庞大；对于皇朝建立，亦可谓功勋卓著，其中名列"凌烟阁二十四功臣"的就有五位——李孝恭、高士廉、长孙无忌、长孙顺德、柴绍。因结构安排缘故，凌烟阁功臣隶属本部，此处介绍其他皇亲与国戚，大多也是响当当的角色。

淮安王李神通

李神通（？—630），唐室宗亲，高祖李渊从父弟，太宗同族叔父。陇西成纪（今甘肃秦安）人。父李亮，任隋朝海州刺史。武德元年（618）封永康郡王，后改封淮安郡王。卒后赐谥曰"靖"。

李神通年少时，轻狂放纵，豪放任侠。隋朝大业末年，天下大乱，他在隋都长安居住嬉游。

李渊在太原兴兵反隋，官府逮捕族人，李神通逃入鄠县（今陕西户县），与当地豪杰史万宝、裴勍、柳崇礼等人举兵造反，响应李渊。他又联络何潘仁，与李渊之女平阳公主合兵，占据鄠县，拥兵万人。李神通自封为关中道行军总管，以史万宝为副总管，裴勍、柳崇礼为司马，令狐德棻为记室。

李渊进军长安，李神通随军进发。平定长安后，李渊任命李神通为宗正卿，率领士卒负责宫廷保卫。武德元年（618），李神通受封永康郡王，不久改封淮安郡王。此类高祖"从弟及侄年始孩童者数十人"所封的"郡王"，史书亦多径称"王"（如《旧唐书·宗室列传》："淮安王神通，高祖从父弟也。"）

为扫平群雄，唐高祖李渊拜李神通为山东（崤山以东）安抚大使，任命黄门侍郎崔干为李神通副使，率军攻打盘踞魏州（今河北大名）的宇文化及。在唐军猛烈进攻下，宇文化及败走柳城（今辽宁朝阳）。李神通追击，敌人粮尽愿降，李神通不肯接受。崔干请求接受敌人投降，李神通说："军队长期作战，如今敌人粮尽，用不了一天时间，就能将之击败。应当趁此机会消灭他们，缴获财帛，犒赏将士。如果敌人投降了，我用什么犒赏三军？"崔干认为，占据河北的义军窦建德还在，宇文化及又未消灭，唐军辗转战斗于两个敌对势力之间，形势危险，如果贪图财帛，必定失败。李神通闻言大怒，将崔干囚禁于军中。

宇文士及从济北（今山东长清）接济宇文化及，宇文化及军威复振。李神通进军，攻击敌人营垒，贝州（治今河北清河）刺史赵君德率先登上敌营围墙。李神通妒忌赵君德夺得首功，命部队停止攻击。赵君德大怒，大骂李神通，然后率部队退回，敌军营垒迅速得到加固。李神通派人去魏州运送攻打敌人营垒的器械，路上遭敌袭击，李神通不得不引兵退走。

两天后，窦建德攻取聊城（今山东聊城），山东诸县大多归附窦建德。形势非常紧张。部下不肯出力作战，大多逃亡，李神通不得不退保黎阳（今河南浚县），不久被窦建德俘虏。窦建德没杀李神通，反而把他放了。窦建德失败后，李神通复任河北行台左仆射。

后来，李神通随秦王李世民平定刘黑闼，但一经交战就望风兵败。回师后，拜左武卫大将军。

贞观元年（627），李神通拜开府仪同三司，赐实封五百户。当时，唐太宗对众臣说："朕叙公等功勋，指定封邑，恐怕不能完全得当，准许各人自我申诉。"李神通说："义旗初举的时候，我率兵先来，如今房玄龄、杜如晦这些玩弄刀笔的人，却功居第一，我有些不服。"（"义旗初起，臣率兵先至，今房玄龄、杜如晦等刀笔之人，功居第一，臣且不服。"《旧唐书·宗室列传》）

太宗说："义旗初起的时候，人人都有举义之心。叔父虽然率兵先来，但不曾亲身参加战斗。崤山以东没有平定，叔父奉命率军出征，窦建德南下抵抗，叔父全军覆没；等到刘黑闼死灰复燃，叔父又望风溃逃。现在论功行赏，房玄龄等人有运筹帷幄、定鼎社稷的大功，就如同汉朝的萧何，虽然没有征战沙场，但筹策、辅佐作用非常，所以功居第一。叔父是国家的至亲，朕当然不会吝惜，但也不能因为私恩胡乱与勋臣受一样的奖赏啊。"（"义旗初起，人皆有心。叔父虽率兵先至，未尝身履行阵。山东未定，受委专征，建德南侵，全军陷没；及刘黑闼翻动，叔父望风而破。今计勋行赏，玄龄等有筹谋帷幄定社稷功，所以汉之萧何，虽无汗马，指纵推毂，故功居第一。叔父于国至亲，诚无所爱，必不可缘私滥与勋臣同赏耳。"同上）李神通听了皇上的这番话，面红耳赤，一时哑口无言。

贞观四年（630），李神通去世。朝廷追赠司空，赐谥曰"靖"。

襄邑王李神符

李神符（579—651），唐室宗亲，高祖李渊从父弟，太宗同族叔父，淮安王李神通之弟。陇西成纪（今甘肃秦安）人。父李亮。李渊占据长安后，封他为安吉郡公。武德元年（618）封襄邑郡王。卒后赐谥曰"恭"。

李神符少年丧父，由兄长抚养成人。李渊在太原起兵时，李神符正在长安。因与李渊同族，被隋大臣卫文升囚禁。李渊进据长安后，李神符获救。李渊称帝后，封他为襄邑王，授并州总管。

突厥颉利可汗率军侵犯边境，李神符率军与突厥军大战，斩首级五百，俘获马匹两千。又战于沙河（今河北沙河），俘突厥部将乙利达官，获颉利可汗所乘马匹及所用铠甲。朝廷因他有功，召回长安任太府卿。

后来，李神符迁任扬州大都督。在任上，李神符很有政绩，受到当地百姓的称颂。他性格随和，缺少威严，属下官吏对他毫不畏惧。

李神符后来任宗正卿，因腿脚有病改任光禄大夫，回府养病。朝廷每月赐给羊、酒。唐太宗李世民曾到府第慰问，又命他乘坐小轿入宫，三个侍卫抬着他到紫微殿进见。后迁开府仪同三司。

永徽二年（651），李神符去世，时年七十三岁，朝廷追赠司空、荆州都督，赐谥曰"恭"，特许陪葬献陵。

庐江王李瑗

李瑗（586—626），唐朝宗室，太宗李世民堂弟。字德圭，陇西成纪（今甘肃秦安）人。父李哲，隋朝时任柱国、备身将军，追封济南王。李瑗在武德元年封庐江王，多次晋升，官至山南东道尚书右仆射。

李瑗与河间王李孝恭，共同讨伐自称"梁王"的萧铣，但没有获得军功，改任幽州都督。李瑗生性懦弱，朝廷担心他不能履行职务，便派右领军将军王君廓辅佐，随他一起到幽州赴任。王君廓出身强盗，勇力超人，李瑗倚重他，与之结为儿女亲家，对他推心置腹。

太子李建成阴谋陷害秦王李世民，把李瑗引为同盟，过从甚密。太子在玄武门之变中被杀，秦王李世民即位，命通事舍人崔敦礼召李瑗入朝。李瑗由于和李建成关系亲密，认为此去凶多吉少，故而手足无措。

王君廓为人阴险，想施展阴谋陷害李瑗，以便自己立功，遂劝李瑗造反。他说："现在事情将会出现什么变化，前景如何，都不明朗。但大王是国家宗亲，受命守卫边疆，拥兵十万，怎能听凭一个使臣吆来喝去？何况此前赵郡王（李孝恭）已经被捕，太子、齐王（李元吉）又遭遇不幸，大王您思量一下，到了京都,您能平安回来吗?"说着泪如雨下。

李瑗觉得王君廓说得有理,决定不去长安,并说把身家性命都交给了王君廓。于是,李瑗囚禁崔敦礼,紧急动员军队,召北燕州刺史王诜谋划造反之事。

参军王利涉献计说:"大王没有诏书就发兵,这是谋反。如果召请刺史,刺史们不来,怎么办?"李瑗问该如何,王利涉说:"太行山以东广大地区的豪杰一向忠于窦建德,现在他们散布隐藏在民间,渴望有人再举义旗造反,就像大旱之人盼望下雨一样。大王派出使者,恢复其职位,要他们各在原地招募兵卒,听候调用;若不服从大王命令,就地正法,那么河北一带唾手可得。然后派王诜与突厥联兵,从太原向南直扑蒲州、济州,大王您自己率大军入关,两军相合,十天半月之后,天下就尽归大王所有了。"

李瑗采用王利涉的计划,命王君廓执掌全部兵权。但王利涉认为王君廓为人狡诈,反复无常,建议由王诜执掌兵权。李瑗尚在犹豫,王君廓已经探知,便突然发兵杀死王诜,召集军队宣布:"李瑗与王诜谋反,拘禁天子使臣,擅自传召军队。现在王诜已被处死,李瑗还没有抓到,但他已经无所作为了。你们自己思量吧,跟随李瑗造反,会被灭族,如果帮助我讨贼,就能获得荣华富贵!"众人都说:"情愿追随王将军讨贼!"于是,王君廓从狱中放出了崔敦礼。

李瑗得知有变,率领身边亲兵数百人武装而出,刚到门外,便与王君廓相遇。王君廓喊道:"李瑗叛乱,你们大家都受蒙蔽了,为什么要随他造反,遭受杀身之祸?"李瑗的亲随一哄而散。李瑗大骂王君廓:"你这小人,竟出卖我!你等着吧,我死之后,下一个就轮到你了!"王君廓擒获李瑗并把他绞死,将首级送到京师。

李瑗去世时，年四十一岁。唐太宗将李瑗废为庶人，并剥夺了他的宗室资格。

江夏王李道宗

李道宗（600—653），唐室宗亲，太宗李世民堂弟。字承范。父李韶，追封东平王。李道宗于武德元年（618）封略阳郡公，贞观十二年（638）封江夏郡王。他有勇有谋，能以少胜多，在边疆接连收复失地，大大拓展了疆域。又率军攻打突厥、吐谷浑、高句丽，都立下了战功。唐太宗对他宠用有加，经常称赞。他在李唐宗室中，以贤明为人所称颂。

一、收复失地　立功边疆

武德元年（618），李道宗作为皇室宗亲，被授为左千牛备身、略阳郡公。当时，义军首领刘武周前来进攻，唐高祖李渊命裴寂征讨，大败而回，敌军进逼河东（今山西永济东南）。

李道宗时年十七岁，随秦王李世民率兵抵抗。在玉璧城（今山西稷山西南），秦王登上城墙察看前来围城的敌军，回过头问李道宗："敌军众多，在城下挑战，你看该怎么办？"李道宗答道："现在敌军气焰正盛，锐不可当。我们城高池深，不如避其锋芒，打持久战。敌军粮尽疲倦，定会撤去，那时我们定会不战而胜。"秦王大笑："你我不谋而合。"不几天，叛军果然粮尽而退，唐军乘机出击，一战而大获全胜。

这之后，李道宗在平定割据称帝的窦建德、王世充的战斗中，又屡建战功。

武德五年（622），李道宗任灵州总管。梁师都占据夏州（治今陕西横山），派弟弟梁洛仁率突厥兵数万，围攻灵州城（在今宁夏灵武）。李道宗城门紧闭，坚守不出，趁对方稍有松懈之时，便带兵出城冲杀一阵。如此多次，敌军损失惨重，最终大败而退。唐高祖听说后，高兴地对大臣们说："道宗镇守边镇，能以少胜多，勇气可嘉。"封他为任城郡王。李道宗又在边疆连连收复失地，大大拓展了疆域。

贞观三年（629），李道宗拜大同道行军总管。此时，正逢李靖率军击败突厥颉利可汗，颉利可汗带残部十余骑四处逃窜，藏在荒山之中。李道宗引兵追击，活捉了颉利可汗，派人押回京城，因功受任刑部尚书。

吐谷浑骚扰边境，朝廷任李靖为昆丘道行军大总管，李道宗与吏部尚书侯君集为副帅，出兵征讨。敌军听到唐朝大军前来，退回嶂山（今甘肃旧宁夏府），已距唐军几千里地。众将领欲收兵回朝，李道宗请令率军追击，李靖同意。李道宗率部急行十日，追上了叛军。叛军占据山隘险阻，久攻不下。李道宗派千余人马，从山后小道偷偷上山，袭击敌军的背后。叛军腹背受敌，完全失去战斗力，结果全军覆没。

二、因贪免官　安市失利

贞观十二年（638），李道宗改封江夏郡王。不久因贪赃入狱。唐太宗因此事对侍臣们说："朕富有四海，奇珍异宝什么不能得到？但劳苦万千百姓，而使朕一人享乐，这是朕所不愿意的。人心没有尽头，应当自行节制。李道宗俸禄如此之多，对钱财还如此贪婪，实在令人惋惜。"免了李道宗的官职，取消了他的封邑。

贞观十三年（639），李道宗又被起用为茂州都督，还未上任，又转任为晋州刺史。贞观十四年（640），重又拜为礼部尚书。

当时的吏部尚书侯君集，自恃功高才大，心怀异志，平日言语中流露出许多对朝廷不满的意思。在一次御宴上，李道宗把这一情况告诉了唐太宗，太宗回答说："你不要去胡乱猜度别人，无中生有。"不久，侯君集因谋反未成而被杀，太宗对李道宗说："这还真让你给说对了。"

贞观十九年（645），唐太宗出兵高句丽，任李道宗与李勣为前锋，自己亲率大军随进。前锋到达盖牟城（今辽宁盖平县境）时，敌军大队人马前来围城，众将准备坚守城池，等待大军的到来。李道宗说："敌军远道而来，必然人困马乏，疲于应战。我若出击，必定一战而胜，再说，皇上既然任我们为前锋，就应该扫平道路来迎接皇上，不能坐等援助。"于是带壮士数十骑，直冲敌阵，左右冲杀，如入无人之境，敌阵大乱，李勣引兵从城内配合作战，一举战败了敌军。太宗对李道宗大为赞赏。

李道宗率军围攻安市城（今辽宁海城东南）。他指挥兵士在城外筑起土山，率领士卒登山而攻。不料土山崩坍，兵士陷落，被敌军围攻，损失惨重。李道宗光着脚来到军旗下，向太宗请罪。太宗对他说："当年的汉武帝杀死王恢损失大将，不如秦穆公赦免孟明视而反败为胜。土山的失利，并不是你的过错。"（"汉武杀王恢，不如秦穆赦孟明。土山之失，且非其罪。"《旧唐书·宗室列传》）不仅没有问罪，李道宗在阵中扭伤了脚，太宗还亲自为他针灸，并赐予御膳。

永徽四年（653），宰相房玄龄之子房遗爱因谋反被杀，长孙无忌和褚遂良素来与李道宗不和，便说李道宗曾与房遗爱暗中勾结，李道宗因此被流放象州（治阳寿，今广西象州），途中病逝，享年五十四岁。

后来，长孙无忌与褚遂良反对立武则天为皇后而被问罪，李道宗才被追复原位。李道宗晚年时，十分好学，敬慕贤士，不因自己的地位势力欺压他人。在李家皇室宗族中，唯有李道宗与河间王李孝恭兄弟俩，最被当时人们所称颂。

淮阳王李道玄

李道玄（605—622），唐室宗亲，太宗李世民堂弟。陇西成纪（今甘肃秦安）人。父李贽，追封河南王。

李道玄生性严谨忠厚，虽然擅长器械格斗，但举止文雅。武德元年（618），唐高祖李渊称帝后，封李道玄为淮阳郡王。

李道玄十五岁时，随秦王李世民在介州（今山西介休）与义军首领刘武周部将宋金刚作战，他首先登城。李世民欣赏他的勇敢作风，赏赐丰厚，大加鼓励。唐军征讨称帝洛阳的王世充时，他参加了多次战斗。

唐军与割据称帝的窦建德作战，窦建德屯兵虎牢关（今河南荥阳境），秦王李世民率轻骑诱敌出战，派李道玄率军伏击。窦建德追兵进入伏击圈后，被唐军击溃。唐军继续追击，两军对阵，李道玄率骑兵径直穿过敌人军阵，杀到敌人背后，又从背后穿越敌阵返回本阵，如入无人之境，敌军无不胆寒。

对李道玄的勇敢善战，李世民惊喜非常，将自己的随从铁骑全部赐予，以保护其安全，壮大其声威。从此以后，每次作战，李道玄均勇往直前，飞箭着甲，身如刺猬，丝毫没有胆怯之情，胆气愈发豪壮。洛阳平定后，李道玄以功授洛州总管，后改任刺史。

唐军征讨窦建德部将刘黑闼，李道玄任山东道行军总管，临阵多有战功。与刘黑闼第二次作战时，李道玄率史万宝在下博（今河北深县）遭遇敌军。他率领骑兵穿越泥泞地带，冲击敌军，命史万宝大军随后进发。

史万宝平素与李道玄不和，李道玄率部出发后，他对左右说："我接受朝廷诏令，李道玄虽然名为大将，但军队的进退战守由我指挥。现在他轻易出击，如果咱们大军力量耗尽，必然全部陷于泥泞地带，被敌人攻击。不如用李道玄引诱敌人，我们在此驻扎，等待敌人前来攻击。这样做，即使对李道玄不利，国家也不会有大的损失。"

唐朝大军没有在前锋后面继续跟进，李道玄孤军深入，被敌人包围，战死军中，时年十九岁。刘黑闼军队乘胜突进，唐军溃败，史万宝只身一人逃走。

李道玄战死沙场，李世民闻讯，泪流不止，深为惋惜。朝廷追封李道玄为左骁卫大将军，赐谥曰"壮"。

胶东王李道彦

李道彦（生卒年不详），唐室宗亲，太宗李世民堂弟。父李神通，封淮安郡王。他在高祖时封胶东郡王，任陇州刺史；太宗时降爵为公，历任相州、岷州都督。他事父尽孝，堪为楷模；作战轻率，免死发配。

一、事父尽孝　堪称楷模

李渊、李世民父子举兵反隋时，李神通、李道彦父子正在长安，为逃避官吏追捕，他们隐藏在鄠县山中，一连数旬。李神通不堪忍受惊惧不安的生活，病倒了。此时，粮食也已吃光，李道彦穿上破旧衣服，到村庄里乞讨，供养父亲，或采野果回家。如果父亲没有进食，他就不肯吃。父亲分给他的食物，他常推说已经吃饱，留下来等父亲饿的时候再给父亲吃。

高祖李渊称帝后，李道彦被封为永兴郡公，任陇州刺史。贞观初年（627），李道彦任相州都督，又改任岷州都督。

高祖武德五年（622），李道彦晋爵胶东郡王。与他同时受封的，有广平王李孝慈、河间王李孝恭、清河王李孝节、城西王李孝义等人。那时，唐朝刚刚建立，需要广泛树立同族以镇抚天下，所以李姓子十几岁以上的都得到了郡王的封爵。

李世民即位后，天下已经太平很多，在一次朝廷会议上，太宗拿着宗室名册问大臣："宗族子弟全都封王，可不可行？"封德彝说："汉代封王，都是皇帝的儿子，或者是亲兄弟，支系疏远的，如果没有大功，就不封王。周朝的姬郇、姬滕，汉朝的刘贾、刘泽，都未得分封土地，就是为了区别亲疏。先帝朝分封全部李姓宗室，封爵多，百姓出的赋役就多。这就等于把天下当做李姓一家的封邑，不符合圣贤教训。"太宗说："朕治理天下，是为了安定百姓，不容许劳苦百姓来奉养自己的亲戚。"于是，对子弟中族属疏远而封了王的，都降级为公爵，但建立过功勋的不降级。根据这个标准，李道彦等降封为公爵。

父亲去世后，李道彦按丁忧制辞官守丧。他亲自担土造坟，种植松柏，住在墓旁的墓屋中。由于劳累哀伤、营养不足，以至于形销骨立，亲友都认不出他了。太宗对此十分感慨，派侍中王珪到墓地慰问他。

服丧期满后，李道彦再任岷州都督。他时常派使者到党项地区，告谕宣示朝廷的威严。在他的努力下，很多部落相继投归大唐。

二、作战轻率　免死发配

贞观八年（634），吐谷浑侵扰唐朝边境。十一月，唐太宗决定对屡教不改的吐谷浑动武，他发布《讨吐谷浑诏》，历数其对大唐犯下的罪行。十二月，以李靖为西海道行军大总管，由其指挥侯君集、李道宗、李道彦、李大亮和高甑生五位行军总管讨伐吐谷浑。

进入吐谷浑境内作战，难度很大。那里对唐军而言，是个陌生的战场，因此李靖等在战前做了很多准备。朝廷专门拨出一大笔钱，用来收买党项羌，希望他们能为唐军做向导。面对大唐的军事压力和经济攻势，许多酋长加入了唐军的阵营，只有拓跋部的拓跋赤辞还在坚持。

吐谷浑强盛时，其疆域东起今甘肃南部、四川西北，南抵今青海南部，西至新疆的若羌、且末，北到祁连山。党项羌自然也长期臣服于吐谷浑。吐谷浑可汗慕容伏允待拓跋赤辞非常好，两家还结为姻亲。因此，拓跋赤辞不愿背叛慕容伏允。此时，廓州刺史久且洛生派人去劝说，拓跋赤辞答道："吐谷浑可汗和我是亲戚，他视我为心腹，无论生死，我都不会背叛他。你赶快走，不要玷污了我的刀！"

久且洛生得到回报，非常生气，率领轻骑在肃远山偷袭拓跋赤辞得手，斩首数百级，缴获杂畜六千而还。

唐太宗乘胜派人劝说拓跋赤辞，他的侄子拓跋思头暗中向大唐表示了忠心，他的忠实党羽拓跋细豆干脆带着自己的人马投降了唐军。内忧外患，宗党离心，拓跋赤辞只能面见李靖。

隋炀帝当年进攻吐谷浑时，党项羌曾为隋军提供物资，但隋军进入其领地时，却顺手对他们进行了抢劫。因此，拓跋赤辞向李靖等人提出请求："从前隋人攻打吐谷浑，我党项给大军提供后勤支援，但隋人不讲信用，反而侵掠我党项。如今将军若能够讲信用，我理当资助大军粮草；如果欺骗了我，我立即固险以塞军路。"于是，唐军众将和他歃血为盟。

贞观九年（635），唐军分道进军吐谷浑，李道彦将通过拓跋赤辞的控制区。然而，李道彦部行至阔水，突然对毫无防备的党项羌发动袭击，抢得牛羊数千头。唐军背信弃义，羌人被激怒，一时之间，几乎所有羌人都成了唐军的敌人，内附的羌人也都纷纷反叛。

李道彦率部来到野狐峡时，发现此处已被羌人严密封锁。正当他们为如何进入野狐峡而绞尽脑汁时，拓跋赤辞率领的复仇之师追踪而至，打了唐军一个措手不及。唐军大败，死者数万，还损失了大量装备。李道彦及其副总管樊兴，率领残部退保松州。

李道彦的行为还连累了盐泽道行军总管高甑生。高甑生与副总管刘德敏，一路之上，不断遭到羌人的阻击。等他们杀到与李靖会师的地点，李靖等人已经结束了讨伐吐谷浑的战争。由于延误军期，高甑生受到李靖的处罚。气昏了头的高甑生，竟然诬告李靖谋反，最终受到"减死徙边"的惩罚。

由于李道彦以前的战功，太宗诏令免除他的死罪，发配边疆。多年以后，太宗将李道彦召回，任命他为凉州都督。不久，李道彦去世，后追赠为礼部尚书。

郢国公宇文士及

宇文士及（？—642），唐初皇亲，高祖李渊宇文昭仪之弟。字仁人，京兆长安（今陕西西安）人。父宇文述，为隋朝右卫大将军。宇文士及在隋曾任内史令，降唐后受到高祖、太宗宠信，历任中书侍郎、太子詹事、中书令。他为政宽大，友爱弟兄，善待乡邻；但生活奢侈，死后未能得到佳谥。

一、两朝贵幸　早参大事

隋开皇末年（600），宇文士及凭借父亲宇文述的功勋，封新城县公。隋文帝杨坚曾与宇文士及长谈,认为他是奇才,特别下诏让他娶炀帝之女南阳公主。

大业中期(约608—610),宇文士及任尚辇奉御(尚辇局主官,掌御用车驾等),跟随炀帝巡幸江都(今江苏扬州)。后因父亲去世免职,丧期未满而起用为鸿胪少卿。

大业十四年(618),隋炀帝住在江都,时任右屯卫大将军宇文化及是宇文士及的兄长,宇文化及图谋篡逆,因宇文士及的驸马身份,担心他会向皇帝告发,因而不与通气。炀帝被杀后,宇文氏均得封赠,宇文士及封为蜀王。

当初,宇文士及任尚辇奉御,而李渊任殿中少监(殿中省次官,掌供奉皇帝生活事务),二人结为至交。后来,宇文士及跟随宇文化及到达黎阳,唐高祖李渊亲自写信征召他。宇文士及也派家僮走小路到长安,表示愿意投降,并献上金环。高祖高兴地说:"我曾经和宇文士及共事,如今他献纳金环,是快要来了。"后来,宇文化及军力涣散,形势不利,宇文士及劝他投降唐朝,宇文化及不听,宇文士及便和内史令封德彝谋划,为远离兵难、有回旋机会,申请到济北督运军粮。

不久,宇文化及失败。此时,济北豪杰谋划发动齐地兵士攻打占据河北称帝的窦建德,以收复河北。宇文化及打算观察形势变化再作决定,宇文士及不同意,遂和封德彝等人归顺唐朝。高祖责怪他说:"你兄弟俩在江都作乱,曾经谋划率军攻打长安、入关灭唐。如果那时捉到我们父子,还肯让我们活命吗?你说今天该对你如何处置?"宇文士及道歉说:"臣罪当死。但臣往日在涿郡,曾在夜间和陛下商议天下大事,最近又有东西奉献,希望以此赎罪。"高祖笑着对宠臣裴寂说:"他和朕商议天下大事,至今已六七年了,公等都在他之后。"("此人与我言天下事,至今已六七年矣,公辈皆在其后。"《旧唐书·宇文士及传》)

当时，宇文士及的妹妹为昭仪，颇得高祖宠爱，宇文士及由此受到亲近礼遇，授任上仪同。他跟随秦王李世民平定宋金刚所部义军，立下战功，从而得以恢复在隋朝时的封爵新城县公。唐高祖将宗室女下嫁给他，迁任秦王府骠骑将军。又跟随秦王征讨王世充，晋爵郢国公。武德八年（625），宇文士及代理检校侍中，兼太子詹事。

二、为政宽大　生活奢侈

太宗李世民即位后，拜授宇文士及为中书令，实封益州七百户，以本官检校凉州都督。当时突厥多次入侵，宇文士及要用威力来威镇边人，每次出入，都陈列盛大仪仗。他礼贤下士，凉州的人都纷纷奔走其门。

有人告发宇文士及企图造反，经过审讯，查无实据。太宗把他召入任殿中监，因病改任蒲州刺史。宇文士及为政宽大，人们都感觉他很亲善。升任右卫大将军后，太宗经常将他召入宫中便殿里交谈，有时到半夜才出来，遇上休假，往往派人快马召他前来。

宇文士及行事谨慎严密，妻子曾问皇上突然召他有什么事，宇文士及始终不肯告诉。

太宗曾经玩赏宫禁中的树木，边看边说："这是嘉木（好树）呀！"宇文士及在旁边也随声赞美。太宗厉声说："魏徵常常劝我远离花言巧语的小人，但不知小人是谁，心里经常疑惑是你而不确定，今天来看果真是你。"（"魏公常劝我远佞人，我不悟佞人为谁，意常疑汝而未明也，今曰果然。"）宇文士及连忙解释说："南衙的群臣在朝堂之上当面顶撞争执，使陛下无法作出决定。今天臣有幸侍奉身边，还不事事顺从陛下，反而处处指摘皇帝的过错，那么陛下贵为天子，又有什么意思呢？"（"南衙群官，面折廷争，陛下尝不得举手。今臣幸在左右，若不少有顺从，陛下虽贵为天子，复何聊乎？"《隋唐嘉话》卷一）太宗一听，怒气顿消。

又有一次，宇文士及切熟肉，手上沾了油，便用面饼擦手。太宗一向主张节俭，见此便不满地频频看他。宇文士及装作不知道，把擦完手的面饼从容不迫地吃了下去。他的机敏聪颖大都像这样。

因为是皇帝的旧友，宇文士及的一个儿子也被封为新城县公。任中书令七年后，宇文士及再次任殿中监。

贞观十六年（642），宇文士及去世，追赠左卫大将军、凉州都督，谥曰"恭"，陪葬昭陵。

宇文士及抚养了幼小的弟弟和哥哥留下的孤儿，以友爱兄弟著称。他喜好接济亲戚故人，口碑很好。但他的个人生活却极其奢侈，衣服、饮食、玩物必须极其丰厚奢侈。因此，在拟谥的时候，黄门侍郎刘洎说："宇文士及居家奢侈过分，不能谥'恭'。"最终改谥曰"纵"。

皖城郡公张俭

张俭（594—653），唐初皇亲，高祖李渊侄外孙。字师约，京兆新丰（今陕西临潼）人。祖父张威，为隋朝相州刺史、皖城郡公。父亲张植，是车骑将军、连城县公。

唐高祖李渊起兵，张俭因军功授任右卫郎将，迁任朔州刺史。当时突厥颉利可汗正强盛，对唐朝态度傲慢，且求索无厌，所遣送文书总是称作"诏令"，边疆官吏只能承奉而不敢拒绝。等到张俭任职时，他决心改变这一现状，就不再接受颉利可汗这种妄自尊大的诏书。他教百姓大规模开垦田地，每年收谷数十万斛。遇到霜、旱，他倡导百姓互相救济、帮助，使百姓免于饿死，州内因此安宁平静。

李靖平定突厥后,有个思结部落,因穷困而希望归附,张俭接纳了他们,并予以安抚。部落中有住在漠北的人,亲戚私下往来探望,张俭也不加禁止,以此来笼络突厥人。

张俭转任胜州都督,继任的将领不了解这种情况,立即上奏说思结反叛。朝廷商议进军讨伐,当时张俭因母亲去世回家守丧,丧期未满便被起用,命他前往安抚。张俭单骑进入思结部落,召见酋长安慰晓谕,推心置腹。思结部众都匍匐在地听从命令,于是全部迁到代州,张俭便受命检校代州都督。张俭鼓励百姓开垦田地,致力耕作,每年都获得丰收,私家积蓄充实。张俭担心突厥人容易骄纵,于是设平价购买粮食的方法,余粮收入官府,突厥人喜悦,从此储备充裕。

由于张俭抚边有方,唐太宗将他调任营州都督,兼任护东夷校尉。因事获罪免官,下诏以平民身份领任官职。营州部和契丹、奚、霫、靺鞨众番边境相连,高句丽率众入侵,张俭率军将之打败,来犯敌军几乎全数俘虏或斩首。又拜授营州都督。

唐太宗要征辽东,派张俭率番兵先进,攻到辽西,正值河水上涨,很久没能渡过。太宗以为他胆小懦弱,召他回来。张俭在洛阳宫谒见太宗,陈述水草分布、山川险易以及长久没能前进的情况,太宗才知道是怎么回事。太宗见张俭把进攻的先期准备做得很好,分外高兴,遂拜授他为行军总管,让他率领众番骑兵,做六军前锋。

这时,唐军擒获了高句丽侦察兵,得知高句丽大将莫离支即将到达。太宗下诏张俭从新城路拦路截击,敌军不敢出动。张俭进军渡过辽水,直逼建安城,打败贼军,斩首数千级。因为这次战功,张俭受封为皖城郡公。后来将东夷校尉官改为都护府,便任命张俭做了都护。

永徽初年(650),加授张俭金紫光禄大夫。永徽四年

(653),张俭去世,终年六十岁,谥曰"密"。

张俭的哥哥名叫大师,做官到太仆卿、华州刺史、武功县男。

张俭的弟弟名叫延师,官至左卫大将军、范阳郡公。他性情谨慎小心,掌管羽林兵三十年,不曾出过差错。去世后,追赠荆州都督,谥曰"敬",陪葬昭陵。

唐代制度,功名高贵的门第,门前可以树立戟。张家兄弟三人的门前都立了戟,当时人称他们为"三戟张家"。

驸马都尉薛万彻

薛万彻(？—651),唐初皇亲,唐太宗李世民妹夫。雍州咸阳(今陕西咸阳)人。薛万彻武艺高强,勇冠三军,屡立战功,封武安郡公。他本为李建成东宫部属,唐太宗不咎既往,加以重用,对他赏赐众多。但他骄横跋扈,被撤职贬到边远之地。高宗即位后,他与散骑常侍房遗爱谋反被杀。

一、兄弟双雄　勇冠三军

薛万彻的父亲薛世雄,在隋朝时任左翊卫大将军。少年时代,薛万彻与哥哥薛万均跟随父亲住在幽州(治今北京西南),兄弟二人都武艺不凡,受到幽州总管罗艺的青睐。后来,他们与罗艺一齐归唐,高祖李渊授薛万均为上柱国,封永安郡公;薛万彻为车骑将军,封武安县公。

武德三年(620)九月,窦建德率领二十万兵马进攻幽州,围城之后,又填平了护城河沟。发起总攻时,许多将士强行攀登城墙,试图一举攻拔其城。这时,薛万均与万彻兄弟率领一百多人的敢死队,通过地道钻出城外,以饿虎扑食之势从敌军背面予以袭击，敌阵顿时大乱，城中趁势出兵掩杀，敌军溃败而走。

进入长安后，薛万均被分配到秦王府，薛万彻则分配到太子东宫。李建成把薛万彻当做左右手一般看待。武德九年（626）六月玄武门事变时，薛万彻正在东宫，听说玄武门发生战斗，立即率领宫兵两千多人前往攻打，同时叫嚷着要打秦王府。宫兵都十分害怕，但仍然服从命令赶到了玄武门。看到李建成与李元吉的首级后，宫兵们更加惊愕，立刻四处逃散。考虑到自己是李建成的亲信，与众有所不同，薛万彻便带领数十名骑逃往终南山。

李世民即位后，数次派人传达让其回朝的意思，薛万彻终于放弃对立，随使者入朝。太宗认为他事主以忠，所以不咎既往。

贞观二年（628），右骁卫大将军柴绍领兵出征割据朔方的梁师都，任命薛万彻为副总管，薛万均以殿中少监随军出征。梁师都联结突厥，建立了攻守同盟。当官军行至距朔方几十里远的地方时，突厥援兵从四方八面包抄过来。官军稍向后撤，停在一处小山坡上。这时薛万均、薛万彻兄弟从左右横向出击，斩其猛将，砍其军旗，突厥兵遂慌乱自溃。官军乘势掩杀，突厥兵死伤遍野。官军又击鼓进军，包围了梁师都所在的朔方东城。不久，部属杀死梁师都，举城投降。突厥始终不敢出兵援救。

贞观三年（629）十一月，薛万彻跟随兵部尚书李靖征讨突厥颉利可汗，一直进军到塞北。归来之后，薛万彻因有战功，授为统军，进爵武安郡公。

贞观九年（653），李靖奉命出击吐谷浑，特请薛万彻同往。进入吐谷浑辖境后，众将领各率一百多骑兵先行一步。所部与数千名敌军突然遭遇，薛万彻让大家原地暂停，自己单骑直入敌群，左右冲杀，敌军无人敢挡。跑回来后，薛万彻对大家说："这支敌军虽然人多，但战斗力不强，只要人人奋勇，定获全胜！"说罢，又策马转身再次冲向敌群。众将士紧随其后，挥刀呐喊，一齐投入战斗，结果斩首数千级。战斗结束后，薛万彻人和马都负伤流血，从统军总管到普通士兵，人们都称赞他勇冠三军。

此后，薛万彻又与兄长薛万均在赤水源（今青海南境）打败吐谷浑天柱王，缴获各种牲畜二十余万头只。

二、沙场名将　太宗赞赏

吐谷浑之战后，薛万彻因母亲去世辞官，不久又起用为右卫将军，出任蒲州（治桑泉，今山西临猗）刺史。

贞观十五年（641）十一月，突厥薛延陀率领回纥、同罗（均为部族）二十万兵众，从北方南下，度过大漠，打击已经归附唐朝的李思摩。太宗命李勣为朔州道行军总管，薛万彻为副总管，率兵援助李思摩。遇到敌军后，薛万彻率数百骑先锋出战，迂回到敌人阵后发起突击，打散了敌军的马群，敌人阵乱溃退。薛万彻挥军追杀数十里，斩首三千余级，缴获马一万五千匹。回朝后，以功封其一子为县侯。

贞观十八年（644），薛万彻与唐高祖之女丹阳公主结婚，拜驸马都尉、右卫大将军，又转升右武卫大将军。

有一次，唐太宗对大臣们说："当今的名将，依我看只有李勣、李道宗和薛万彻三个人而已。李勣与李道宗不能取得大胜利，但也不会有大失败；薛万彻则不然，他的作战风格是要么得大胜，要么就大败。"（"当今名将，唯李勣、道宗、万彻三人而已。李勣、道宗不能大胜，亦不大败；万彻非大胜，即大败。"《旧唐书·薛万彻传》）文臣武将都认为所言极是。

又有一次，唐太宗在丹霞殿设宴招待长孙无忌等十几个人，其中也有薛万彻。当时，太宗赏给每人一件貂皮衣服，轮到薛万彻时，却误称为"万均"。话一出口，便知道说错了，同时悲从中来，怆然而言："万均是我过去的功臣，不幸早逝，今日不觉呼出他的名字，莫不是他的灵魂想让我赏赐他吗？"当下赏过薛万彻之后，又命人再取一件，呼唤着薛万均的名字，当众焚烧了。在座的人无不感叹，薛万彻更是哀恸、感激。

贞观二十二年（648），薛万彻以青丘道行军大总管，率兵三万，征伐高句丽。部队从莱州（今山东掖县）乘战舰出发，入鸭绿水，又前进百余里，到达泊沟城下（今朝鲜新义州附近）。泊沟城主所夫孙率步、骑万余出城抗拒。薛万彻派右卫将军裴行方领步兵沿岸进发，攻击高句丽军。薛万彻随后乘胜追击，敌军溃逃，追逐百余里。所夫孙试图组织败军列阵抵挡，薛万彻率先出阵，很快便杀死了所夫孙。

泊沟城依山傍水，十分险固，唐军几次进攻，均不能破。高句丽方面又派出将领高文，率领乌骨、安地等城的兵将三万余人赶来增援。援军分为两阵，薛万彻也分军为二，各挡其一阵。决战开始后，高句丽兵纷纷转身逃命，薛万彻大胜而归。

三、心怀怨望　谋反被诛

薛万彻临阵英勇无畏，作风凛冽。他认为，每个军人都应该是这个样子。因而军中稍不如意，他便盛气凌人地训斥将士。有人向太宗上书，告发薛万彻的劣迹。班师回京后，太宗对他说："有人举报你与众将官不团结，朕只记你的功劳，不追究过失。"当面取出上告书信，点火烧毁。

不久，薛万彻的副将、右卫将军裴行方揭发他有"怨望"表现，即对朝廷怀有怨愤，进而滋生非分之想的情绪。太宗认为这非同一般小事，便召薛万彻进宫作出解释，结果他结结巴巴，说不出反驳的理由来。英国公李勣说："薛万彻身为将军，又是高祖的女婿，竟然口出怨言，心生不轨之想，实在罪不容诛。"太宗据此将他撤职，并令迁居边远之地。唐高宗李治继位后，大赦天下，他又回到了京城。

高宗永徽二年（651），薛万彻出任宁州刺史。次年，薛万彻入朝，与散骑常侍房遗爱（宰相房玄龄之子、太宗的女婿）关系亲近。谈话中，薛万彻表示出对朝廷的抱怨，并说："我现在虽然患有脚病，但坐镇京师，小子们谁也不敢乱动。"（"今虽患脚，坐置京师，诸辈犹不敢动。"）房遗爱对他说："你要能使国家发生变故，我就和你拥立荆王元景做皇帝。"（"公若国家有变，我当与公立荆王元景为主。"《旧唐书·薛万彻传》）

由于谋事不密，计划泄露后，司法官逮捕了薛万彻。薛万彻矢口否认，但房遗爱出面指证，说他确实说了那些大逆不道的话。薛万彻被判死刑，临刑时大喊道："我薛万彻是大健儿，留下这条命为国家效力而死才对，不该死在房遗爱的案子里啊！"（"薛万彻大健儿，留为国家效死力固好，岂得坐房遗爱杀之乎！"《新唐书·薛万彻传》）然后解开衣领，叫监斩官快斩。但刽子手刀下无力，头一刀没有砍准，万彻大声呵斥："为什么不用力？"连砍三刀，才把头砍落地上。

唐太宗说薛万彻是当代名将，而李靖不以为然，他认为"若万彻，则勇而无谋，难以独任"（《唐太宗李文公问对》）。《旧唐书》则说："万彻筹深行阵，勇冠戎夷，不能保其首领，以至诛戮。夫二三子，非慎始而保终也。"

驸马都尉阿史那社尔

阿史那社尔（？—655），唐初皇亲，太宗李世民妹夫，突厥处罗可汗次子。定襄云中（今内蒙古和林格尔）人。他归唐之后，忠心不二，临阵奋勇，屡建功勋。他入则为驸马，出则为战将,不避艰险,征战四方,尤其为开通"丝绸之路"做出很大贡献。他为官清廉,生活俭朴,功勋卓著,从不自傲。后人称他为"廉洁谨慎知足"的武将典范。

一、不听劝谏　战败降唐

阿史那社尔出身突厥王族,是处罗可汗之子。十一岁时,他便以机智英勇闻名,做了部落统帅,在漠北建起牙旗(用象牙装饰的大旗,作为大将或首领的标志),与颉利可汗之子欲谷设分别统治铁勒、回纥、同罗等部落。

阿史那社尔以宽松政策休兵养民,连续十年不征赋税。相邻部落的首领不以为然,鄙视他不会借机自富。听到一些风言风语后,他说:"只要部落富裕,我便满足了。"("部落丰余,于我足矣。"《新唐书·阿史那社尔传》)首领们听到这话,无不对之敬爱有加。

武德九年(626),颉利可汗率军南下入侵唐朝,漠北空虚。铁勒、延陀、回纥等部落发生叛乱,欲谷设率骑兵十万前往镇压,结果大败;阿史那社尔出兵援助欲谷设,也被延陀打败。

贞观二年(628),阿史那社尔率众西走,投奔可汗浮图城(在今新疆吉木萨尔北),发展势力,以图自立。后来,西突厥发生内乱,阿史那社尔引兵平定其境(今新疆西部及中亚一带),占有一半国土,拥众十余万,自称"都布可汗"。

后来,阿史那社尔决定"打回老家去",他对部下说:"当初是薛延陀首先叛乱,破坏了我们国家,薛延陀是有罪的。现在我们占据了西方之地,也有了兵马,如果不把薛延陀打败,而在这里享乐,就是忘记了先人可汗,就是不孝。所以我决定打回老家去,如果苍天不让我们取胜,死而无憾。"属下部落酋长都不同意,说:"我们取得西方为时不久,必须留下来镇守。如果离开这里去远征薛延陀,只怕这里叶护的子孙又卷土重来,东山再起。"

阿史那社尔没有接受酋长们的意见，亲自率领五万多骑兵讨伐薛延陀，一直打了一百多天，仍然未决胜负。结果兵将苦于长战不息，纷纷逃亡。薛延陀纵兵攻击，阿史那社尔败走高昌国（今新疆吐鲁番东），逃出一万多人。

其时，西突厥振兴强大，阿史那社尔根本无力制服，高昌也仅是客居之地，不宜久留，于是率众东行，归附了大唐。

贞观十年（636）正月，阿史那社尔到达长安，朝廷授任左骑卫大将军。他还娶了唐太宗的妹妹衡阳长公主，做了驸马都尉，屯兵于皇家苑囿之中。

二、廉洁谨慎　战功卓著

贞观十三年（639），高昌王麴文泰攻打归附唐朝的伊吾（今新疆哈密），并大肆掳掠唐朝的使者和商人。唐朝要求放还属民，遭到拒绝。唐太宗大怒，任阿史那社尔为行军总管，与交河行军大总管侯君集前往征讨。

第二年八月，唐军进至碛口（今新疆轮台地区），麴文泰病逝，其子麴智盛继承王位。唐军前锋到达高昌城下，麴智盛战败。唐军源源不断而来，制造了攻城器具向城中抛石，飞石如雨而下，麴智盛不得已投降。

唐军入城后，侯君集私自取走许多珍宝，将士知道后便上行下效，偷抢私藏，一时城中军纪混乱，而阿史那社尔及其部下则秋毫无犯。回军之后，太宗听过汇报，盛赞其廉洁谨慎的美德，赐予高昌宝刀及杂绿千段，并令检校北门左屯营，封为毕国公。《旧唐书》撰修者也盛赞阿史那社尔的"廉慎知足"，谓"历代武臣，壮勇出众者有诸，节行励俗者鲜矣"（《阿史那社尔传》）。

贞观十九年（645）二月，唐太宗以高句丽的盖苏文杀主害民，亲率六军前往征伐。阿史那社尔奉命出征，在驻跸山与敌列阵交锋。阿史那社尔出阵挑战，敌军万箭齐发，他冒着箭雨前进，连中数箭，他拔掉箭枝，不顾流血，继续冲杀。将士们看到之后，个个奋勇，于是大获全胜。回师长安后，以其特殊的功勋加授鸿胪卿。这时，薛延陀趁机入侵，阿史那社尔与薛万彻一同出镇胜州（今内蒙古准格尔旗），抵御薛延陀。

贞观二十一年（647）十二月，阿史那社尔任昆丘道行军大总管，统兵十万，出征龟兹（今新疆库车、沙雅二县间）。第二年九月，出击西突厥的别部处密，大破处密军，兵众皆降。十月，引兵抵达龟兹北境，然后分兵五道，出其不意地回师攻入焉耆，焉耆王弃城逃奔龟兹。阿史那社尔派兵追杀后，立其堂弟先那准为王。龟兹听到这些消息，大为震惊，守将纷纷弃城而逃。

阿史那社尔继续向西挺进，在距龟兹三百里远的地方，派遣伊州刺史韩威率一千轻骑先行寻战，大军随后跟进。龟兹王布失毕率领五万将卒前来迎战。韩威假装败退，龟兹军紧追不舍，追了三十余里，遇到阿史那社尔率领的大军，龟兹大败，退守大拨换城（今新疆阿克苏）。阿史那社尔围城四十天，破城，擒其王布失毕及大臣那利等百余人。

此番出征，阿史那社尔先后攻占五大城。尔后派遣使者到龟兹各地传谕安民政策，并立布失毕之弟叶护为王，龟兹人都很满意。随后，阿史那社尔刻石纪功而还。

唐太宗逝世后，阿史那社尔出于对恩主的感谢和深厚的兄弟情谊，以突厥习俗请求以身殉葬，高宗派人向他说明太宗的遗嘱，不许殉葬，并改任他为右卫大将军。永徽四年（653），又进封镇军大将军。

永徽六年（655），阿史那社尔病逝，追赠辅国大将军、并州都督，陪葬昭陵（太宗陵），谥曰"元"。他的坟冢修成葱山的形状，以表彰其平定龟兹之功。

秦王府十八学士

李世民封秦王,开府治事,形同小朝廷。他悦礼敦诗、爱才若渴,设立文学馆(贞观初改为"弘文馆"),聘十八人入阁为学士。这些人大多是经学通明、文彩飞扬的优秀人物,秦王对他们优以尊礼、予以厚禄,荣宠无比,时人称"登瀛州"。十八学士三班值阁,李世民常与之讨论坟籍、商略朝政。还令阎立本为诸人写真,褚亮题写真赞,悬之高阁,藏之秘府。

尚书右仆射杜如晦

杜如晦（585—630），唐初宰相，位列秦王府十八学士、凌烟阁二十四功臣。字克明，京兆杜陵（今陕西西安）人。父杜吒，曾为隋昌州长史。他参与玄武门之变，协助李世民登上皇位，并与房玄龄一起共掌朝政。两人配合默契，理政建制，奠定了"贞观之治"的基础。后世论唐代贤相，首推"房杜"，史称"房谋杜断"。

一、善观时局　投身秦王

杜如晦出身官宦之家，祖父杜徽曾是隋朝的怀州刺史，父亲杜吒为昌州长史。

隋炀帝大业年间，杜如晦参加吏部人才选拔，时任吏部侍郎高孝基认为他有应变之才，当为栋梁之用，非常器重，叫他暂时屈就卑职，补淦阳县尉之缺。杜如晦到任没多久，就辞掉了县尉之职。

隋王朝风雨飘摇，乱军四起。到大业十二年（616），农民军已增至一百三十多支，人数达三四百万之众。随后，农民军在全国形成了三支强大的队伍：河南李密瓦岗军、河北窦建德军、江淮杜伏威军。在这天下大乱之际，杜如晦也不知道自己该归向何方。

此时，隋炀帝统治集团内部也开始出现分裂。留守太原的李渊父子，在晋阳举兵反隋。李渊率领李建成、李世民等一路向南进发，由于李氏父子深得民心，策略得当，加之李世民英勇有谋，以致一路势如破竹，进军神速，同年十一月就攻占了隋朝都城长安。观战已久的杜如晦见大势已定，且深知李世民兼具文韬武略，善于广纳天下贤士豪杰，便投奔其门下，被任为秦王府兵曹参军，执掌秦王府簿书、考课、仪卫等事务。

时隔不久，杜如晦改任陕州总管府长史。总管府是设立在边塞统率军队的机构，长史职位仅次于总管。其间，为削弱秦王的势力，秦王府的很多勇将谋士都被调往外地任职，李世民为此忧虑重重。记室房玄龄说："府僚走的虽然比较多，但没有什么可惜的。杜如晦为人聪明，见识广博，有王佐之才。大王如果只是在镇守一方，那用不上他；要是想经略天下，那就非此人不可。"（"府僚去者虽多，盖不足惜。杜如晦聪明识达，王佐才也。若大王守藩端拱，无所用之；必欲经营四方，非此人莫可。"《贞观政要·任贤第三》）

李世民奏请高祖留下杜如晦，使之依旧做秦王府幕僚。高祖李渊对杜如晦其人一无所知，索性卖了个人情。李世民把杜如晦视作心腹，常和他一起商讨国家大事。渐渐地，杜如晦成了秦王府幕僚中的重要成员，李世民每有心事，必与之商议。

二、随军征讨　剖断如流

唐朝初期，除关中、山西和巴蜀等一些地区为朝廷控制外，周围地区都还处于割据状态。要真正统一天下，必须铲除这些割据势力。李氏父子经过慎重商讨，决定巩固关中，以此为根据地出兵西北，然后攻占关东，拿下江南，尽早统一全国。

唐高祖李渊命秦王李世民为右元帅，率军征讨盘踞各地的割据势力。杜如晦随同秦王一起，东征西讨，转战于各个割据之地。

武德元年（618），李世民采取各个击破战略，最先击败了薛仁杲在陇西的割据势力，紧接着又消灭了在凉州自封皇帝的李轨。这一系列胜利，加强和巩固了唐王朝在长安以西的统治。

武德三年（620），李世民又率军平定了盘踞晋北的刘武周。刘武周见唐军来势凶猛，逃到突厥，被突厥所杀。至此，关中周围的割据势力全部铲除。随后，李世民举兵关东，进击盘踞洛阳的王世充。

王世充曾任隋朝礼部尚书，后来自立为帝，国号曰"郑"，据守洛阳。在李世民与刘武周作战时，王世充趁机扩张势力，成为唐朝在东部地区的最大对手。然而，在李世民的凌厉攻击下，王世充属下名将罗士信、秦叔宝、程知节等先后归降。李世民对归降官兵等以礼相待，王世充统治集团迅速解体，许多州县官吏争相脱离其统治。洧、邓、荥、汴、豫、显等州也相继归降，以至出现"河南郡县相继来降"的热闹场面。面对节节败退的局面，王世充想起了窦建德领导的农民军，便匆忙向其求援。

窦建德在农民军中很有名望，他担心王世充被李世民铲除后，自己也会步其后尘，便亲自率军前往洛阳援救王世充。李世民与杜如晦等人作了缜密分析，决定先灭掉窦建德，再铲除王世充。于是，李世民率军把守武牢的各处险要，伺机进攻，窦建德军因长途跋涉，疲倦不堪。李世民率小股精骑领先，大军继后，一阵猛冲猛杀，窦建德军还没弄清楚是怎么回事，就已溃不成军，随即大败，窦建德也受伤被俘。

击败窦建德后，李世民集中兵力分多路围攻洛阳。武德四年（621），王世充见后援已绝，大势已去，便在李世民进到城下时，率众出城投降。这是唐朝统一全国的决定性战役，它的胜利，使整个中原地区的统一和安定迈出了关键性的一步。在这次战役中，杜如晦起了很大作用，他对战事运筹帷幄，剖断从容，深为同僚所佩服，称赞。

窦建德部将刘黑闼在漳南筑台告祭窦建德,并自封大将军,起兵反唐。不久,刘黑闼攻占大片土地,定都洺州,自封"东汉王"。李世民奉命率军征讨,经过艰苦作战,刘黑闼败亡。

战争结束后,杜如晦屡获升迁。李世民任陕东道大行台尚书令时,杜如晦任大行台司勋郎中,封建平县男,食邑三百户。随后以本馆兼文学馆学士。

文学馆是李世民专门用来接纳天下治学贤士而设置的。在被接纳的十八学士中,杜如晦居首位。李世民还命人图绘十八学士画像,藏于书府。李世民为画像题词:"建平文雅,体有烈光。怀忠履义,身立名扬。"李世民任天策上将后,开府设官属,又拜任杜如晦天策府从事中郎,成为天策府参军。

三、玄武谋变　功勋卓著

唐朝完成全国的统一后,统治集团内部开始发生分裂,主要矛盾是太子李建成和秦王李世民之间争夺皇位继承权的斗争。

李建成对齐王李元吉说:"秦王府里能让人担心的,只有房玄龄、杜如晦两人。"于是,他们在唐高祖面前谗毁二人,遂将之逐出秦王府。这样,秦王府中的心腹只剩下了长孙无忌。

武德九年(626),突厥南下犯边。按惯例,应由李世民督军抵御,但李建成认为这是削弱秦王军事力量的好机会,便奏请父皇,由李元吉率军北征,并调秦王府强将尉迟敬德等同行。目的很明显,就是抽空秦王的精兵猛将。李建成甚至早已计划好,在为李元吉饯行时就杀掉李世民。

李世民得知后,立即与长孙无忌商议,又派他秘密召回房玄龄、杜如晦,并与高士廉、尉迟敬德等商量对策。经过精心谋划,李世民发动兵变,在玄武门伏杀李建成和李元吉。随后,高祖李渊立李世民为皇太子,交予全部军政大权,李世民则任杜如晦为左庶子，协助料理政务。不久，又调杜如晦任吏部尚书。

武德九年（626）八月，唐高祖李渊退位。李世民即位后，论功行赏，群臣中房玄龄、杜如晦等五人居功第一。杜如晦晋封蔡国公，食邑一千三百户。

四、功高位重　青史留名

贞观二年（628），杜如晦晋升检校侍中，兼任吏部尚书。侍中是门下省的长官，相当于宰相。监察御史陈师合上书《拔士论》，说一人不能身兼数职，矛头直指杜如晦和房玄龄。唐太宗说："房玄龄、杜如晦不因战绩升官任职，但两人的才能足以治理天下。陈师合难道想离间我们君臣的关系吗？"（"玄龄、如晦不以勋旧进，特其才可与治天下者。师合欲以此离间吾君臣邪？"《新唐书·杜淹传》）遂贬陈师合于岭南。

贞观三年（629），唐太宗授杜如晦为右仆射，诏书中说："杜如晦见识过人，神采奕奕，德高望重，声播远近。"从此以后，杜如晦和房玄龄同朝为相，两人配合默契，同心协力，开始了唐朝政治制度的建立工作。

杜如晦身为宰相，又是吏部尚书，执掌着任用官职的权力。在任宰相不到两年的时间里，他引贤荐才，罢除贪官污吏；纳士用人，注重实效。杜如晦任用官吏，主张先由州郡举荐，再由他考核录用。当时，选官纳士只注重言辞口笔，不注重品质德行。杜如晦上任后，把品质德行作为选官任吏的必需条件。杜如晦临终时，还强力推荐刚正不阿的戴胄做吏部尚书。

杜如晦善于治国理政。隋末农民大起义后，纲纪紊乱，百废待兴。杜如晦和房玄龄拨乱反正，唐朝的典章制度、台阁规模，都是二人所定。两人的通力合作和努力，使唐朝初期的政治制度和社会秩序走上了正轨，奠定了贞观之治的基础。

杜如晦做宰相时，君臣之间的关系如同鱼水，同僚之间通力配合，互相学习。唐太宗每次与房玄龄商议大事，房玄龄一定说："非如晦不能决断。"等唐太宗把杜如晦召来，杜如晦一定说："最终须用玄龄的策略。"房玄龄善谋，杜如晦善断，两人齐心辅政，取长补短，充分发挥各自的才干，共掌朝政。所以，后世论说唐代名相，必推"房杜"，谓之"房谋杜断"。

杜如晦非常敬重敢于进谏的大臣，他说："天下有直言敢谏的人臣，即使国君无道，也不至于失天下。"将诤臣看作挽国家于危难的栋梁。他十分鄙视隋朝内史侍郎虞世基，说他身居要职，处于得言之地，却对隋炀帝的荒淫残暴闭口不言，用这样的人是国家的不幸。

杜如晦严格要求自己，对人却宽容大度，并能发现别人的长处，使之充分发挥出来。然而，身为一代名相，史书对他功绩的记述并不多。对此《资治通鉴》分析道："太宗平定天下，而房、杜二人从不表明自己为此立下的功劳。王珪、魏徵敢于直言，而房玄龄、杜如晦善于让贤。英国公李勣和卫国公李靖善用兵，而房玄龄、杜如晦则善于把功劳归于皇上。"

贞观三年（629）十二月，杜如晦因病辞去宰相职务。随后病情加重，唐太宗多次遣使探望，并找名医诊治。次年二月，杜如晦病危，唐太宗命太子前去探询。接着，唐太宗亲临杜如晦家中，抚之流涕。不久，杜如晦病逝，时年四十六岁。唐太宗闻讯恸哭不已，废朝三日，并赐谥曰"成"。

杜如晦的英年早逝，无疑是唐王朝的一大损失。一天，唐太宗吃瓜，其瓜味美，忽然又想起了杜如晦，遂遣使把瓜放在杜如晦灵前以示哀悼，并对房玄龄说："今日唯独见公。"说罢潸然泪下。可见其对杜如晦的感情之深。

尚书左仆射房玄龄

房玄龄（579—648），唐初宰相，位列秦王府十八学士、凌烟阁二十四功臣。名乔，字玄龄，以字行，齐州临淄（今山东淄博）人。房玄龄博览经史，工书善文，是唐朝初年任相最长的一位，也是历史上著名的贤相之一。他与杜如晦、魏徵一道辅佐唐太宗李世民，创造了"贞观之治"。

一、书香门第　仗策谒主

房玄龄出身于诗书世家。他的曾祖和祖父，都曾在北魏、北齐任官。父亲房彦谦，是当时著名学者，在隋朝做过司隶刺史。隋朝大文学家薛道衡，与房彦谦关系很好，每次因公途经临淄，都要在房家盘桓数日。

房彦谦对魏、齐、周、隋之间的争斗极其厌倦，曾产生过"优游乡曲"的念头。隋朝初建，房彦谦以为国家振兴有望，对政治转为热心。但后来见朝政腐败，十分忧虑。曾谏言宰相高颎，对官吏要严于管理，不要再修筑那些"穷极侈丽"的建筑。他曾对朋友说："隋炀帝不吸取教训，不采纳大臣的劝谏，一意孤行，肆行苛政。别看现在天下貌似安定，不久定会出现动乱。"

房玄龄深受家传熏染，自小爱好文学，广闻博览，文章异彩纷呈，又写得一笔好字，在当时很有名气。

隋文帝开皇十六年（596），房玄龄举进士，授羽骑尉。此时，隋朝仍是一派"兴旺发达"的景象，人们都以为国家长治久安，社会积弊并未显现。然而，房玄龄却看出"天下太平"的表面下，隐藏着巨大的政治危机。他对父亲说，隋朝并没有什么功德，只不过靠着愚弄百姓过日子，如今各位皇子又在皇位问题上相互倾轧、争夺，权贵们奢侈糜烂，这样的王朝怎么会持续长久呢？看到儿子年纪虽小，却有如此远见，房彦谦非常惊奇。

房玄龄事亲至孝，谨行"周礼"。父亲病了，他尽心服侍，一百多天没有解衣安眠；继母病死，他悲伤得食不下咽，以至于骨瘦如柴。这都是"周礼"要求的，是士大夫的标准。时任吏部侍郎的高孝基对他评价甚高。

隋炀帝大业十三年（617），李渊在太原起兵，对抗隋朝。渡过黄河之后，此时，隋朝统治土崩瓦解，新王朝势必取而代之。李渊、李世民父子起兵反隋顺应潮流，加上军队军令严格，秋毫无犯，很得民心，官民、将士都来归顺，扶老携幼，日以千计。而李世民广纳贤士，声名远播。

时任隋朝隰州（今山西隰县，在山西西部）尉的房玄龄，分析天下大势，认为隋朝已是穷途末路，毅然决定投奔李世民。李世民驻军渭北，与隰州相隔七八百里，房玄龄竟然徒步前往。当时，温彦博已经投奔李世民，他对房玄龄的才能早有耳闻，认为是不可多得的人才，便向李世民推荐。求才若渴的李世民对房玄龄一见如故，深为其才华折服，任命他为渭北道行台记室参军。

大业十四年（618）五月，李渊称帝，封李世民为秦王，秦王任命房玄龄为王府记室，封临淄侯。接着，唐军就开始了削平群雄、统一全国的战争。李世民连破薛仁杲、刘武周、窦建德、王世充、刘黑闼等割据势力，房玄龄全都参与谋划。

房玄龄很有政治眼光，善于深谋远虑。打了胜仗，攻下城池，很多将领的注意力都放到了黄金珍宝上面，唯有房玄龄不为所动，他关心的是那些有才干的人，千方百计去打听、去发现，收罗到秦王的麾下，使之"各致死力"。由此，李世民的政治势力在征战过程中得以不断壮大。后来以"杜断"而闻名的杜如晦，就是被房玄龄发现并推荐的。李世民感叹说："汉光武帝得到邓禹，手下人更加亲密。如今我有房玄龄，就像光武帝得到了邓禹。"（"汉光武帝得邓禹，门人益亲。今我有玄龄，犹禹也。"《新唐书·房玄龄传》）

房玄龄不仅重视人才，还注重对前代图籍文书的保护。他担任秦王府记室后，王府诸多事务都由他亲自打理。他做事认真，效率又高，特别是撰写了很多军书、表奏，都是不打草稿、即时完成的，而且文采斐然。唐高祖李渊对他颇为赏识，曾对侍臣说："这个人深刻了解事情的机宜，足能委以重任。每当替秦王陈说事务，总是能领会人性心理。千里之外，好像对面说话一样。"（"此人深识机宜，足堪委任。每为吾儿陈事，必会人心，千里之外，犹对面语耳。"《旧唐书·房玄龄传》）

二、玄武之变　功在其中

唐王朝建立后，经过长期的战乱，国家初定，民心思安，社会矛盾趋于缓和。随着时间的推移，太子李建成与秦王李世民的矛盾凸显出来，两人争夺皇位的斗争愈演愈烈。

在创建李唐王朝的过程中，李世民战功显赫，远过于众皇子，司马光认为李渊之所以得天下，依靠的都是李世民的功劳。李世民不仅能征善战，文采上也毫不逊色，可谓文武兼备。太原起兵的时候，李渊曾向李世民承诺，事成之后就立他为太子。唐朝建立后，唐高祖封他为秦王，又赐予"天策上将"的称号，地位远在王公之上。

太子李建成看到秦王李世民势力日渐膨胀，自己的太子地位岌岌可危，便与其弟李元吉联合起来抗衡李世民。随着双方势力的扩大，矛盾也日益激化。据说有一次，李世民去太子府赴宴，回来后"吐血数升"。原来是李建成命人在酒食里下了毒，幸亏李世民酒量不大，喝的不多，才逃过一劫。这件事更使双方的正面冲突一触即发。

在秦王与太子的争斗中，房玄龄起了重要的作用。早在武德四年（621），一个名叫王远知的道士，就称李世民有天子相，此事房玄龄一直谨记在心。中毒事件发生后，房玄龄立即拜见李世民的妻兄长孙无忌，一起商量对策。他十分清楚，此时的局势必须先发制人，才能掌握主动，赢得胜利。他说："如今兄弟间矛盾已经凸显，一旦发生内讧，不仅家族危险，国家也堪忧。"他认为，应当劝秦王"学习周公的做法，以平定家乱。在生死存亡时刻，要当机立断"。长孙无忌同意他的看法，并把他的话转告了李世民。

秦王李世民也认为，只有立即除掉李建成及其党羽，才能避免大规模的冲突，维持唐朝的安定统治。就这样，李世民与房玄龄商量，打算发动宫廷政变。杜如晦、高士廉、侯君集、尉迟敬德也坚定支持秦王，都是发动政变的核心力量。

太子李建成获得相关情况后，决定主动出击，打算先从秦王身边的人下手。为削弱秦王的势力，李建成软硬兼施。他先是尽力拉拢、贿赂秦王帐下的重要谋士，但这一招术显然不起作用。接着，又在唐高祖那里中伤房玄龄和杜如晦，从而将二人赶出了秦王府。

武德九年（626），李建成借突厥骚扰边疆之机，推荐弟弟李元吉率军出征，从而夺取秦王兵权，并预谋将其杀死。诸人劝说李世民立即作出决定，免得贻误时机。李世民准备发动政变，房玄龄、杜如晦受秦王之召，化装成道士潜回秦王府，对政变事宜进行了细致筹划。房玄龄对秦王说："大王功高盖世，理应继承大业。如今正在危急时刻，是上天相助的良机，望大王赶紧行动，不再迟疑。"从而坚定了李世民的决心。

经过谋划、行动，李世民发动玄武门之变，除掉了李建成和李元吉。八月，唐高祖李渊传帝位于李世民，改元"贞观"。

三、裁汰冗官　任人唯贤

李世民即位后，对有功之臣大加封赏。房玄龄、杜如晦等五人功居一等，房玄龄因功进爵为邢国公，后改封魏国公。

这时候，淮安王李神通（李世民的叔父）表示不服。他认为房、杜没什么功劳，只不过是些"刀笔之吏"罢了。唐太宗指出李神通屡战屡败，并将房玄龄的功劳一一列举，称他"筹谋帷幄"，有"定社稷之功"，论功行赏，理应如此。李神通无言以对。

贞观初年，房玄龄任尚书左仆射，杜如晦任右仆射。尚书省的主官，本为尚书令，但因唐太宗在继位前曾任此职，贞观年间为了避讳，一直没人出任尚书令。这样，尚书左、右仆射就是尚书省的最高长官，亦即宰相。

房玄龄任宰相后，兢兢业业，鞠躬尽瘁，对唐王朝的兴盛做出了很大贡献。唐太宗认为"官在得人，不在员多"，应该"得其善者"。根据唐太宗的旨意，房玄龄对中央机关进行大刀阔斧的改革，裁汰冗员，任人唯贤，最终核定文武官员共六百四十六员，从而减少了国家财政支出，也减轻了人民的负担。

唐太宗十分重视人才，他认为："执政的要害，在于赢得人才。用人不当，必定难以治理国家。"他对房玄龄、杜如晦说："你们身为仆射，应当广求天下贤才，因才授官，这是宰相的职责。近来听说你们受理词讼案情，日不暇接，怎么能帮助朕求得贤才呢？"因此下令："尚书省琐细事务归尚书左右丞负责，只有应当奏明的大事，才由左右仆射处理。"以使宰相能尽心尽力选拔人才。而房玄龄在发现、举荐人才方面，可谓十分突出，杜如晦就是由他举荐给太宗并得到重用的。

杜如晦起初任秦王府兵曹参军（训练士兵的军事参谋），并未受到李世民重用。后来唐高祖接受太子李建成的建议，把许多人才调离秦府，杜如晦也在其中。房玄龄深知杜如晦的才能，劝秦王一定要将他留，说失去别人都不可惜，而杜如晦是天下大才，要想取得、治理天下，非得此人辅佐不可。李世民听后大为震动，说："你如果不向我介绍他，就会失去这一人才啊。"当即留下并重用。

房玄龄深知杜如晦的长处，每每与太宗在宫中议事，他总说："非如晦莫能筹之。"（《旧唐书·房玄龄传》。《资治通鉴·唐纪九》作"非如晦不能决"。）事实也证明了这一点。杜如晦与房玄龄同朝为相，其功勋与房玄龄旗鼓相当。房玄龄与唐太宗谋划之后，往往由杜如晦进行剖断，此即所谓的"房谋杜断"。房、杜二配合默契，成为太宗的左膀右臂。

在选用人才的标准上，房玄龄既注重才干、又注重品德，注意发现德才兼备之人，认为这些人掌握着百姓的安乐。但他对人才并非求全责备，而是利用优势、发挥长处。薛收文才出色，也是由房玄龄推荐给皇上的，讨伐的檄文、捷报大多出自薛收之手。此外，"可倚大事"的李大亮，也是房玄龄举荐的。

在官员任用上，房玄龄坚持"宁缺毋滥"。一时没有合适的人才，他宁愿职位空缺，也不肯让不称职的人担当。对那些关系国计民生的职务，则更是竭力避免让贪婪之人任职。在这种情况下，他便自己承担这个职务，增大工作量，宁愿世人误解、讥讽他"吝权"。唐太宗对房玄龄信任有加，不仅授予用人大权，就连自己任用人才也征求他的意见。

房玄龄通晓政务，又有文才，昼夜操劳，唯恐偶有差池；运用法令宽和平正，听到别人的长处，便如同自己所有，待人不求全责备，不以己之所长要求别人。尚书省的制度程式等，均系房、杜二人所定。

四、谏阻亲征　修订法律

房玄龄自我要求严格，做事公正严明。他认为："治理国家的正道，就是处理事务要公平正直。"身为宰相，在处理君臣关系时，房玄龄不会曲意逢迎皇上；相反，他经常当面指陈唐太宗的过失。

唐太宗下诏功臣可以世袭刺史，房玄龄授任宋州刺史。群臣都辞让世袭之事，房玄龄也罢刺史职，封为梁国公。不久，房玄龄加太子少师，来到东宫，皇太子李承乾要叩拜他，房玄龄辞让，李承乾也就没再坚持。贞观十七年（643），太子李承乾谋反被废，晋王李治成为皇太子，房玄龄改任太子太傅。

房玄龄任宰相十五年，女儿成了王妃，儿子娶了太宗最宠爱的高阳公主，可谓权高位尊，宠遇隆盛。他多次上表请辞相位，太宗都未批准。后来，唐太宗晋升他为司空，仍总理朝政。房玄龄坚决推辞，唐太宗派使者对他说："辞让确实是美德，然而国家多事，假如一日没有良臣辅佐，朕如同没有了左右手。看公体力未衰，请不要辞让。"

在对周边部族关系方面，房玄龄不主张用武力解决问题。东突厥薛延陀部自恃强盛，反复无常。唐太宗率军给予致命打击。真珠可汗放弃武力对抗，请求联姻结好，唐太宗反复权衡，拿不定主意。房玄龄认为国家疲敝，不宜再动干戈，主张和好。唐太宗采纳了他的意见，准许真珠可汗归顺唐朝。后来事情虽未成功，但房玄龄的主张是相当明智的。

贞观十六年（642），高句丽发生内乱，唐太宗打算武力干预。房玄龄不大同意，他以历史上数次征讨高句丽的战争均告失败为依据，说："从前汉武帝多次讨伐匈奴，隋炀帝三征辽东，致使国败民穷，都是因战争引起的，望陛下详察。"由于他的劝阻，一触即发的大战得以消弭。

贞观十八年（644），唐太宗不能忍受高句丽王的挑衅，御驾亲征。不出房玄龄所料，这次亲征以失败告终。然而，唐太宗没有吸取教训，决定再次东征。此时的唐太宗已不像贞观前期那样虚怀若谷、善于纳谏了。且魏徵去世后，直言的大臣越来越少，逢迎之人却日增。此时房玄龄身患重病，在病榻上仍忧心忡忡，并带病上疏，竭力谏阻皇上亲征。唐太宗览疏，深受感动，对高阳公主说："他已病危，尚能忧心国家大事！"遂停止亲征。

房玄龄、王珪长期执掌朝廷内外官吏的考核，治书侍御史、万年人权万纪奏称有不公平之处，太宗命侯君集重加推勘。魏徵劝谏道："房玄龄、王珪均是朝中老臣，素以忠诚正直为陛下信任。考核的官员那么多，中间能没有一两个人考核失当？体察其实情，绝不是偏私。假如找到失当之处，那就不可信了，怎么能重新担当重任呢？而且权万纪近来一直在考堂叙职，并没有任何驳正。等到自己未能得到好的考核结果，才开始陈述意见，这是想激怒陛下，并非竭诚为国。假如推问后得到考核失当的实情，对朝廷也没有什么益处；如果本来便虚妄，徒失陛下委任大臣的一片心意。我真正关心的是国家政体，不敢袒护房、王二人。"太宗于是搁过此事，不再过问。

房玄龄根据唐太宗的旨意，以前代法律为基础，修订《贞观律》，包括律、令、格、式四个部分。该律承前启后，对社会生产的各个方面——大到国家制度和社会经济生活，小至民间的婚丧嫁娶等，都加以规定。据记载，《贞观律》去掉了死刑九十二条，减流放为徒刑者七十一条，还有很多减轻刑罚的条款。与前代相比，《贞观律》在定罪量刑上要轻，条文简约，确实遵循了唐太宗"宽、简"的意旨。

房玄龄不仅在政治方面大有作为，在史学方面也有很大贡献。早在李世民攻下洛阳时，房玄龄就注意保护隋朝留下的图籍，以作治国的参照。唐太宗也非常重视总结历史经验，任命房玄龄为史书的总监修，主持编撰前代史书，包括两晋、北齐、北周和梁、陈、隋六朝之史。令狐德棻和岑文本合修《周书》，李百药修《北齐书》，姚思廉编撰《梁书》和《陈书》，魏徵编撰《隋书》，房玄龄还担任《晋书》的监修。他还在皇上的提议下，编纂本朝实录。太宗对他说："近来翻看《汉书》，载有《子虚赋》《上林赋》，均华而不实。凡有上书议论国事，词理直切的，朕从与不从，均当载入国史。"因此，在编纂本朝实录时，房玄龄实事求是，对本朝人物不美化、不隐恶，如实记录。

贞观二十二年（648），房玄龄病重，唐太宗亲自前往探望，君臣两人相对流泪不止，可见感情之深。七月，房玄龄去世，终年七十岁。

欧公《新唐书》，对房玄龄有如此评价："房玄龄当国，夙夜勤强。任公竭节，不欲一物失所。无媢忌，闻人善，若己有之。明达吏治，而缘饰以文雅，议法处令，务为宽平。不以己长望人，取人不求备，虽卑贱皆得尽所能。或以事被让，必稽颡请罪畏惕，视若无所容。"

秘书监虞世南

虞世南（558—638），唐初文臣，位列秦王府十八学士、凌烟阁二十四功臣。字伯施，越州余姚（今浙江余姚）人。在隋曾任秘书郎、起居舍人。入唐初任秦王府记室参军、文学馆学士，后任太宗朝太子右庶子、秘书监等，封永兴县公。他直言敢谏，对太宗治政多有匡正；学识渊博，曾参与编纂大型类书；他多才多艺，诗文皆擅，书法尤其突出，为"唐初四大书家"之一。

一、勤学守礼　屡被征召

虞世南出生于官宦世家，祖父虞检，在南朝梁曾任始兴王刘濬咨议；父亲虞荔，在南朝陈任太子中庶子，都有很高的名望。虞世南的叔父虞寄，在陈朝官至中书侍郎，因无子嗣，虞世南便过继给虞寄为子，取字伯施。

虞世南生性沉静寡欲，意志坚定，学习刻苦。年少时，他与兄长虞世基一起，在当时著名文人顾野王的门下读书，受学十多年。他勤奋努力，精思不懈，有时十几天不洗脸、不梳头。终于，他们兄弟学有所成，远近闻名。

陈文帝天嘉二年（561），虞世南的父亲虞荔去世。当时虞世南还年幼，因悲哀过度，瘦损得几乎承受不住丧服。陈文帝陈蒨得知虞荔两子博学，常从宫中派使者到他们家里来扶助卫护。

虞世南的叔父虞寄曾被陈宝应捕获，羁留在闽、越一带。此时，虞世南虽然已除去丧服，却还是布衣蔬食。到天嘉五年（564），陈宝应战败，虞寄得以生还，才令虞世南脱去布衣、食肉。

隋文帝开皇九年（589），陈朝灭亡后，虞世南与虞世基一起来到隋朝京师长安，兄弟二人名重一时，时人把他们比作西晋的陆机、陆云兄弟。当时隋炀帝杨广还是晋王，听到兄弟二人的名声，就想征召他们。谁知秦王杨俊也有此意，征召文书一齐送到。虞世南以母亲年老为借口，坚决推辞。杨广不许，命令使者去追他们，强使应召。

隋炀帝大业元年（605），虞世南被授任秘书郎，不久升迁为起居舍人。与虞绰、庚自直共同撰写《长洲玉镜》。同年，因母亲去世，回家守丧。

当时，兄长虞世基在朝非常显贵，妻子穿衣都模仿王者。虞世南虽然同他们住在一起，却甘于清贫，生活俭朴，不改变自己素有的禀性。

江都之变隋炀帝被杀后，虞世南随宇文化及到了聊城。唐高祖武德二年（619），宇文化及兵败被斩，虞世南又被窦建德抓获，窦建德任命他做了黄门侍郎。

二、君臣一体　直言敢谏

唐高祖武德四年（621），秦王李世民消灭窦建德后，虞世南归唐，授任秦王府参军，不久转任记室参军。当年十月，李世民受册为"天策上将"，并建立文学馆，虞世南被授为学士，成为"十八学士"之一，与房玄龄共掌诏告文翰。

武德九年（626）六月，李世民正式立为太子后，虞世南升任太子中舍人。同年八月，李世民即位，虞世南转任著作郎，兼弘文馆学士。当时，虞世南年已衰老，上表请求辞官，太宗下诏不允，还升他为太子右庶子；虞世南坚辞不受，又被授为秘书少监。

贞观六年（632年）七月，虞世南进呈《圣德论》一文，太宗赐手书诏令给他，称："你的评价太高了。我怎敢与上古帝王相比？只不过比近代人君略微强些而已。另外，你才刚刚看到开头，还不知道后来如何。如果我能善始善终，那么你的高论可以传之后世；如果偏偏不是这样，恐怕只会成为后世的笑柄。"（"卿论太高。朕何敢拟上古？但比近世差胜耳。然卿适睹其始，未知其终。若朕能慎终如始，则此论可传；如或不然，恐徒使后世笑卿也。"《资治通鉴·唐纪十》）

贞观七年（633），虞世基转任秘书监，赐爵永兴县子。太宗器重虞世南的博识，在处理军政大事的间隙，常常召他一起谈经论史。虞世南虽然形容文弱、弱不胜衣，但性情刚烈，当政得失，直言敢谏。太宗曾对侍臣说："朕借闲暇时间，与虞世南商讨古今大事，有一句话的差错，未尝不惆怅恼恨。他如此恳切诚挚，朕因此很为赞赏。群臣如果都像他这样，天下还愁有什么不能治理呢！"（"朕因暇日，与虞世南商略古今，有一言之失，未尝不怅恨，其恳诚若此，朕用嘉焉。群臣皆若世南，天下何忧不理！"《旧唐书·虞世南传》）

贞观八年（634），虞世南进封永兴县公。同年，陇右山崩，大蛇多次出现，山东及江淮多次遭大水。此类现象，历史上往往附会为"天谴"。就此，唐太宗询问"天变"。虞世南以晋朝以来历次山崩为例，借机劝谏太宗遵循道德义理，并希望皇上不因功高而自满、不因太平已久而骄傲松懈，始终如一。太宗听后敛容反省，认为此言对自己有警醒作用。同年四月，康国进献狮子，太宗命虞世南为其作赋。

贞观九年（635），太上皇李渊驾崩，虞世南一再劝阻太宗大肆筑陵厚葬，使之有所收敛。他还多次严正劝阻太宗，不要恣于游猎而疏于政事。这些，都对当时的"贞观之治"起到了积极的作用。

贞观十二年（638），虞世南又上表请求辞官归居，太宗优诏允许，仍授银青光禄大夫、弘文馆学士。同年五月，虞世南在长安逝世，享年八十一岁。

唐太宗闻讯后，为虞世南在别第举哀，痛哭悲伤，下手诏给魏王李泰说："虞世南于我，犹一体也，拾遗补阙，无日暂忘，实为当代名臣、人伦准的。朕有小失，必犯颜谏之。今渠云亡，石渠、东观之中，朝廷上下，无复人矣，痛惜岂可言耶！"赐东园秘器，陪葬昭陵，赠礼部尚书，谥曰"文懿"。

三、诗文书法　名传后世

虞世南是唐初著名的文章家、诗人、书法家，也是当时知名的编著家，为后世留下了为数不少的集体和个人作品。

虞世南擅长为文。他曾师法前代著名文章家徐陵，徐陵也认为虞世南得到了自己的真髓。他的文章婉缛流丽，与徐陵相似。早在掌管秦王府文翰时，王府文翰就有不少出自其手。贞观六年（632）七月，他进呈《圣德论》一文，虽是赞扬唐太宗盛德的文字，但也大气磅礴、流传一时。

武德年间，虞世南曾与裴矩编撰过《凶吉书仪》。而他最为著名的集体作品，则是贞观年间参与编撰的《北堂书钞》和《群书治要》。当时，虞世南任秘书监，他与同人充分利用国家藏书，主编《北堂书钞》一百六十卷——"北堂"是秘书省的后堂，故名。该书分十九部，下分八百五十二类，内容极为广泛，包括帝王、后纪、礼仪、衣冠、仪饰、服饰等部，其中汇集了大量的儒学资料，有传授知识、临文备查的作用，为唐代四大类书之一。奉敕参撰的《群书治要》五十卷，辑录经史子书有关治国政迹之文，始上古、终晋代，凡采经书十二种十卷，史书八种二十卷，子书七种二十卷。其中多为唐初善本，前代名儒桓谭、仲长统等人的政论，仰赖此书得其梗概。

虞世南是唐初诗风转变的承上启下者。他曾劝唐太宗勿为宫体诗。他本人的诗作，多为应制、奉和、侍宴之作，文辞典丽，内容则比较空泛。代表作《咏蝉》深有兴寄，《出塞》《从军行》比较刚健。清人沈德潜评论其《从军行》二首，谓之"犹存陈隋体格，而追逐精警，渐开唐风"。

虞世南学习书法，曾拜同郡的和尚智永为师。智永为王羲之的七世孙，擅书法，虞世南从学智永，深得王羲之书法真传。虞世南书法继承二王（王羲之、王献之）传统，外柔内刚，笔致圆融冲和而有遒丽之气。与欧阳询、褚遂良、薛稷并称"唐初四大书家"。唐李嗣真《书后品》列其书为上之下品，评云："萧散洒落，真草惟命，如罗绩娇春，鹤鸿戏沼，故当（萧）子云之上。"张怀瓘《书断》列其隶书、行书为妙品，称其书"得大令（王献之）之宏规，含五方之正色，姿荣秀出，智勇存焉；秀岭危峰，处处间起。行草之际，尤所偏工。及其暮齿，加以遒逸。"《宣和书谱》以为虞世南晚年正书与王羲之相后先，又以欧、虞相论曰："虞则内含刚柔，欧则外露筋骨，君子藏器，以虞为优。"宋黄庭坚有诗赞其代表作《孔子庙堂碑》："虞书庙堂贞观刻，千两黄金那购得。"

虞世南作书不择纸笔，却很注意坐立姿势和运腕方法。他认为，只要姿势正确、手腕轻虚，即使是粗纸、秃笔，信手拈来也能挥洒自如，别出新意。此外，虞世南个人收藏书画作品甚多，亦有图籍存于家。收藏品钤"世南"等印章。

虞世南著有《兔园集》十卷，另有诗文集十卷行世。原有诗文集三十卷，由褚亮作序，但已散失不全。《全唐诗》编其诗一卷，《全唐文》收录有其诗文及奏疏。民国张寿镛辑成《虞秘监集》四卷，收入《四明丛书》。

散骑常侍褚亮

褚亮（560—647），唐初文臣，秦王府十八学士之一。字希明，杭州钱塘人，祖籍河南阳翟（今河南禹州）。博学能文，曾仕陈、隋。归唐后，任秦王府文学馆学士、散骑常侍，封阳翟县侯，对唐初内外大政多所建议。

褚亮少年时聪明好学，擅写文章；博览群书，无所不读，过目不忘。喜欢结交名人贤士。在陈、隋时已经很有名气。

十八岁时，褚亮开始在南朝陈做官。陈至德元年（583），他冒昧拜访尚书左仆射徐陵。徐陵是当时的政坛兼文坛名流，他接待了褚亮，并一起商榷文章，对其文章、见识颇为赏识。陈后主听说后召见褚亮，命其即席赋诗。当时大诗人、尚书令江总及词坛许多名家都在座，褚亮高声吟咏、兴致勃发，在座诸人频频点头称许。祯明初（586），褚亮被任命为尚书殿中侍郎。

陈亡入隋后，褚亮任东宫学士、太常博士。大业年间，隋炀帝要改制宗庙，褚亮引经据典，极力反对，使此事久议而不得决。隋炀帝心中不悦，污蔑褚亮与杨玄感有牵连，贬为西海郡司户。当时，京兆郡博士潘徽也被降为威定县主簿，两人同行。行至陇山（今河南信阳县东北），潘徽突然病逝，褚亮只好买了棺木将其瘗在路边，且慨然伤怀，在坟旁树上题诗一首。好事者记录下来，人们互相传抄讽诵，弄得满京城尽人皆知。

隋大业十三年（617），薛举在陇西割据称王，慕名收拢褚亮，拜黄门侍郎，参与机密事务。第二年，秦王李世民消灭薛举父子，褚亮归唐。李世民久闻褚亮之名，对他深加礼遇，赐织物二百段、马四匹，随从来到京师，授为秦王府文学。后来唐太宗每次征伐，褚亮常随军侍从，参预密谋；军中设宴，必定请褚亮。

唐立国之初，褚亮经常对内外大政提出建议。他曾劝止唐高祖李渊冬猎，以免扰民。贞观元年（627），与杜如晦等十八人授弘文馆学士，在馆内轮流值宿，以备咨询军国大事。贞观九年（635），任员外散骑常侍，封阳翟县男。后迭有升迁，又改任通直散骑常侍。十六年（642），进爵阳翟县侯，食七百户。

褚亮大力支持唐太宗扩大疆土的政策。告老还乡时，唐太宗曾向褚亮"借子"，说："你我相处，倏忽间已三十年。今你将归里,朕幸辽东,欲使你的次子遂良随朕东行,想你不会舍不得一子于膝下吧?"褚亮遂命儿子褚遂良从征。

褚亮晚年在家养病,太宗亲自下诏遣医药救疗,派中使问候不绝。

贞观二十一年(645),褚亮以年近九十的高龄去世。太宗闻讯,非常悲痛,停止视朝一天,以示哀悼,并赠太常卿衔,谥曰"康",陪葬昭陵。

褚亮有文集二十卷传世。唐太宗命阎立本绘制的"十八学士写真图",上边的赞词,就是褚亮撰写的,对各人的评价颇能贴切入微。

著作郎姚思廉

姚思廉(557—637),唐初文臣,秦王府十八学士之一。字简之,一说名简、字思廉,吴兴人。他历仕三朝,在陈、隋任参军、主簿等,入唐历任秦王府文学、著作郎、散骑常侍等,赐爵丰城县男。他节操卓厉,直言无隐,忠于职守。自幼喜好史学,遵循父嘱,续修完成《梁书》《陈书》二史,史海留名。

一、家学传统 刻苦好学

姚思廉家世居吴兴(今浙江湖州),但其父姚察到隋都做官,迁至北方,所以两《唐书》本传,均称其为京兆万年(今陕西长安)人。

姚思廉的祖父姚僧垣,"少好文史",还"医术高妙,为当世所推"。他曾多次治愈皇帝和王公大臣的疑难病症,得到赏赐颇多。由此名声也越来越大,以至于边地和外域都有人前来求医。

姚僧垣"每得供赐，皆回给察兄弟"，即用这些钱财来培养儿子姚察、姚最。姚察兄弟就是靠这种较为宽裕的家境，游历求学，购聚图书，见闻日益广博。

姚思廉的父亲姚察，十三岁时就显露出才华，"于宣猷堂听讲论难，为儒者所称"。姚察勤奋好学的精神保持终生，即使担任南朝陈的吏部尚书后，仍大力搜求天下图书，遇到未曾寓目的书，就马上抄录下来。他聚书多达万余卷，且都阅读过，是梁、陈、隋之际公认的著名学者。

隋平陈之后，姚察任职隋朝，隋文帝杨坚以能得到他而高兴，曾对臣下说："闻姚察学行当今无比，我平陈唯得此一人。"（《陈书·江总姚察传》）由此可见当世对姚察的期许。姚察著述丰富，有《汉书训纂》三十卷，《说林》十卷，《西聘》《玉玺》《建康三钟》等记各一卷，还有《文集》二十卷，并行于世。此外，还有未撰成的梁、陈二史。

父祖辈、尤其是父亲奠定的家学传统，对姚思廉产生了良好影响，不仅是对早年的治学，更在于对成年后的立业，即编撰史书。

姚思廉少年时就喜好史学，不仅聪颖，而且勤奋学习，读书之外再无其他嗜好，甚至从不过问家人的生计状况。这为他后来治史打下了坚实的基础。

二、历仕三朝　忠于职守

姚思廉一生，经历了三个朝代——南北朝的陈以及隋和唐。在陈朝时，姚思廉担任过衡阳王府法曹参军，后又担任会稽王主簿。在隋朝，任汉王府行参军、掌记室，不久升任河间郡司法。入唐之初，授秦王府文学；贞观初年，迁著作郎、弘文馆学士；贞观九年（635）拜散骑常侍，赐爵丰城县男。

隋炀帝大业十三年（617），李渊在太原起兵，直取长安。当时镇守长安的,是隋炀帝的孙子代王杨侑,姚思廉则任职代王侍读。李渊率兵占领长安后,代王府僚属都惊骇走散,唯独姚思廉依然服侍代王,不离左右。唐军涌入王府,姚思廉大声呵斥道:"唐公举义,本匡王室,卿等不得无礼于王。"(《旧唐书·姚思廉传》)正往里冲的众兵将闻听此言,十分惊愕,见姚思廉独自一人伴随代王,面无惧色,心中也觉钦佩,于是纷纷停立在大堂台阶之下。李渊闻知,准许姚思廉扶代王下堂。直到代王被安置到顺阳阁后,姚思廉才哭泣着拜辞而去。目睹此事者,都很感慨,称他为"忠烈之士"。

姚思廉挺身保护杨侑,这使李渊、李世民父子对他另眼相看,分外欣赏。后来在武德年间,秦王李世民曾率军赴鲁南征讨徐圆朗。战争间隙,与人议论起隋朝往事,谈到姚思廉保护代王之举,他感叹道:"姚思廉不惧兵刃,以明大节,求诸古人,亦何以加也!"当时姚思廉远在洛阳,李世民专门派使者带帛三百段赏赐他,并附信说:"想节义之风,故有斯赠。"(《旧唐书·姚思廉传》)这是很不寻常的优礼之举。

后来,姚思廉被授为秦王府文学,与杜如晦、房玄龄一同成为"十八学士"之一。玄武门事变后,李世民立为太子,姚思廉也升为太子洗马。

姚思廉对于政事"直言无隐",督促唐太宗勤于国事。唐太宗因他是秦王府旧人,许可他随时就政事得失直接密奏。姚思廉也利用这个有利条件,充分发表自己对政事的见解,"展尽无所讳"。有一年夏天,唐太宗准备去九成宫避暑,姚思廉劝谏说:"离宫游幸,秦皇、汉武之事,固非尧、舜、禹、汤之所为也。"言辞恳切尖锐。太宗只好下谕解释说:"朕有气疾,热便顿剧,固非情好游赏也。"(同上)为奖赏姚思廉的直谏,赐帛五十匹。

姚思廉去世后，唐太宗深为哀悼，为之废朝一日，赠太常卿，谥曰"康"，特准陪葬昭陵。

三、史学贡献　梁陈二书

姚思廉的一生，除政治上有所作为之外，最主要的建树在史学方面，即《梁书》和《陈书》的撰著。

隋大业五年（609），姚思廉奉隋炀帝之命，与起居舍人崔祖濬修纂了《区宇图志》。这是一部历史地理著作，共二百五十卷。

入唐之后，贞观初年，姚思廉曾经撰写过纪传史著。唐代史家刘知几曾指出："贞观初，姚思廉始撰纪传，粗成三十卷。"（《史通·外篇·古今正史》）这是武德、贞观两朝，唯一一次修成纪传体国史。可惜这部国史已经散佚，本来面目无可窥探。唐高宗显庆元年（656），长孙无忌与令狐德棻缀集武德、贞观二朝史为八十卷，姚思廉所撰的国史当为之奠定了基础。

姚思廉费时数十年撰写的重要史著，当推继承父业而成的《梁书》《陈书》。

姚思廉的父亲姚察，潜心梁、陈二代之史。他在梁、陈、隋朝都任过史职，参与过国史的修撰，且在陈宣帝时开始修前代史——梁史。陈亡入隋后，开皇九年（589），隋文帝诏授姚察秘书丞，命其撰梁、陈二代史。这样，在官方的支持下，姚察开始了全面系统的编纂工作。

大业二年（606），姚察去世，二史尚未修成。临终时，姚察把修撰体例交给儿子姚思廉，嘱他续修完成。姚思廉接受父托，从此开始续撰工作。后经内史侍郎虞世基奏闻隋炀帝，从而得到了官方的支持。

唐初，朝廷曾两次诏修前代史书，姚思廉均参予了撰修工作。第一次是武德五年（622），唐高祖诏修前代六史，对梁、陈史的分工是：大理卿崔善为、中书舍人孔绍安、太子洗马萧德言修梁史，秘书监窦琎、给事中欧阳询、秦王府文学姚思廉修陈史。但这次修史因无功而作罢。第二次是贞观三年（629），唐太宗诏修前代五史，姚思廉受诏与秘书监魏徵同撰梁、陈二史。贞观十年（636）正月，《梁书》《陈书》与同时所修《北周书》《北齐书》《隋书》修成，一同进上。

梁、陈二史是姚氏父子接续而作，魏徵也在贞观初参与了修撰。大体来看，《梁书》，姚察与姚思廉所撰基本相当，《陈书》则多为姚思廉所撰。魏徵以监修身份加以指导，共写了三篇传论。梁、陈二书，姚察有开创之功，但姚思廉的贡献最大。姚思廉对梁、陈二书的续撰、整理、定稿，功不可没。

李世民命画家阎立本画"秦府十八学士图"，并命文学褚亮各为赞语，对姚思廉的评价是："志苦精勤，纪言实录。临危殉义，余风励俗。"十六言断语，从史学才能和政治节操两方面对姚思廉作出褒奖，评价可谓贴切中肯。

侍中于志宁

于志宁（588—665），唐初宰相，秦王府十八学士之一。字仲谧，京兆高陵（今陕西西安）人。在隋曾任县令。武德中为记室参谋等。贞观年间，历任中书侍郎、散骑常侍、太子左庶子、侍中等职。于志宁为官善于进谏，直抒己见，从不阿附他人。他雅爱宾客，曾与司空李勣修订《本草》并绘制图形。

一、极力诤谏　不避错失

于志宁出身于官宦人家，曾祖父于宣道，北周时任太师；父亲于谨,为隋内史舍人。

于志宁少年好学,尤其长于文学。隋炀帝大业末年,他任冠氏县(今山东冠县)县令,鉴于山东农民起义爆发,时局混乱不安,遂弃官归里。

唐高祖李渊入关,于志宁听说后,马上率领手下前往长春宫拜谒。李渊因于志宁当时很有名气,授为银青光禄大夫,并以渭北道行军元帅记室的身份,与殷开山等参谋军议。

李世民封秦王、任天策上将时,于志宁被任命为天策府从事中郎,经常随从秦王李世民一同征伐。后来又兼文学馆学士。

唐太宗李世民即位后,于志宁得受重用。贞观三年(629)任中书侍郎。一次,唐太宗宴请大臣,发现宴席上没有于志宁,便问道:"于志宁在哪儿?"臣下回答说:"陛下今天召见的人是三品官,于志宁位四品,所以未到。"太宗立刻下诏命于志宁前来参加宴席,随后又加授于志宁散骑常侍、太子左庶子,封黎阳县公。

于志宁为官,极力诤谏,不避得失。当时天下安定,群臣便商议建立皇家七庙之事。大家都奏请以西凉武昭王李暠为始祖,唯独于志宁不随大流,力排众议,独陈己解。他认为,凉地并非建立王业的所在。太宗认为于志宁说得在理,便采纳了他的意见。一次,太宗下诏,凡有功之臣可以世袭刺史之职。于志宁认为此举不妥,便上奏说:"古今时代不同,仰慕虚名,必定会遗留祸患,这不是长治久安之计。"太宗听后,便收回了诏令。

二、辅佐太子　　极尽谏劝

唐太宗认为于志宁正直忠诚,便想让他辅佐太子李承乾,并对他说:"古代太子出生后,由文士背负太子,为他设置辅佐之臣,过去周成王便以周公、召公做师傅。太子每天听闻王道,渐渐习惯成性。现在太子年幼，卿应以正道辅佐他，勿让邪僻开其心智，只要卿努力辅佐不懈怠，便可以得到相应的官职赏赐。"

太子李承乾生性不良，数有过恶，于志宁屡谏不止，为匡救太子，便上《谏苑》二十卷进行讽劝。太宗见后大喜，赐给他黄金十斤，丝绢三百匹。

贞观十四年（640），于志宁兼任太子詹事。后因母亲去世，辞职守丧，丧期未满，太宗下诏终丧复职。于志宁坚决请求服丧满期，太宗便派中书侍郎岑文本规劝他："自古忠孝不能两全，现在需要有人对太子进行教育约束，卿最好返归复职，为朕辅导太子。"于志宁只好终丧就职。

当时，太子李承乾贪图享乐，在农忙之时营建密室，动工数月之久仍未停工。于志宁看在眼里、急在心头，经常劝谏太子，他说："克俭节用，是弘道之源；崇侈恣情，乃败德之本。现在的东宫是隋朝营建的，已经算得上奢侈富丽了，看到它的人都慨叹它的华丽，怎能再对它雕饰彩绘、大加修建呢？如此土木不停，耗资巨大，何况所用之工匠、宫奴都是些犯法亡命之人，他们手持钳凿槌杆往来禁苑，出入禁闱，监门、宿卫等不能盘问或阻止，这种情形实在令人担忧。"

太子又常常沉湎于音乐歌舞之中，于志宁又规劝说："郑卫之乐，古人认为是淫声。现在宫内常常听鼓乐之声，乐伎经常滞留宫内。听到它的人为之战栗，疑虑它的人心中烦闷。往年皇上亲口叮咛告诫，殿下怎能不思虑呢？"太子对于志宁的一番苦心劝告，置若罔闻。

太子任用宦官作为侍从，于志宁规劝太子要"狎近君子，屏黜小人"。太子不但不听，而且大为反感，一意孤行。按旧制，东宫的仆从是可以轮番休息的，可太子却不允许，因而东宫仆从、车夫及兽医，一年四季都得不到休息。于志宁认为这种做法有违仁爱之道。

太子又和下人引领突厥人达哥支等入宫，与他们日相亲近。对此，于志宁不能容忍，便上疏极言。太子大怒，他早就对志宁怀恨在心，便派遣张师政等人公然行刺。刺客进入于志宁的府第，看到他身形憔悴，居住在草庐之中，顿生怜惜之情，不忍下手。

后来，太子谋反的阴谋败露。太宗了解到事情的经过后，便对于志宁说："听说卿曾多次上谏，承乾却不听，所以才有今天的下场。"当时东宫属官皆受牵连而遭贬斥、流放，唯独于志宁得到慰问勉励。

三、直陈己见　晚年贬官

晋王李治立为太子后，于志宁再次受任为太子左庶子，迁侍中。永徽元年（650），李治即位，是为唐高宗。同年，于志宁任为光禄大夫，晋封燕国公。永徽二年（651），监修国史。

高宗朝，于志宁仍然勤勉为政，勇于直谏。洛阳人李弘泰诬告太尉长孙无忌阴谋造反。唐高宗大怒，下诏要立刻斩杀诬告者。于志宁不同意，劝谏道："陛下平时对功臣勋戚情笃恩隆，现在要斩决诬告之人，目的一是杜绝诬告之路，二是抚慰勋戚之心。但眼下正值春天万物滋生之时，不应行刑杀戮；况且，诬告本来不属叛逆作恶之列。所以，臣请求依照法律，待秋分时再加处决为宜。"高宗觉得于志宁说得在理，便同意了。

于志宁不但在关涉朝政事务上勇于谏诤，有关礼仪、吉凶之事，也敢于直陈己见。

衡山公主因公脱去丧服后，欲下嫁长孙氏。当时大多臣僚认为，因公脱去丧服之后，可以行吉礼。但于志宁却说出了自己的看法："按照《礼》的规定，女子十五岁笄发，二十岁出嫁，遇到变故，可延至二十三岁出嫁。由此可知，遇上丧事需要守丧三年。据《春秋》记载，鲁庄公到齐国交纳聘礼，母亲丧亡不到二年就准备成婚，《公羊》《穀梁》两家对此不加评断，是因为他失礼太明显的缘故。现在有人说'因公脱去丧服可以行吉礼'，这是汉文帝创制的，只是为了天下百姓罢了。现在公主服丧，本应穿上粗布制作的衣服，纵使依照汉例脱去丧服，哀伤之情也不能因例改变。心情悲伤之时成婚，这是人情所不能忍受的。"高宗同意于志宁的意见，下诏公主等到服完丧再成婚。事后，拜授于志宁为尚书左仆射、同中书门下三品，成了宰相。不久，兼任太子少师。

永徽四年（653），有十八块陨石落在冯翊（今西安附近）境内。高宗忐忑不安，询问群臣："这是什么征兆呢？朕想对以往的过失进行忏悔，对将来之事进行修福，以此来自戒，怎么样？"于志宁回答说："《春秋》记载'五块陨石落在宋国'。当时内史说'这是阴阳之事，并非吉凶而致'。事物皆有其自然属性，并非全都关涉人事。即便如此，陛下能在没有灾祸的情况下引以自戒，这样做，没有害处，只能带来福运。"

显庆元年（656），于志宁迁任太子太傅。其时，他和右仆射张行成、中书令高季辅，俱蒙赐予田地。于志宁因家族自周、魏以来世居关中，产业不败，可继承父祖之地，而张行成、高季辅刚开始经营产业，所以上奏请求将自己的赐地分赐二人。于志宁这一举动，得到了高宗的赞扬。

显庆四年（659），于志宁因年老上奏请求辞官，高宗下诏免其尚书左仆射之职，另拜太子太师，仍同中书门下三品。

高宗李治废王皇后，立武昭仪为皇后。朝廷大臣分为两派，宰相长孙无忌、褚遂良刚正不阿，力谏高宗；而宰相许敬宗迎合上意，大力支持高宗。于志宁则一言不发，两不得罪。后来，武昭仪立为皇后之后，对长孙无忌怀恨在心，命许敬宗寻找机会加以陷害。于志宁因当时持中立态度，武后对他也不满意。后来，武后杀害了长孙无忌，于志宁也被贬为荣州刺史。

麟德元年（664），于志宁转为华州刺史，由于年老请求退休，得到高宗批准。

麟德二年（665），于志宁在家中病逝。追赠幽州都督。后又追复左光禄大夫、太子太师。

文学馆学士薛收

薛收（592—624），唐初文臣，秦王府十八学士之一。字伯褒，蒲州汾阴（今山西万荣）人。

薛收父亲薛道衡，隋朝任内史侍郎，颇有文名。薛收自幼过继给叔叔薛孺，薛孺亦工文史，生性正直，仕隋为官清廉。

薛收从小受到家庭的熏陶和教育，孝于父母，刻苦治学，十二岁即能作文。因生父薛道衡无辜被隋炀帝杀害，便立志不任隋朝之官。郡中曾荐举他为秀才，但他没有接受。

隋末义军四起，薛收遁入首阳山，准备响应义军。蒲州通守尧君素知道后，把薛收的母亲"请"到城里，以此要挟。薛收无奈，只得回城。后来，尧君素与称帝洛阳的王世充联军，薛收遂逃出城，归附唐朝。

房玄龄时任秦王府记室，他向秦王李世民极力推荐薛收。秦王召见薛收，向他询问方略。薛收侃侃而谈，议论纵横，秦王很满意，让他任王府主簿，出任陕东大行台郎中。秦王兴兵讨伐王世充，军务繁多，薛收撰写檄文布告等，当场写作，如同事先打好草稿一样迅速，不用修改。

秦王李世民率军包围洛阳，占据河北称帝的窦建德远道前来援救，围困东都的诸将建议按兵不动，观察敌军形势。薛收独自向秦王献策说："不能按兵不动。王世充占据东都，东都一向富庶，府库财物充实，而士卒都是来自江淮的精锐部队。可以说，王世充既有兵、又有钱，只是缺粮，因而一定急于决战，但我们只是围城，并不响应他的决战。现在窦建德远道而来，也一定尽出精锐，并带来不少粮草。如果让两支部队会师，士气骤然高涨，洛阳一带的平定又得推迟几个月。我们应该分兵围困洛阳，深沟高垒，只困守不出战，而由大王亲自督帅精锐，先占据成皋险要之地，然后厉兵秣马，以逸待劳，等待窦军前来。那时，窦建德军远道而来，将士都已经很疲劳，与我军精锐交战，我们取胜是必然的。如此，不用十天半月，两个'国君'就都可以擒获了。"秦王采纳了薛收的谋划，最终俘获窦建德，王世充被迫投降。

攻克洛阳后，秦王李世民到隋炀帝的皇宫观看，叹息炀帝无道，倾尽人力满足自己奢侈的需求。薛收进言说："高房画墙，殷商所以灭亡；茅屋土墙，唐尧之所以盛昌。秦始皇大建阿房宫，所以灾祸来得快；汉文帝停建露台，所以汉帝国国运长久。炀帝不明白这些道理，一心奢侈，残民以逞己欲，结果死在奸臣的手里，被后世耻笑，建造这些豪华奢侈的宫殿却不能归自己所有。"秦王觉得薛收说得非常深刻，很是器重。不久，授官天策府记室参军。跟随秦王平定刘黑闼后，封汾阳县男。

薛收曾经上书谏阻秦王游猎，秦王回答说："看了你的奏章，可知成就我的，正是你。俗话说：'两车明珠，不如一句良言。'"（"览所陈，知成我者，卿也。明珠兼乘，未若一言。"《新唐书·薛收传》）并赏赐黄金四十锭。

秦王李世民曾陪唐高祖李渊游览后园，获得白鱼，命薛收写献表。薛收挥笔而就，不假思索，当时之人都称赞其文思泉涌。

武德六年（623），薛收以本官兼任文学馆学士，与房玄龄、杜如晦一起蒙受殊礼，同为秦王心腹。

武德七年（624），薛收病重，秦王派人慰问，使者接连不断；仍然放心不下，又亲自骑马奔向薛府慰问。薛收不久去世，年仅三十三岁。秦王痛哭一场，写信给薛收之侄薛元敬："我与你叔叔伯褒军旅中并肩驰骋，共同谋划大事，如今他却忽然作古。伯褒家贫子弱，请你多加关照，以免叫我挂怀。"派遣使者吊祭，赠予帛三百匹。其后在图画学士像时，秦王不禁惋惜薛收死得早，没能在其中。

秦王李世民即皇帝位后，对房玄龄说："薛收如果在世，朕将任他为中书令。"太宗还曾梦见薛收的音容笑貌，一如平生。感伤之后，赐给薛家粟、帛以作慰藉。贞观七年（633），追赠定州刺史。永徽年间（650—655），又追赠太常卿，陪葬昭陵。

薛收之子薛元超，九岁继承父爵。长大后，十分好学，善于为文。薛元超娶巢剌王李元吉之女和静县主，任太子舍人。高宗继位，升任给事中，多次陈述朝政得失，高宗赞许他的意见，并加以采纳。转任中书舍人，弘文馆学士。后升任中书侍郎，同中书门下三品，也就是成了宰相。儿子如此有出息，薛收可以含笑九泉了。

谏议大夫苏世长

苏世长（生卒年不详），唐初大臣，秦王府十八学士之一。雍州武功（今属陕西西安）人。曾仕北周和隋，入唐后为秦王府文学馆学士，又拜谏议大夫，以机辩博学、敢于直言知名，曾力谏唐高祖李渊游猎、奢华；又曾出使突厥，不辱使命。

苏世长出生在官宦家庭，祖父在后魏时做过通直散骑常侍；

父亲苏振在北周做过刺史,封建威县侯。十一岁时,苏世长上书北周武帝宇文邕。武帝很感惊异,特地召见了他。后袭父爵。入隋,任长安令;大业末年,为都水少监。

武德四年(621),唐高祖李渊平定王世充后,时任王世充行台仆射的苏世长,带着汉南来归顺。高祖指责他归顺迟了,苏世长深深作了一揖,说:"自古以来,帝王登基,都是用擒鹿来作比喻,一个人获得了,其他众人便放手了。哪里有捕获鹿以后,还忿恨其他同猎的人,追究他们争夺鹿的罪名呢?"高祖和苏世长早有旧交,便一笑置之。

归唐之后,苏世长先任玉山屯监,后调为陕州长史、天策府军咨祭酒,并任秦王府文学馆学士,成为著名的"十八学士"之一。后又拜谏议大夫。

苏世长以机辩博学、敢于直言知名。他多次劝说唐高祖李渊以隋为鉴,惩其奢淫,不忘俭约。

有一天,苏世长与高祖在高陵围猎,收获颇丰。高祖命将捕获的禽兽陈列在旌门,环顾四周,不无得意地问众位大臣:"今天围猎,快乐吗?"苏世长回答说:"皇上您错过了许许多多的猎物。今天围猎,不过收获一百来只,不算十分快乐!"皇上听了很是吃惊,脸色都有些变了,随后笑着说:"你发颠了吗?"苏世长回答说:"如果仅从我的角度来考虑,便是发狂了;但如果从您的角度来考虑,则是一片忠心呀!"原来,他是在讽谏皇上围猎,以免践扰百姓。

苏世长曾经在披香殿侍候皇上宴会,酒喝到高兴的时候,他上奏说:"这座宫殿是隋炀帝建的吧?为什么雕刻装饰这么像呢?"高祖回答说:"你好进谏,像个直率的人,其实内心狡诈。你难道不知道这座宫殿是我建的?为什么要假装不知道,而说是隋炀帝建的呢?"苏世长回答说:"我实在不知道。只是看到如此奢华，不是崇尚节俭的君王所应该做的。如果真是您建造的，实在不合适呀！我是一介武夫，有幸能在这里陪侍，觉得皇上的房屋能蔽风霜，就认为足够了。隋炀帝因奢靡已极，百姓不堪忍受而造反。您得到江山，其实是对他竭尽奢靡的惩罚，自己也要不忘节俭呀！如今在他的宫殿里又大加装饰，想拨乱反正，难道可能吗？"

苏世长不时进谏，高祖每次都和颜悦色，没有为难他。苏世长前前后后多次进谏，高祖从中也得到了很大的教益。

褚亮的"十八学士"题赞，称苏世长"军咨谐噱，超然辩悟；正色于庭，匪躬之故"，可谓人、事贴切。

贞观初年，苏世长奉命出使突厥。在与突厥的谈判中，他不辱使命，力争不让，赢得朝野赞许。后来，他又调任巴州刺史，在赴任途中乘船落水而亡。卒后追赠雍州刺史。

国子祭酒孔颖达

孔颖达（574—648），唐代经学家，秦王府十八学士之一。字冲远，冀州衡水（今属河北）人。八岁就学，少年时代遍读群经，后又师从名师刘焯，学业大进。隋炀帝时，曾与会论辩，群儒莫不披靡。入唐，李世明召为秦王府文学馆学士，历任给事中、国子司业、国子祭酒等，封子爵。一生向学穷经，奉诏纂成之《五经正义》，有"万古之仪型，一代之标的"之誉。

一、少即博学　又从名师

孔颖达出生在一个世代书香的仕宦之家。曾祖父孔灵龟，官拜北魏国子博士。祖父孔硕，为北魏南台治书侍御史，为官正直、威重严明,"权豪为之屏踪","风俗以之肃清"。父亲孔安,北齐任青州法曹参军,执法公平,志在宽简。

生在仕宦之家,孔颖达却并无半点纨绔子弟习气,也不希冀凭借父辈的关系步入官场。孔颖达的幼年,正是南北朝对峙时期,他所在的北周,政教清明,局势稳定,儒雅重文之风不让衣冠文物荟萃的南朝。

公元581年,孔颖达八岁,北周外戚、权臣杨坚取代北周,建立隋朝。隋文帝杨坚初年颇重儒术,"超拔奇隽,厚赏诸儒",自京师达于四方,大兴学校,广置生徒。"齐鲁赵魏,学者尤多,负笈追师,不远千里,讲诵之声,道路不绝",史书称:"中州儒雅之盛,自汉魏以来,一时而已!"(《隋书·儒林传》)

正是在此时,孔颖达开始就学。史称他"八岁就学,日诵千余言",悟性特佳。还在少年时代,孔颖达便熟悉了服虔所注《左传》,郑玄所注《尚书》《礼记》,毛氏所笺《毛诗》,王弼所注《周易》;儒经之外,还旁及诸子,兼善历算之学,长于属文。

少年时代,孔颖达曾师从刘焯为学。刘焯是当时出类拔萃的大儒,后生钻仰的名师,"天下名儒后进,质疑受业,不远千里而至者,不可胜数"(同上)。但刘焯性情孤傲,怀抱不广,不仅吝于财货、责求束脩,而且恃才傲物,凌辱诸生。孔颖达初来,很受刘焯轻视,并不以礼相待。后来孔颖达执经问难、发表意见,刘焯见其答难问对出人意表,能发人之所未发,遂翻然改容、刮目相看。

孔颖达在名师门下勤恳为学,虚心求教,在从前所学诸经注解外,百丈竿头更进一尺,《左传》于服注外又通杜预《集解》,《尚书》于郑注外再通孔安国传(即《伪孔传》),为后来《五经正义》的编纂奠定了厚实的基础。学成业就,刘焯欲留孔颖达同馆共授、切磋学问，孔颖达谢绝了老师的好意，满载而归，下帷教授。其时，他年仅二十余岁。

二、学逸群儒　掌教国子

隋文帝晚年"不悦儒术，专尚刑名"，关闭天下学校，只留中央国子学一所，生员七十二人，原本欣欣向荣的儒教事业又复归萎缩。

隋炀帝即位后，重视教育，大兴文学；又兼生性喜爱文学经籍，于是再开学校，重兴儒业，"征辟儒生，远近毕至"（《隋书·儒林传》）。孔颖达应时而出，应举"明经"，对策得高第，授任河内郡学博士。

大业年间，隋炀帝广征天下宿儒，集中于洛阳，由门下省主持，效仿当年汉宣帝石渠议经、汉章帝白虎论礼的故事，下令举行大规模的儒学讨论会。孔颖达以明经高第参加了这一盛会。一时老师宿儒，如陆德明、鲁世达、刘焯、刘炫等，都应时而出，登坛执经，各穷悬河之辩；论难问对，共研先圣之理。

孔颖达少年老成，英才秀发，斩关夺将，舌战群儒。门下省纳言（侍中）杨达评第高下，以孔颖达为最，上奏皇帝。隋炀帝遂以孔颖达为太学助教，陆德明为国子助教。当时孔颖达年方三十二岁，是应诏诸儒中最年少的。孔颖达凭着自己的渊博学识，终于进入国家最高教育和学术机构。

谁知，被孔颖达击败的"先辈宿儒"，都心怀羞耻、愤愤不平，竟然暗中派遣刺客欲加害孔颖达。幸好礼部尚书杨玄感出面保护，将孔颖达藏于府中，才幸免于难。

隋末天下大乱，文教扫地，孔颖达只得避难于虎牢（在今河南荥阳）。

唐高祖武德四年（621），秦王李世民设立文学馆，招揽天下文士，为治国平天下储备人才。孔颖达早已经是知名学者，自然在秦王府网罗之列。这年十月，孔颖达等十八人同被授为文学馆学士。

武德九年（626）玄武门之变后，李世民立为太子，秦府官属皆有封赠，"十八学士"也加官进爵，杜如晦为太子左庶子，房玄龄为右庶子，虞世南为中舍人，褚亮为舍人，姚思廉为洗马，孔颖达则擢授国子博士，成为全国最高学府的高级教官。

李世民即皇帝位后，论功行赏，孔颖达以儒业受封曲阜县男，转任给事中。给事中乃门下省要职，掌封驳政令、议论得失，孔颖达随侍皇帝左右，倍见亲信。屡迁国子司业、祭酒，掌管一国教育。

三、博学致用　受命纂书

唐太宗对孔颖达寄以厚望，还任他为太子右庶子，与左庶子于志宁一道，共同教育太子李承乾。孔颖达兢兢业业，恪尽职守。无奈李承乾爱好声色，漫游无度，不听劝教；又因太宗偏爱魏王李泰，酿成嫡庶相争之祸。

李承乾被废后，其他东宫属官多被黜退，唯有孔颖达、于志宁等，由于平时对李承乾犯颜直谏、尽心尽职，太宗对他们却奖赏有加，信任如故。

作为"十八学士"、李世民亲信的文臣之一，孔颖达在后来的政治生活中，不像房、杜诸人，功业卓著，位至公卿。他在太宗朝的主要贡献，在于文化事业。他学识渊博，文采出众，每遇朝廷议论礼历、商榷经义，他常发高论，多被采纳。他曾与魏徵、颜师古等修订《隋书》，有"良史"之称，加散骑常侍；又修订五礼，进为子爵。

孔颖达任国子祭酒时，唐太宗曾亲临国学，举行祭祀先圣孔子的释奠大礼。会上，群儒执经宣义，孔颖达主讲《孝经》，他声若洪钟，口如悬河，义理分明。太宗令群儒发难辩驳，孔颖达"金汤易固，楼雉难攻"，排难解纷，令众儒师大为折服。太宗手诏褒之曰："洪钟待扣，扣无不应；幽谷发响，声无不答。……思涌珠泉，情抽蕙兰。关西孔子，更起乎方今；济南伏生，重兴于兹时！"（《旧唐书·儒学列传上》）把他比作"关西孔子"杨震、西汉经师伏生，给予极高的评价。

鉴于前代儒家经注歧出混乱的情况，贞观年间，唐太宗下令孔颖达主持编纂五经注疏定本。同时参与编修者尚有多人，诸如参修《周易正义》的有颜师古、司马才章、王恭、马嘉运、赵乾叶、王琰、于志宁等；修《尚书正义》的有王德昭、李子云；修《毛诗正义》的有王德昭、齐威等；修《礼记正义》的有朱子奢、李善信、贾公彦、柳士宣、张权等；修《春秋正义》的有谷那律、杨士勋、朱长才等。

参修者虽皆一时俊彦，但以孔颖达为其首领。在注疏编纂过程中，义例的制定，是非的考论，皆由孔颖达定夺。孔颖达首先在众多经书章句中，选择一家优秀的注释作为标准注本，然后对经文注文详加疏通阐释。

贞观十二年（638），书成，共一百七十卷，以《五经义赞》之名呈进，有诏改名为《五经正义》。从此，儒家经典有了官定的注疏本。该书不仅成为后世学习五经的标准范本，成为士子必读的教科书；同时，它也保存了汉晋经说，是窥探汉学风貌、研究两汉以及魏晋经学的宝贵资料。于志宁称之为"万古之仪型，一代之标的"（《孔祭酒碑》）。

贞观二十二年（648），孔颖达病逝，享年七十五岁。陪葬昭陵（衣冠冢）。

四、《五经正义》 万古仪型

孔颖达奉诏编纂的《五经正义》，是我国经学史上的一部名著，为经学的统一和汉学的总结做出了卓越贡献。

儒学从西汉开始，便流派众多、师说不一。当时《诗》分齐、鲁、韩三家；《书》分欧阳、大小夏侯；《礼》有《仪礼》《礼记》，其中《礼记》分大、小戴；《易》分施、孟、梁丘、京；《春秋》既分公、榖二传，公羊又有颜、严之学。经学史上称这些分歧为"师法"。后来经师又在师法的旗号下更生异说，于是又分出"家法"，再由家法中分出各种专家之说。就像树干分枝，枝又分枝，枝叶繁茂，渐失根本，经义难明。故有"学徒劳而少功，后生疑而莫正之叹"。后来古文畅兴，纠葛更生。《诗》有《毛传》与齐、鲁、韩争雄，《易》有高、费与施、孟争胜，《春秋》有《左传》异军突起，《礼》又出现《周礼》与分高低，《书》又得壁中古文十六篇。其间经本有无，卷册残全。文字今古，师说歧异，种种分歧，更扰得经学讲坛迷雾重重。

孔颖达之前，曾有三次经学整理行动，一是西汉宣帝时的石渠阁大会；二是东汉章帝时的白虎观之议；三是东汉末郑玄不讲家法，遍注群经。

汉代时，经有今、古文之争，到东汉郑玄兼通今、古文，而以古文为依归，今、古文之异日渐消亡。至西晋，王肃又重注群经，与之抗衡，并借用王朝力量立为学官，遂有"郑学""王学"之争。随着南北对峙局面的形成和玄学的兴起，又出现清谈"玄学"与传统"汉学""南学"与"北学"的分歧。在学术风格上，南学主义理，重创新；北学主典实，重故训。南朝治经，《易》尊王弼注，《尚书》用东晋出现的孔安国传，《左传》则用杜预《集解》；北朝，《周易》《尚书》用郑玄注，《左传》用服虔注。

《毛诗》《礼》南北同尊郑注。由于经注未定一尊，学者谁主谁从，都是各行方便、从其所好。特别是在南北势力交会之处，更是南学与北学混，义理与典实杂。这样就给后生学习、经义取正，均带来困难。

这种情况在政权分离之时，倒还可以容忍，但天下统一之后，势必给教育和选举工作带来诸多麻烦。史载隋文帝下令考试国子学生，准备择优录用，可是"自正朔不一将三百年，师训纷给，无所取正"（《隋书·儒林传》），众博士竟然无法评出考卷。

前人的五经注本中，至孔颖达编纂《五经正义》时，有的已经失传；在存世注本中，孔颖达择善而用。《易》用王弼注，《书》用孔安国注，《诗》用毛传郑笺，《礼记》用郑玄注，《春秋》用杜预《集解》。

《五经正义》的编撰方法是，首先列出经文、注文，接着串讲经文大意，然后疏通注文，说明注文之所以然。如《诗经·周南·关雎》"窈窕叔女，君子好逑"一句，《毛传》说："窈窕，幽闲也。淑，善；逑，匹也。言后妃有关雎之德，是幽闲贞专之善女，宜为君子之好匹。"郑笺说："怨耦曰仇，言后妃之德和谐，则幽闲处深宫贞专之善女，能为君子和好众妾之怨者。言皆化后妃之德，不嫉妒，谓三夫人以下。"《正义》首先串讲经文说："性行和谐者是后妃也。后妃虽悦乐君子，犹能不淫其色，退在深宫之中，不亵渎而相慢也。后妃既有是德，又不妒嫉，思得淑女以配君子，故窈窕然处幽闲贞专之善女，宜为君子之好匹也。以后妃不妒忌，可共事夫，故育宜也。"再疏通《毛传》说："窈窕者，谓淑女所居之宫形窈窕然，故笺言幽闭深宫是也，（毛）传知然者，以其淑女已为善称，则窈窕宜为居处，故云幽闲，言其幽然而闲静也。扬雄云'善心为窕，善容为窈'者，非也。逑，匹，《尔雅·释诂》文，孙炎云'相求之匹'，《诗》本作'述',《尔雅》多作'仇',字异音义同也。又曰后妃有关雎之德,是幽闲贞专之善女,宜为君子之好匹者,美后妃有思贤之心,故说贤女宜求之状。……"以下接着又疏证《郑笺》。《正义》有说有证,层次清楚,释义分明,繁而有要,齐全周详,就像老师宿儒的讲义一样。因此,于志宁称之为"万古之仪型,一代之标的"。《正义》为了说明注文,往往旁征博引古籍和前贤解说,体大思精,资料至为丰富。

其他学士们

秦王府十八学士,与李世民亲疏不一、成就各别,因此事迹流传多寡各异、史籍记录繁简不同。其中的一些人,事迹较少、史籍记载无多,或者事迹更多有关嗣后各朝。故而这里不再分别书写,而是合作一处,简略介绍。

一、玄道惠民 元敬鹓雏

李玄道(?—629),唐初大臣。祖籍陇西,世居郑州。在隋朝时,李玄道曾为杨陳齐王府府属。李密占据洛口,李玄道成为李密的记室。后被王世充俘虏,任为著作佐郎。李世民平定王世充,李玄道归唐,被任命为秦王府主簿,成为秦王府"十八学士"之一。贞观初年,李玄道累迁给事中,封姑臧县男。出任幽州长史,辅佐都督王君廓,专门负责府中之事,与王君廓渐有嫌隙。后王君廓谋反,受到牵连。后又起复为常州刺史,在职期间很有惠民政绩。贞观三年(629),年老致仕,加银青光禄大夫。卒于府邸。有《李玄道集》传世。

薛元敬(生卒年不详),唐初大臣、文学家。字子诚,蒲州汾阴（今山西万荣）人。薛收之侄。长于文学，与薛收及薛收族兄薛德音齐名，世称"河东三凤"，其中薛收为长雏，薛德音为鹫鹜，薛元敬为鹓雏。武德初年（618），薛元敬曾任秘书郎。秦王李世民召为天策府参军兼值记室，杜如晦称之为"小记室"。李世民为皇太子，任太子舍人，掌军府书檄和朝廷诰令，深得赏识。

二、允恭披丹　梁史传世

蔡允恭（约561—约628），唐初大臣、史学家。字克让，荆州江陵（今属湖北）人。

薛允恭美姿容，有风采，善缀文。隋朝时在长安，与虞世南友善，被邀为隋炀帝从官，历任起居舍人。炀帝所写词赋，多令他讽诵。炀帝曾派他去教宫人讽诵，蔡允恭深以为耻，屡次称疾不入内，遂遭疏远。炀帝死后，相继被宇文化及、窦建德延揽。

入唐之后，因虞世南引荐，任秦王天策府参军，兼文学馆学士。秦王李世民即位，置弘文馆于殿左，又复以薛允恭为学士，与姚思廉等轮流值宿，以备咨询。听朝之暇，常被引入内殿，唐太宗与之共论古今、商酌政务，往往到了日昃夜深而毫不倦怠；薛允恭也展蕴披丹，同心启沃。

薛允恭有史才，他对同朝修撰梁、陈二史者以陈霸先为正统不满，遂决定撰著《后梁春秋》。完成之后，呈上御览，唐太宗给予表扬，提升他兼任太子洗马。不久，受命任黜陟大使，与萧瑀等分行天下。薛允恭以年老恳求赐归，后在家中去世。

薛允恭著有《后梁春秋》十卷及文集二十卷传世。

三、相时多病　苏勖《括地》

颜相时（？—645），唐初大臣。字睿，琅琊临沂人。北朝颜之推之孙，颜师古之弟。颜相时与兄长颜师古，都学问深厚。武德年间，为李世民天策府参军、文学馆学士。贞观年间，拜谏议大夫，有谏诤之风。后转礼部侍郎。颜相时羸瘠多疾病，太宗常遣使赐以医药。颜师古亡故后，颜相时不胜哀惜，随后去世。

苏勖（生卒年不详），唐初大臣、地志学家。字慎行，京兆武功人。隋朝宰相苏威之孙，尚南昌公主。他劝唐太宗四子李泰奏请撰《括地志》，后与著作郎萧德言、秘书郎顾胤、记室参军蒋亚卿、功曹参军谢偃等就府参撰，由光禄司供给饮食，卫尉供帐。贞观十五年，撰成《括地志》五百五十卷，又序略五卷，为唐代地理名著。李泰表上，太宗赐李泰绢帛万段，苏勖、萧德言等也都给予赐物。

四、守素"行谱" 精通谱学

李守素（？—约628），唐初大臣、谱学家。赵州（今河北赵县）人，世代为山东名族。李世民击败王世充后，召署天策府仓曹参军。

李守素精通谱学（氏族学），"自晋宋已降，四海士流及诸勋贵华戎阀阅，莫不详究"，人称"行谱"（行走的谱录）。曾经与虞世南共谈人物，一开始谈论江左、山东士族时，虞世南尚能应对；谈到北地诸侯时，李守素叙述次第如流，各族世业有根有据，虞世南只能抚掌而笑，不能接话，感叹曰："行谱定可畏。"

后来，虞世南和许敬宗谈到此事，许敬宗说："李仓曹（李守素）以善谈人物，乃得此名（"行谱"），虽为美事，然非雅目。公既言成准的，宜当有以改之。"虞世南说："昔任彦升（任昉）美谈经籍，梁代称为'五经笥'；今目仓曹为'人物志'可矣。"（《旧唐书·李玄道传》）

李守素离世较早，在贞观初就去世了。

五、名儒文达　精通三《传》

盖文达（578—644），唐初大臣、经学家。字艺成，冀州信都（今河北冀县）人。早年师从刘焯，与族弟盖文懿均为名儒，人称"二盖"。

盖文达博览群书，尤精于《春秋》三《传》（《左传》《公羊传》《穀梁传》）。冀州刺史窦抗曾召集诸生，跟他进行辩论。当时大儒刘焯、刘轨思、孔颖达等人，均在现场。盖文达对答如流，窦抗觉得好奇，问他师从何人。刘焯说，这个人的学问，出于自然，并无门户。窦抗感叹说："可谓冰生于水而寒于水也。"

入唐之后，盖文达初任秦王府文学馆学士，后又升任谏议大夫。贞观十一年（637），唐太宗选妃，盖文达选美女武媚娘（即武则天）入宫。贞观十三年（639），又被任命为国子司业，不久拜为蜀王李愔师傅。后来蜀王获罪，但盖文达因平时言行方正而免祸。

贞观十八年（644），盖文达拜崇贤馆学士。此后时间不长便去世了。死后归葬故里，墓碑由"十八学士"之一的于志宁撰文，大书法家褚遂良书丹。

六、德明《释文》　流传千年

陆德明（约550—630），唐初大臣、经学家、训诂学家。名元朗，以字行，苏州吴县人。

陆德明起初受学于周弘正，善言玄理。南朝陈宣帝太建年间，陈后主陈叔宝还是太子，曾召集名儒在承光殿讲学，陆德明以弱冠与国子祭酒徐孝克抗辨，屡次驳倒其说，举坐感叹欣赏。接着，陆德明出任始兴王国左常侍，后提升为国子助教。陈亡之后，回归故里。

隋炀帝嗣位后，召任陆德明为秘书学士、国子助教。隋末，王世充想让陆德明做自己儿子的老师，陆德明严词拒绝。王世充兵败后，陆德明归唐。

唐初，陆德明被秦王李世民聘为文学馆学士，教授当时还是中山王的李承乾经学。唐高祖李渊曾召集博士徐文远、浮屠慧乘、道士刘进喜，各讲经论。陆德明参与驳难，随方立义，遍析其要，众人都辨不过他。

贞观初年，陆德明升任国子博士，封吴县男。不久去世。

陆德明著作甚丰，代表作有《经典释文》《周易注》《周易兼义》等，其中《经典释文》是流传千古的名著。

七、敬宗奉主　成全武媚

许敬宗（592-672），唐初大臣、史学家。字延族，杭州新城人。

许敬宗少有文名。隋朝大业年间，举秀才，授淮阳郡司法书佐，不久入谒者台，奏通事舍人事。其父许善心被宇文化及杀害后，许敬宗参加了李密瓦岗起义军，任元帅府记室。瓦岗军失败后降唐，唐太宗闻其名，召为文学馆学士。贞观八年（634），任著作郎，兼修国史，不久改任中书舍人。

贞观十七年（643），许敬宗因完成武德、贞观两朝《实录》，受封高阳县男，权检校黄门侍郎。贞观十九年（645），唐太宗亲征高丽，许敬宗为本官检校中书侍郎。太宗在辽阳驻跸山大败高丽兵，许敬宗立于马前起草诏书，深得太宗赞赏，从此专掌诰命。

唐高宗嗣位，许敬宗任礼部尚书。后因子女嫁娶受贿被弹劾，贬为郑州刺史。永徽三年（652），入为卫尉卿，加弘文馆学士，兼修国史。奉敕主编《文馆词林》一千卷，分类纂辑自先秦至唐代各体诗文，保存了大量文献。永徽六年（655），复拜礼部尚书。这一年，高宗欲立武则天为后，众大臣谏阻，唯有许敬宗促成其事。

显庆元年（656），加太子宾客。不久拜侍中，监修国史。显庆三年（658），进封郡公、中书令。龙朔二年（662），改任右相，加光禄大夫。龙朔三年，拜太子少师，同东西台三品，仍监修国史。

许敬宗有文集八十卷传世。

凌烟阁二十四功臣(文)

皇朝建国,少不了大封功臣,李唐王朝当然也如此;而图绘功臣像,东汉光武帝开先,唐太宗继踵。贞观十七年二月,唐太宗为怀念开国功臣,命大画家阎立本在凌烟阁内绘二十四位功臣画像,此即《凌烟阁二十四功臣图》。由于人数不少,这里分作文臣、武将两个部分——当然这个划分也是大概为之;而位列秦王府"十八学士"的四位,则已隶属该部分。

尚书右仆射长孙无忌

长孙无忌（？—659），唐初宰相，凌烟阁二十四功臣之一，太宗长孙皇后之兄。字辅机，河南洛阳人。早年即与唐太宗相识，曾跟随征战，并策划和组织玄武门之变。太宗即位后，他与房玄龄同为宰相。高宗李治继位后，他又与褚遂良同为宰相。他为官持正谨慎，力避亲嫌，却又直言进谏，对贞观之治功不可没；但也因力谏而埋下祸根，最后自缢而死。

一、善于谋略　玄武建功

长孙无忌的先祖是北魏皇族拓跋氏，因特殊功勋，改姓长孙氏。长孙无忌的父亲长孙晟，隋朝时为右骁卫将军。

虽然出身于军事贵族家庭，但长孙无忌并不善于统兵打仗，只是在军事方面稍有一些谋略，唐太宗曾说："他聪明机断，悟性好。虽然有些军事谋略，但带兵打仗，并非他的长处。"不过，长孙无忌虽疏于军事，但他聪颖好学，博览文史，善于谋略。

因父亲较早去世，异母兄长孙安业不容，长孙无忌与妹妹由舅父高士廉抚养长大。高士廉本人很有才华和名望，在这样一个家庭成长，长孙氏兄妹受到了很好的教育。

高士廉见识过人，早在李渊父子太原举兵之前，他就看出李世民乃非常之才，便把长孙无忌的妹妹嫁与他。长孙无忌与李世民年龄相仿，从小就是至交好友，一起长大，妹妹嫁给李世民后，两人关系更加亲密。

李渊起兵太原，至朝邑（今陕西大荔），长孙无忌受任渭北道行军典签，随后一直随李世民征战。李渊建唐后，长孙无忌官至比部（掌稽核簿籍，后为刑部四司之一）郎中，封上党县公。此时，李世民的才能、威望和显赫军功，引起太子李建成的嫉妒和惶恐，李世民本人也对皇位不无野心。缘此，为争夺皇位继承权，唐朝皇室内部发生分裂。

高祖武德九年（626），太子李建成联合齐王李元吉谋害李世民，没有成功。李世民问长孙无忌："危机的苗头已经显现，怎么办？"长孙无忌召来秦王府僚属房玄龄、杜如晦商议。房玄龄说："现在矛盾已经形成，一旦发生祸端，不仅朝廷危亡，社稷存亡也令人忧虑。不如劝秦王学当年的周公，以便稳定国家。事情迫在眉睫，成败在此一举。"长孙无忌说："我早有此意，只是未敢说出。现在你的一席话，正合我意。我立刻面告秦王。"（"吾怀此久矣，不敢发口；今吾子所言，正合吾心，谨当白之。"《资治通鉴·唐纪七》）于是，长孙无忌劝李世民先发制人，夺取皇位。

与此同时，太子李建成与齐王李元吉也在暗自活动。他们想方设法，重金收买李世民的部将尉迟敬德、侯君集等，但均遭拒绝。后又行刺李世民，仍未得逞。接着在李渊面前诋毁房玄龄、杜如晦，将二人逐出了秦王府。这样，李世民就只有长孙无忌这一心腹仍旧留在府中。长孙无忌与舅父高士廉一起，联合秦王部将尉迟敬德、侯君集等人，密谋诛杀太子与齐王，李世民仍犹豫不决。

这时，突厥南下进犯，按惯例，应由秦王李世民率军抵御，但因李建成从中作梗，唐高祖命李元吉督军讨伐，并调秦王部将尉迟敬德等一同前往，意欲趁机抽空秦王府的精兵强将。李建成还计划在为李元吉饯行时，行刺杀秦王。此时，长孙无忌秘密召回房玄龄、杜如晦，成功实施了玄武门之变。李世民被立为皇太子，长孙无忌受任太子左庶子。

在玄武门之变中,长孙无忌是首功之人。从酝酿之日起,他就态度坚定,屡次劝谏,日夜奔波,内外联络,并亲至玄武门参与伏杀。这也是为什么唐太宗至死不忘其佐命之功的原因。唐太宗在临死时还念念不忘长孙无忌,对大臣们说:"我有天下,多仗他的出力啊。"

二、谨慎行事　力避亲嫌

玄武门之变后不久,李渊让位给李世民,长孙无忌迁左武候大将军,其妹被立为皇后。贞观元年(627),转任吏部尚书,以功第一晋封齐国公,赐封一千三百户。

长孙无忌与唐太宗乃布衣之交,又是佐命元勋,还是亲戚,太宗多次要任命他做宰相,都被长孙无忌辞谢。长孙皇后也多次对唐太宗说:"我蒙皇恩,在紫禁宫里为后,全家也尊贵无比。但我不愿自家兄弟执管国家政治。"她还提醒太宗要吸取汉朝吕氏、霍氏等的教训。唐太宗坚持拜长孙无忌为尚书右仆射。长孙无忌为人谨慎,行事小心,很注意避嫌。

贞观二年(628)正月,有密奏称:"长孙无忌权力太重,恩宠太多。"唐太宗对长孙无忌说:"我与你君臣之间,没有什么猜疑。如果听到什么消息而不彼此相告,那么你我之间就没法沟通了。"("朕与卿君臣之间,凡事无疑。若各怀所闻而不言,则君臣之意无以获通。"《旧唐书·长孙无忌传》)长孙无忌以盈满为戒,恳求唐太宗同意他辞去宰相之职,加之长孙皇后的再三请求,唐太宗只好同意长孙无忌辞去尚书右仆射。

贞观五年(631),唐太宗为长孙无忌、房玄龄、杜如晦、尉迟敬德四人,以元勋之功封每人一子为郡公。贞观七年(633)十一月,太宗任命长孙无忌为司空,长孙无忌坚辞不受。他对皇上说:"我有幸成为你的外戚,担当此任,只怕天下人说你有私心。"太宗说:"我选择官吏,唯才是举。如果那人无才,就是亲戚我也不会用的。今日任命你为司空,并不是出于私心。"长孙无忌依然推辞。唐太宗不允许,并作《威凤赋》赐给他,追叹创建帝业的艰难,以及长孙无忌的佐命之功。

在玄武门之变中,长孙无忌表现出不凡的才能与胆识;唐太宗即位后,在一些重大事务上,他也发挥了重要作用。比如贞观元年(627),突厥因天灾人祸,内部叛乱,实力大衰,许多大臣建议趁机出兵攻打突厥。因为双方刚刚订立盟约,唐太宗犹豫不决。长孙无忌说:"现在国家正在养兵,待敌寇入侵,才可发兵消灭。如今他们已经衰弱,肯定不会来犯,我们还期望什么呢?应该信守盟约为好。"唐太宗最终放弃了出兵突厥的打算。

贞观十一年(637),唐太宗又因仰慕周代的分封制,诏令长孙无忌等十四人为世袭州刺史。许多大臣进谏,认为非长治久安之道,唐太宗听不进去,依然故我。后来,还是以长孙无忌为首的受封功臣呈交抗封书,加之长孙无忌又通过已是自己儿媳的长乐公主再三请求,太宗才停止了封世袭刺史这一错误措施。

贞观十七年(643)二月,唐太宗将二十四位有卓越功勋的大臣绘像凌烟阁,以彰其功,长孙无忌排在首位。

三、权衡利弊　拥立晋王

贞观十七年(643)四月,太子李承乾谋反被废。接下来最有资格立为太子的,是长孙皇后的另外两个儿子:魏王李泰和晋王李治。依自身条件而论,李泰占优。一方面,他是次子,比李治大九岁;另一方面,父皇对他宠爱有加。唐太宗还令李泰在王府中设立文学馆,广纳贤士学人,闲谈中还暗示过要立他为太子。而李治是长孙皇后的第三子,唐太宗的第九子,无论年龄还是父子感情,均处于劣势。

身为舅父的长孙无忌，却大力举荐李治，唐太宗因此犹豫不决。他来到两仪殿，令群臣都退出，独留长孙无忌和房玄龄、李勣、褚遂良，然后说："我三个儿子一个弟弟，不知立哪一位。"说完倒在床上痛哭，长孙无忌等人赶紧扶他起来。太宗又要抽刀自刺，长孙无忌等夺下佩刀，并问想立谁为太子。太宗说："我想立晋王。"长孙无忌说："我们奉诏执行，有异议者，我请求立即斩杀！"于是，立太子一事遂定，长孙无忌为太子太师。没过多久，唐太宗又想改立吴王李恪（唐太宗第三子，母为隋炀帝之女），长孙无忌私底下和他争论了一番，此事遂中止。

长孙无忌拥立晋王李治为太子，有他自己的想法。太宗统治后期，长孙无忌在朝廷中权重无比，为能在其后继续维持这一局面，他希望将来的皇帝是仁孝之人，只有这样，自己才会得到尊重，权势才会得到加强。李治生性懦弱，是最佳人选。魏王李泰则不同，他从小聪明，长大后喜好经籍、舆地之学，自置文学馆后广纳贤士，文武官员也纷纷投其门下，早已形成一股政治势力。而且李泰恃才不恭，连上品官员都不放在眼里。如果他做皇帝，依靠并重用的定是其招纳的党羽，而不会是舅父长孙无忌。

两子争立，一个是才华出众的李泰，一个是懦弱少能的李治。立李泰为太子是顺理成章的事，可太宗心里也不是很放心。李泰门下都是些功臣子弟，他们因祖上资荫，身处高官，奢侈放纵，都盼着李泰当皇帝后，驱逐元老，自己掌权。而李治这边则是以长孙无忌为首的元老重臣，如李勣、褚遂良等。长孙无忌既是开国元勋，又是佐命大臣，是贞观之治的忠实执行者。太宗当然希望自己身后，贞观政治依然存在，但又必须依靠长孙无忌等的辅佐。为此，他不得不立李治为太子。

贞观二十三年（649），唐太宗病危，命长孙无忌和中书令褚遂良二人辅政。太宗对太子李治说："有无忌、遂良二位大臣在，你不用担心天下。"又对褚遂良说："无忌非常忠于我,我有天下,多仗其力。我死之后,不要听信小人的话加害他。"最后嘱托长孙无忌和褚遂良二人："望二位尽心辅佐国家,以天下安危为己任。"

太子李治即位,是为高宗,长孙无忌迁太尉,兼检校中书令,执掌门下省事。唐高宗对长孙无忌和褚遂良格外敬重和信赖,长孙无忌更以帝舅身份数进谋议,高宗无不采纳。

四、祸起昭仪　遭贬缢亡

长孙无忌及其家族命运的彻底改变,源自永徽五年(654)十月的废立皇后之争。唐高宗欲立武昭仪(即武则天)为皇后,长孙无忌屡次谏言,都遭到拒绝。

唐高宗秘密遣人赐送长孙无忌金银宝器各一车,绫绢锦缎十车,并亲自登门,继而武氏之母杨氏前来说项,长孙无忌始终不许。礼部尚书许敬宗也多次劝说,长孙无忌厉声拒绝。

永徽六年(655)九月,唐高宗召长孙无忌、褚遂良、李勣、于志宁到内殿,说:"皇后没有生儿子,武昭仪生了儿子,我想立昭仪为后,大家说怎么样?"长孙无忌说:"先帝托付遂良辅政,请陛下问遂良可否。"褚遂良表示不可以。唐高宗不听,遂立武昭仪为皇后。

武则天对长孙无忌阻止高宗立自己为后,一直耿耿于怀,命许敬宗寻找机会加以陷害。

显庆四年(659)四月,有人状告太子洗马韦季方、监察御史李巢密谋反叛。因许敬宗追查过急,韦季方自杀,却未成功。许敬宗借此上奏,诬蔑韦季方欲与长孙无忌陷害忠臣,近戚伺机谋反,并奏言谋反原因:"无忌和先帝共同谋取天下,人们都信服他的智谋。他做宰相三十年,百姓都敬畏他的威严。真可谓威能服物、智能服兵，我恐怕无忌知道自己谋反之事败露，狗急跳墙，联合同党造反，必为国家之忧啊。"随后，许敬宗要唐高宗速作决断。高宗竟然未曾亲自证实事件的真假，就听信了谗言，又但不忍处死舅舅。于是，许敬宗用汉文帝杀其舅父薄昭的故事，对高宗说："当断不断，反受其乱。安危之机，间不容发。"

唐高宗到底没有斩杀长孙无忌，但免了他的官爵，流放到黔州（今重庆彭水），准许按一品官员供给生活费用。这算是对娘舅的照顾，也是对当年为自己争取帝位的报答。数月之后，唐高宗又命许敬宗等复核此案，许敬宗派中书舍人袁公瑜到黔州，逼迫长孙无忌自裁。长孙无忌遂自缢而死，家产被抄没，近支亲属都被流放岭南为奴婢。

上元元年（674），李治为长孙无忌平反，追复官爵，陪葬于昭陵。

侍中魏徵

魏徵（580—643），唐初宰相，凌烟阁二十四功臣之一。字玄成，祖籍曲阳（今河北晋县），后迁相州内黄（今河南内黄）。隋末乱世，他曾入山为道，两度参加义军，后随义军归唐。初不受重用，后任太子洗马。太宗继位后渐受信用，位至宰相。任相期间，恪尽职守，刚直不阿，知无不言，敢于直谏，对"贞观之治"贡献突出。他还曾参与修史，史学、文学领域也有一定成就。

一、少小勤学　加盟瓦岗

魏徵生于北周静帝大象二年（580），第二年杨坚代周建隋，所以其青少年时期是在隋朝度过的。

父亲魏长贤曾做过隋朝地方官，为政清廉，秉性刚直，而且博学多才，治学严谨，这使魏徵从小受到良好的熏陶，对以后的为政与治学大有裨益。由于父亲英年早逝，致使家道衰落，生活贫困。但魏徵并没有因此而意志消沉、沦落颓废，反而更加胸怀大志，勤学苦读，尤其属意纵横之说。

隋朝末年，各地起义风起云涌，隋王朝风雨飘摇。生逢乱世，魏徵深感无法施展自己的才华，远大志向也无以寄托，既然入仕无望，便出家当了道士。

隋末义军中，有支队伍由武阳郡郡丞元宝藏率领，而此人平时与魏徵交往甚密，以朋友相称。元宝藏深知魏徵的才华，起兵反隋后，就动员魏徵出山辅佐自己。于是，魏徵便在元宝藏的旗下，做起了郡府的书记官，掌管军中的文书。

当时，李密领导瓦岗军，声势浩大。起义军攻占官仓，开仓放粮，救济百姓，深得民心。李密出身贵族，隋大业初，任左亲卫府大都督，因不满朝政，投奔瓦岗军。在瓦岗军中，李密长于谋略，战功卓著，逐渐成为领袖。看到瓦岗军势如破竹的形势，元宝藏意欲投奔，便多次给李密写信，表明意愿。李密阅读信件后，深感措辞贴切，文采飞扬。经过一番打探，才知道信件出自魏徵之手。李密统辖元宝藏军后，便力邀魏徵在瓦岗军中任元帅府文学参军，专掌文学卷宗。

瓦岗军屡败隋军，据有洛口、黎阳、回洛三大粮仓，队伍不断壮大，声势日盛，李密渐渐滋长了骄傲自满的情绪。魏徵根据瓦岗军当时所处的形势，向李密呈上十条建议，李密虽然表示感谢，但并不重视。

当时，洛阳仍由隋军固守，李密与洛阳隋军长期对峙，在战斗中互有胜负。守卫洛阳的是隋将王世充，他企图趁李密人马疲惫，一举歼灭瓦岗军，李密与将领积极筹划，准备应战。魏徵认为，此役成败事关瓦岗军的前途命运，就主动找李密的长史郑颋说："魏公虽然取得速胜，然而精锐将士多战死，士气又低落，恐怕难以御敌。但隋军粮草不足，我们不如挖深沟、垒高墙拒敌，以防守为主。过不了多久，王世充粮草殆尽，必将自行退兵。那时候追击残弱之兵，必定获胜。"郑颋根本没把这个文学参军放在眼里，对魏徵的建议置若罔闻。李密自恃兵强，将领们也都主张速战，结果大败。从此，曾经威震天下的瓦岗军便销声匿迹了。

二、归降唐朝　辅佐太子

李密兵败后，率领残余部下逃奔长安，归降了李渊，魏徵也在其中。这一年是唐高祖武德元年（618）。

李密归唐后不久，又举兵谋反，最终兵败，引来杀身之祸。魏徵是李密的旧部，自然也就不会受到唐高祖李渊的重用。因长期无用武之地，魏徵便主动要求去招抚山东地区，因为那里仍有李密余党在活动。

魏徵先来到黎阳（今河南浚县东北），给据守在那里的徐世勣（即李勣）写了一封措辞恳切、语重心长的信。在信里，魏徵规劝徐世勣认清形势、顺应潮流，只有归附唐朝，才能成就一番事业。徐世勣为之深深打动，不久便归降了唐朝。后来，魏徵又直奔魏州，那里有他的老朋友元宝藏。在魏徵的劝说下，元宝藏也归附了唐朝。

武德二年（619）十月，窦建德率领义军南下，直攻黎阳。此时，魏徵刚好从魏州返回，黎阳失守，魏徵等被俘。窦建德对魏徵的才学早有耳闻，便任他为起居舍人。

武德三年（620），秦王李世民亲率大军东征洛阳王世充。唐军兵临城下，王世充深感形势严峻，火速与窦建德联络，请求援助。窦建德权衡利弊后，率领大军前来增援。李世民兵分两路，一路继续围攻洛阳,另一路阻击窦建德。结果一举击溃窦建德,王世充无奈投降,魏徵也得以回归唐朝。

魏徵一生两次身入义军,亲眼目睹了广大农民的生活疾苦,亲身经历了义军的反抗之举,这对他日后治政思想的形成有着至关重要的作用。

魏徵重回长安,仍然不被朝廷重用,而太子李建成对其学识颇为赏识,召为太子洗马。为报太子的知遇之恩,魏徵尽心辅佐,积极出谋划策。此时,李建成虽已立为太子,但获得皇位的根基并不牢固,秦王李世民成为他继承皇位强有力的对手,双方展开了争夺皇位的殊死斗争。对此,魏徵深感忧虑。

武德四年(621),窦建德旧党刘黑闼再次起兵,接连攻克漳南、幽州等地,大肆杀戮唐朝官吏,半年之内便占领了河北大部,收复了窦建德旧地。魏徵认为,这对太子来说是个壮大势力、提高威望的绝好时机,便进言道:"现在刘黑闼士卒伤亡、逃散的颇多,剩余的不满万人,而且粮草物资匮乏。若以大军攻击,必定势如破竹。殿下应马上发兵,以求取功名。"

李建成听从魏徵的建议,上奏高祖。奏准之后,魏徵协同太子率军征讨刘黑闼。在作战中,他鞍前马后,积极献计献策。魏徵认为,对刘黑闼不宜强攻,而应采取瓦解军心、涣散士气的策略,这样可以事半功倍,取得决定性的胜利。李建成采纳了魏徵的策略,向敌军发出信息:只擒刘黑闼一人,其余部下只要投降,一律不予追究。结果,敌军纷纷放下武器,溃不成军,很快便不战自败,河北大批失地尽归朝廷。

此后,太子与秦王之间互相倾轧,愈演愈烈,到了你死我活的地步。魏徵主张先下手为强,劝说太子杀掉秦王,否则夜长梦多。但李建成顾虑重重,并没有很快接受魏徵的建议。

武德九年(626)六月四日,李世民发动玄武门之变,杀了李建成与李元吉，逼迫李渊退位。同年八月，李世民登基，成为唐王朝的第二位皇帝。

三、据理力谏　刚直不阿

李世民坐稳皇位之后，对太子东宫官属不计前嫌，还从中甄选了一批人员，委以重任。

这时，有人向唐太宗告发魏徵曾劝太子谋杀他。唐太宗把魏徵召至宫中，面带威严，厉声质问："你为何要离间我和太子？"（"汝离间我兄弟，何也？"）魏徵坦然无惧，不慌不忙地回答说："太子要是听我的话，也就没有如今的灾祸了。"（"皇太子若从徵言，必无今日之祸。"《旧唐书·魏徵传》）听了魏徵的话，左右大臣的心都悬了起来。唐太宗反而气消颜开，他觉得魏徵秉性刚直，有胆有识，不但没有怪罪，反而提拔他做了谏议大夫。

唐太宗作为一代明君，特别注意虚怀纳谏。有一次，太宗问魏徵："何谓明君？何谓暗君？"魏徵答道："兼听则明，偏听则暗。"在魏徵看来，皇帝必须虚心，诚恳而广泛地听取臣子的建议。因为皇帝居处深宫，不可能全面了解国事，只有虚怀纳谏，才能避免独断专行，国家也才能长治久安。唐太宗对此深表赞同，此后，魏徵"兼听则明，偏听则暗"的告诫便成为太宗纳谏的重要指导思想。

魏徵认为，历朝历代的更迭，有一条教训值得记取："静之则安，动之则乱。"因此，魏徵经常劝诫太宗轻徭薄赋，与民休养。

贞观四年（630），唐太宗准备在洛阳修建宫室，县丞皇甫德参上书极力劝阻。唐太宗非常气愤。魏徵说："皇甫德参的意见是正确的。皇帝修建宫室，只图个人享受，滥用人力物力，于国于民都没有益处。皇甫德参虽然措辞激烈，但也是为了警策皇帝呀。"唐太宗思虑再三，最终接受了魏徵的意见，对皇甫德参不但没有治罪,还提升了官职。

后来,唐太宗又要在洛阳修建飞山宫。当时正值陕西、河南一带连降大雨,许多百姓房屋坍塌,无家可归。魏徵上书说:"隋炀帝恃其富强,不虑后患,穷奢极欲,使百姓困穷,自身被杀,江山破碎。陛下拨乱反正,要吸取亡隋的教训,不要奢望住进高大的宫殿,而要心甘情愿住在矮小的屋子。如果我们现在建造宏大宫殿,那就跟隋炀帝没有两样,灾祸很可能会降临。"魏徵以隋为鉴,据理力谏,终于说服皇上停建飞山宫。唐太宗还下令把修建宫殿的材料送到灾区,帮助流离失所的灾民重建家园。

贞观六年(632),在众臣的请求下,唐太宗准备前往泰山封禅,而魏徵却极力反对。唐太宗百思不得其解,便询问缘由。魏徵回答说:"眼下国家刚刚安定,百业待兴,国库仍然空虚。在这种情况下,陛下如若封禅,兴师动众,必然劳民伤财,与'抚民以静'的国策相悖。"唐太宗听了这番话,便取消了登泰山封禅的计划。

在治国方针上,魏徵不但认为对内应"静之而安",在对外关系的处理上,也认为不应该轻易动武。他向太宗提出"偃武兴文,布德施惠,中国既安,四夷即服"的治国策略。在魏徵看来,首先应立足于国家的强盛,不急于扩张领土,只要国家安定强大了,与周边的关系便能处理妥善。

唐太宗也非常赞同魏徵的观点。贞观初期,一方面加强经济的恢复和发展;另一方面,实行开明的政策,改善民族之间的关系。不管是对被征服还是主动归附的部族部落,都不强行改变他们原来的生活方式和风俗习惯,且任命原来的首领担任高级官职。同时还送给他们农具、耕牛等物品,帮助发展农牧生产。此外还通过和亲政策,加强同周边各部族同唐朝的联系和团结。这些,都大大促进了民族交往和经济文化的交流。与此同时,唐朝和世界其他国家的政治、经济和文化交往也越来越频繁,京城长安也成了世界性的大都会。

四、依法治国 编纂史著

在依法治国方面,魏徵特别强调,作为一国之君,对待臣子应赏罚分明,不徇私情,一视同仁。

贞观初年,濮州刺史庞相寿搜刮百姓、贪污腐化,有人向朝廷告发,结果受到追缴赃款、解除职务的处罚。庞相寿是秦王旧部,他向皇上求情,请求从轻发落。唐太宗念及旧情,不仅不予处罚,官复原职,还赐予一百匹绢以作安慰。太宗认为,庞相寿之所以贪财,可能是因为家里生活较为贫困,赐予他一百匹绢,以后就不再贪赃枉法了。

朝臣对皇上此举议论纷纷,大家都敢怒而不敢言。魏徵进谏说:"依法治国,切忌亲疏有别。赏赐之时,一定要想到与皇帝疏远之人;惩罚之时,千万不要忘记与皇帝亲近之人。这样,赏罚分明,秉公执法,百姓、群臣才能心服口服,国家也因之而得以安定。如今庞相寿执法犯法,理应予以严惩,只因与陛下有私交,陛下就予以袒护。如此行事的后果,必然是法不服人,国将不国。"唐太宗听了魏徵的话,觉得很有道理,收回前旨,依法惩处了庞相寿。

由于魏徵秉性刚直、大公无私,对皇上的言行敢于面折廷争,因而太宗对魏徵有时也不免产生敬畏之心。有一次,太宗准备去山中打猎,一切安排就绪,却又犹豫不决,迟迟不肯动身,最终没有成行。魏徵得知后,问及此事,太宗笑而答曰:"朕虽然计划进山打猎,但当时你不在京城,没有征求你的意见,所以考虑再三,还是打消了念头。"

魏徵从贞观初年仕于朝廷,到贞观十七年(643)去世,其间所奏之事,有史籍可考的共二百余件,涉猎政治、经济、文化以及对外关系等各个方面,大部分都保留在《魏郑公谏录》和《贞观政要》两书中。贞观十一年(637)所上的《论时政疏》《十渐疏》,是魏徵一生奏疏中最为重要而有名的,所谏内容主要有:居安思危,施行仁义,轻徭薄赋,举贤任能,坚持法制,虚怀纳谏,偃武修文,少动干戈,善始令终,力防蜕变,等等。

唐朝建立伊始,魏徵的治国思想就是注重对前朝历史的借鉴。他博览古籍,精通史学,因而其谏言善于剖析历史,以史为鉴,以古喻今。贞观三年(629),唐太宗下诏修撰《隋书》《周书》《北齐书》《陈书》《梁书》(时称五代史),魏徵奉命总领其事。其中《隋书》中的绪论,《北齐书》《梁书》《陈书》中的总论部分,皆由魏徵亲自撰写。这些史论深刻剖析了历代王朝特别是隋朝衰亡的政治和经济原因,集中反映了魏徵进步的历史观。贞观十年(636)五部史书修撰完成,唐太宗加封魏徵为光禄大夫,晋爵郑国公,故史称"魏郑公"。在凌烟阁二十四功臣中,魏徵位列第四。

贞观十七年(643)正月,魏徵身染重病。由于魏徵一生清廉,家无正堂,唐太宗便下令用当时正在修建的一处便殿的建筑材料,给魏徵建造正堂。太宗还派人到他家守护,随时报告病情。后来,太宗还亲临家探视,屏退左右侍从,与魏徵交谈良久,方才回宫。

魏徵病逝后,唐太宗亲自上门吊唁,恸哭失声,并为此向文武大臣宣布停止视朝五天,全部去魏徵家中进行吊唁,下诏追赠魏徵为司空、相州都督,赐谥曰"文贞",陪葬昭陵。太宗还亲自为魏徵撰写了碑文,并以挽词十首表达哀思。

后来,太子李承乾谋反,而参与谋反的侯君集、受到牵连的杜正伦,魏徵曾予荐举,因而唐太宗怀疑他结党营私。魏徵又曾抄录自己的谏辞，拿给史官褚遂良看。唐太宗知晓此事后，愈加不满，便下诏取消衡山公主与魏徵之子魏叔玉的婚约，还下令推倒了魏徵的墓碑。

贞观十九年（645），唐太宗亲征高句丽，尽管有所胜利，却未能消灭高句丽。回师之后，他慨然叹息说："魏徵要是还在，我哪会有这趟征战啊！"（"魏徵若在，吾有此行邪！"《新唐书·魏徵传》）于是召魏徵的家人到行营，赏赐、慰劳其妻裴氏，立命驰驿以少牢之礼祭祀魏徵，并重新立起墓碑。

唐太宗曾在朝堂对侍臣们说："夫以铜为鉴（镜子），可以正衣冠；以古为鉴，可以知兴替；以人为鉴，可以明得失。朕常保此三鉴，以防己过。今魏徵殂逝，遂亡一鉴矣！"（《旧唐书·魏徵传》）唐太宗的这番肺腑之言，是对魏徵一生极为正确而公允的评价。可惜的是，历来大多数君主，似乎都不大愿意照后两面镜子，魏徵那样的"镜子"也便绝无仅有了。

礼部尚书李孝恭

李孝恭（591—640），唐朝文臣，凌烟阁二十四功臣之一，太宗李世民堂兄。陇西成纪（今甘肃秦安）人。高祖时期，他招降巴蜀三十多州、击降萧铣、镇压辅公祏叛乱，立下了赫赫战功。他对降附之人以礼相待，常兵不血刃而收降城邑，可谓"仁德"将军。贞观初年，任礼部尚书，封河间郡王，深得太宗亲待，却宽恕退让，情愿居处简陋。

一、仁取巴蜀　智破江陵

李孝恭的祖父李蔚，与唐太宗李世民的祖父李昺是弟兄，分别是唐国公李虎的第七和第三子。李孝恭的父亲李安，隋朝时任领军大将军，唐朝追赠西平怀王。

唐高祖李渊占领长安后，任命李孝恭为山南招抚大使，攻取巴蜀地区。李孝恭率军抵达蜀地，发起猛攻，连续攻克了许多州。当时，农民起义军朱粲部下不愿投降，在被围困日久后断粮，只得食人为生。在攻破朱粲军时，唐军俘获众多俘虏，部将建议："朱粲的军队都是些人吃人的贼，实在太可恶了，应该活埋。"李孝恭说："不能这样。从这里往东，都是贼寇的地盘，要是听到我们活埋俘虏，以后谁还肯来投降？"（"不可！自此已东，皆为寇境，若闻此事，岂有来降者乎？"《旧唐书·李孝恭传》）于是把那些俘虏全部释放。

李孝恭采取的开明政策，效果显著，许多地方传檄而下。军队进展神速，降附者达三十多州，很快平定了整个巴蜀地区。

唐高祖武德二年（619），李孝恭任信州（治今重庆奉节东）总管，根据朝廷的安排，他可以全权处置当地事务。

当时，萧铣占据江陵，他是西梁（南北朝时期西魏附庸政权，亦称"后梁"）宣帝的曾孙，算是西梁皇室后裔。萧铣自幼丧父，家里很穷，靠卖字挣钱养活母亲，为人十分孝顺。由于族内的萧氏成为隋炀帝皇后，萧铣沾光，被授以罗川令。

隋炀帝大业十三年（617），天下纷纷叛乱，岳州上下文武官员也想趁势起兵叛隋。众人本来要推校尉董景珍为主，可这位武人倒有自知之明，对众人说："我家世寒贱，起事以我为名没有号召力。罗川令萧铣是梁国王孙，宽仁大度，有梁武帝之风。我还听说帝王龙兴，都有符名吉兆，隋朝的冠带都叫'起梁'，这个称呼，冥冥之中预示着萧家梁国该中兴啊。现在请萧铣为主，不正是应天顺人吗？"大家找到萧铣一说，果然帝王贵胄没有一般书生畏怯怕事之意，马上应承，即日自称"梁公"，改易服色，建立梁国旗帜。

不久，附近义军和起义官军纷纷来投，隋朝派军来攻都四散败走。萧铣于是称帝，署置百官。隋炀帝被弑江都，一时间天下无主，岭表诸州纷纷归降萧铣，九江、南郡也相继为梁国所据，当时东至三峡、南到交趾、北接汉川，全都成了萧铣的地盘，拥兵四十余万，成为南方雄国。

武德元年（618），萧铣迁都江陵（今湖北江陵），开始与刚刚建立的唐朝发生遭遇战。由于属下将领多横恣杀戮，萧铣就以罢兵为名召回诸将，打算趁机剥夺他们兵权。结果，身任大司马的董景珍等相继怨恨叛乱，纷纷被杀，以致萧铣的故旧边将各自心怀疑惧，实力大减。

李孝恭多次建议削平萧铣，高祖采纳，并晋封他为赵郡王，改信州为州。于是，李孝恭大力修造战舰，指挥士兵练习水战。大将军李靖受命征伐江南，李孝恭依照李靖的计谋，召集巴蜀地区首领的子弟，让他们在军中担任职务，表面上是重用，实际是把他们当做人质，一箭双雕。

不久，李孝恭升任荆湘道总管，统领水陆十二军出发，以李靖为行军长史，又令庐江王李瑗为荆郢道行军元帅出襄州（今湖北襄樊）道，李孝恭下令把缴获的战舰丢弃江中，使之顺流而下。部将不解，问他："缴获了战舰，正好补充我们的军队。如今把它们丢弃给敌军，为什么呢？"李孝恭说："萧铣控制的地面南抵岭南，东接洞庭，地势有利于固守。人口稠密，兵员众多。萧铣据守江陵，一时还不能攻下，如果援兵来救，我们就难以取胜，有多少船也没用。把他的战舰丢弃江中，各地援军看到这许多无人之船，会认为萧铣已经战败，江陵失守，援救已经没有意义。如此心生疑惑，再派人到江陵探问，时间耽搁下来，我们就可以拔取江陵了。"

果然，救兵来援江陵，见到满江残破的舰船，迟疑不敢前进。萧铣断绝外援，李孝恭纵兵布围，把江陵围得铁桶一般，很快就攻克了水城，俘获舟船数千艘。梁国的交州总管丘和、长史高士廉等，本来是带人来拜谒萧铣的，听说梁国兵败，新主对自己又无恩宠，就都转头到李靖军门投诚。萧铣秉承梁家一贯的"仁义道德"，自度救兵难于很快到来，就对属下说："天不助梁，数次亡国。如果战至力屈而降，唐军必因军士死伤而屠杀城内百姓。怎能因为我一人之故而使百姓遭殃呢？现在城池还未失守，我先出降，可能会保全民众。众人失我，何患无君！"

于是，萧铣亲自巡城下令投降，守城军士都号哭不已。萧铣祭拜太庙后，率官吏赴李孝恭军门请降："当死者唯有我萧铣，百姓无罪，请勿杀掠。"李孝恭把萧铣用囚车送至京师，李渊下令斩之于市。荆湘地区尽归唐朝所有。唐高祖很高兴，升任李孝恭为荆州大总管，还命人把这次战役制成画卷，保存在朝廷。

二、治理荆州　平定叛乱

在治理荆州期间，李孝恭开展屯田，建设铜矿，使百姓获利甚丰。由于政绩不凡，升任襄州道尚书左仆射。

当时岭南一带尚未平定，李孝恭派代表到各地安抚慰问，岭南四十九州归顺大唐，朝廷的号令直达南海，不再有阻隔。

武德六年（623），原为江淮义军首领、后降唐的辅公祏反叛，占据丹阳（今江苏丹阳）称帝。朝廷下诏，命李孝恭为元帅前往讨伐。李孝恭率兵紧急前往，李靖、李勣、黄君汉、卢祖尚等将领都归他节制。

大军出征之前，李孝恭大开宴会犒劳将士，忽然不知什么缘故，一碗清水变成了血水，众人大惊失色，以为不吉利，李孝恭却很平静，从容地说："是祸是福，原本没有一定之规，全凭人的处置。我没有做下对不起天地的事情,大家不用担心。辅公祏恶贯满盈,我们的征讨已经有神仙显灵了。这碗里中血,就是那辅公祏要送死的象征!"("祸福无门,唯人所召。自顾无负于物,诸公何见忧之深!公祏恶积祸盈,今承庙算以致讨,碗中之血,乃公祏授首之后征。"《旧唐书·李孝恭传》)说完,将杯中血一饮而尽,将士也就安定下来了。

辅公祏的部将冯惠亮占据险要之地,前来叫战,李孝恭坚守营寨,不肯出战。同时派奇兵断绝救军的粮道,敌军饥饿,后军乘夜偷食物,李孝恭不予理会。第二天,派出羸弱兵卒到敌军营寨前挑战,又派卢祖尚率精锐骑兵在第二防线等待。双方相持一阵之后,弱兵退却,后军追击,与卢祖尚军相遇,两军交战,叛军大败。冯惠亮退守梁山,李孝恭乘胜连破叛军各镇,叛军数千人投水而死,辅公祏无奈放弃丹阳逃走。李孝恭骑兵追击,抓获辅公祏,江南平定。朝廷下诏表彰李孝恭的功绩,赏赐丰厚,并提升他为东南道尚书右仆射。尚书制废除后,改任李孝恭为扬州大都督。

三、功勋卓著 甘愿"蜗居"

李孝恭两次打败敌人,势力范围北自淮水,东越过江水,南到达岭南。李孝恭想树立自己的威望,以镇抚这广大地区,就在石头城修造宅第,并用重兵守卫。缘此,有人说他要谋反。朝廷把他召回,逮捕下狱,严格审查,但查无实据,赦其无罪,改任宗正卿,并赐给实封一千二百户。

后来,李孝恭历任凉州都督,晋州刺史。贞观初年,任礼部尚书,封河间王。

李孝恭生活奢侈,府中仅歌舞伎就达百余人。但他性格宽厚,待人谦恭,并不骄傲轻慢别人。唐太宗很器重他,宗室中无人可与为比。可有一次，李孝恭却"怅然"对亲近的人说："我住的宅子有些过分宏壮，这不是我想要的，应该卖掉，另外建造一处，满足简单起居就行。这样的宅子，我死之后，儿子们有才能，肯定也能守住；假如他们无能，也可以避免别人算计。"（"吾所居宅微为宏壮，非吾心也，当卖之，别营一所，粗令充事而已。身殁之后，诸子若才，守此足矣；如其不才，冀免他人所利也。"《旧唐书·李孝恭传》）

贞观十四年（640），李孝恭因为饮酒过量去世，年仅五十。唐太宗为之痛哭，追赠司空、扬州都督，谥曰"元"，陪葬献陵，配享高祖庙庭。

贞观十七年（643），唐太宗命将二十四位功臣绘像凌烟阁，李孝恭位列第六。

当初，隋朝灭亡，盗贼遍天下，唐太宗亲自率兵一一讨定，谋臣猛将集中于麾下，此外再无建立重大功勋的军队了。只有李孝恭不在太宗麾下，是单独开疆拓土、平定叛乱的一支队伍。

李孝恭有子李崇义、李晦。李崇义继承河间王位，后降封为谯国公，历任萧州、同州刺史，益州都督府长史，也很有威名，终于宗正卿任上。

尚书右仆射高士廉

高士廉（576—647），唐初宰相，凌烟阁二十四功臣之一，太宗长孙皇后舅父。名俭，以字行。渤海蓨县（今河北景县）人。高士廉在唐太宗时，历任侍中、安州都督、吏部尚书、尚书右仆射、同中书门下三品等职。谥曰"文献"。他是唐太宗的心腹，曾参与策划玄武门之变。一家三代任相，外甥女为皇后，荣宠无比，但他始终谨慎行事，不事骄纵，得以善终。

一、事母至孝　助主登极

高世廉出身渤海高氏，父亲高励，北齐时封安乐王，隋朝时任洮州刺史。

高士廉自幼聪明，长大后才思敏捷，相貌伟岸，很有度量。他读书过目成诵，口才便给，隋朝司隶大夫薛道衡、起居舍人崔祖濬，都是很有名望的重臣，他们与高士廉结成忘年交，因而高士廉名声大显。

考虑到自己北齐宗室的身份，高士廉不愿与人广泛交往，遂隐居终南山下，闭门谢客。吏部侍郎高孝基劝他出来做官，高士廉遂于隋文帝仁寿年间考中文才甲科，补缺治礼郎。

隋炀帝大业年间，高士廉的妹妹嫁右骁卫将军长孙晟，育有一儿一女。长孙晟去世后，高士廉便把妹妹接回自己家中，并厚待一双儿女。他发现年轻的贵族子弟李世民非同常人，就把外甥女许配给他，这位长孙氏就是后来的文德长孙皇后。

大业九年（613），礼部尚书杨玄感反隋，兵部侍郎斛斯政一向与杨玄感交好，害怕被株连，叛逃到了高句丽。高士廉因与斛斯政关系密切，被贬为朱鸢（今越南河内）主簿。因母亲年迈，不耐瘴疠之地，便留下妻子奉养母亲，独自前往。

后来天下大乱，高士廉任职之地与京师断了联系，交趾太守丘和任命他为司法书佐。高士廉久在南方，不知道母亲的音信，顾念深切。他曾白天小睡，梦见母亲和自己说话，好像就在母亲膝下，梦醒后流泪不止。第二天，果然得到了母亲的音讯，人们认为这是他的孝心产生了感应。

当时，钦州土帅宁长真率兵侵犯交趾，丘和畏惧，准备投降。高士廉说："宁长真士兵虽多，但孤军远征，气势难以持久。

我们城里有精兵、武备，足以抵抗。有这么好的条件，岂能轻易屈服？"丘和任命他为军司马，并大破宁长真。

唐高祖李渊建唐后，派使者招抚岭南，武德五年（622），高士廉与丘和来降。当时，秦王李世民兼任雍州牧，很看重高士廉，推荐他任治中。太子与秦王关系日益紧张，高士廉与长孙无忌秘密谋划除掉太子。玄武门之变这天，高士廉率领自己的士兵，打开监狱，给囚犯盔甲、武器，让他们奔赴玄武门助战。

李世民成为皇太子后，高士廉任右庶子，后又升任侍中，封义兴郡公。有一次，黄门侍郎王珪有密奏要上报，交给高士廉转呈，但高士廉搁置起来没有转呈，太宗得知后，把高士廉降职为安州都督。

二、治蜀有方　端拱三川

贞观元年（627），高士廉升任益州大都督长史。蜀地的人们大都怕鬼，尤其恐惧疾病，对患病者避之唯恐不及，即使父母病了，也远远躲开，食物都是扔过去的。兄弟之间不言钱财，也从不缓急相助，民风与中原差别很大。高士廉编制了许多条例、规则，教导当地百姓，让他们严格遵守，蜀地风俗很快改变。高士廉还召集各类读书人，给他们讲解经书六艺等，各类学校也明显兴盛起来。

秦朝时，李冰筑都江堰，引岷江水灌溉农田，因而水源附近可得灌溉的田地价格高昂，一顷多达千金，引得人们互相侵夺。高士廉扩大了都江堰引水工程，在原有渠道上开出许多新的支渠，水田面积扩大，蜀地随之富庶。

蜀人朱桃椎，做事淡泊名利，隐居不仕，经常披着毛皮当衣服，用绳子作衣带，在人群中随波逐流。窦轨镇守益州时，听说后召见他，送衣服给他穿，逼他做官。朱桃椎始终不言不语，衣服扔在地上，重新逃入山中。高士廉到任后，用礼节招请。等他到来，走下台阶跟他说话，朱桃椎不回答，直直地看着，然后离开了。高士廉经常让人前往问候，朱桃椎见到派去的人，就进入深山老林藏匿起来。当时，官员们大多轻视隐居不仕的人，唯独高士廉对朱桃椎尊礼有加，蜀地的人把此事作为美谈。

贞观五年（631），朝廷召任高士廉为吏部尚书，封许国公。高士廉善于鉴识人才，熟悉士族门第，凡是他任用的官员，人才和门第、郡望没有不合适的。

唐高祖驾崩，高士廉代理司空一职，负责营造陵墓，加特进（专门授给大臣有特殊贡献者的官名，为文散官员中第二阶，相当于正二品），升任尚书右仆射。高士廉一门三代都担任过尚书右仆射（相当于宰相）一职，世人羡慕不已。

唐太宗东巡洛阳，命太子监国理政，让高士廉代理少师一职。太宗亲自写诏书道："端拱三川，不扰关中，以属卿也。"因为有高士廉辅佐太子，太宗十分放心。

在职时间久了，高士廉请求致仕。朝廷允许他辞去仆射一职，但加开府仪同三司、同中书门下三品。

贞观十七年（643），唐太宗命将二十四位功臣绘像凌烟阁，高士廉位列第七。

三、为人谨慎　身后哀荣

贞观十九年（645），唐太宗征伐高句丽，皇太子李治监国，驻定州，高士廉代理太傅，并执掌军机要务。太子说："我长期受您的教导，您是我的师傅。但现在一起办公，桌案相并，这不合道理，我心中很是不安，应当另外给太傅设立一处办公室。"高士廉坚决辞让。

高士廉举止文雅，每当他要发言，贵族们都洗耳恭听。他为人谨慎缜密，奏章疏议的底稿一律烧掉，家里人从来没有见过这些底稿。高士廉遗嘱说，自己墓中不得有随葬品，只能放一套衣服和自己喜爱的几本书。

东征大军回到并州（治今山西大同），高士廉患病，太宗亲自到住所探望。贞观二十一年（647），高士廉病重，太宗又到他家慰问，为他流泪。

不久，高士廉去世，享年七十二岁。太宗想到高家吊祭，房玄龄指出，皇帝正在服食丹药，不宜接近死者。太宗不理会劝阻，说："我和高士廉既有姻亲的亲情，又有君臣的名分，你们不用再说了。"带着几百人前往高家。长孙无忌跪在太宗马前，禀告高士廉的遗言，请求皇帝不要到哀悼现场。太宗仍不理睬，执意前往。长孙无忌泪流满面，太宗无奈回到京苑，向南痛哭。

高士廉出殡那天，正逢寒食节，太宗命尚宫备四桌食品祭祀，亲作祭文，并登城西北楼遥望灵车哭送。下诏追赠司徒、并州都督，谥曰"文献"，陪葬昭陵。高宗继位，追加高士廉太尉职，配享太宗庙。

尚书左仆射萧瑀

萧瑀（577—650），唐初宰相，凌烟阁二十四功臣之一。字时文，南兰陵（今江苏武进）人。隋朝炀帝时，任内史侍郎等。进入唐朝，历任民部尚书、尚书右仆射、太子太师、尚书左仆射等。他是隋朝外戚，但仍遭到炀帝忌恨，在隋朝并不得志。降唐后，先后受到高祖、太宗重用。但他禀性猜忌，以致宦海沉浮不定。

一、言事忤旨　在隋失意

萧瑀出身于兰陵萧氏，父亲萧岿，为南北朝时期西魏附庸政权西梁（亦称"后梁"）的明帝。萧瑀年仅九岁时，就得封新安郡王。

隋开皇七年（587），隋文帝下诏废后梁，萧瑀的封国也被废除。因姐姐是晋王杨广的妃子，萧瑀进入长安，拜任内史侍郎。

萧瑀性格耿直急躁，鄙视浮华风气。他喜爱经学，擅长为文，工于书法。他还信仰佛教，修行过很长时间。

当时，南梁刘孝标著有《辨命论》，认为天命决定了人的吉凶祸福。萧瑀认为，《辨命论》荒诞不经，于是撰文批驳。他的观点是："什么叫'天命'？人禀受天地而生，受命于天，这就是天命，而吉凶祸福却在于个人。如今将这些都归于天命，这不符合先王对人们的教诲。"精通儒学的柳顾言、诸葛颖赞叹说："自孝标至今已数十年，言及性命之理的人都不能驳斥他。萧瑀的这些论断，足以医治刘孝标提出的那些病入膏肓的理论了！"

晋王杨广立为太子后，授任萧瑀为右千牛。杨广即皇帝位，萧瑀的姐姐成为皇后，炀帝杨广对萧瑀的亲宠便日益加深，迁任尚衣奉御、检校左翊卫鹰扬郎将。萧瑀对自己官职不高心怀不满，加上看不惯炀帝的荒淫行为，遂产生归隐的想法。

萧瑀曾偶然染上四肢麻痹之症，却不让家里人请医生医治，说："上天如果延长我的余生，这番病后还不死，我这病就是隐遁山村最好理由。"皇后听说后，责备他说："以你的才华，足以扬名显亲，岂能轻易残毁身体而谋求归隐？你是一个亡国之臣，对自己官位不高产生不满，这就很过分了，还要说这些怨气冲天的怪话。恐怕罪责难测。"萧瑀这才请人治病，病愈后，拜授内史侍郎。

萧瑀因多次言事，抵触皇上旨意，渐渐遭到隋炀帝的忌恨。

大业十一年（615），隋炀帝北巡长城，到雁门后，被突厥始毕可汗率军包围。萧瑀谋划说："听说始毕可汗以借校猎为名而来，义成公主（隋宗室女，因和亲突厥而遣嫁启民可汗为"可贺敦"）并不知道他有背逆之心。按照夷人的习俗，可贺敦可以参与军事，况且义成公主是以皇帝公主身份嫁到突厥的。如果派一使臣告诉公主，应能不战解围。还有，人们议论陛下平定突厥以后，要再度征讨高句丽，众人全都厌战，所以现在怠慢不肯作战。希望陛下下诏停止征伐高句丽。"炀帝听从了。随后，义成公主谎称"北部边境有外寇入侵"，始毕可汗这才解围退去。

然而，隋炀帝一心要征伐高句丽，又忌恨萧瑀的计谋胜过自己的谋划，故对群臣说："突厥能有什么作为？萧瑀乘包围未解之时欺哄恐吓朝廷罢了！"于是贬萧瑀为河池（治今陕西凤县）郡守。

萧瑀上任时，河池境内有强盗万余人，官军无所作为。萧瑀招募乡勇组成"敢死队"，攻打并降服了强盗，缴获的财产全部赏给有功将士。

二、降唐为相　直言多纳

李渊率领义军进入京城长安，派人招抚萧瑀。萧瑀之妻，与李渊本是姑表兄妹，而且萧、李二人曾同在隋朝为官，交情很好。因而，萧瑀很快带着本郡归顺，授任光禄大夫，封宋国公，拜授民部（即户部）尚书。后来，秦王李世民担任右元帅，奉命进攻占据洛阳称帝的王世充，招用萧瑀为秦王府司马。

武德元年（618），萧瑀升任内史令，高祖李渊委任机要职务，内外政务全都参与决断。有时候，高祖还引他升座御榻，称呼他为"萧郎"。萧瑀一向勤奋努力，孜孜不倦，谏阻皇上过失，约束违法事件，无所畏惧。他经常上奏对国家有利、合乎时宜的章疏，大多被采用。高祖亲笔下诏书说："能听到你的言论，国家才有所依赖。运用智者的计策，可以成就美好的功业；接纳将者的言论，应该用金玉宝货予以报答。现在赐你黄金一匣，以报答智者，请不要推辞。"（"得公之言，社稷所赖。运智者之策，以能成人之美；纳谏者之言，以金宝酬其德。今赐金一函，以报智者，勿为推退。"《旧唐书·萧瑀传》）

高祖诏书下达中书省，萧瑀却迟迟没有宣布执行，高祖责备他拖延，萧瑀说："隋朝末年，内史省所下诏敕许多自相矛盾，各有关部门不知如何承办。如今大业初建，所以各种关系安危的大事都取决于号令。近来每起草诏书，定要反复审核，使前后旨意不相违背，然后才能够下达。我这些日子在全面检查这些文件，因此拖延了时间。"高祖高兴地说："你能够这样尽心竭力，我还有什么可担忧的呢？"（"卿能用心若此，我有何忧？"同上）

当初，萧瑀在关内的田宅全都赏给了有功之臣，到这时，高祖下诏还给了他。萧瑀又把这些田地全部分给宗族，只留下庙室供奉祭祀。

王世充被平定后，萧瑀以参与谋划之功升任尚书右仆射。武德七年（624），因荧惑星冲犯右执法星，萧瑀避让相位，但朝廷没有允许。

秦王李世民即位后，萧瑀升任尚书左仆射。不久，又拜授特进、太子少师，实封食邑六百户。

太宗曾问萧瑀："朕想使国家长治久安，应该如何做？"萧瑀说："夏商周三代所以能长久，是因为分封诸侯作为藩屏。秦朝建立郡县制度，只有两代就灭亡了。汉朝分封子弟为王，国运长达四百年。魏、晋废除分封制，转瞬之间就亡国了。这就是分封诸侯所起的明显效果。"太宗赞同他的意见，开始商议封建诸侯之事。

后来，萧瑀因与陈叔达在太宗面前争执不敬，获罪免职。一年多以后，起用为晋州都督。

三、性情猜忌　交恶诸相

贞观五年（631），萧瑀入朝拜太常卿，升任御史大夫，参与朝政。

萧瑀议论明辨，见解卓异，令人信服。但不能容忍别人的短处，情绪偏激，意见也难免存在偏颇，又一向执法严厉。

贞观初年，宰相房玄龄、杜如晦等后起之秀崛起，很得太宗赏识，逐渐分担了萧瑀的一些职权。萧瑀内心怨恨，找机会极力诋毁，语意轻慢而急躁。太宗十分生气，一度曾将他罢免。

不同于高祖时期，因房玄龄、魏徵、温彦博的裁正，萧瑀的意见多不为太宗所用。缘此，萧瑀更加愤恨不平。恰值房玄龄等人小有过失，萧瑀立即痛加弹劾，想借机把房玄龄等人打倒。但太宗并不打算予以处置人，萧瑀由此自感失落，罢免相位，任太子少傅，不再参与朝政。次年加特进，再次任太常卿。拜授河南道巡省大使。贞观九年（635），萧瑀又参与政事。

唐太宗曾说，武德末年，太上皇有废立太子的言论，却犹豫不定，那时候自己"不为兄弟所容，实有功高不赏之惧"。而"萧瑀不受利益引诱，也不怕恶势力威胁，真可谓有功国家的大臣"。（"此人不可以厚利诱之，不可以刑戮惧之，真社稷臣也。"同上）因而赐诗云："疾风知劲草，板荡识诚臣。"

太宗还曾评价萧瑀说："公恪守道义、忠心正直，古人没有能超过的。但善恶太过分明，有时也有失误。"（"卿之守道耿介，古人无以过也。然而善恶太明，亦有时而失。"同上）萧瑀磕头道谢说："既蒙受陛下教诲，又赞许臣的忠诚正直，得到陛下如此表扬，臣这一辈子，也算没有白过啊。"魏徵说："大臣有不顾家人议论严格执法的，君主因其公正而宽容他；孤傲但保持气节，君主因其耿直而容忍他。过去总听人说这些前代圣人的言行，今天却真的见识到了。假如萧瑀不遇到陛下，不用说建立功业、树立美名，就是简单自保，恐怕也很难！"

贞观十七年（643），萧瑀与长孙皇后之兄长孙无忌等二十四人绘像凌烟阁，位列第九。同年，晋王李治被立为皇太子，拜授萧瑀为太子太保、同中书门下三品。太宗说："三师是以德引导太子之人，在礼仪上如果不尊崇他们，就无从取法。"于是下诏："老师入东宫谒见，太子必须出门迎拜；老师坐下，太子才能就座；文书开头末尾签名，要称说'惶恐'二字。"

萧瑀向来显贵，但气量狭小。每当宴会朝见，就说："房玄龄等人结交党羽、窃取权力，他的同党如同用胶粘一样牢固，只是没有机会反叛罢了。"太宗说："了解臣下莫若君主。朕虽然不圣明，难道会昏聩得不知臣下的好坏？"萧瑀认为皇帝偏听偏信，这样时间长了，太宗心中也不高兴。

萧瑀喜好佛教，有时不高兴就向皇上请求出家做和尚。太宗准许了，随后他又奏说自己思量不能这样做。不久，又称有脚病不能入朝谒见，太宗说："萧瑀是不是不知道自己应该干点什么了？"于是下诏削去他的爵位，降授商州刺史。但太宗因萧瑀一向忠贞，所以不忍废其爵位，不久又恢复了他的封爵，加特进。

贞观二十一年（647），太宗拜授萧瑀为金紫光禄大夫，封宋国公。他随从太宗到玉华宫，因病在那里去世，终年七十四岁。遗言用单衣殓尸，下葬不必占卜吉日。太宗下诏追赠司空、荆州都督，陪葬昭陵。太常寺拟议谥号为"肃"，太宗认为他性情猜忌，改谥曰"贞褊"。

萧瑀的儿子萧锐，娶襄城公主，任太常少卿、汾州刺史。

泽州刺史长孙顺德

长孙顺德（生卒年不详），唐初文臣，凌烟阁二十四功臣之一，太宗长孙皇后本家叔父。

长孙顺德祖籍河南洛阳，曾祖父是北魏上党文宣王长孙稚。祖父长孙澄，北周秦州（今甘肃天水）刺史。父亲长孙恺，隋朝时任开府。

长孙顺德也曾在隋为官，任右勋卫。不过，为逃避隋炀帝远征辽东的战役，长孙顺德从军中偷跑出来，躲藏到太原，得到李渊、李世民的热情接待。

当时国内群雄并起，盗匪丛生，各地郡县纷纷招募兵员，加强防御。李世民也以讨贼为名，指示长孙顺德与刘弘基等招募兵勇，一月之间，招致一万多人，在太原城外安营驻扎。不久，李渊杀死隋朝派驻太原监视自己的王威、高君雅，起兵自立，任长孙顺德为统军。此后，长孙顺德便带领部属随军征战。

在李渊以太原、晋阳为根据地逐步向外扩张势力的初期，长孙顺德参加了大大小小许多战役，平霍邑、破临汾、下绛郡，每次作战都勇当先锋，斩将陷阵，多有军功。后与刘文静一起攻打隋将屈突通，在潼关（今陕西潼关）连战连胜，屈突通败逃洛阳，长孙顺德穷追不舍，直到桃林将其生擒，带回京师。后又扫清陕县（今河南西部）境内的匪众。李渊即位后，拜为左骁卫大将军，封薛国公。

武德九年（626），在玄武门事变中，长孙顺德与秦叔宝等人共同打击李建成的余党。秦王李世民即位后，封食邑一千二百户，又特赐宫女，并命其宿卫皇宫。

长孙顺德发现，一些仆役联合偷盗宫中财宝，这是死罪。但他接受这些人的贿赂——一些丝绢和金银，便将此事压下，放过了这几个人。后来丑闻暴露，太宗对近臣说："顺德论身份是外戚，论功劳是开国元勋，地位高，爵禄厚，可以说富贵到家了吧？如果能多看些古今典籍，从中吸取教训，引以为鉴，以自己的言行为民众作出榜样，朕会与他一起共同享用国库。他怎么竟然不守气节、不顾名誉，搞出贪污受贿的丑闻呢？"

原本应该将长孙顺德下狱治罪，但太宗思量再三，念及他的功劳，不忍问罪，反而在宫殿上当众赐给他几十匹丝绢，以此刺激其愧悔之心。大理少卿胡演不明其妙，问道："顺德贪赃枉法，罪不可恕，怎又赐予丝绢呢？"太宗回答说："人是有灵性的，给他这点丝绢，对他来说胜于刑罚。如果他仍不觉得惭愧，那就像禽兽一样了；已经是禽兽了，就更没有必要杀了。"

可惜的是，长孙顺德并未领受这份好心，他把皇上的"好生之德"误解为优柔寡断。不久，他与大臣李孝常图谋不轨，终于被革职。过了一年，太宗浏览功臣图看到他的画像，产生怜悯之情，便派宇文士及前去看望。只见长孙顺德精神颓废，一副醉态。有人议论他活到头了。太宗又召拜他为泽州刺史，并恢复了他的爵位、食邑。

长孙顺德以往放纵自己，不守法度；重新任职后，放下架子认真办事，严明纪律。一些官吏接受贿赂，长孙顺德一一追究，一个也不放过，因而人称"好官"。前任刺史张长贵、赵士达都在本郡之内占有数十顷好地，长孙顺德一齐上报，并追回来分给贫穷农户。

后来，长孙顺德又因犯法而被免官。此时，他的女儿不幸病逝，长孙顺德悲痛不已，以至自己也病倒了。太宗听到这个消息，对他产生了一种鄙视心理，对房玄龄说："顺德这种人没有慷慨的气节,因为死了一个女儿,竟然病到这个样子,不值得同情。"

不久,长孙顺德去世。太宗派人吊唁,追赠荆州都督,谥曰"襄"。贞观十三年(639)追封邳国公。贞观十七年(643)绘像凌烟阁,位列第十五。高宗永徽五年(654),重赠开府仪同三司。

刑部尚书张亮

张亮(?—646),唐初文臣,凌烟阁二十四功臣之一。郑州荥阳(今河南郑州)人。历任郑州刺史、怀州总管,及幽、夏、鄘三州都督,初封长平郡公,晋封郧国公。任职地方时,整顿吏治,奖罚分明,很有成效。但外表敦厚,内怀诡诈,迷信符命,终因告发谋反被杀。

一、初任将军 后治地方

张亮出身贫贱,以种田为生,但胸有大志。他外表敦厚而内怀诡诈,不为世人所识。

反隋义军李密兵进荥阳,张亮前去投奔,未被任用。正逢李密军中有人聚众谋反,张亮获知后密告李密,李密见他忠诚,便任他为骠骑将军,在徐世勣(李勣)手下听命。后与徐世勣一同降唐,被授为郑州刺史。

归唐之后,房玄龄见张亮英武,又有计谋,便将他引见给李世民,随后成为李世民手下的车骑将军。张亮尽心尽力,深得李世民的信任。后在李世民与太子争夺皇位的斗争中,张亮因镇守洛阳有功,被授以怀州总管,封长平郡公。

贞观五年(631),张亮晋封郧国公,历任幽、夏、鄘三州都督。在这些地方执政期间,张亮奖罚分明,整顿吏治,很有成效。他还打击豪强富商，抚恤贫困人家，深受当地百姓的称道。

当时，茂州（今四川茂县）张仲文自称天子，有司上奏皇上要求诛杀他。刑部尚书韦挺奏称："张仲文不过是妖言，不能处死。"唐太宗大怒说："你这是想树立私恩，好在下边作威作福，反而让朕承担虐杀之名！"韦挺仓皇退出。张亮为韦挺说情，并支持他的观点，唐太宗说："公想钓取刚正之名吗？"张亮仍坚持进谏，唐太宗遂说："宁愿委屈朕，也准奏公之请求。"于是，张仲文免死。

贞观十五年（641），唐太宗出兵高句丽，张亮多次上书劝谏，皇上不予理睬。于是，张亮请命随从，以沧海道行军大总管率兵出征。张亮率兵从东莱（今山东莱州）渡海，攻下沙卑城，俘敌兵数千人。随后又兵进建安城下。张亮大军营垒还未扎好，敌军就冲杀过来，将士都十分惊恐。张亮生来怯懦，见此情景，也慌得不知所措，呆坐床上连话也说不出来。手下众将士见此，反以为张亮临危不乱，胸有胆气，众人也便镇定下来。副官张金树击鼓鸣金，指挥士兵出击，大败敌军。

贞观十七年（643），唐太宗命将二十四位功臣绘像凌烟阁，张亮位列第十六。

二、迷信符命　　图谋造反

起初，张亮抛弃结发之妻，娶了妖艳的李氏。李氏既妒又悍，张亮对她既宠又怕。李氏迷信邪术左道，与妖人来往密切，整天装神弄鬼。她还与一个歌儿私通，为方便来往，便认那个叫"慎几"的歌儿当了干儿子。

张亮在相州（今河南安阳）时，有一位叫公孙常的人，善于逢迎拍马。张亮对他说："我曾听人说过一句谶语，有一个叫'弓长'的人，将另立国都。（"弓长之主当别都。"《旧唐书·张亮传》)这样的话,我非常不愿意听到。"公孙常明白张亮的意思,对他说:"你的名字,古代的图谶书上就有。"

原来,张亮认为相州是北朝旧都(相州的州治邺城,是南北朝时期东魏、北齐的国都),"弓长"为张,是自己的姓氏,心中遂生不臣之心。听了公孙常的话,张亮大喜,对人炫耀说:"我臂上刺的一条龙,近来鼓了起来。我夫人说这主大富大贵,看来我真的是要做龙振飞。我有个小妾,算命的也说她定能成为王姬。"

有个擅长算卦的人,叫程公颖。张亮召来,对他说:"相州地理形势,人们都说不出几年就会有人称王,你看如何呢?"程公颖一听此话,便知张亮显有反心,于是顺水推舟,说张亮躺在那里形似卧龙,必将大贵。闻听此言,张亮谋逆之心日益增长。

有人向唐太宗告发张亮,说他收有养子五百人,图谋造反。太宗命令马周等人按察,张亮坚决不服。太宗说:"张亮养有义子五百人,养这么多人做什么?不正是要谋反吗?"命文武百官议定其罪。众人都说张亮谋反,应当处死。唯独将作少监李道裕说:"张亮谋反证据不足,不应当判死罪。"太宗派长孙无忌、房玄龄到狱中与张亮诀别,说:"法令是天下公平之物,朕与你共同遵守。你自己不谨慎,与恶人往来,深陷于法,如今已毫无办法挽回。你好好地去吧。"几天后,张亮与程公颖一同在西市被处斩,家产抄没。

一年多后,刑部侍郎空缺,太宗命宰相遴选,拟订了几个人,都不称心意。过后,太宗说道:"朕得到这个人了。前些时议论张亮狱案,李道裕曾说'谋反证据不足',这话有道理,朕虽然没有听从,至今仍在后悔。"于是任命李道裕为刑部侍郎。

民部尚书唐俭

唐俭（579—656），唐初文臣，凌烟阁二十四功臣之一。字茂约，并州晋阳（今山西阳曲）人。北齐尚书左仆射唐邕之孙。父亲唐鉴，隋朝戎州刺史。

唐俭少时落拓不羁，不守规矩，但对待长辈颇有孝心，因此闻名。

隋朝末年，唐鉴与李渊同掌禁卫军，两人交情甚好。缘此，唐俭得以与李渊之子李世民交往。李渊做太原留守时，唐俭曾对李世民说："现在隋室昏乱，可以乘势让它更乱，乘乱取而代之。"李世民把这些话告诉了李渊。

李渊密召唐俭，唐俭详细分析了当时形势，以及立业的可行性。他说："明公日角龙庭，李氏又在图谶上（当时盛传李氏将取代杨氏），天下瞩目于公，就在今朝。如果公能打开府库，南面招收豪杰，北面招抚戎狄，东向收燕、赵之地，西向长驱渡过黄河，占据秦、雍之地，海内之权，便可指日而取。希望公能顺应众望，那么实现像商汤、周武王那样的伟业就不远了。"李渊说："商汤、周武王不是我敢比的。从私讲，我是要保全性命；从公讲，是要拯救动乱。你暂且谨慎注意言行，我要考虑考虑。"

等到李渊开府设官，授唐俭为记室参军。李世民为渭北道行军元帅，任命唐俭为司马。李渊攻克长安，唐俭受封光禄大夫、相国府记室。李渊建唐后，任命唐俭为光禄大夫，封晋昌郡公。武德元年（618），又升为中书侍郎，加授散骑常侍。

刘武周进犯中原，唐高祖李渊派唐俭及永安王李孝基、工部尚书独孤怀恩、陕州总管于筠等，率兵前往征讨。结果唐军大败，唐俭与李孝基、于筠等人均被俘。在这之前，独孤怀恩曾与部下元君实谋反，元君实被俘后，与唐俭关在一起，对唐俭说："古人云：'当断不断，反受其乱。'如果当初独孤怀恩起兵的话，何至于今日？"

不久，独孤怀恩逃出敌营，又掌管了兵权。唐俭担心独孤怀恩会反叛，命亲信带密信上报朝廷。当时，唐高祖正要去独孤怀恩的防地，见信后大惊，急忙返回京城，将谋反者捕获。经审讯，确有谋反之实，独孤怀恩自缢而死，其他党羽均被诛杀。为嘉奖唐俭，高祖下诏恢复原职（并州道安抚大使），可权宜行事，并赐予独孤怀恩的全部家产全。

后来，李世民击破刘武周部将宋金刚，追至太原，刘武周害怕，逃往突厥，唐俭于是封其府库、收兵甲，都交与李世民。唐高祖对唐俭大加赞赏，认为他身陷囹圄而不忘朝廷，于是授任礼部尚书、天策府长史，封莒国公；后绘像凌烟阁，位列第二十二。

贞观初年，突厥颉利可汗屡犯边境。唐太宗李世民派唐俭前去说服颉利可汗，突厥军亦有归降的打算，因而戒备松懈。大将李靖趁机率兵深入，一举全歼颉利可汗的军队，彻底解除了突厥给唐廷带来的威胁。唐俭趁两军混战之时，脱身还朝，因功授任民部尚书。

唐俭晚年，一直在朝中处理政事。有一次，他和唐太宗出去围猎，突遇一群野猪，太宗一连射死四头，不料一头野猪窜到太宗马前。唐俭见情势危急，下马与之搏斗，太宗在马上拔剑将野猪杀死。太宗见唐俭惊恐的样子，对他说："你是天策府的长史，没见过我带兵打仗吗？怎么如此害怕？"

唐俭从容回答说："汉高祖在马上得天下，而不在马上治天下。陛下在马上定天下，勇武神威，难道还要与一头野猪逞雄吗？"（"汉祖以马上得之，不以马上治之；陛下以神武定四方，岂复逞雄心于一兽?"《旧唐书·唐俭传》)唐太宗听了,十分高兴,围猎结束后,封唐俭为光禄大夫,又命其子唐善识娶豫章公主为妻。

唐俭位居高官,深受宠用,儿子又娶了公主,一时间荣宠无比,不禁骄纵起来。他经常大摆宴席,与宾客纵酒为乐,却将职务丢在一边。为了谋利,他还托盐州刺史张臣合购买自己命人放养的羊,遭到御史弹劾。唐太宗念及旧情,赦免其罪,罢免其光禄大夫之职。

高宗永徽初年,唐俭致仕,加特进。

显庆元年(656),唐俭去世,终年七十八岁。追赠开府仪同三司、并州都督,陪葬昭陵,谥曰"襄"。

洪州都督刘政会

刘政会(?—635),唐初文臣,凌烟阁二十四功臣之一。滑州胙城(今河南滑县)人。在隋任太原鹰扬府司马,随从李渊起兵,为首义功臣。后留守太原、经营后方,刘武周进攻时被俘,忠心不屈,并打探军情秘报李渊。回归大唐后,历任刑部尚书、洪州都督,封邢国公。

刘政会的祖父刘环隽,曾任北齐中书侍郎。隋大业年间,刘政会任太原鹰扬府司马。李渊任太原留守时,刘政会率兵隶属于麾下。

李世民与刘文静密谋起兵时,太原副留守王威、高君雅预先得知消息,打算几天后在晋祠举行大会,在会上谋害李渊。有人报告此事,李世民觉得事情急迫,打算先除掉这两人,便派刘政会送急信给李渊,报告王、高二人谋反。

当天，李渊正和王、高同坐视事，刘文静引刘政会进来。到了庭中，说有密状，得知有人要谋反。李渊指着王威等，让拿出密信来看，刘政会不肯，说："所告是副留守事，唯唐公得省之耳。"高君雅捋着袖子大叫道："此是反人，欲杀我也！"（《旧唐书·刘政会传》）此时，李世民已经在街巷布置兵马，刘文静遂下令左右把王威等囚禁起来。拘捕王威、高君雅，除掉了朝廷安插的监视者，李渊才得以顺利举兵，刘政会因此立了一功。

李渊自称大将军，建大将军府，刘政会任为户曹参军。随后，跟从李渊军平定长安，升任丞相府掾。武德初年，授卫尉少卿，留守太原，经营后方。刘政会内辑军士、外和戎狄，远近莫不悦服。

不久，刘武周进逼太原，晋阳豪右薛深等举城响应，刘政会被敌军俘虏。在贼军中，刘政会及时向李渊秘密报告刘武周的情况。平定刘武周后，刘政会获救，恢复了官爵。

其后，刘政会历任刑部尚书、光禄卿等职，封邢国公。贞观初，转任洪州都督，赐实封三百户。

贞观九年（635），刘政会去世，唐太宗手敕曰："举义之日，实有殊功，所葬并宜优厚。"赠民部尚书，谥曰"襄"。后与殷开山一起配飨高祖庙庭。

贞观十七年（643），唐太宗命将二十四位功臣绘像凌烟阁，刘政会位列第二十一。

凌烟阁二十四功臣（武）

开国功臣，武将为多，唐王朝也不例外。凌烟阁二十四功臣，大部分也是武将。建国之后，这些武将除担任兵部尚书外，也担任过别的职务，如其他各部尚书、宰相等。他们以真人大小的比例，在凌烟阁功臣图中面北而立，唐太宗时常前来观看缅怀。这份荣宠，算得上空前绝后。而契苾何力，虽不在凌烟阁功臣中，却也出将入相，受到太宗极大宠信，故附于此一部分。

右武候大将军尉迟敬德

尉迟敬德（585—658），唐初名将，凌烟阁二十四功臣之一。名恭，字敬德，朔州善阳（今山西朔县）人。尉迟敬德隋末参军为官兵，多次随军出征，以勇敢善战见称。后投归唐朝，在秦王李世民帐下为将，不仅屡立战功，且在玄武门之变时果敢多智，立下不世之功。贞观年间，历任右武候大将军、宣州刺史等。

一、在隋偏将　诚心归唐

尉迟敬德出身行伍，起初在隋军中任低级军官。隋大业末年，马邑人刘武周聚众造反，自称皇帝，声势浩大。尉迟敬德看到隋朝已经无所作为，于是投奔刘武周，被任为偏将。随后，尉迟敬德与刘武周属下的西南道大行台宋金刚合兵南下，攻陷晋、浍二州（今山西临汾、翼城）。尉迟敬德又深入夏县（今山西夏县东），打败唐军永安王李孝基，生擒唐将独狐怀恩、唐俭等人。

武德三年（620），李世民率军征讨刘武周。刘武周命尉迟敬德与宋金刚在介休（今山西介休）抗拒，结果一日八战，李世民大胜，俘斩宋金刚兵数万人。宋金刚轻骑逃奔突厥，尉迟敬德收拢残兵，坚守介休城。李世民围而不攻，派任城王李道宗和宇文士及入城劝降，于是尉迟敬德与骁将寻相举城归唐。李世民十分高兴，赐以歌舞盛宴，任尉迟敬德为右一府统军。此后，尉迟敬德便随李世民开赴洛阳前线，征讨王世充。

不久，原刘武周部下降将寻相等多人叛逃，唐军将领由此都怀疑尉迟敬德早晚必叛，就把他囚禁了起来。行台左仆射屈突通、尚书殷开山，一齐向秦王进言："尉迟敬德归降日浅，其情感志向尚未完全转变过来。这个人勇猛异常，现在关押军中。他知道被猜疑有贰心，必然心生怨气，这样下去恐怕会出乱子。为了免除后患，不如现在就把他杀掉。"秦王李世民说："依我所见，未必尽然。敬德假如想走的话，还会落在寻相之后吗？"（"寡人所见，有异于此。敬德若怀翻背之计，岂在寻相之后耶？"《旧唐书·尉迟敬德传》）

李世民当即命令释放尉迟敬德，并将他请入自己卧室，赐予金银，对他说："大丈夫以意气相投而共事，请不要对前几天的怀疑介意。我本人始终不听信谗言而残害忠良，请你相信这一点。如果你一定要走的话，我送这些金银作为路费，以表示咱们一起共事的情意。"（"丈夫以意气相期，勿以小疑介意。寡人终不听谗言以害忠良，公宜体之。必应欲去，今以此物相资，表一时共事之情也。"同上）

听了秦王的话，尉迟敬德深受感动，几天来因禁生活的怨愤顿时冰消雪化，同时又为秦王的宽宏大量所折服。他意识到这是有生以来遇到的真正英明之主，于是起身拜谢，说："敬德虽为一介武夫，但也知道良禽择木而栖、士为知己者死之理。"

当天，秦王李世民特邀尉迟敬德一同外出，到榆窠（靠近敌方的前沿地区）一带打猎，意在通过言行观察其去留心意。没想到敌方早已发现了他们，以为是偷袭之兵。王世充带领步、骑数万来战，骁将单雄信挺枪跃马直取秦王。尉迟敬德一看情势危急，来不及细想，拍马迎战单雄信，将其横刺落马，而后奋力保护秦王突出重围，又率骑兵返回来与王世充交战，结果王世充兵众溃败。

尉迟敬德生擒敌将陈智略，俘虏其排矟（即"槊"，一种长矛）兵六千人，大胜而归。李世民对尉迟敬德说："此前众人都认为你定会叛逃，靠了上天的启诱，我独独保你无事。行善致福必有表现，没想到回报来得这么快！"（"比众人证公必叛，天诱我意，独保明之。福善有征，何相报之速也！"同上）当即又赐给尉迟敬德一篓子金银。自此，两人感情更见深厚。

二、武艺超群　每有战功

尉迟敬德武艺超群，尤其善于"解矟"（夺取敌矟），而且可以以之反刺。他往往单骑冲入敌阵，敌方矟兵群起攒刺，始终伤不了他。也正因此，那天遭遇王世充的突然包围，他能出入重围而往返无所阻。

李世民的弟弟齐王李元吉，也善于马上使矟并解矟，听说尉迟敬德有此本领，不相信能高出自己，要求比试一番。李世民说："军中比武是可以的，但须取掉矟刃，以防万一。"尉迟敬德说："只取掉我的矟刃就可行，齐王就不必取了。"比试一场之后，李元吉始终没能刺中尉迟敬德。李世民问："夺矟与避矟，哪一项更难？"尉迟敬德回答说夺矟难，于是，李世民让敬德夺元吉手中之矟。元吉紧握矟柄，跃马向前，想刺中敬德，敬德腾挪闪扑，不一会儿就夺了三次。李元吉本也是员猛将，如今输在尉迟敬德手下，虽然叹服其武艺，但心中很不高兴。

尉迟敬德随秦王李世民征讨自称皇帝的窦建德时，秦王先率领李勣、程知节、秦叔宝几员大将埋伏在山畔，后与尉迟敬德前去挑战。秦王持弓箭，敬德使矟，两人直抵窦建德营垒前，大声呼喊："大军来了！"敌军大受惊扰，仔细一看，却只见两人，便派出数千骑兵前来追打。秦王一边后撤、一边放箭，射杀数人，尉迟敬德也挥矟击杀十多人，逐渐将敌军引入埋伏圈。此时，一声令下，李勣等将士突然杀出，全歼敌军。

当时，王世充的侄子王琬，正以使者身份在窦建德军中，他坐下是隋炀帝的青骢马，体态雄健，鞍辔鲜艳。王琬骑着这匹马,故意到阵前走来走去,炫耀于众。秦王不禁赞叹道:"那可真是一匹好马啊!"尉迟敬德请求出战夺马,秦王许可后,便与高甑生、梁建方三骑直入敌阵,经过一番拼杀,生擒王琬,拉着他的马跑回本阵来,敌军将士无人敢挡。

此后,尉迟敬德又随秦王讨伐割据河北的刘黑闼。刘黑闼军袭击李勣,秦王带兵迂回到其阵地之后,以此来解救李勣。没想到刘黑闼的后续部队源源而来,从四面包围了秦王的小股队伍。尉迟敬德在另一处战场上得知情况危急,率壮士飞马赶来,打进包围圈,保护秦王等人突围。敬德一马当先,大破敌阵,秦王李世民与江夏王李道宗乘势冲出。

尉迟敬德屡建战功,被授任秦王府左二副护军。

三、辅佐秦王　扬威玄武

唐高祖李渊建立唐朝后,按照常规立嫡长子李建成为太子。但次子李世民征伐平乱中功劳最大,李渊也曾对他有过立太子的承诺。而在此时,太子、秦王之间争夺皇位继承权的争斗日甚一日。

太子李建成与齐王李元吉结为一党,企图谋害秦王李世民。为此,李建成秘密拉拢豪杰,以扩展自己的羽翼,削弱对方的实力。他们派人悄悄给尉迟敬德送去一车金银器具,并附信表示愿与他交朋友,相互关照。见到来信和礼物,尉迟敬德当即表示:"我本贱民出身,流落叛军之中,按理说罪不容诛,但承蒙秦王的惠顾,才使我获得新生,如今又让我担当将领,我必须以身报恩。而对殿下不曾建立一丝功绩,所以不敢接受重礼。如果我私下应许殿下,便是有了二心,见利忘义,为人不忠,这样的人,对殿下又有什么用呢?"

事后,尉迟敬德将此事作了报告,秦王说:"你的心迹如山岳一样清晰沉稳,即使是满斗黄金也买不动你的坚贞情操。不过,既然送来了,就留下好了,不然的话,恐怕于你不利。而且这样也可以继续得知他们的阴谋,再想对策。"("公之素心,郁如山岳,积金至斗,知公情不可移。送来但取,宁须虑也。若不然,恐公身不安。且知彼阴计,足为良策。"《旧唐书·尉迟敬德传》)

这件事使秦王李世民进一步看到了尉迟敬德感恩相报的义气,同时也引起了李元吉的忌恨。李元吉命令壮士伺机刺杀敬德,尉迟敬德得知后,故意敞开所有的门庭,在家中安卧不动,行刺者多次进入庭院,但始终不敢迈进家门。行刺不成,李元吉又在高祖面前反复说尉迟敬德的坏话,捏造罪名。高祖信以为真,下诏逮捕尉迟敬德,准备问成死罪。秦王挺身而出,以事实驳斥虚假罪名,使敬德无罪释放。

武德九年(626)夏,突厥侵扰边镇,李建成向父皇推荐李元吉领兵出征,预谋请秦王到昆明池来为四弟饯行,在宴会上将之杀死。尉迟敬德得知这一阴谋,立即与长孙无忌禀告秦王,劝他先发制人。秦王却长叹一声说:"我虽祸在须臾,但谊属同胞骨肉,始终不忍心加害。我想等他们先挑起事端,然后以正义之理予以反击,你们觉得如何?"

尉迟敬德说:"怕死乃人之常情,现在众人都以死来拥护你,这是天意。如果天赐良机而不利用,反而会受到惩罚。虽然要顾念亲情,但也不能忘掉维护社稷的大计。你现在眼看大祸临头,如果打算逃跑以求独自安然,就失去了为人临难不避的气节,也缺乏古圣先贤大义灭亲的品格。依我之见,请先动手杀掉建成和元吉。如果你不听我的话,就请允许我先逃跑,我不愿束手待毙。我要逃走的话,长孙无忌也要与我一齐走!"

秦王听了尉迟敬德的话,仍然犹豫不决。长孙无忌说:"今天你要再不听敬德的劝告,就该知道敬德等人今后也就不再是你的人了。看来事情要坏，我们还能做什么呢？"秦王缓和语气说："我刚才所说的话，也不是没有道理嘛。你们再想想还有什么好办法。"尉迟敬德急切地说："秦王今日处事犹疑，不像智者所为；临难不决，不像个大丈夫。纵然你不听我的话，请你自己决策，国家怎么办？你自身怎么办？今天我已将八百多勇士全部引入宫中，他们披甲执刃，专等号令。如今是箭在弦上，你还迟疑什么！"

尉迟敬德感到自己该说的都说了，只是秦王还在犹豫，于是转身出去，找来侯君集，连夜劝进。终于，秦王决定行动，但要召来近臣房玄龄、杜如晦仔细筹划。

当时，房、杜二人已被高祖调出秦王府，且不准再入王府。秦王派长孙无忌秘密召回二人，房玄龄回答说："皇上有令不准再进，今天如果私自进去，必然招致诛杀，所以不敢从命。"长孙无忌回复后，秦王大怒，对尉迟敬德说："这两个人是不是要背弃我？"说着摘下随身的佩刀，交给敬德，并说："你再去一趟，如果看出他们仍然不来的心思，便把他们斩首，提头来见。"

尉迟敬德临出门时，对长孙无忌说："既然秦王已决计即日杀贼，你就在他身边筹划吧。咱们四个人，不宜同时在街上跑来跑去。"但长孙无忌还是与尉迟敬德一同去了房、杜两家。房、杜换穿道服，跟随长孙无忌进了秦王府，尉迟敬德故意绕道，也随后回来。经过一番紧张的策划，决定立即动手，其时已是六月四日的凌晨。

早上，秦王李世民带尉迟敬德等九人到玄武门。当时，高祖派人召集文武大臣，有事会议。李建成与李元吉走到临湖殿时，发觉情况异常，拨转马头，想退回自己的宫府。李世民当即呼唤他们回来，李元吉在马上张弓搭箭欲射李世民，但仓促之间因过分紧张，三次都没有拉开弓。而李世民则只发了一箭，便将李建成射死落马。

李元吉拍马便跑，李世民的随从一齐放箭，李元吉落马。

这时，李世民的坐骑在树林里被枝杈挂住了绳索，急切间拉不出来，李元吉跑过来抢夺李世民的弓箭，两人扭打起来。尉迟敬德骑着马跑来援救，李元吉急忙往武德殿跑去。尉迟敬德紧追不舍，将李元吉杀死。李建成府中将领薛万彻、谢叔方、冯立等，率精兵两千赶至玄武门，杀死了屯营将军，想把守玄武门以援救李建成。这时，尉迟敬德手提李建成、李元吉的首级，登上高处让府兵看。府兵将士见主帅已死，大势已去，纷纷逃离。

秦王李世民看到玄武门前的局面基本稳定，但恐宫中有变，便命尉迟敬德入宫保护高祖。尉迟敬德披甲持矛迅速入宫，转了几个大殿不见高祖李渊踪影。问过宫人，才知道高祖正在海池的船上游玩。尉迟敬德走到岸边，只见高祖与萧瑀、裴寂在小龙船上安然说笑。高祖见到全副武装的尉迟敬德，大吃一惊，心知必有变乱，于是问："今天是谁作乱？你来这里做什么？"尉迟敬德回答："太子与齐王作乱，秦王已经率兵把他们镇压，恐怕皇上受惊，派我来保护您。"高祖这才放下心来。

其时，宫城的南衙、北门一带以及太子宫、秦王府附近，仍在交战。尉迟敬德请高祖手书命令，令各路军队一律听从秦王的指挥。形势至此，即使高祖有意偏袒太子，也无济于事，只得依从敬德的建议，下令各路军队听秦王调动。此令一出，各处的局部战斗很快平息。

在玄武门之变中，尉迟敬德从策划到行动，始终都坚定、勇敢。因此秦王特意慰劳他，说："你对国家有安定社稷的大功劳。"（"卿于国有安社稷之功。"）赐给他大量珍宝。当时商量如何处置追随太子的一百多人，大家都说应予捕杀、没收家产，唯有尉迟敬德提出异议，他说："有罪的元凶只有两人，如今都已杀掉，如果扩大打击面，就不是稳定大局的策略了。"（"为罪者二凶,今已诛讫,若更及支党,非取安之策。"均《旧唐书·尉迟敬德传》》秦王采纳了他的意见,那些人都免于问罪。

此后,秦王李世民在宫里主持政务,授尉迟敬德为太子左卫率。论功行赏时,尉迟敬德与长孙无忌功居一等,各赐绢万匹;此外,齐王李元吉府第的财物,也都赏给了尉迟敬德。

四、功高自傲 颐养天年

贞观元年(627),唐太宗李世民拜尉迟敬德为右武候大将军,赐爵吴国公,与长孙无忌、房玄龄、杜如晦四人,各享一千三百户食邑。

这时,突厥十万大军入侵泾州(治今甘肃泾川),尉迟敬德以泾州道行军总管身份率军出征。敌军进至泾阳(今陕西泾阳),敬德以轻骑兵先出挑战。杀死敌军首领后,其军溃乱,尉迟敬德挥师掩杀,突厥大败。

尉迟敬德性情憨直,居功自傲,每次见到房玄龄、杜如晦、长孙无忌,常常当面讥讽他们,议论其长短;有时在宫廷之上,也当着大臣们的面厉言争辩,渐渐产生不和。

贞观八年(634),尉迟敬德出任同州刺史。一次,太宗在庆善宫设宴招待文武百官。在座次的安排上,尉迟敬德很不满意。他对坐在上席的人说:"你有什么功劳,敢坐在我的上席?"这时,坐在他下席的任城王李道宗赶快解释,说明原委。没想到尉迟敬德竟勃然大怒,挥起拳头朝李道宗脸上打去。李道宗猝不及防,眉眼上挨了一拳,眼角立时出血,几乎被打瞎。

咆哮皇帝的宴会,这在国家礼法上是"大不敬",犯了死罪。太宗沉下脸,摆手示意停止宴席,严肃地对尉迟敬德说:"朕浏览汉代的史书,发现汉朝的开国功臣只有少数人寿终正寝,朕常常对那些不得善终的功臣十分同情。所以登上皇位之后,朕十分注意保护有功之臣，更想让他们子孙相继，家业兴旺。但你任职为官以来，多次触犯法律，朕才理解了韩信、彭越之所以被杀，并非汉高祖刘邦之错。国家的大事，重要的是赏赐有功之人，惩罚罪犯，谁也不应有非分之想。希望你从今以后注重自身修养，不要做出后悔不迭的事情。"这一席语重心长的开导，说得尉迟敬德低头不语。

贞观十一年（637），唐太宗分封功臣官爵，可以世袭刺史。册拜尉迟敬德为宣州刺史，改封为鄂国公，后历任鄜、夏二州（今陕西横山一带）都督。

贞观十七年（643）初，尉迟敬德请求回家养老，授开府仪同三司，令他每月初一、十五上朝即可。二月，太宗命人在凌烟阁上绘制二十四位功臣的画像，既有开国元勋，也有贞观之治中贡献颇大的文臣学士，以显示人才济济、群臣荟萃的盛世景象。入图凌烟阁是国家给予的最高荣誉。尉迟敬德也在其中，且位列第五，因此深受鼓舞，太宗出征高句丽时，他又主动请战，随军远征，得胜而还。

尉迟敬德晚年迷信方士仙丹，为求长生不老，在家中设炉炼丹，又按照方士的指点，服食云母粉，以为可以返老还童。同时，在庭院之中大兴土木，修建池台，栽花养鱼。他还喜欢质地精良的绸缎衣服，新衣盛装之时，常命人为他弹奏清商之乐。他闭门谢客，在家中研习仙方，观花赏乐，十六年不与外人交往，怡然自得。

显庆三年（658），唐高宗因尉迟敬德功高，追赠他的父亲为幽州都督。当年，尉迟敬德病逝，享年七十四岁。高宗为之废朝三日，举行哀悼，并命令五品以上的京官和入朝的地方使节一齐到他家吊唁。又册赠司徒、并州都督的官衔，谥曰"忠武"，陪葬昭陵。

尚书右仆射李靖

李靖（571—649），唐初名将、宰相，凌烟阁二十四功臣之一。原名药师，雍州三原（今陕西三原东北）人。隋末任马邑郡丞，察觉李渊谋反意图，曾欲密告炀帝，中途被俘。行将诛杀时被李世民救下，召入幕府，屡立战功。李世民即位后，历任刑部、兵部尚书，检校中书令、尚书右仆射，先后封代国公、卫国公。他位高权重，却为人厚道、态度谦恭，太宗其称为"一代楷模"。

一、因祸得福　遇主逢时

李靖出身陇西李氏，祖籍陇西狄道（今甘肃临洮县）。祖父李崇义，在北周任殷州刺史，封永康公；父亲李诠，在隋朝任赵郡郡守。

李靖身材魁梧、相貌清秀，青少年时受到良好的教育，精通史书，勤练武艺。青年李靖曾口出大言："大丈夫如果碰上圣明君主，遭逢得意的时代，定当成就事业、建立功名，以此获取富贵。"（"大丈夫若遇主逢时，必当立功立事，以取富贵。"《旧唐书·李靖传》）言下之意，颇不以咬文嚼字的书生为然。

隋朝名将韩擒虎是李靖的舅父，经常跟这个自负的外甥谈论兵法，每每对之赞不绝口，曾经抚着他的背说："能和我讨论孙、吴兵法的，只有你这个人了。"（"可与论孙、吴之术者，惟斯人矣。"同上）韩擒虎还悉心传授李靖武艺。李靖也非常勤奋，除了研习兵法，还刻苦练习弓马之术。

一天，韩擒虎看李靖练完三十六路枪法后连连摇头。沉思片刻后，韩擒虎对李靖说："给你三个月时间，三个月后我要考你。

到时候我站在校场上，两耳各挂一个小铁环，头上再放一枚铜钱。你必须快马从我身边跑过，两枪就把两个铁环挑下来，接着再来一个回马枪，把我头上的铜钱戳下。你要知道，如果枪法不准，我就会死在你的枪下。"韩擒虎说完，转身离开校场。李靖犯了一阵嘀咕后，立即操枪纵马练习起来。

三个月时间很快就过去了，考试这天终于来临。功夫不负有心人，李靖待舅父准备就绪，操枪跃马，马起枪落，两个铁环眨眼工夫被挑飞，接着一个回马枪又戳落铜钱。后又轮番几次，次次稳当挑戳。特意为这次考试剃了光头的韩擒虎高兴至极，满意地奖赏了李靖。

二十岁左右，李靖从军，后步入仕途，任长安县功曹。三十岁时，任兵部员外郎。这期间，李靖的才略得到牛弘、杨素的赏识。牛弘时任吏部尚书，他曾称赞李靖有"王佐之才"。杨素时任大司徒，是隋朝的头号重臣，他曾指着自己的座位对李靖说："你早晚会坐到这个位置。"（"卿终当坐此。"同上）

隋炀帝大业末年，李靖任马邑（治今山西朔县东）郡丞。大业十三年（617），留守太原的李渊密谋起兵反隋，李靖有所觉察，立即前往江都（今江苏扬州），准备把这事密告在那里巡视的隋炀帝。因道路堵塞，未能到达宫中。而此时，李渊父子已举兵太原，迅速攻占了长安，李靖被俘。

李渊决定处李靖以死刑，临刑前，李靖大声说："公起兵举义，原本是要为天下扫除暴乱，怎么还没成就大业，反倒因为私人恩怨杀害壮士！"（"公起义兵，本为天下除暴乱，不欲就大事，而以私怨斩壮士乎！"同上）李渊听了，很佩服李靖的胆识，李世民也屡次说情，李靖得以免死获释，归于李世民幕府。从此，李靖随李渊父子东征西讨，可谓因祸得福，遇主逢时。

不久，李渊在长安建唐登极。李靖因跟随李世民征讨王世充立下大功，唐高祖李渊授任开府，可以自置官属。

二、平定萧铣　安抚岭南

武德二年（619），唐高祖命李靖率军南下，准备征讨正带领数万人马进攻开州（治今重庆开州区）的部族首领冉肇则，不巧路上遭遇了萧铣。

萧铣是南朝梁皇室后裔，隋末混乱之际，趁机占据了江陵，拥兵四十万，控制了整个长江中游地区。由于萧铣的阻挡，李靖无法开往夔州，致使夔州守将迎战失利。唐高祖大怒，密令陕州都督许绍斩杀李靖。许绍认为李靖是个人才，请求高祖赦免，李靖得以活命。

没过多久，李靖率八百士卒偷袭冉肇则大营，继而设伏兵于险要，身先士卒，一马当先，枪挑冉肇则，俘获五千余人。唐高祖闻讯后，高兴地对大臣们说："李靖以八百士卒击败敌酋所率万余众，堪当奇才。使功不如使过，他果然立了大功。"并写了一道敕令给李靖，说："既往不咎，以前的事，我早就忘了。"从此，唐高祖开始重用李靖。

武德四年（621）正月，经过一番深思后，李靖向高祖献上十策，以攻取萧铣。唐高祖对他的战略极为赞赏，于是任命李孝恭为夔州总管，李靖为行军总管，兼李孝恭长史，负责军队的指挥。李靖立即召来巴蜀酋长子弟，因才授任，置之左右，看上去是提拔重用，实则是扣为人质，以稳定巴蜀局势。

九月，李靖兵分四路自夔州而下。正值江水猛涨，诸将建议水势减缓后再行军，李靖说："兵贵神速，现在我们刚开始集结，萧铣还不知道。如果趁江水上涨时突然进抵城下，袭其不备，擒获萧铣在此一举，机不可失！"李孝恭听取李靖的意见，遂乘两千余艘战舰顺江而下。十月，抵达夷陵。萧铣部将文士弘率精兵数万屯驻清江，李孝恭建议攻打清江。李靖认为文士弘是名将，不可硬战，应待其气衰再奋力进击。李孝恭不听，命李靖驻守大营，亲自率军出战，结果大败。文士弘的军队小胜后趁机抢掠，阵势混乱。李靖立即指挥将士出击，一举击溃其军，获战舰三百余艘，杀敌近万人。

击败文士弘后，李靖乘胜而下，率五千精兵围攻江陵，萧铣投降。这时，诸将建议没收萧铣将士以及战死者的财产，以犒赏将士。李靖不赞成，他说："王者之师，应该宣扬忠义。为萧铣战死的人，死为其主，乃是忠臣。至于归降之人，更不应惩罚。萧铣控制的地区还有许多尚未归附，我们应该宽大为怀，来收服人心。"于是，李靖严令士兵秋毫无犯，犯者必斩。因此，江陵城中人心安定。江汉地区州县获知消息后，纷纷归降。

萧铣平定后，唐高祖论功封赏，授予李靖上柱国，封永康县公，赐绢帛二千五百段。十一月，又封李靖为岭南抚慰大使，并授予"承制拜封"的特权，可代表朝廷任命地方官员。李靖所到之处，招抚诸州，共得九十六州、六十余万户，岭南之地尽为唐朝所有。紧接着，唐高祖又任命李靖为检校桂州（治今广西桂林）总管，镇守岭南。

三、统一江淮　击败突厥

武德六年（623）八月，辅公祏领导的江淮农民军，归顺不久又反叛。辅公祏在江南自封皇帝，并举兵向海州、寿阳进发。唐高祖闻讯后，立即命李孝恭为元帅，李靖为副元帅，率军由西、南、北三面包围江淮军。

武德七年（624）三月，唐军抵达舒州（治今安徽舒城），辅公祏部将冯慧亮、陈正通屯兵博望山和青林山，坚守不战，两军形成对峙之势。李孝恭召集诸将商议进攻之策。大多数将领认为，舒州有强兵把守，又占有水陆险要，强攻一时难以取胜，建议绕道取丹阳（今江苏南京），丹阳一败，冯慧亮等将不战自降。

李靖不同意这一战略，他说："现在博望诸塞尚且不能攻破，辅公祐据石头城（南京），岂是容易攻取的！如果进攻丹阳，久攻不下，冯慧亮威胁我们的后背，使我们腹背受敌，那更危险。"他接着说："冯慧亮不是不想战，而是受辅公祐之托必须据险固守，以拖延时间，待我师老兵衰，再来攻打。我们现在以衰老瘦弱的士卒攻打他，正是时候。"

李孝恭采纳了李靖的意见，以老弱士卒攻打冯慧亮。冯慧亮率军出城追击，被埋伏在途中的大队唐军打个措手不及，遂遭惨败。随后，李靖率水陆大军直逼丹阳，辅公祐得知前方军败，弃城而逃，在浙江武康镇被俘。经此一战，江淮军彻底消灭，唐朝基本统一了全国。

收复江淮后，唐高祖在丹阳设立东南道行台，任李靖为行台兵部尚书。没过多久，行台制度废除，改设扬州大都督府，李孝恭任扬州都督，李靖任扬州都督府长史，协助都督李孝恭治理江南。

武德八年（625）八月，突厥进犯太原，李靖奉命北上，投入反击东突厥的战役。李靖为行军总管，率军万人屯守太谷，诸军皆败北，唯有李靖获胜而归。次年，突厥又进犯灵州（治今宁夏灵武），李靖又奉命率军抗击，在青铜峡附近与突厥展开激战，突厥战败。不久，唐高祖设立灵州大都督府，命李靖任灵州大都督，料理北方防务。

武德九年（626），唐高祖逊位秦王李世民。不久，唐太宗任命李靖为刑部尚书，后又任命他为代理中书令，当了宰相。

四、再建功勋　一代楷模

唐太宗李世民是个有远见卓识的君主，为了让周边疆界不再受突厥的不断袭扰，决定对东突厥进行大规模打击。贞观三年（629），太宗任命兵部尚书李靖为行军总管，代州都督张公瑾为总管，率十几万大军分兵四路，征讨东突厥。

一天深夜，李靖率精骑三千，从马邑直取恶阳岭（今内蒙古和林格尔境内），夜袭颉利可汗牙帐。颉利可汗以为唐朝倾全国之兵来攻，慌忙带着手下兵将逃往碛口（今内蒙古二连浩特西南）。李靖迅速攻下定襄。当初刚起兵时，突厥来犯，李渊难以抵敌，只好在渭水与其结盟，突厥才退兵而去。现在，李靖大败突厥，唐太宗赞扬李靖说："汉李陵以步卒五千抵御匈奴，然终归降于匈奴，尚青史留名。今李靖以轻骑三千攻占定襄，威震北方，古今未有，足以雪当年渭水之盟的耻辱！"

颉利可汗逃到阴山后，为了取得喘息机会，以图反扑，便派人到长安，假意向唐太宗求和。身在前线的李靖知其有诈，果断决定率先头部队乘雾再袭突厥。一天深夜，李靖亲率一万精骑，悄悄尾随在出使突厥的唐使后面，随后突袭了颉利可汗牙帐，消灭突厥兵一万多人，俘虏突厥男女十八万人，获牲畜数十万头。颉利可汗率残部北逃，李靖率军穷追不舍。贞观四年（630）三月，俘获颉利可汗。

至此，强大的东突厥汗国灭亡。捷报飞传长安，举国上下一片欢腾。不久，东突厥、薛延陀等部的酋长都到长安朝见唐太宗，尊称之为"天可汗"。唐太宗为此大赦天下，并晋封李靖为代国公。

在剿灭东突厥的战争中，李靖立下赫赫战功。但御史大夫萧瑀却上奏，以其"破颉利牙帐，御军无法，突厥珍宝，掳掠俱尽"为由，弹劾李靖。唐太宗下敕书免予处罚。李靖入宫进见，唐太宗严加斥责。李靖并不辩解，只是顿首谢罪。不久，唐太宗得知萧瑀所奏不实，自己上了小人谗言之当，对李靖说："以前有人说你的坏话,现在我知道自己上了当,请你不要把这件事放在心上。"("前有人谗公,今朕意已悟,公勿以为怀。"《旧唐书·李靖传》)并赐绢二千匹。

贞观四年(630)八月,唐太宗任命李靖为尚书右仆射,再次做了宰相。李靖官高权重,但他为人宽厚,态度谦恭,从不盛气凌人,唐太宗誉之为"一代楷模"。("朕观自古已来,身居富贵,能知止足者甚少。……公能识达大体,深足可嘉,朕今非直成公雅志,欲以公为一代楷模。"同上)

贞观八年(634)正月,唐太宗命李靖等十三人分行天下,巡察各地。李靖为畿内道大使。因有足疾,李靖奏请辞去宰相职位。唐太宗下诏加授特进,允许其在家摄养,只要病情稍有好转,每两三天可到政事堂参加宰相会议。

贞观十一年(637),唐太宗改封李靖为卫国公。不久,占据青海的吐谷浑进犯边关,唐太宗决定大举讨伐。其时,满朝武将无人能够担此重任,唐太宗便对侍从说:"不知道李靖还能不能再次挂帅出征?"六十四岁的李靖得知后,主动请求出征讨敌,并说:"我虽然年纪大了,但还可以率军出征。"("靖虽年老,固堪一行。"同上)

唐太宗任命李靖为西海道行军大总管,率大军数万,分五路直逼吐谷浑。吐谷浑部听说唐朝大军来到,慌忙点燃草原向西逃去。李靖采纳侯君集的建议,分兵两路,不顾粮水短缺,紧追不舍,终于击溃吐谷浑王伏允。伏允逃入大漠后,在走投无路的绝境中自缢而死。伏允的王子慕容顺在交战中,被李靖斩杀,举国投降。李靖大获全胜,凯旋返朝。

在征讨吐谷浑的战役中,盐泽道行军总管高甑生延误军期,李靖曾以军法论处。凯旋之后,为报私仇,高甑生诬告李靖谋反。后来,唐太宗以诬告罪将高甑生流放边疆。朝廷虽然处治了诬告的小人，但这件事还是在李靖心中留下了一些阴影，此后，李靖闭门不出，杜绝宾客。

贞观十七年（643），唐太宗命将二十四位功臣绘像凌烟阁，李靖位列第八。

贞观二十三年（649）初，李靖病情加重，唐太宗曾亲自前往探望。五月，李靖病逝于家中，享年七十九岁。太宗下诏，追赠李靖为司徒、并州都督，谥曰"景武"，陪葬昭陵。

李靖不仅是能征善战的名将，还是一位对武功很有研究的武术家，并以"李家枪"闻名天下。李靖还著有《李靖六军镜》等兵书多部，但大多已散佚，后人辑有《唐太宗李卫公问对》《卫公兵法》等兵书。《唐太宗李卫公问对》在北宋时被定为《武经七书》之一，是中国古代的兵学宝典。

镇军大将军段志玄

段志玄（？—642），唐初名将，凌烟阁二十四功臣之一。齐州临淄（今山东淄博）人。父亲段偃师，隋朝末年任太原郡司法书佐，后来跟随李渊起兵，官至郢州刺史。

段志玄少年时家住太原，与李世民关系密切。李渊起兵时，段志玄招募一千多人参军，授右领大都督府军头。随军攻克霍邑（今山西霍县）、绛郡（今山西新绛）及永丰仓（在今陕西大荔），每次出战都当先锋，升迁为左光禄大夫。

段志玄随刘文静在潼关与隋将屈突通交战时，刘文静主力部队受到敌将桑显和的袭击，阵地动摇，军营慌乱，这时段志玄赶来，带领二十名骑兵冲入战斗最激烈的地方，一连杀死几十人，敌军后退，段志玄也撤了回来。当时，他脚部中箭，怕影响将士的斗志,他拔掉箭,忍着疼痛,完全像毫无伤病的样子,一而再、再而三地冲入敌阵拼杀,直打得桑显和阵容大乱。将士们看到段志玄等人已经扭转战局,士气大振,齐声呐喊奋进,大破敌军。屈突通夺路逃跑,段志玄与几员将佐飞马追击,将之生擒。归来脱下靴子,鲜血已经外溢。李渊以其带伤立功,授乐游府骠骑将军。

唐军征讨称帝洛阳的王世充,段志玄单枪匹马深入敌阵,狠打猛杀。不料坐骑突然摔倒,敌军将士一齐上前,将他按倒在地俘虏。押送的时候,敌军见段志玄是员猛将,怕他逃脱,让两名骑兵把他夹在中间,左右分别抓着他的头发,让他徒步跟着走。走到洛水边要渡河的时候,他奋力跳起来,将左右两个骑兵打下马,翻身上马跑向本军,数百追赶的骑兵对他无可奈何。后来在扫荡窦建德、攻克洛阳的大战中,他又多次立功,升迁秦王府右二护军,赏绢两千匹。

在唐初的太子之争中,李建成和李元吉曾赠送金帛,以拉拢段志玄,但他拒不接受,并报告了秦王。其后,与尉迟敬德一同参与玄武门之变。李世民即位后,升任左骁卫大将军,封樊国公,食邑九百户。

长孙皇后去世,段志玄与宇文士及分别率领兵马出肃章门驻扎。有一天夜里,唐太宗李世民有急事,派遣宫廷官员到两位将军的军营,使者到宇文士及那里,一经通报,便进入了军营;到段志玄那里却吃了闭门羹,守营将士说:"夜晚不开军门。"使者说:"我这里有皇帝的手令。"段志玄回答说:"夜间辨不清真假。"仍然不予开门,让使者在门外等到天亮。太宗听说此事,不但没有批评段志玄,反而赞叹道:"这才是真正的将军,周亚夫也不过如此吧!"("此真将军也,周亚夫无以加焉。"《旧唐书·段志玄传》)

贞观十一年（637），唐太宗审定世袭封爵时，授予段志玄金州刺史，改封褒国公。贞观十二年（638），拜右卫大将军；贞观十四年（640），加镇军大将军。

贞观十六年（642），段志玄病重，太宗亲自到他家探望，对他说："朕要封你的儿子做五品官。"段志玄顿首谢恩，同时请求将官职改授弟弟段志感，太宗便任段志感为左卫郎将。

段志玄去世后，唐太宗为之哀恸痛哭，赠辅国将军，扬州都督，谥曰"忠壮"，陪葬昭陵。贞观十七年（643），绘像凌烟阁二十四功臣图，位列第十。

辅国大将军刘弘基

刘弘基（582—650），唐初名将，凌烟阁二十四功臣之一。雍州池阳（今陕西泾阳）人。李渊起兵之初即来归附，因与李世民深交。他跟随秦王转战南北，击败隋朝残余军力，削平割据群雄，立下汗马功劳。后长期屯驻边疆，保家卫国，亦有功勋。

一、深交世民　随军征战

刘弘基的父亲刘升，隋朝时任河州刺史。

刘弘基少年时落拓不羁，交往轻浮子弟和侠客，不事经营。长大后，他依赖父亲的名声，当了一名右勋侍。

隋炀帝穷兵黩武，连年征讨高句丽，强令全国青壮年按时服兵役，且规定服役兵员一律自备戎装。刘弘基家庭贫困，买不起军用衣履，因而没有随部队一起出发，而是单独行动追赶部队。

辽东与中原相距遥远，刘弘基知道，自己无论怎样赶路也是迟到，而军法规定迟到就要斩首。因而走到汾阴（今山西万荣）

时，他便不再追赶，与住在同一旅店的一个屠夫一起杀牛卖肉，以此糊口。他的身份为县吏得知，于是被捕，囚禁在当地的监狱里。一年后花钱赎了出来，但生计无着，到处流浪。后来当盗马贼，解决了衣食问题，但他觉得终非长久之计。

刘弘基到达太原的时候，李渊正在招兵买马，准备造反，于是便投到李渊门下。他看到李渊次子李世民气度不凡，言行间处处流露出雄心壮志，感到由衷的钦佩和向往，于是主动接近，从而深受重用，"出则连骑，入同卧起"（《旧唐书·刘弘基传》）。

李渊举兵时，刘弘基与长孙顺德招募了两千多人。当时，朝廷派驻太原的官员王威、高君雅不愿造反，准备制裁李渊，李渊便让刘弘基与长孙顺德躲藏在官厅屏风之后，将王、高二人擒拿、斩首。

此后，刘弘基跟随李世民，攻克西河（今山西汾阳）。起义军到达贾胡堡时，与隋朝大将宋老生交锋，打退之后又进攻霍邑（今山西霍邑）。这时宋老生又率军出城抗拒。双方摆开阵势，拿出决战的架势，一经接战便是凶狠的拼杀。李世民亲自出阵，刘弘基紧随左右。几个回合之后，宋老生招架不住，拨马回头便走，刘弘基穷追不舍。此时"悬门"正在收起，宋老生下马跳入护城壕沟，打算拉着绳子上去，结果为刘弘基斩杀。刘弘基取回宋老生的首级，进占霍邑。因此战之功，拜为右光禄大夫。

唐军打到河东（治今山西蒲州镇）的时候，刘弘基带领一千人先渡黄河，攻克冯翊（今陕西大荔），被任为渭北道大使，授权主持所在地区的军事，抓住战机，主动进攻。刘弘基以殷开山为副将，向西扩展，占据了扶风（今陕西岐州）一带，兵员增至六万人，于是南下渡过渭水，屯兵于长安老城，对隋都长安造成直接威胁。隋将卫文升派兵来战，刘弘基迎头痛击，生擒一千多人，获马数百匹。

当时，李渊的其他几支大军还在别的战场上，而刘弘基军率先挺进隋都，首战告捷，唐军声威大震。李渊特别高兴，赐马二十匹。攻克长安之后，刘弘基记功第一。

二、战功卓著　驻守边疆

李渊建唐之初，国内既有隋朝的残余势力，又有称霸一方的割据武装，还有农民起义军。他们都拥兵据城，不少首领都自称皇帝，努力向外扩张领地，至少也是力图保守原有的辖地。这种局面，正为英雄豪杰提供了用武之地。

当时，秦王李世民亲自率军，四出征伐。刘弘基作为李世民的左右手，马不停蹄，始终追随。先在扶风一带攻打薛举，初战得利后乘胜追击，一直到陇山（今陕西陇县西北）才返回来。受拜为右领都督，封河间郡公。接着又随秦王向东进攻洛阳的王世充，在璎珞门外与敌军展开激战，刘弘基殿后。隋朝大将段达、张志率军在三王陵列阵挑战，刘弘基一面派人与前队联络，一面组织兵力予以反击，结果打败了段、张二人。

武德元年（618），刘弘基拜任右骁卫大将军，随后挥师西进，再次加兵于薛举。这一次，秦王李世民因病未行。刘弘基与刘文静等领兵，在浅水原与薛举交锋，结果官军失利，八大总管都吃了败仗。尤其是刘弘基所部，苦战恶斗，直到矢尽无援，全军覆没，刘弘基本人也被俘。李渊对刘弘基临难不屈、临危不惧的精神表示嘉奖，赐给他家许多粮食、布帛。后来官军终于平定了薛举（其子薛仁杲继位）的割据势力，刘弘基才从狱中出来，李渊恢复了他原有的官爵。

当时，山西一带仍有较大的对抗势力。宋金刚攻陷太原后，大有与唐王朝分庭抗礼、平分天下之志。李渊也为失去起兵之地而焦急，于是派刘弘基领兵出征，与原在太原一带的裴寂等将领联合征讨宋金刚。刘弘基进驻晋州（今山西临汾）时，裴寂刚刚被宋金刚打败，一时间军心慌乱。宋金刚以得胜之兵围攻晋州，刘弘基寡不敌众，城陷敌手。刘弘基辗转逃回长安，李渊表示抚慰，授左一总管，而后便跟随李世民再战宋金刚。

这一次，唐军采取步步为营的策略，先屯兵于柏壁（在今山西新绛），了解敌人的动向后，刘弘基率领两千兵卒从隰州（今山西隰县）到达西河，截断敌人的退路。其时敌军士气旺盛，想一举吃掉唐军，连日挑战，但刘弘基坚壁高垒，拒不应战。宋金刚无可奈何，迫于粮草不继，只好引军退去。这时，刘弘基却率骑兵出城追击，在介休（今山西介休）城外与李世民的军队相会，一起攻打宋金刚，大破其军。刘弘基得封任国公。

此后，刘弘基又跟随李世民在洺州（今河北邯郸）讨伐刘黑闼，回朝后授予秉钺将军。突厥入侵北部边境，刘弘基席不暇暖，又率步、骑一万出征，在豳州（今陕西邠县）北界，东起子午岭、西接临泾一线抗拒突厥。他与副将淮安王李神通一起，督率兵勇民工修营设障，加强国防设施，并长期屯驻边疆。武德九年（626）李渊以其佐命功臣，封食邑九百户。

李世民登基后，对刘弘基特别照顾，但由于在李孝常与长孙安业的谋反事件中受到牵连，被除名，一年后又启用为易州刺史，恢复了爵位。贞观九年（635）改封为夔国公。后以年老为由申请退休，授辅国大将军，每月初一、十五上朝，其俸禄及赏赐一如在职人员。

唐太宗出征辽东，又启用刘弘基，让他担任前军大总管，在驻跸山打击高延寿。刘弘基虽已霜染两鬓，但披甲戴盔立马阵前，依然威风凛凛，及至出战，不减当年勇，又以力战建功，因而太宗李世民屡屡给予慰劳。

贞观十七年（643），唐太宗命将二十四位功臣绘像凌烟阁，刘弘基位列第十一。

永徽元年（650），唐高宗将刘弘基的食邑加至一千一百户。当年病卒，享年六十九岁。高宗为他举哀，停止视朝三天，追赠开府仪同三司、并州都督，谥曰"襄"，陪葬昭陵，又为之立碑。

刘弘基留有遗嘱，分给每个儿子奴婢十五人、良田五顷，其余家产、仆役都施舍于众。他说："子孙如果贤能，根本无需依赖过多的资财；如果并非贤能，只要守住这些资产，也可以不受冻饿了。"（"使贤，固不藉多财；即不贤，守此可以脱饥冻。"《新唐书·刘弘基传》）

洛州都督屈突通

屈突通（557—628），唐初名将，凌烟阁二十四功臣之一。亦名屈突仲通，字坦豆拔，祖籍昌黎（今辽宁朝阳），后迁居长安。隋朝大业年间，曾平定杨玄感叛乱。隋炀帝南巡江都，委其镇守长安。李渊起兵入关，屈突通坚守潼关，兵败被俘降唐。后随李世民平定王世充，参与玄武门之变，两度镇守洛阳。入朝先后任兵部尚书、工部尚书、洛州都督，封蒋国公。屈突通历仕两朝，均能竭忠尽力，受到唐高祖李渊及史家的赞誉。

一、在隋为将　屡立战功

屈突通的先世为库莫奚种人，依附鲜卑慕容氏。其父屈突长卿，在北周曾任邛州刺史。

屈突通自幼性格刚直、坚毅，擅长骑射，而且颇好武略。年轻时在隋朝任虎牙郎将，后来又担任右亲卫大都督。

隋文帝开皇十七年（597）三月，屈突通任亲卫大都督，奉隋文帝杨坚之命，到陇西一带巡查直属朝廷的牧群。屈突通秉公执法，共查出两万多匹隐马。隋文帝闻讯后大为震怒，欲将罪臣太仆卿慕容悉达及一千五百多名管事的官员全部处斩。屈突通于心不忍，向皇上求情："人命至关重大，人死不能复生。陛下用仁慈政令抚育天下，难道容许因牲畜财产而在一天之内杀戮一千五百人？臣斗胆以死请命！"隋文帝怒视并大声斥责，屈突通不为所屈，继续说道："臣情愿自身受杀戮，来免除千余人的死罪。"隋文帝醒悟过来，说："朕不明此理，竟然到这个地步。现在应当免除慕荣悉达等人的死罪，表彰你的好建议！"接着下令免除了众人的死罪。

经过此事，屈突通在隋文帝心中留下深刻印象，日渐重用，升右武候车骑将军。屈突通为人正直，秉公办事，即便亲属犯法，也决不包庇纵容。当时，他的弟弟屈突盖任长安县令，也以严整而知名。因此民间流传民谣说："宁食三斗艾，不见屈突盖；宁服三斗葱，不逢屈突通。"可见人们对他们兄弟的敬畏。

仁寿四年（604），隋文帝驾崩，太子杨广即位。隋炀帝深知自己的皇位来得不光彩，为防止几个弟兄对他不满、发生意外，决定将他们召回京师。屈突通受命，持隋文帝玺书去晋阳（今山西太原）征汉王杨谅入朝。

早先，隋文帝曾与杨谅秘密约定："如果有玺书召你，验看'敕'字旁边加点，还要与玉麟符相合，那样就能上路。"杨谅见到玺书与原约不能验证，知道已经出事，便盘问屈突通。屈突通闪烁其词而不作回答，杨谅只得将其放回长安。不久，杨谅起兵造反。

隋炀帝大业中期，屈突通转任左骁卫大将军。大业九年（613）六月，杨素之子杨玄感趁隋炀帝第二次征高丽之机，举兵造反。隋炀帝率隋军主力回师，命屈突通与左翊卫大将军宇文述驰援东都洛阳，对杨玄感形成反包围。七月，杨玄感率军西进，屈突通、宇文述等率军追击，大胜叛军。杨玄感自知大势已去，乃命杨积善将自己杀死。

大业十年（614），爆发反隋起义，其中刘迦论一支，有众号称十万。隋炀帝任命屈突通为关内讨捕大使，发关中兵进讨。屈突通率军进至延安，按兵不动，敌军以为隋军胆怯；屈突通进而宣布要撤兵，义军进一步放松警惕。于此同时，屈突通暗中率兵前往上郡（治今陕西富县）。刘迦论不明敌情，率部南进，距屈突通军七十里扎营。屈突通乘其不备，夜里率精锐袭击，斩杀刘迦论并部众一万余人，俘虏老弱数万口。

此后，隋廷政治日益腐败，各地农民不断揭竿而起。隋军则毫无斗志，很多将领战死。唯有屈突通与农民军作战时非常慎重，所以虽然没有大捷，但也从未战败过。

二、抗拒李渊　力战归降

隋大业十二年（616年），隋炀帝南下扬州江都宫，命屈突通率部与代王杨侑镇守京师长安。

大业十三年（617）五月，李渊在太原起兵。七月，李渊统甲士三万南下。代王杨侑派宋老生率精兵二万驻守霍邑（今山西霍县），另派屈突通率骁果军数万驻守河东，与宋老生遥相呼应。八月，李渊计诱宋老生出城，两路夹击，大败隋军，占领霍邑，打开了进军关中的通道。屈突通率军数万屯守河东（今山西永济西南），准备阻止李渊军入关。九月，李渊率诸军包围河东。但河东城高险峻，屈突通又善于守城，难以很快攻下，李渊只好留下部分兵力继续围城，亲率主力渡河西进，威逼关中。

屈突通闻知李渊要攻打长安，留下鹰扬郎将尧君素守河东，自己率部自武关（今陕西丹凤东南）出蓝田（今陕西蓝田），回救长安。到了潼关附近，被刘文静部阻住。当时隋将刘纲守卫潼关,屯军都尉南城,屈突通欲与刘纲合兵,李渊军左统军王长谐率部抢先袭占都尉南城,斩杀刘纲,屈突通被迫退守都尉北城。

屈突通与刘文静相持月余,急于进军,便派桑显和夜袭刘文静军营,结果桑部全军覆没,桑显和仅以身免。此时,屈突通处境愈加窘迫。有人劝他投降,屈突通哭道:"我蒙受国家厚恩,侍奉二主,陛下对我的恩宠照顾非常优厚。拿着人家的俸禄而在困难时背叛,怎能逃避国难?只能以死报国!"还摸着自己的脖子说:"应当为国家挨一刀!"屈突通慰劳勉励将士时,没有不痛哭流涕的,大家对此也很感动。

李渊攻占长安后,派家僮前来招降,屈突通当即将其杀死。闻知长安已失,家属都被李渊所俘,便命桑显和镇守潼关,自率主力东去,准备到洛阳投奔越王杨侗。屈突通刚走,桑显和便献潼关投降刘文静。刘文静派副将窦琮、段志玄等率精骑,与桑显和追击屈突通。屈突通在稠桑(今河南灵宝北黄河南岸)被追上,遂结阵自守。窦琮派屈突通之子屈突寿去劝说,屈突通骂道:"往昔与你是父子,现在就是仇敌了!"并命令身边的人箭射屈突寿。

此时,桑显和对屈突通的部众说:"京师陷落,各位的家都在关西,为何还要向东去?"众人闻听此言,全都扔掉兵器投降。屈突通见大势已去,下马向东南方向(指扬州)再三跪拜,并号哭道:"臣力尽兵败,没有辜负陛下,天地地祇,实所鉴察。"遂被迫归降。

屈突通与李渊见面后,李渊问道:"为何相见得这么晚呢?"屈突通哭道:"我未能尽人臣的忠节,所以到了这个地步,让本朝蒙羞,实在是愧对代王。"李渊对他的行为赞赏不已:"这是隋朝的忠臣啊。"下令将屈突通释放,并授兵部尚书,封蒋国公,任秦王李世民行军元帅长史。

三、在唐为将　再立殊勋

屈突通归降后，即奉命到河东城下招降尧君素归降。尧君素看到屈突通，歔欷不已；屈突通也泪湿衣襟，对尧君素说："我军已经失败，唐王义旗所指，无不响应。事情到了如此地步，你还是早些归降为好。"但尧君素态度坚决："您身为国家大臣，主上委任您以防卫关中的重任，代王将社稷都托付给您，您为什么背弃国家而投降呢？还替人家作说客呀！您所乘之马，就是代王赏赐的，您还有什么脸骑着这匹马呢！"屈突通叹息道："唉！君素，我是力尽途穷才来的！"但尧君素不听，说道："我现在力量还未用尽，何必再多说！"屈突通无奈，只好退走。

武德元年（618年）八月，唐高祖李渊命李世民率军进攻薛仁杲，屈突通作为行军元帅长史，随军出战。十一月，李世民在浅水原大败薛仁杲军，斩首数千级，并乘胜追击，围高墌城，迫降薛仁杲。当时珍宝堆积如山，诸将都争相夺取，而屈突通却秋毫不犯。唐高祖闻知此事后，对屈突通说："公清正奉国，著自终始，名下定不虚也。"（《旧唐书·屈突通传》）特赐金银六百两、綵物一千段。

武德二年（619）四月，刘武周在突厥支持下，向唐朝河东地区发动进攻，多次击败唐朝军队。十一月，李世民率兵征讨，屈突通也随军前往。第二年四月，刘武周军战败，其大将尉迟敬德归降，李世民非常高兴。屈突通担心尉迟敬德会反复，多次提起此事。后来刘武周部将大多叛唐而去，屈突通与尚书殷开山又向李世民进言："尉迟敬德刚刚投降，思想感情还没有归顺。这人非常勇猛剽悍，又被我们猜疑，必然产生怨恨。留着他只怕会有后患，还是尽快杀了吧。"李世民并未听从屈突通之言，但对其忠心还是非常感动。

就在刘武周进攻河东时，王世充在洛阳称帝，利用唐军无暇东顾之机，夺取了河南的部分州县。唐高祖决定进兵中原，七月，命李世民领八总管二十五将，统兵八万余，东击王世充。屈突通以本官判陕东道行台仆射，随从出征。

当时，屈突通的两个儿子都在洛阳，唐高祖想探试他的心意，便说："东征的事情，如今想委托给你，但你的两个儿子怎么办呢？"屈突通回答说："此行臣愿意作为前驱，两个儿子如果因此而死，那是他们的命，臣不会以私情妨碍公义。"唐高祖感叹说："烈士为保全节操而死，我今天是见到了。"（"烈士徇节，吾今见之。"同上。《旧唐书》作："徇义之夫，一至于此！"）

武德四年（621）正月，屈突通与窦轨带兵巡营，与王世充军遭遇，交战不利。李世民率玄甲队驰援，大败敌军，王世充逃回洛阳，依托谷水抵御唐军。李世民见王世充率全军出击，命屈突通率步卒五千渡谷水进击，并令其"兵交则纵烟"。两军交兵后，屈突通令部下放烟，李世民见烟起，亲率骑兵南下，与屈突通合力奋击，王世充战败，只得据城自守。

此时，窦建德率十余万大军西援洛阳，与王世充相呼应，威胁唐军侧背。李世民召集众将商议对策，屈突通等多数人认为唐军腹背受敌，不如撤退，以待时机。但李世民最终采纳了宋州刺史郭孝恪、记室薛收的建议，决定扩大战役范围，采用围城打援的战法，以求"一举两克"。他命屈突通随齐王李元吉继续围困洛阳，亲率精兵进驻虎牢；同时，李世民还将自己的卫兵半数分给屈突通，以保护李元吉。

五月，李世民在虎牢之战中全歼窦建德援军，唐军主力旋即回师洛阳，王世充见大势已去，被迫于五月初九率太子、群臣等二千余人投降。此战的胜利，对唐朝最终统一全国至为关键，屈突通论功第一，不久拜陕东大行台右仆射，镇守洛阳。

四、两镇洛阳　赐谥曰"忠"

几年后，屈突通被召回京师，拜为刑部尚书。屈突通以不熟悉法律条文为由，再三辞谢，后转为工部尚书。

此时，秦王李世民与太子李建成的矛盾白热化，李建成与齐王李元吉结交，共同对付李世民。李世民得知李建成打算在为李元吉饯行时杀害自己，遂与文臣武将商议，决定先发制人。

武德九年（626）六月四日清晨，李世民率屈突通、长孙无忌、尉迟敬德等发动玄武门之变，伏杀太子李建成、齐王李元吉。之后，李世民担心洛阳发生动乱，派屈突通驰赴，以检校行台仆射之职镇守洛阳。李世民即位后大封功臣，屈突通因功赐封食邑六百户。

贞观元年（627），行台制度废除，屈突通任洛州都督，进左光禄大夫。

贞观二年（628），屈突通病逝，享年七十二岁。唐太宗痛惜良久，追赠尚书右仆射，赐谥"忠"。

屈突通有二子：屈突寿、屈突诠，屈突寿袭爵。后来唐太宗到洛阳，想起屈突通的忠节之事，拜屈突诠为果毅都尉，并赐予粮食、布帛表示抚恤。屈突诠后官至瀛州（治河间，今属河北）刺史。

贞观十七年（643），唐太宗将二十四位功臣绘像凌烟阁，屈突通位列第十二。

贞观二十三年（649），屈突通与房玄龄配列太宗庙庭；永徽五年（654），唐高宗又追赠屈突通为司空。

对于屈突通历仕两朝，皆忠荩不贰，史家多有赞誉。《旧唐书》云："或问屈突通尽忠于隋而功立于唐，事两国而名愈彰者，何也？答云：若立纯诚、遇明主，一心可事百君，宁限于两国尔！被稠桑之擒，临难无苟免；破仁杲之众，临财无苟得，君子哉！"《新唐书》云："屈突通尽节于隋，而为唐忠臣，何哉？惟其一心，故事两君而无嫌也。"

陕东道大行台殷开山

殷开山（？—622），唐初名将，凌烟阁二十四功臣之一。名峤，以字知名，雍州鄠县人。在隋任太谷长。李渊起兵，召任大将军府掾、元帅长史，以军功赐爵陈郡公，迁丞相府掾。武德六年（622），在讨伐刘黑闼的路上病逝。

殷开山的祖父殷不害，在南朝陈任司农卿、光禄大夫。本居陈郡（今河南淮阳），陈朝灭亡后，徙居关中雍州鄠县（今陕西户县）。父亲殷僧首，隋朝时曾任秘书丞，在当时很有名气。

殷开山年轻时以学问和才俊知名，尤擅写作和书法。他在隋朝任太谷长，因治理地方而有名于世。李渊在晋阳起兵后，自称大将军，殷开山被召补为大将军府掾，成为佐助李氏父子的干将，参预谋划，以军功拜光禄大夫。

后来，李世民任渭北道元帅，随李建成攻克西河（今山西汾阳）时，将殷开山引为元帅长史。当时，关中群盗聚结，流民各自为阵，李世民命殷开山前往招抚。殷开山以其才干，把流民改造成军队，很有成效。

李渊又命殷开山与统军刘弘基，分兵向西占据扶风。他们率兵六万，南渡渭水，驻扎长安故城。隋将卫孝节从金光门出战，殷开山与刘弘基将其击破。攻克长安后，殷开山赐爵陈郡公，迁丞相府掾。不久，授吏部侍郎。

武德元年（618），殷开山任元帅府司马，随秦王李世民率八总管征讨薛举。双方对峙于高墌时，李世民患病，将指挥事宜委托刘文静。当时，李世民谆谆告诫说："薛举远道而来，利在急战，士气高涨，我们不容易打赢。应该打持久战，等他们粮食吃得差不多，士兵不耐烦的时候，我们可以一举破敌。现在应该坚守不出。"

刘文静认为唐军人多势众，殷开山也对他说："秦王担心你没有胜算的把握，才这样交代。但薛举如果知道秦王生了病，必然轻视我等。所以，应该炫耀武力，以威镇敌军。"于是，他们将兵营安扎在高墌城西南，列阵示威，甚至"恃众不设备"。薛举发现唐军防备松懈，暗中调集军队，以精锐铁骑从背后抄袭，唐军大败，士卒死者十之五六。李世民慌忙引兵退还长安，薛举遂占领高墌。战后，刘文静和殷开山均被免职废为庶民。

后来，薛举病逝，继位的薛仁杲忙于治丧，李世民亲任元帅，再率大军征讨，迫使薛仁杲率众投降。这次大战，为唐王朝立足关陇清除了外患，殷开山因战功官复原职。

同年八月，唐军攻打霍邑，用计诱使隋将宋老生出城迎战，由李建成、李世民等数十骑兵马正面对敌。等宋老生出城后，李渊命殷开山迅速召来步兵，从后面冲杀入宋老生阵中。唐军前后夹击，混乱中大呼："已获老生矣！"宋老生军遂溃乱大败，退入城中，并迅速拉起"悬门"。情急之下，宋老生下马投堑，刘弘基就地斩之。

武德二年（619），殷开山升任陕东道大行台、兵部尚书，迁吏部尚书。跟随李世民讨平王世充后，以功进爵郧国公。

武德五年（622），殷开山随军征讨刘黑闼，途中因病去世。李世民临丧痛哭，追赠陕东道大行台右仆射，谥曰"节"。

贞观四年（630），殷开山以佐命之功，与李神通、李孝恭、刘政会配飨唐高祖庙庭。贞观十七年（643），太宗命绘二十四功臣像于凌烟阁，殷开山名列第十三。永徽五年（654），唐高宗加赠殷开山为司空。

右骁卫大将军柴绍

柴绍（？—638），唐初将领，凌烟阁二十四功臣之一，唐太宗妹夫。字嗣昌，晋州临汾（今山西临汾）人。柴绍智勇兼备，在李渊、李世民起兵之初便随军四处征战，立下了赫赫战功。他的妻子平阳公主也是一位巾帼英雄，统兵数万，人称"娘子军"，时人传为佳话。

一、矫健有力　临危应变

柴绍的祖父柴烈，是北周的骠骑大将军，历任遂、梁二州刺史。父亲柴慎，隋朝时任太子右内率，封钜鹿郡公。

柴绍出身将门，自幼矫健有力，其勇敢义气在当地颇有名气。少年时，他就当了隋朝元德太子（隋炀帝长子）的千牛备身（陪伴）。李渊早在起兵之前，就把三女儿嫁给了他，这个女儿就是后来的平阳公主。

李渊决定举兵反隋时，柴绍夫妇都在长安，因而派人秘密召他们回太原。大家立即商量怎么走，柴绍对妻子说："你父亲想扫清国难，救民于水火，我非常赞同，肯定要去参加起义。可两人一齐走行不通，如果我一个人走了，又怕给你留下后患，你看该怎么办？"妻子说："你应该赶快去，我一个妇道人家，到时候可以躲藏，或者再想别的办法。"于是柴绍自长安启程前往太原。

当时，李建成与李元吉也从河东赶往太原，路上不期而遇。

李建成对柴绍说:"我们第一次得到消息就赶紧准备上路,日前又有人送信催促,说得非常紧急。现在恐怕已经起事了。这里到太原郡县相连,千里有余,到处都有隋朝的官吏兵员,势必被人发现。不如现在姑且投靠山匪小贼,以保全性命。"柴绍听罢,果断地说:"不行!既然追书催促,说明起义紧急,我们更应该日夜兼程,尽快到达。虽然辛苦一些,但最终彼此放心,我们也能保全。如果投靠小贼,他们一旦知道你是唐公的儿子,必然抓起来送到官府请功,那我们只能白白去送死了。"

李建成听从柴绍之言,三人相随,晓行夜宿,加速赶路。走到太原附近的雀鼠谷时,听人传言李渊已经起义,他们高兴地相互庆贺,说柴绍的主意是正确的。到达太原后,柴绍被授为右领军大都督府长史。

二、娇妻佩刀　双双义军

柴绍离开长安后,妻子平阳公主便很快回到鄠县自家庄园,用家中积蓄招引山野豪杰和亡命之徒,聚集起数百人,然后打出造反的旗帜,以此响应父亲的起义。

当时有个胡人叫何潘仁,在司竹园占山为王,平阳公主派马三宝去劝说他参加义军。何潘仁欣然同意,遂率部攻陷鄠县城。马三宝又去说服山大王李仲文、向善志、丘师利等人,任人各领数千人,与平阳公主的队伍会师。当时隋朝的京师留守不断派军征讨,马三宝与何潘仁引兵抗拒,接连打退隋军。

后来,队伍发展到七万人,平阳公主派人报告了父亲李渊。李渊喜出望外,便派柴绍率军渡过黄河去占领华阴,依傍南山接应其妻。这时,平阳公主引精兵一万多人在渭河北岸与李世民会师,与柴绍别后重逢,夫妻见面,真是感慨万千,一言难尽。别时城中,相逢城郊,世事沧桑,实难预料。昔日娇妻,而今佩刀，将兵数万，煞是英豪。于是依带兵将军的惯例，各自设置幕府，一齐包围长安。军中称其军为"娘子军"。

柴绍在随军进攻霍邑的时候，先到城下侦察了隋朝守将宋老生的布防，归来对众将领说："宋老生只有匹夫之勇，我们大军一到，他必然出来迎战，战则可以生擒。"此后大军到来时，宋老生果然出来接战。柴绍与之奋力拼搏，立功受赏。此后柴绍又参加了攻占临汾、扫平绛郡的战役，每战都当先锋，登城破阵。因功又授右光禄大夫。

武德元年（618），柴绍升迁为左翊卫大将军，又跟随李世民讨伐薛举，战胜宋金刚，打败王世充，擒获窦建德。战功累累，因此封为霍国公，赐食邑一千二百户，并转为右骁卫大将军。

吐谷浑与党项联合进兵入侵西北边境时，柴绍奉命率军征讨。军到边地时，敌军居高临下，向柴绍军中射箭，箭如雨下。柴绍不能与敌交锋一决雌雄，便叫人来弹奏琵琶，又令女子二人相对起舞。敌兵望见这般情景，很是奇异，停止射箭，相聚观看。柴绍观察到敌军阵线紊乱，便悄悄派遣精兵强将，以轻骑袭击其后方，结果敌军大乱，溃不成军，柴绍趁势掩杀，斩首五百余级。

贞观二年（628），柴绍率军出征梁师都，在夏州（治今陕西横山县）扫平叛军。贞观七年（633），加镇军大将军，改封谯国公。

贞观十二年（638），柴绍病重，太宗亲往探望。不久去世，追赠荆州都督，谥曰"襄"。

贞观十七年（643），唐太宗命将二十四位功臣绘像凌烟阁，柴绍位列第十四。

左骁卫大将军侯君集

侯君集（？—643），唐初将领，凌烟阁二十四功臣之一。豳州三水（今陕西旬邑）人。侯君集一生，起步平庸，但在动乱争战之时，始终效命皇上，故能平步青云；后来率军远征，克敌制胜，确实有功于国。然而他又弃前功而构后罪，贪赃任性，直至图谋造反。入图凌烟阁，是他的荣耀之处；被斩十字街，是他咎由自取的必然结局。

一、出将入相　宠遇一时

侯君集个性轻浮，华而不实，爱好弓箭却不善射，但仍然自称勇武。

侯君集一开始就进入李世民的秦王府，多次随军出征，历任左虞候、车骑将军，封全椒县子。虽然没有多大战功，但因是秦王府的老班底，所以渐渐受到重视，参加谋划议事。玄武门之变时，他也是主要策划者。李世民即位后，升为左卫将军，因功进封潞国公，赐食邑一千户，不久又拜为左骁卫大将军。

贞观四年（630），侯君集升任兵部尚书，参与讨论国家大事。征讨吐谷浑伏允时，太宗命李靖为西海道行军大总管，侯君集与任城王李道宗为副总管。

贞观九年（635）三月，唐军到达鄯州（今青海乐都），侯君集对李靖说："我军已经来到这里，而敌军还没有逃出险境。现在应该选拔精锐骑兵，长驱直入，攻其不备，定可获胜。如果不依此计，敌人见我大军压境，定会暗地远走。那样的话，山高路远，人地生疏，我们再想打击他们就很难了。"李靖采纳了他的建议，选拔精锐骑兵，轻骑简装，长途奔袭。李道宗追上了伏允的大队人马，在库山一带交战破敌。

吐谷浑轻骑兵逃进沙漠地带躲避唐军，李靖将兵马分为两路予以围剿，自己与薛万均、李大亮走北路，侯君集与李道宗走南路。南路军翻山越岭，跋涉两千余里，其间通过荒无人烟的地区，那里盛夏之时天降霜雪，山上积雪终年不化。后又转战经过星宿川，直至柏海，经常碰到敌军展开遭遇战，每战得胜，缴获甚多。他们向北望见了积石山，看到了黄河的源头，然后转折，与李靖一路在大非川（在今青海湖西）会师，扫平吐谷浑后回师长安。

贞观十一年（637），侯君集与长孙无忌等一同受到世袭的封赐，授陈州刺史，改封陈国公。一年后，拜吏部尚书，进位光禄大夫。

侯君集出身于行伍军旅间，没有认真读过书，担负重要职务之后，开始阅读经典书籍，了解选拔、推荐人才的法律以及考察官吏的措施，出外为将，入朝为相，一时之间颇有声誉。

二、战胜高昌　贪婪财宝

西部地区的高昌王麴文泰，阻断了唐朝通往西域的商贾之路。唐太宗通知麴文泰到长安来，他却托病不肯入朝。太宗命侯君集任交河道行军大总管，率兵征讨高昌。麴文泰得知唐军即将兵临其地，对部众说："唐朝距离我们七千里，中间有两千里沙漠地带，无水缺草，冬天寒风凛冽，夏天风如炎火，凡是大风吹到的地方，行人多数死亡，常常是一百人结队而行也没有一个人能够穿过沙漠，怎么能够通过大军呢？即使来到城下，我们闭门不与交战，他们最多支持二十天，吃完了粮食，军队必然像鱼一样四处溃散。到那时，我们便可去收捕俘虏了。"

侯君集率大军走到碛口（今新疆轮台地区）时，麴文泰病逝，儿子麴智盛袭位。侯君集兵到柳谷（今新疆吐鲁番西北），侦察兵报告说麴文泰近日就要安葬，部众都要去送葬。众将领建议趁机袭击，侯君集说："皇帝派我们出征，是因为高昌王傲慢无礼，让我们予以惩罚。如果趁人丧葬之时攻击，就不是替天行道的问罪之师了。"

随后，唐军先进军攻打田地城（今新疆柳中）。敌军依赖高墙壁垒，据城自守。侯君集规劝他们投降，敌人不听。侯君集调集善于制作攻城器械的士兵，制成推撞车、抛石车，全部用以攻城。由于车多石多，不断发射，石如雨下，守城敌兵站立不住，城里的人用毡被遮挡也都无济于事，于是攻破一城，俘获男女七千余口，又进军其都城（在今吉尔吉斯斯坦境内）。

麴智盛走投无路，便给侯君集写信说："得罪大唐天子的是我的先王，他已经受到了上天的惩罚。我本人袭位不久，不知该怎样表示认错，希望尚书大人宽容。"侯君集答复说："假如你愿意悔过，就开门投降。"麴智盛还是坚守不出。侯君集便令士卒填平护城河，又用抛石车向城内抛石，并且架起十丈多高的敌楼，俯视城中动静，行人及飞石打中的地方都看得一清二楚。每打中一处地方或行人，唐军都高声呼喊，并向地面的发石处报告好消息。

原先，高昌王麴文泰曾与西突厥欲谷设约定，如遇外敌则互相帮助。但欲谷设听到侯君集率大军临境的消息，立即向西逃出一千多里。麴智盛没有援军，只得开门投降。侯君集分兵到各部落中实行管制，而后刻石纪功，带着麴智盛及其主要将吏返回长安。

侯君集战胜高昌之初，没有奏请朝廷便自作主张委任管理人员，又私自拿了高昌王府中不少宝物，众将士知道后也争先恐后盗窃宝物。侯君集明知将士的行为,但怕人告发自己,因此不加制止。回到长安后,有人揭发了这些事,太宗大怒,将他逮捕入狱。这时,中书侍郎岑文本向太宗上书,讲了许多道理,说明功臣大将不应轻易问罪,太宗便释放了侯君集。

三、心怀怨恨 谋反被诛

侯君集自认为两番出征西域,立有大功,没想到因贪污而被囚禁,虽已获释,但心情郁闷,怏怏不乐。

贞观十七年(643),功臣张亮由太子詹事调出朝廷,外任洛州都督。侯君集认为是受了排挤,便以打抱不平的口气问张亮:"他们凭什么排挤你?"张亮说:"这只是你的看法,你想怪怨谁呢?"侯君集说:"我平定了一个邦国,回朝后惹得皇上大怒,怎么不是排挤?"接着挽起袖子说:"像这样郁闷地活着,真不是滋味。你敢不敢造反?我和你一齐行动。"("郁郁不可活,公能反乎?当与公反耳。"《旧唐书·侯君集传》)

张亮将此事秘密报告皇上,唐太宗说:"你和侯君集都是功臣,他单独与你说这些话,再没第二个听见,如果送到司法部门去办理,他一定不承认,没有旁证,这事情就不好办。"太宗便将此事压下,对待侯君集一如既往。

同年,侯君集参与太宗长子李承乾的谋反集团,他们招聘壮士、刺客,预谋暗杀太宗,或率军进攻皇宫。侯君集为此事焦虑不安,往往睡梦之中突然跳起来,长时间地唉声叹气。他的妻子感到奇怪,便问他:"你是国家大臣,为什么这个样子呢?一定有缘故。如果你有不对的地方,辜负了国家的重托,应该及早主动认罪,那样或许能保你不杀。"侯君集摆摆手,不予理睬。

不久,李承乾的阴谋被人揭发,所有的参与者都被逮捕入狱。唐太宗亲自对侯君集说:"朕不想让刀笔小吏审问你、污辱你,所以亲自审查你的事。"侯君集无言以对。太宗对文武百官说:"过去国家尚未安定时,侯君集东征西伐,确实有大贡献。朕不忍心将他法办,想留他一条性命,你们的意见呢?"众大臣说:"侯君集的罪行,为天地所不容,必须诛杀才能维护法律。"太宗对侯君集说:"那朕只能与你诀别,从今以后,只能看你的遗像了。"说着流下泪来。

临刑前,侯君集从容不迫,对监斩官说:"我哪里是要造反呢?不过是跌跌撞撞走到了这个地步。然而我毕竟当做过大将,破灭二国,多少也有些功劳。请转告皇上,希望保留一个儿子。"("君集岂反者乎?蹉跌至此!然尝为将,破灭二国,颇有微功。为言于陛下,乞令一子以守祭祀。"同上)当时他知道会株连全家,满门抄斩,所以提出这一请求。太宗听说后,特意开恩,留下了他的妻子和一个儿子,把他们迁到岭南附近去居住。

贞观十七年(643),唐太宗命将二十四位功臣绘像凌烟阁,侯君集位列第十四。

左武候大将军张公谨

张公谨(594—632),唐初名将,凌烟阁二十四功臣之一。字弘慎,魏州繁水(今河南南乐)人。曾在王世充属下任职,归唐后经李勣等引荐成为秦王府僚属,投龟定议,发动兵变,出任代州都督,封定远郡公;建议并随李靖征讨东突厥,平定后进封邹国公,改任襄州都督。

一、支持秦王 投龟定议

张公谨早年曾效力于王世充,任洧州长史。武德元年

(618)，张公谨与洧州刺史崔枢归唐，被任命为邹州（治临济，在今山东章丘）别驾，累迁至右武候长史。

武德四年（621），徐圆朗反叛，攻陷楚丘（今河南滑县），打算围攻虞城（今河南虞城）。河南道安抚大使任瓌命崔枢、张公谨率领各州豪强作质子的子弟一百多人守卫虞城。副使柳濬说："崔枢和张公谨原来都是王世充的部下，各州人质的父兄也都反叛了，这一去恐怕会叛变。"任瓌没有理会。在张公谨二人的坚守下，叛军难以攻破虞城，撤军而去。

后来，张公谨在徐世勣（即李勣）、尉迟恭的引荐下，被秦王李世民召入秦王府。当时，李世民与太子李建成、齐王李元吉不和，向张公谨求取自保之策。张公谨的回答很合李世民的心意，从此逐渐受到器重。

武德九年（626），李世民打算诛杀李建成、李元吉，又有些犹豫不决，便命人占卜以测吉凶。此时，张公谨从外而入，将占卜的龟壳扔在地上，并说："大凡卜筮，都是用来决定疑难、犹豫之事的，现在事情并无疑难，还占卜什么？若是占卜不吉，难道就停止行动吗？"（"凡卜筮者，将以决嫌疑、定犹豫，今既事在不疑，何卜之有？纵卜之不吉，势不可已。"《旧唐书·张公谨传》）李世民对张公谨所说深表赞同，事情也就确定下来。

六月四日，李世民发动兵变，张公谨与长孙无忌等九人埋伏在玄武门外。李建成、李元吉死后，其党羽冯立、薛万彻、谢叔方等人率军赶来，欲为太子和齐王报仇。张公谨勇力过人，独自关闭大门，将冯立等人挡在门外，冯立等人最终溃散。七月，张公谨升为左武候大将军，封定远郡公。

对于张公谨投龟定议，王夫之批评说："无左吴、赵贤，则淮南不能谋逆；无宇文述、杨素，则杨广不能夺嫡；无张公谨、尉迟敬德，则太宗不能杀兄。天下之乱，酿成于侥幸功名者之从臾（怂恿）者，类然也。"（《读通鉴论》卷二十二）比类未尽确当，亦可备一家之言。

二、奏伐突厥　死后哀荣

贞观元年（627），张公谨出任代州（治今山西代县）都督，并上表朝廷请求实行屯田。此后，张公谨对时政得失多次进言，都得到唐太宗李世民的采纳。

贞观三年（629），张公谨上奏朝廷，认为可以讨伐东突厥，并列举六条理由："颉利可汗奢华残暴，诛杀忠良，亲近奸佞，此其一；薛延陀等部落均已叛离，此其二；突利、拓设、欲谷设均得罪颉利，无地自容，此其三；塞北地区经历霜冻干旱，粮食匮乏，此其四；颉利疏离族人，委重任于外族，胡人反复无常，大唐军队一到，必然内部纷乱，此其五；汉人早年到北方避乱，至此时人数较多，近来听说他们召聚武装，占据险要之地，大军出塞，自然内部响应，此其六。"唐太宗认可张公谨所奏，遂任命兵部尚书李靖为行军总管，张公谨为副总管，讨伐东突厥。

贞观四年（630），颉利兵败，遣使请降，唐太宗命鸿胪寺卿唐俭前去抚慰。李靖与李勣（即徐世勣）在白道会军，打算出兵偷袭东突厥。张公谨得知后，表示反对："皇帝已接受他们投降，而且唐俭还在突厥，怎能出兵进攻？"李靖不听，发兵出击，最终平定了东突厥。东突厥平定后，张公谨进封邹国公，改任襄州都督。

贞观六年（632），张公谨病逝在任上，年仅三十九岁，追赠左骁卫大将军，谥曰"襄"。史载张公谨去世后，唐太宗欲到郊外致哀。有司奏道："按照《阴阳书》的说法，辰日不宜哭泣，这是风俗。"唐太宗道："君主与臣子就像父子一样，哀痛哭泣是感情的自然流露，怎么能避忌日呢！"于是痛哭一场。

贞观十三年（639），唐太宗追思张公谨旧功，改封他为郯国公。永徽五年（654），唐高宗又追赠张公谨为荆州都督。

贞观十七年（643），唐太宗命将二十四位功臣绘像凌烟阁，张公谨位列第十八。

镇军大将军程知节

程知节（？—665），唐初名将，凌烟阁二十四功臣之一。本名咬金，济州东阿（今山东东河）人。曾在李密、王世充军中，后与秦琼等投归李世民。历任右武卫大将军、左领军大将军、封卢国公，他每战争先，功勋卓著；后因屠城免职家居，寿终正寝。

一、两从义军　终归明主

程知节少年时就健壮勇敢，善于在马上挥稍作战。隋炀帝大业末年，聚众数百人保卫家乡，抗御盗匪。

瓦岗寨义军首领李密起兵后，程知节率众加入李密军中，任内军骠骑。李密从军中选拔出八千名勇士，隶属四位骠骑将，又分为左右两队，主要任务是自卫，所以号称"内军"。李密对内军十分满意，说："我这八千人，相当于百万兵马。"程知节统领其中一支。

有一次，瓦岗军出城与王世充所率隋军决战，程知节率内军与李密一同在北邙山（今河南洛阳北）上扎营，单雄信领一支外马军在偃师城（今河南西北部）北安营。王世充袭击单雄信的军营时，李密派程知节和裴行俨出兵援助。裴行俨当先冲向敌阵，被飞箭射中跌落马下，敌人想抢去报功，蜂拥而上。

就在此危急时刻，程知节纵马向前，将围向裴行俨的敌将连杀数人，趁敌军躲避后退的空隙，抢起裴行俨放在自己的马背上，又飞身上马，一手扶住裴行俨，一手挥剑杀敌，向本阵转回。王世充的骑兵手舞长槊追来，程知节挺剑抵挡，不想剑锋恰巧刺穿了槊头，两件兵器绞在了一起，同时用刀抽动，反而愈抽愈紧，谁也不能制服对方。程知节猛然回转身大喝一声，用劲一拉，连槊带人拉近自己，敌骑害怕坠马，放松了槊柄，程知节夺过来"咔嚓"一声将槊折断，同时抽出剑来，斩杀此将。敌骑不敢再追，程知节带裴行俨返回本军。

后来李密战败，程知节归于王世充部下。虽然王世充待遇优厚，但程知节对好友秦叔宝说："王世充这个人心胸狭窄、器量太小，又爱说假话，喜好赌咒发誓，像个老巫婆似的，哪里是个拨乱反正的英雄呢？"秦叔宝亦有同感。于是商定伺机投奔秦王李世民所率唐军。

一次，当王世充带领他们到九曲（今河南寿安）抗拒李世民时，程知节与秦叔宝等人走在前面，两军接战之前，程知节等人在马上回转身来向王世充告辞："感谢你给我们的待遇，很想报答你的恩情，但你性好猜忌，身边又是些只会煽动闹事、搬弄是非的人，因此这里不是我们的存身之地，现在就要离去。"说罢，与秦叔宝等几十个人拍马跑向李世民军中。王世充这边不敢追击，只好听之任之。

二、每战争先 屠城免官

程知节归唐后，李世民授予秦王府左三统军。随军出征，打败宋金刚，生擒窦建德，迫使王世充投降，又任左一马军总管，每次作战都奋勇争先。因功封宿国公。

武德七年（624），李建成为削弱秦王府势力，在唐高祖李渊面前说了许多程知节的坏话，李渊便调他到康州去当刺史。

程知节对李世民说:"他们动手斩除大王的左膀右臂,形势很危险了。我宁死不肯离开秦王府,希望您快些自保。"("大王手臂今并翦除,身必不久。知节以死不去,愿速自全。"《旧唐书·程知节传》)

当时,太子与秦王之间的决战一触即发,程知节找出种种借口,就是不离秦王府。玄武门之变时,程知节跟随李世民杀死李建成与李元吉。事定之后,拜太子右卫率,迁右武卫大将军,赐食邑七百户。

贞观中期,程知节任泸州都督,左领军大将军。与长孙无忌等人世袭刺史,改封卢国公,授普州刺史。贞观十七年(643),以开国功臣入凌烟阁群英图中,位列第十九。同年转任左屯卫大将军,检校宫城北门驻军,加封为镇军大将军。

高宗永徽六年(655),迁为左卫大将军。

显庆二年(657),授葱山道行军大总管,率军征讨贺鲁。大军抵达恒笃城(今哈萨克东南),有数千家胡人开门投降。程知节不接受投降,下令屠城,贺鲁远遁。返回长安后,以屠城和没有捕获贺鲁受到审问,免除了官职。

不久,朝廷又授予岐州刺史。程知节以年事已高,请求致仕,朝廷批准,于是他回家颐养天年。

麟德二年(665),程知节病逝。追赠骠骑大将军、益州大都督,谥曰"襄",陪葬昭陵。

兵部尚书李勣

李勣(594—669),唐初名将,凌烟阁二十四功臣之一。本姓徐,名世勣,字懋公。唐朝建立后,因特殊贡献赐姓李;太宗李世民即位，因避讳改为单名。曹州离狐（今山东鄄城）人，居东郡卫南（今河南浚县）。他本是瓦岗军智囊人物，后归唐，为唐朝兼并群雄、抵御外寇而东征西讨，立下汗马之功。他善于用兵，能够随机应变。由于饱经世故，善于明哲保身，所以一生未受挫折。

一、初投义军　继归大唐

徐世勣家道富有，父亲徐盖是大地主，家中常囤粮数千石。徐盖乐善好施，济贫救困，不问亲疏贵贱。徐世勣从小深受父亲的影响，对穷困百姓深表同情，更对隋炀帝的昏庸荒淫深感不满。

十七岁那年，徐世勣参加了翟让领导的瓦岗军。瓦岗军是当时农民军里最著名的一支，声势浩大，很有战斗力。徐世勣加入后，因为才干受到翟让的敬重。徐世勣建议："我和你都是本地人，大多数人都相识，不相识的也是本乡人，自己的家乡不应该受到侵掠。不如将战场转移到宋、郑两郡，夺行舟，掠商贩，所获钱粮足以自给。"翟让觉他的建议很好，当即采纳照行。于是，瓦岗军转移战线，经常突袭公私船只、过往商贩，很快就积累了大量军需，队伍也发展到了一万余人。

不久，李密投奔瓦岗军。李密是长安人，善谋略，在徐世勣等人的鼓动下，李密被拥立为主，正式建立了大魏政权。瓦岗军至此有了统一指挥，徐世勣被任命为右武候大将军，成为瓦岗军的智囊人物。

大魏政权的建立，使隋炀帝惶恐不安，命大将王世充率江淮军征讨。徐世勣受命前去迎战，两军大战于洛水，徐世勣出奇计、用奇兵，王世充大败。凯旋后，徐世勣被封为东海郡王。随后，徐世勣又屡建战功。

这时,河南、山东闹水灾,饿殍遍野,死者每天达数万人。徐世勣觉得,这对瓦岗军来说是再好不过的有利时机,便建议李密:"天下大乱,又闹饥荒,现在如果再打下黎阳仓(今河南孟县境内),大事就成了。"李密觉得可行,派徐世勣率精兵五千,前去攻打。徐世勣率军只用一天时间就攻占了黎阳仓。黎阳仓是隋朝文帝时期所建,用以防备灾荒之年,仓内储藏巨量粮谷。瓦岗军占据黎阳仓,军队供给有了保障,随后几天,瓦岗军就增加兵力达二十余万之多;为了收买民心,瓦岗军还把少量粮谷散发给农民,获得了"爱民"的名声。

隋义宁二年(618)三月,隋将宇文化及在江都谋反,杀了隋炀帝,率军进逼瓦岗军。宇文化及来势凶猛,徐世勣严守重镇黎阳,挖深沟,筑壁垒。宇文化及赶到黎阳,无计可施,只好扎营与徐世勣对峙,伺机进攻。徐世勣挖地道突袭,宇文化及大败。就在这时,李密被王世充打败,率残部投降了唐朝,魏徵也在李密军中。

魏徵到长安后,以安抚之职给徐世勣写了一封信,劝他归附唐朝。徐世勣对长史郭孝恪说:"魏公(李密)既归大唐,现在这里的人马土地,都是魏公的。我如果上表献出,就是利用主人的失败,为自己邀功名、求富贵,这是我所不耻的。"他把州县的所有百姓和军人户口记录下来,派人送给李密。唐高祖李渊听说使者没有降表,只给李密送来书信,感到非常奇怪。使者把徐世勣的意见告诉了唐高祖,唐高祖十分高兴,说:"徐世勣感念主人的恩德,推辞功劳,确实是正直之臣"。("徐世勣感德推功,实纯臣也。"《旧唐书·徐世勣传》)任命徐世勣为黎阳总管、上柱国,封曹国公,赐姓李,令他掌管河南、山东的军队,抵御王世充。

不久,李密谋反失败被杀。唐高祖命人将李密首级送到黎阳，给李世勣看。李世勣向北跪下号啕大哭，大备仪卫，全军缟素，备君臣之礼，为李密哀悼，并把这位他曾经的君主葬于黎阳山南。李世勣对故主的忠诚之举，受到了人们的赞扬，凡闻知此事者，无不称其为有义之人。

二、东征西讨　功在统一

黎阳历来是兵家必争之地，王世充和窦建德对此也一直虎视眈眈。武德二年（619）十月，盘踞河北的窦建德率军进攻黎阳，黎阳失陷，李世勣率数百名轻骑突出重围。后因父亲徐盖被俘，李世勣被迫归降窦建德。魏徵也在此役中被俘，还有山东道安抚大使李神通。李世勣归降后，窦建德任命其为左骁卫将军，负责把守黎阳。李世勣与部将郭孝恪密谋发动兵变，并想趁机杀掉窦建德。后因机密泄露，率郭孝恪等数十轻骑逃到长安。

回到长安后，李世勣多次随李世民东征。李世勣屡战屡胜，尤其是在虎牢战役中，里应外合，大破虎牢城，俘获王世充大将王行本，从而斩断了王世充和窦建德的联系。窦建德得知虎牢被破，立即率军来攻，被李世民布置在虎牢东面的李世勣、秦叔宝、程知节等所率伏兵攻击，窦建德损失三百余人，殷秋和石瓒两员大将被俘，他自己率大队人马败逃，从此元气大伤。这年冬天，窦军最终被唐军彻底击败，窦建德被俘，手下五万人投降。孤守洛阳的王世充见大势已去，也被迫投降。

王世充手下大将单雄信，与李世勣是故交。李世勣多次向李世民力保赦罪，李世民认为单雄信罪大恶极，不肯赦免，单雄信终被定为死罪。临刑时，李世勣从自己的手臂上割下一块肉让单雄信吃下，哭着对他说："我们兄弟曾约定同生死、共富贵，今天我臂上肉与你一同到地下，实践我们的誓言。"围观者无不为此感动。

东方平定，李世民率师凯旋，唐高祖论功行赏，李世民升为上将，李世勣为下将。向太庙献俘结束时，李世民和李世勣身穿黄金甲，甚是威武。

武德七年（624），李世勣受命参加了征讨叛将辅公祏的征战。李世勣率陆军万人强渡淮河，迅速攻占寿阳、硖石，随后向当涂逼近，配合李靖击败辅公祏的部将陈正通和冯慧亮。紧接着，李世勣又配合直捣辅公祏老巢丹阳。辅公祏闻知唐军来势凶猛，弃城出逃。李世勣追至武康，辅公祏终于被杀。

三、铲除突厥　帝之"长城"

武德八年（625），为了防止突厥犯边，唐高祖任命李世勣为并州总管，抗击突厥。唐太宗李世民即位后，为了避讳，李世勣改名为李勣，继任并州总管。

贞观三年（629），唐太宗决定大规模打击突厥，遂任命李勣为通汉道行军大总管，李靖、李道宗分别为灵州、定襄道行军总管，兵分五路进攻突厥，各路大军均受李靖节制。

李勣率军出云中（今山西大同），在白道川（今呼和浩特北）与突厥交战，敌军大败，突厥颉利可汗向唐朝求和。李勣和李靖知道其中有诈，两人商量后，决定同意派使臣唐俭与突厥谈判。李勣对李靖说："颉利虽败，人众尚多，如果度过大漠去追，路远难行，恐怕追不上。现在让唐俭到那里去，他们必然会放松警惕，我们随后去袭击，不用打就能获胜了。"李靖赞成李勣的建议。兴奋地说："你的这番话，就是韩信灭田横的计策啊。"（"公之此言，乃韩信灭田横之策也。"《旧唐书·李勣传》）李靖率精骑乘夜出发，李勣随后。颉利可汗还不知道是怎么回事，唐军已经攻入帐营。颉利慌乱中率万余人逃往碛口，但此刻李勣已率军攻占碛口，颉利可汗走投无路，被迫投降。

由于铲除东突厥功勋卓著，李靖封代国公，李勣授光禄大夫、行并州大都督府长史。几年后，李勣又晋封英国公，长驻并州。在任职并州期间，李勣治军有方、边防巩固，唐太宗赞扬他说："隋炀帝不能精选贤良安抚边境，只知道修筑长城防备突厥，却没有什么效果。朕委派李勣驻扎并州，使突厥畏惧远远离开，边疆再也不见烽烟，李勣不就是朕的长城吗？"（"朕今委任李世勣于并州，遂使突厥畏威遁走，塞垣安静，岂不胜远筑长城耶？"同上）

贞观十五年（641），李勣晋升兵部尚书。正在此时，已归顺唐朝的突厥俟利必可汗告急，称薛延陀真珠可汗命其子率二十万大军来攻。还未启程接受进封的李勣，立即奉命率军北上，以朔州道行军总管之职，率兵六万讨伐薛延陀主力。营州都督张检、灵州道行军总管李大亮，分别从东西两方配合；另有张士贵、李袭誉两路，共分兵五路进攻薛延陀大军。李勣亲自率数千精骑攻至大青山，斩首三千，俘获五万。薛延陀军大败，逃至漠北。

贞观十七年（643），李勣出任为宰相（加位特进、同中书门下三品），同时担任太子詹事兼左卫率，负责教育培养太子。在一次宫宴上，唐太宗对李勣说："我儿新登皇储，你是旧人，我把太子的事全托付给你，因为思之再三，没有比你更合适的人选。你以往不负李密，今天也不会负我。"李勣听了，备受感动。

这一年，唐太宗命人把二十四位功臣绘像凌烟阁，李勣位列第二十三。

四、古稀之年　伐辽主帅

贞观十九年（645），唐太宗御驾亲征高句丽。李勣为辽东道行军大总管，率军六万。四月，攻占盖苏城，两万余敌军被俘，缴获十万余石粮食。随后进攻辽东城（今辽阳北）。李勣用抛石车和撞车猛攻，战斗持续了十二昼夜，高句丽军最终抵挡不住，纷纷投降。李勣又配合唐太宗围攻白岩城，城主深知无力抵抗，被迫投降。

一年后，薛延陀部内乱，李勣奉命前往征讨。他采取降则抚、叛则讨的策略，在郁督军山与薛延陀部展开激战，薛延陀大败。从此，漠北平定。

贞观二十三年（649），唐太宗病逝。临终前，他有意把李勣贬为叠州都督，然后暗中嘱咐太子李治继位后要委李勣以重任。李治问父皇这是何故，太宗说："你对李勣无恩，我死后你再调他回来任宰相，他会因为你的恩德，忠诚地为你效力。"李治即位后，立即召回李勣，任命他为同中书门下三品，直至后来进尚书左仆射、司空。

高宗乾封元年（666），高句丽王盖苏文去世，长子男生即位为王，其弟男建、男产不服，意图推翻男生，遂求助于唐朝。唐高宗任命时年已七十余岁的李勣为辽东道行军大总管。李勣以古稀之年，率军攻克城邑十余座，最后攻入平壤。

总章二年（669），李勣患病，唐高宗召回其子弟给予照料，并为之请医寻药。李勣说："吾本山东田夫，遭值圣明，致位三公，年将八十，岂非命耶！"（《资治通鉴·唐纪十七》）不久，李勣去世，时年七十有六。唐高宗辍朝七日，命全国志哀，追赠太尉、扬州大都督，赐谥曰"贞武"，陪葬昭陵。

李勣善于用兵，史称他"临敌应变，动合时机"。在与人一起谋划时，只要有可取之处，他立即采纳；告捷之时，却归功于部下，因而部下都乐于为他出谋划策。由于饱经世故，李勣善于趋避。左迁叠州都督时，奉诏即行，连家也不回。唐高宗欲立昭仪（武则天）为皇后，多数大臣表示反对，唐高宗征求他的意见，他答道："这是陛下自己家的事，用不着问我们这些不相干的人。"正因为这样，李勣一生才没有遭到挫折。

左武卫大将军秦琼

秦琼（？—638），唐初名将，凌烟阁二十四功臣之一。字叔宝，齐州历城（今山东济南）人。出身行伍，隋末从军，曾跟随李密、王世充。归唐之后，隶属秦王李世民。他屡立战功，拜为军马总管，爵封国公，绘像凌烟阁。

一、初入隋军　终归大唐

隋朝大业中期，秦琼在大将来护儿帐内当亲兵。秦琼母亲去世，来护儿派遣使者前往吊唁。军中文吏感到奇怪，说："士卒死亡或家中有丧事的人多了，将军从来没有降低自己的身份去问候，为什么单单去慰问叔宝？"来护儿说："此人勇敢强悍，志向高远，将来一定会取得富贵，怎能按小人物来对待呢？"（"此人勇悍，加有志节，必当自取富贵，岂得以卑贱处之？"《旧唐书·秦琼传》）

隋朝末年，各地武装暴动风起云涌，山东地方的卢明月聚众十万，四处扩张。时任齐郡通守的张须陀，率全部将士一万人前往平叛，秦琼当时正在其部下。双方相遇后，张须陀得知敌军倾巢出动来攻下邳（今江苏睢宁北），知道敌我力量过分悬殊，便远在六七里外安营扎寨，而且一直没有主动出击。

相持十几天后，张须陀的军队粮食将尽，打算撤退。这时，他对部将说："敌人看见我们撤退，必然要来追击。他的大军出来，军营内部就空虚了，如果有一千骑兵去袭击敌营，定会获胜。不过这是冒险行动，谁愿意去呢？"结果所有将官都不作声，只有帐前兵卒秦琼和罗士信二人请求担当此任。于是张须陀让二人分率一千士兵埋伏在芦苇中，自己率众撤退。

卢明月的兵众很快发现了张须陁的行动，便率全军追击。这时，秦琼与罗士信骑马领兵跑到卢军大营，但营门大栅紧闭，无法进去。秦、罗二人跳下马来便去攀登栅楼，敌军守栅之兵呐喊抗拒，居高临下打击秦、罗二人。但他们毫无惧色，一面迅速登楼，一面挥刀砍杀。各杀数人后，趁守兵躲避，秦、罗二人迅速登上栅楼，拔掉敌军旗帜，杀入营中，打开栅门，放入自己的士卒，纵火点燃敌营共三十多栅。火焰腾空而起。卢明月望见之后，赶紧命令军队回头来救。这时，张须陁也率军转身追击，于是大破敌军。卢明月仅带数百骑逃脱，其余都做了俘虏。这次大胜之后，秦琼的勇气远近闻名。

秦琼在张须陁部下时，还曾出征孙宣雅，率先登城破敌。张须陁以其前后战功相加，授建节尉。后在荥阳（今河南郑县）与瓦岗军首领李密作战时，张须陁阵亡，秦琼带残军归附裴仁基，不久裴仁基以武牢投降李密。李密见到秦琼，十分喜欢，当即任为帐内骠骑，待遇优厚。李密与杀死隋炀帝自立为帝的宇文化及在黎阳童山（今河南浚县西）大战时，李密被飞箭射中，跌于马下，昏迷过去。左右随从以为他已死，各自奔散。这时敌兵赶来欲取首级，秦琼单人匹马，挺枪护卫，直到有人援救，扶持回队，李密以此得救。秦琼又收集将士奋力拼搏，宇文化及无奈引兵退去。

后来李密战败，秦琼又为称帝洛阳的王世充所得。王世充也早闻秦琼威名，任他为龙骧大将军。但秦琼很快发现王世充为人虚伪，诡计多端，因而不愿听命。当王世充率众与秦王李世民所率唐军交战时，走到九曲地方，秦琼与程知节、吴黑闼、牛进达等数十人骑马跑出百步远，下马回拜王世充，说："虽然承蒙你的礼遇，但我不愿再待下去了，就此告辞！"王世充眼睁睁看着几员虎将投奔到唐军中去，心中有气，但无可奈何。

秦琼先后从军于张、裴、李、王四方军中，最终归降大唐。

二、屡建奇功　绘像凌烟

秦琼归唐之后，唐高祖李渊将他分配到秦王府。李世民知道秦琼、程知节等都是海内名将，对他们格外看重，让秦琼镇守长春宫，拜为军马总管。

秦琼多次跟随秦王李世民出征，在美良川曾与割据势力刘武周手下将领尉迟敬德交锋，打败了敬德。征伐王世充时，秦琼一直担当先锋。李世民每当临阵，望见敌军阵地上有耀武扬威的将领和士卒时，常常流露出愤怒的神色，便指着敌将命秦琼去打。秦琼认准目标，跃马挺枪，直入敌阵，在万马军中追击其人，或刺之于马下，或生擒回阵。敌人虽然人多势众，但都不敢阻挡。这样往往挫败敌人的锐气，大长本军的志气。

在武牢与割据称帝的窦建德交战时，秦琼与几十名精锐骑兵率先冲击敌阵，往来砍杀，斩将毁旗，彻底打乱了敌军的部署。唐高祖派遣使者到前线慰劳秦琼，赐他金瓶，并说："你不顾妻子儿女，远道而来投奔于朕，又每每有功，难能可贵。假如朕身上的肉可以为你所用的话，朕也会割下来给你的，何况这些金宝女子呢！望你再接再厉！"当下授他为秦王右三统军。

后来，在介休打败刘武周部将宋金刚，计前后功勋，秦琼受赐黄金百斤、杂彩六千段，授上柱国。扫平王世充后，进封翼国公，受赐黄金百斤、帛七千段。消灭窦建德部将刘黑闼后，又受赐杂彩千段。

武德九年（626）玄武门之变，秦琼紧随李世民，参与了诛杀李建成、李元吉的战斗，直至平息城内的动乱。事后，拜为左武卫大将军，封食邑七百户。

中年以后，秦琼常常生病。他回想自己的经历，对人说："我从小就步入戎马生涯，到如今打过二百多仗，多次受过重伤，算起来先后流的血总有好几斗了，哪能没有病呢？"

贞观十二年（638），秦叔宝去世。追赠徐州都督，陪葬昭陵。唐太宗追思他生前的战绩，特地命人在秦琼墓前放置石人马，以彰显他的战功。贞观十三年（639），改封胡国公。贞观十七年（643），与长孙无忌等一同绘像凌烟阁，位列第二十四。

右骁卫大将军契苾何力

契苾何力（？—677），唐初将领。铁勒部酋长之子，后内附大唐。他忠心耿耿，志向坚定，身陷异邦，坚贞不屈，以致感动得太宗为之落泪；他智勇兼备，出将入相，临战则善于捕捉战机，讲和则能洞悉虚实真伪；对待突厥九姓的叛乱，能化干戈为玉帛，不战而胜。他为大唐的阔大气象增添了光彩。

一、善抓战机　深明大义

契苾何力的祖父、父亲，都是铁勒部的酋长，称为"特勒"。铁勒是当时北方的游牧部落，与吐谷浑相邻，经常受到其侵扰，且地域狭小、多有疫病，便迁入龟兹热海（今新疆库车一带）。父亲去世时，契苾何力才九岁，因而降号为"大俟利发"。

贞观六年（632），契苾何力跟随母亲，率领一千多户人家移居沙州（今甘肃敦煌西），向唐太宗上书表示内附。太宗把他们的部落安置到甘、凉二州。契苾何力长大成人，入京朝拜时，授任左领军将军。

贞观七年（633），契苾何力与凉州都督李大亮、将军薛万均，一同奉命出征吐谷浑。大军到达赤水川（在今甘肃武威）后，薛万均率少数骑兵先行探敌，结果误入敌人包围圈，受到突然攻击。薛万均、薛万彻兄弟都被长枪刺中落马，只能徒步抵御，士兵十之六七战死。契苾何力听到这一消息，立即带领数百骑兵驰往战地，突破包围，进入中心。只见薛万均兄弟血染甲衣，带伤战斗，只有招架之功，而无反击之力。契苾何力大喊一声，去救薛万均兄弟，然后纵横奋击，左右砍杀，把敌人打退。薛万均兄弟因此得救。

当时，吐谷浑首领在突沦川（一作"图伦碛"，即塔克拉玛干沙漠），契苾何力主张出兵进攻，薛万均因出师不利而心有余悸，坚决反对。契苾何力说："敌人并没有城郭可据，逐水草而移居，如果我们不趁其毫无防备去袭击，恐怕他们会像鸟惊鱼散一样，流窜四方。一旦失去这样的机会，怎能再有机会倾巢歼灭他们呢？"薛万均仍然固执己见，于是契苾何力自选精兵一千多骑，直接奔往突沦川，打破吐谷浑王的牙帐，斩首数千级，缴获驼马牛羊二十余万头。吐谷浑王在少数人的保护下逃脱，契苾何力俘虏其妻子儿女返回。

唐太宗收到战地报告，派使者到大斗拔谷（在今甘肃民乐东南甘、青两省交界处）慰劳得胜之军。薛万均当着皇帝特使的面，不顾事实，编造假话，贬斥契苾何力，而将许多功劳据为己有。契苾何力越听越气愤，当听到彻底否定自己的话时，忍无可忍，便拔刀而起，想把这个颠倒是非、信口雌黄的家伙一刀杀死，多亏众将领一齐起来拉住，又一再劝说，才制止了风波。

太宗听了使者的汇报，召契苾何力查问详情。契苾何力如实汇报了薛万均从战败到争功的过程。太宗大怒，要夺薛万均官职转给契苾何力。契苾何力坚决推辞，说："因为我而解除薛万均的职务，恐怕四方的番族听到后，误以为陛下您重番轻汉。再说,夷狄之众多数无知,他们还会以为汉人的臣子都是这种人呢。所以说,这不是安定大局、息事宁人的做法。"太宗认为他说得有理有节,便不再强行撤换,但令契苾何力任北门宿卫、检校屯营事,并与临洮县主结为夫妻。

契苾何力分析形势,鞭辟入里,讲论人情,深明大义,对待像薛万均那样恩将仇报的本军将领,他能宽怀忍让,受到太宗和群臣的称赞。

二、身陷延陀　心如铁石

贞观十四年(640),契苾何力任葱山道副大总管,出征高昌,得胜而归。当时,他的母亲姑臧夫人和弟弟贺兰州都督沙门,都在凉州。太宗允许他去探望母亲,同时带有抚巡部落的任务。

其时,薛延陀(铁勒部之一)逐渐强盛,契苾部落的不少首领想归附薛延陀。契苾何力回到部落,听到这种意见,很感吃惊,便对众首领说:"当今皇上对你们都有厚恩,对我更是重用有加,我们怎能忍心背叛他呢?"众首领说:"我们的夫人、都督已经归降,我们还有什么不可以的呢?"契苾何力说:"弟弟沙门孝敬母亲,我要忠于皇上,无论如何也不跟你们去!"众首领见他态度坚定,知道不可说服,只能挟持,于是干脆把他捆起来,一直送到薛延陀可汗的牙帐。

一路上,契苾何力大骂不止。面对薛延陀可汗,他故意很傲慢地坐在地上,听到问话也不回答。忽然间,他拔出佩刀,向东方(唐朝所在方向)大声呼喊:"哪有大唐烈士到番邦受辱之理?天地在上、日月昭昭,愿知我的真心!"("岂有唐烈士受屈虏庭,天地日月,愿知我心!"《旧唐书·契苾何力传》)随即要引颈自刎。幸而薛延陀副将近在咫尺,在他举刀之时,强扼其腕,众人上前扭住胳膊夺下刀来,使他自杀不成。薛延陀可汗见他如此顽强,便下令斩首,可汗妻子极力劝止,说应慢慢劝降。但几天之后,契苾何力还是割下了左耳,表明矢志不移。

长安城里,唐太宗只听说契苾何力到了薛延陀部落,但不知是怎样去的,他认为这绝非契苾何力的本意。有人说:"人心都乐于归乡。何力如今归入延陀,就像鱼之得水。"太宗反驳说:"不然,此人心如铁石,必不背我。"(同上)当时正有来自薛延陀的使者,详细讲述了契苾何力的表现,太宗听着听着,止不住落下泪来,说:"契苾何力竟如何!"便派兵部侍郎崔敦礼持节出使薛延陀,答应为可汗许配公主,以此换回契苾何力。契苾何力回到唐朝后,立即拜为右骁卫大将军。

太宗既然答应薛延陀许配公主,便择日聘送。契苾何力上表提议暂停。太宗说:"天子无戏言,既然已经承诺,怎么可以不算数呢?"契苾何力说:"皇上言之有理。我的本意是延缓婚事,而不是说不履行承诺。婚礼是大事,女婿应该亲自来迎娶。我们可以通知延陀可汗来。纵然他不敢到京城来,起码应到灵州(指边城)。我估计他不敢来,这样,娶亲结婚就没有准定的日期了。他必然因此忧愁郁闷,用不了一年,内部就会自相猜忌。他若死去,两个儿子必定争权相斗。我们坐以待变。"

太宗接受了契苾何力的意见,便先派使者前往通知。薛延陀可汗害怕上当,果然不到灵州迎亲,此后闷闷不乐,一年而死,两个儿子互不相让,各立为王。

三、义释仇敌　息戈九姓

贞观十九年(645)出征辽东时,唐太宗以契苾何力为前军总管。军队到白岩城(今辽宁辽阳东北)外,即被敌兵包围。契苾何力率众奋战,被长矛刺中腰部,伤情严重,流血甚多,太宗亲自为他敷药调理。

不久，攻克白岩城，太宗下令搜捕刺伤何力的人，结果抓住了高突勃。经审问对证确实后，便把此人交给契苾何力，让他亲自斩杀，以报重伤之仇。契苾何力不同意处死高突勃，对太宗说："犬马还懂得各为其主，而况人呢？他上阵作战也是为主而来，况且敢于迎着刀光剑影来刺我，可见是个忠勇之士。我们原本互不相识，哪里有什么冤仇呢？"随后予以释放。

贞观末年（649），契苾何力以昆丘道总管，率军征讨龟兹，俘获龟兹王布失毕及众首领。

契苾何力忠君观念分外强烈，以致唐太宗死后，他要杀身殉葬。幸有高宗的开导抚慰，才免于早殇。

永徽二年（651），契苾何力以弓月道行军大总管，率军平定处月、处密的叛乱，生擒处密统帅时健俟斤、合支贺等。

显庆二年（657），契苾何力升任左骁卫大将军，封国公兼检校鸿胪卿。后以辽东道大总管出征高句丽，到达鸭绿江时，高句丽王男生率精兵数万沿江据险抗拒，先期到达的军队渡不过去，双方隔江对峙。契苾何力与后续部队到达时，正遇冰封水面，于是擂鼓进军，大破敌兵，追击数十里，斩首三万级，其余的也都投降了。

同年，契苾何力又以铁勒道安抚大使，选拔精锐骑兵五百，驰赴突厥九姓之中。突厥人十分惊奇，看他们不像进攻的样子，但却是一支军旅。契苾何力对他们说："国家知道你们因内部纠纷而发生叛乱，派我来向你们宣布：这次叛乱罪在酋长，而不在兵众，只要你们不再盲从，改过自新，就还是好弟兄。"九姓兵众都觉得有道理，于是联合捉拿特勒、叶护等煽动反叛的两百多人，契苾何力将他们带回长安，历数其罪而后诛杀。此番出行，未动大军而平定九姓。

乾封元年（666），高句丽拥众十五万屯于辽水，又引靺鞨军数万据守南苏城，虎视唐朝边境。契苾何力以辽东道行军大总管兼安抚大使率军出征。分兵两路齐头并进，都大破敌军，斩首万余级，继而乘胜前进，攻克七城。然后回军，与英国公李勣在鸭绿江会师，联兵进占辱夷、大行二城。李勣驻军于鸭绿栅，契苾何力引番汉兵五十万先抵平壤，李勣相继而至，一举攻克平壤城，生擒男建及其大小王。回军之后，契苾何力授镇军大将军，改封凉国公，检校右羽林军。

吐蕃消灭吐谷浑后，势力日益扩张，侵犯唐朝的鄯、廓、河、坊等州。仪凤元年（676），唐高宗命周王李显为洮州道行军元帅，相王李旦为凉州道行军元帅，率领契苾何力等前往讨伐，但两王没有前往统军。

仪凤二年（677），契苾何力病逝，追赠辅国大将军、并州都督，谥曰"烈"，陪葬昭陵。

太宗一朝宰相多

唐太宗时,中书省、尚书省、门下省三省长官,相当于宰相之职。中书令、中书侍郎为中书省长官,尚书省左右仆射为尚书省长官,侍中为门下省长官。太宗朝宰相众多,不仅有文臣,且有武将。房玄龄等各已列入学士、功臣,这里仅为部分,但也不乏佼佼者。除早期的封德彝、裴寂,王珪之疾恶好善、激浊扬清,马周之经邦济世,褚遂良之知无不言,均可谓贞观名臣。

尚书左仆射裴寂

裴寂（570—629），唐朝开国宰相。字玄真，蒲州桑泉（今山西临猗）人。父裴瑜，曾任隋绛州刺史。隋末，裴寂任晋阳宫监，将晋阳宫宫女偷出侍奉李渊；李渊起义后，他又以晋阳宫所藏米粮、铠甲、彩帛等支持李渊。他参与了晋阳起兵的策划，是对建立李唐王朝有功的少数几位宰相之一，深受唐高祖恩宠；唐太宗即位后，逐渐疏远，后免官遣回乡里。

一、少年早孤　乱中入仕

裴寂从小聪明好学，深得家人喜爱。父亲病故后，裴寂由兄长抚养成人。十四岁时，恰逢州里缺一名主簿，裴寂前去补任，至此步入仕途。

裴寂长大后，英俊威武，眉清目秀。由于家贫，无以营生，他常常徒步去京城。

隋朝末年，天下大乱，农民起义遍布各地，隋朝统治摇摇欲坠。裴寂在别人举荐下，任晋阳宫（在今山西太原晋源区）宫监。而此时的太原留守李渊，和裴寂关系密切，交情甚好。

李渊次子李世民，秘密准备举兵反隋，又担心父亲不同意。晋阳令刘文静与裴寂非常要好，他深知裴寂所言，李渊一定听从，便把裴寂引见给李世民，希望通过裴寂说服李渊。

刘文静动员裴寂时，对李世民评价极高："他绝不是一般人，胸怀宽广好比汉高祖，英勇智慧好比魏武帝，虽然只有十九岁，但肯定是改变天下的人。"裴寂与李世民见面后，觉得刘文静说得一点不错，就决定深相结交。

之后，李世民拿出数百万钱财，交给龙山县令高斌廉，让他在赌博时故意输给裴寂。裴寂"赢"了许多钱，心中畅快，和李世民越走越近。这样，李世民便以实情相告，裴寂当即许诺予以支持。

根据李世民的意思，裴寂私自以宫女侍奉李渊。在封建王朝，凡是与在籍宫女发生关系的人，一旦发现，都将处以死罪。裴寂与李渊饮宴，酒到酣处，趁机对他说："二公子暗地收兵买马，要干大事；我私自让宫女侍奉您，事情泄露，定会杀头。如今天下大乱，盗贼遍地。如果谨守小节，很快就会死掉；若是起兵举义，定会得到天位。您意下如何？"（"若守小节，旦夕死亡；若举义兵，必得天位。"）李渊说："我儿真的有这计划，既然已经确定，那就这么办吧。"（"我儿诚有此计，既已定矣，可从之。"《旧唐书·裴寂传》）

于是，李渊建立大将军府，自任大将军，裴寂为大将军长史，配合李世民起兵反隋。裴寂还特意进献宫女五百人，以及米九万斛，杂綵五万段，铠甲四十万领，以供军用。

李渊起兵时，天下豪杰蜂起，正所谓"秦失其鹿，诸侯逐之"，关键就看哪路诸侯能占据先机，率先把握天下大势。李渊想先取东都洛阳，又担心隋将军屈突通在背后袭击，一时拿不定主意。裴寂建议，先破屈突通，再夺取京师。李世民则建议早渡黄河，占据长安，威震关中。

李世民认为，关中各路叛军没有共主，各自为政，易于招纳。合并关中分散势力，可趁此扩充数万军力。屈突通只知自守，不足为虑。李渊同意了李世民的建议。随后，李渊一边留兵围攻屈突通，一边让李世民率军入关。李氏大军一路势如破竹，最终攻占了长安。李渊拥立隋炀帝之孙代王杨侑为帝（隋恭帝），自任大丞相。平定长安后，裴寂迁任大丞相府长史，进封魏国公。

隋义宁二年（618）五月，隋恭帝被迫禅位于李渊。裴寂主持受禅事宜，李渊受禅，登上了皇帝宝座。

二、高祖心腹　恩宠有加

李渊建唐称帝后，裴寂授任尚书右仆射，成了唐王朝的开国宰相。

唐高祖李渊对裴寂宠信有加，当朝文武百官、皇亲国戚，无人能比。赏赐财物无数，每日赐予"御膳"。朝廷集会，唐高祖一定要让裴寂在自己身边，还经常把他请到后堂商量事情，对裴寂言听计从。在正式场合叫他"裴监"，从不直呼其名，以示尊崇。

高祖武德二年（619）六月，割据势力刘武周派遣部将黄子英、宋金刚频频进犯太原，唐军屡战屡败，唐高祖李渊忧心如焚。裴寂主动请求率军平叛，任晋州道行军总管，率军抵御刘武周。行军到介休，扎营度索原，因水源被切断，便找有水之地移营。宋金刚却趁机纵军攻击，裴寂溃败，几乎全军覆没。

经过一天一夜的疾行，裴寂逃至晋州（今山西临汾）。宋金刚继续进逼。裴寂上表谢罪，唐高祖安慰，让他镇守河东。裴寂战前虽有拥立之功，能够审时度势，得到李渊赏识，但在与刘武周的战役中却显得无能为力，以致一败再败，只不过高祖并没有过多地责备他。

裴寂生性胆小，又无将帅之才，遂驱虞、泰二州居民进入城堡，焚其积蓄。百姓惶恐不安，皆思为乱。十月，夏县（今属山西）人吕崇茂聚众自称魏王，举兵反唐，并寻求宋金刚支援。裴寂率兵前往攻打，大败而归。唐高祖召裴寂入朝，责备曰："先前与刘武周对阵，兵力足可破敌，却一败再败，你能对得起朕吗？"即便如此，高祖依然像当初一样宠信裴寂，每次巡游都让他留守。

武德四年（621），麟州刺史韦云起奏告裴寂谋反。唐高祖亲自对裴寂说:"朕之所以取得天下,本来就是你促成的,如今怎么会怀有二心?只是黑白要分清,所以不能不追究。"("朕之有天下者,本公所推,今岂有贰心?皂白须分,所以推究耳。"《旧唐书·裴寂传》)听了唐高祖的话,裴寂没有争辩,只是请求查证后再做定论。经过查证,果然是诬告。经过这件事,高祖更加亲信裴寂,认为即使天下人都叛变,裴寂也不会离他而去。为了抚慰裴寂,还派人到府上送礼给他压惊。

武德六年(623)四月,裴寂迁任尚书左仆射。唐高祖非常高兴,赐宴含章殿。裴寂趁机辞谢,说:"当初在太原起事的时候,皇上已经答应天下平定之后,让我回家种地。现在四海已经平静,刀兵不动,百姓安居,请求陛下许我退休,回家养老。"高祖坚决不准:"现在还不到时候呢,我还要和你携手到老呢。你为台司(宰相),我为皇上,逍遥快活,岂不美哉!"从此以后,唐高祖每日天都要差遣一位尚书员外郎,在裴寂府中值班,由此可知裴寂尊贵至极。

三、免官流放　猝死他乡

武德九年(626),唐高祖逊位于秦王李世民。太宗继位后,对前朝重臣采取疏远的态度,裴寂在朝中的特殊地位也不复存在。

贞观三年(629)正月,有沙门法雅,从前受恩宠出入两宫,后来禁止入内,因而心怀不满,便说出一大串莫名其妙的妖言。杜如晦主审法雅,让这个妖僧的胡言乱语弄得昏头涨脑,但法雅却终于改说"人"的语言了,他说裴寂能听懂这种神奇的语言。于是,裴寂被免去官职,遣回乡里。裴寂请求留在京师,太宗不允,说:"论起您的功劳来,哪能到这个地步?您是因为恩泽才成为群臣之首的。武德年间,公开行贿受贿,纪律松懈紊乱,根子都在您这里。不过因为您是老同志,不忍心依法严办。现在能回乡去守护坟墓,很不错啦!"("计公勋庸,安得至此?直以恩泽为群臣第一。武德之际,货赂公行,纪纲紊乱,皆公之由也。但以故旧不忍尽法,得归坟墓,幸已多矣!"《资治通鉴·唐纪九》)裴寂随即返归蒲州故里。

汾阴(今山西万荣)一个叫"信行"的男子,言多妖妄,常对裴寂的家僮说:"裴公的面相有天子的命。"裴寂的监奴恭命把这事告诉了裴寂。裴寂恐惧不敢上奏,命恭命暗中杀掉信行。但恭命不仅没杀信行,反而与他一起逃到别处藏了起来。裴寂得知后勃然大怒,派人四处搜捕。恭命害怕被杀,就到皇上那里举报了裴寂。

唐太宗闻知此事大怒,对群臣说:"裴寂有四项死罪:第一,身为三公,却与妖人法雅亲密;第二,事发之后负气任性,说天下是他谋划来的;第三,妖人说他有天子之命,他却匿而不报;第四,密谋杀人灭口。"群臣听后议论纷纷,大家不相信裴寂有叛逆之心,请求从宽处理,唐太宗便将他流放静州(治今四川旺苍)。

裴寂刚到静州,恰好碰上当地羌人聚众造反,有传言说他们已经劫持裴寂做了首领。唐太宗对此毫不相信,说:"国家对裴寂有性命之恩,肯定不会如此。"("我国家于寂有性命之恩,必不然矣。"《旧唐书·裴寂传》)果然没过多久,就有奏报到来,说是裴寂率家僮镇压了叛乱。太宗想到裴寂的佐命之功,便召他还朝。裴寂正为赴京做准备,却突然猝死,时年六十岁。追赠相州刺史、工部尚书、河东郡公。

尚书右仆射封德彝

封德彝(568—627),唐初宰相。名封伦,字德彝,以字显名于世,观州蓨(今河北景县)人。封伦在隋朝时教唆内史侍郎虞世基实施弊政，使隋朝日益衰败。降唐后，又玩弄权术，迎合君主心意，先后获得高祖和太宗宠信。死后，他的罪恶暴露，被削职。

一、受尊杨素　教唆世基

封德彝出身官宦世家，祖父封隆之，在北齐为太子太保；父封子绣，为隋通州刺史。

封德彝年少时，舅父卢思道就说："这孩子才智、见识超人，定能取得卿相的高位。"（"此子智识过人，必能致位卿相。"《旧唐书·封伦传》）

隋文帝开皇十年（590），江南发生叛乱，内史令杨素前往征讨，任用封德彝为行军记室。船行至海上，杨素召其商议事情，慌忙中封德彝掉到海里，所幸没有淹死。被人救上来后，封德彝换了衣服去拜见杨素，始终不谈落水之事。很久以后，杨素才知道他曾落水遇难，询问缘故，封德彝轻描淡写地说："这是私事，不敢为这些小事惊动您。"杨素觉得封德彝非同一般，便把堂妹嫁给了他。

开皇十三年（593），杨素受命营造仁寿宫（在今陕西麟游），上表推荐封德彝任土木监，宫殿造得宏大奢侈。隋文帝一向崇尚节俭，对杨素建造如此奢华的宫殿极其愤怒，说："杨素竭尽百姓全力，给朕招聚天下的怨恨。"杨素大为恐惧，封德彝说："不要惊恐，皇后来看过，就没事了。"

第二天，隋文帝果然慰劳杨素说："你知道我夫妇年老，没有什么可娱乐的，才建造这座豪华的宫殿吧？"杨素因而非常高兴。退下之后，杨素问封德彝："你怎么会有先见之明？"封德彝说："皇上节俭，所以看见宫殿必然发怒。但皇上平日很听皇后的话。皇后是妇人，喜好奢侈华丽是她们的本性。皇后高兴，皇

帝还有什么可说的呢？"杨素说："揣摩的才能，我比不上你。"（"揣摩之才，我不如你。"同上）

杨素依仗权势，对人多有欺凌，只有对待封德彝，从不傲慢失礼，和他谈论天下事，时间再长也不知疲倦。杨素还抚着自己的坐床说："封郎一定能坐上我这个位置。"（"封郎必当据吾此座。"同上）经杨素向隋文帝推荐，封德彝被提拔为内史舍人。

大业中期，内史侍郎虞世基很受隋炀帝宠信，但他不谙政务，经常出现失误。封德彝暗中依附虞世基，要他凡事秉承皇上的旨意。比如：百官奏章不合皇上心意，就扣下不报；有功应当赏赐的，尽量压着不赏；以严刑峻法统治天下。因此，虞世基恩宠日深一日，而隋朝的政治却日益衰败。

大业十四年（618），宇文化及叛乱，挟持隋炀帝，指示封德彝起草文书，列举炀帝的罪行。炀帝说："你是一个出身贵族的文化人，怎么能做这种大逆不道的事情！"封德彝羞愧而退。宇文化及杀害炀帝后，任命封德彝为内史令。跟随宇文化及到达聊城后，封德彝预料宇文化及必败，就结交其弟宇文士及，得以到济北保护粮道。

宇文化及死后，封德彝和宇文士及投降了唐朝。唐高祖李渊知道他依附逆党，正要严厉责备，让他前往馆舍，封德彝却用秘策迎合，高祖转而很是高兴，改授他为内史舍人，升任侍郎兼内史令。

二、善弄权术　阳奉阴违

秦王李世民征讨在洛阳称帝的王世充，命封德彝参与谋划军事。当时，长时间不能结束战事，高祖李渊打算撤军，秦王派封德彝回长安汇报、分析军情。封德彝见到高祖，说："贼军占领的地盘虽多，但各自为阵，不能相通，所能效命的只有洛阳罢了，计穷力屈，亡在旦夕。现在解围返回，贼人势力重新联合，我军就等于前功尽弃。"高祖遂不再撤军。

后来，秦王大败敌军，王世充降唐。高祖对侍臣说："起初商议东征，有许多人不同意对剽悍的王世充用兵，只有秦王认为定能取胜，封德彝赞同这一举动。张华协助晋武帝的功劳，也不过如此吧？"高祖封封德彝为平原县公，署理天策府司马。

当初，占据河北称帝的窦建德援救王世充，秦王要奔赴虎牢，阻击窦军，封德彝和萧瑀谏阻。取胜之后，二人入府祝贺。秦王笑着说："当初没有听从你们的建议，才侥幸取胜，你们是智者终有一失啊。"封德彝说："我从来就难比秦王的深谋远虑、审时度势，何况这一回呢。"

武德五年（622），突厥侵犯太原，却又派遣使者和亲。唐高祖向群臣问计，大家都请求答允突厥和亲，缓解战争。封德彝说："突厥有轻视中原之心，以为我们不能和他们作战。如果乘其懈怠予以攻击，势必取胜，取胜以后再和亲，可使威德两全。如今不战，以后他们一定还要来。臣认为应该攻击。"朝廷采用封德彝的意见，出击突厥。

武德六年（623），封德彝任检校吏部尚书。他熟悉职务，善于理政，深受时人称赞。武德八年（625），封德彝晋封赵国公，改封密国公。

唐太宗继位，拜授封德彝为尚书右仆射，实封六百户。封德彝归顺唐朝的初期，萧瑀曾向高祖推荐他。此时，萧、封二人分任左、右仆射，每次商议国事，都先商量好一致意见，再向太宗禀报。然而，到得朝堂之上，封德彝却看皇上脸色而临时改变主意，萧瑀因此多次受到太宗责备，由此两人产生隔阂。

贞观元年（627），封德彝得病，倒在尚书省，太宗亲临探视，命人用自己的车辇送他回家。不久，封德彝去世，终年六十岁,谥曰"明",追赠司空。

封德彝天性阴险,善于玩弄权术,屡屡猜中君主心意,暗中引导而使表面相合。他外表谨慎和顺,住处及衣服简陋朴素,但却暗中结交权贵,贿赂赠送无数。他善于掩盖真相,做坏事居然表现得像做好事一样坦荡,人们无法知道他的真心。

隐太子李建成、巢剌王李元吉作乱时,封德彝曾多次向秦王李世民进献计谋,秦王认为他忠诚,赏赐数以万计。封德彝又秘密对高祖说:"秦王凭借功劳,和太子不相上下,若不早立为太子,就赶快除掉。"他又对太子说:"为了天下大业,不要顾及亲族。你知道什么叫乞羹者吗?乞羹者就是失去自己的饭碗,被迫舔人家的碗边儿。"高祖商议废立太子,封德彝曾坚决劝阻。

封德彝当时所作所为无人知晓,等他去世后,事情慢慢暴露出来。贞观十七年(643),治书侍御史唐临弹劾封德彝奸诈之事,太宗让百官议论。户部尚书唐俭等说:"封德彝生前宠极一时,死后罪恶暴露,历任官职不可全部削夺,请求收回追赠的官职,改换谥号,用以警戒诡媚卑鄙之人。"太宗下诏削夺封德彝的司空之职,削去食封,改谥曰"缪"。

侍中王珪

王珪(571—639),唐初宰相。字叔玠,扶风郿(今陕西眉县)人。隋时曾在秘书省校订图书,因受牵连入山隐居十余年。归唐后,历任黄门侍郎、侍中、礼部尚书等职。王珪忠直,经常向太宗直言进谏;乐于济助穷困亲族,自己却很节俭。他是唐初与房玄龄、杜如晦、魏徵等齐名的宰相,对于"贞观之治"有一定作用。

一、太宗信任　王珪直谏

王珪出身世家，祖父王僧辩，为南梁太尉、尚书令；父亲王顗，在北齐时任乐陵郡太守。

王珪幼年时父亲去世，家中生活贫困，这使他养成了沉稳淡定的性格。他安于贫贱，为人随遇而安，但志向远大，与人交往严肃正派。

隋开皇十三年（593），王珪应召到秘书内省，负责校订书籍，后转任太常治礼郎。他的叔叔王頍通晓儒学，见识高远，特别看重王珪，认为他将来会大有成就。因受汉王杨谅造反牵连，王頍被朝廷处死；王珪应受连坐，遂逃往终南山隐居了十多年。

李渊入关，拥立代王杨侑为帝，进封唐王，为大丞相，册长子李建成为世子。经丞相府司录李纲举荐，王珪出任世子府咨议参军。李建成立为皇太子，王珪任中书舍人，升为太子中允，很受太子礼遇。太子与秦王李世民有矛盾，高祖责怪王珪不能辅佐太子化解矛盾，把他流放到越嶲（今四川西昌）。

武德九年（626），李世民登基，把王珪从流放地召回，任谏议大夫。唐太宗曾经说："国君清正，但治下的大臣奸邪，天下固然不能太平；大臣贤良，国君奸邪，同样也不能天下太平。只有君臣同心同德，才能四海安泰。朕虽然算不上清明，但幸亏有你们大家的不断谏正，也算是达到太平了。"

王珪进言说："古时候，天子有谏诤之臣，因为谏言不被采用，相继而死。如今陛下圣德广布，广泛征求民间意见，我们愿意竭尽全力，希望对陛下稍有帮助。"太宗同意，于是诏令谏官随同中书门下及三品官一起入宫。王珪一心一意进谏善言，经常提出好的建议，太宗很信任他，封永宁县男，任黄门侍郎，升为侍中。

太宗对王珪说："朝中本来设置中书省、门下省，以相互监督检查。中书省起草诏令制敕如有差误，门下省当予纠驳指正。人的见解各有不同，如果往来辩论，务求准确恰当，放弃个人见解从善如流，又有什么不好呢？近来有人护己之短，于是产生仇怨隔阂；有的为了避开私人恩怨，明知其错误也不加驳正。顾及个人的脸面，造成万民的灾患，这是亡国的政治。隋炀帝在位时，内外官吏一团和气，在那时，均自认为有智慧，祸患不能殃及自身。等到天下大乱，家庭与国家俱亡，虽然这中间偶有某人得以幸免，也要被舆论所针砭，永远难以翻身。你们每个人都应徇公忘私，不要犯同样的错误。"王珪谨记心中，并身体力行。

一天，王珪晋见太宗，有个美人站立在皇上身边。这个美人，是因谋反被杀的庐江王李瑗的妃子。太宗指着美人告诉王珪："庐江王蛮横无道，杀了她的丈夫，把她收为小妾，这样昏暴的王公，哪能不灭亡？"王珪离开席位，严肃地问："陛下认为庐江王是对呢，还是不对？"太宗惊讶地问："庐江王杀了人，人家的妻子夺为自己的妾，你还问他对不对，这么简单的问题，还用问吗？你是什么意思？"

王珪说："我听说，齐桓公到郭国（即虢国，都城为河南陕县）时，问当地父老郭为什么灭亡，父老说，那是因为郭国国君亲近善人、厌弃恶人。齐桓公不理解地问：'如你所说，那么郭君是贤明君主啊，怎么会灭亡？'父老说：'事情不是这么简单。郭君亲近善人却不能任用他们，厌弃恶人却不能罢黜他们，所以郭国不能不亡。'现在陛下知道庐江王无道，所以灭亡，但他的侍妾还在，我不知道陛下如何看待这件事，是对还是错。"太宗虽然并未疏远那个美人，但很欣赏王珪的这番议论。（《旧唐书》："太宗虽不出此美人，而甚重其言。"《通鉴》则云："上悦，即出之，还其亲族。"）

太宗问王珪："近代以来，国家政治越来越赶不上古代，为什么呢?"王珪回答道:"汉代崇尚儒术,宰相多用通经的儒士,所以风俗淳厚;近代以来,重文艺而轻儒术,又辅以法律,这便是治世化民之道日益衰微的原因。"太宗颇以为然。

太宗命太常少卿祖孝孙给宫中的乐师指导乐律,但是长期以来,乐师们一直没有长进,因此祖孝孙多次受到批评。王珪与宰相温彦博一起劝谏太宗说:"孝孙精通音律,不是教授不用心,只恐怕陛下所问不得其人。祖孝孙是品行高尚的雅士,陛下却让他教那些女乐师,还责骂他,是不是太轻视士人了?"

太宗大怒:"你们都是我的心腹,应当尽忠献直,为何欺罔主上,替别人说话?"温彦博恐惧告罪,王珪却不为所动说:"我原是前太子(李建成)的部下,犯罪当死,陛下哀怜我,免了我的死罪,还让我担任枢密之职,是要我效忠陛下。如今臣所进言,岂是为了私恩?现在陛下怀疑我有私心,这是陛下有亏于臣,而臣不亏欠陛下。"太宗深感惭愧,不说话了。

第二天,太宗对房玄龄说:"自古帝王,能够纳谏者确实很难。从前周武王不任用伯夷、叔齐,宣王杀死了无罪的杜伯,自古以来帝王纳谏实在是难啊。朕每天都向往前代圣贤,昨天朕无端责备王珪等人,现在非常后悔,你们大家不要因为这点小误会,从此不愿意进谏啊!"

二、论相精准　为人节俭

当时,王珪与房玄龄、李靖、温彦博、戴胄、魏徵同朝辅政。唐太宗因王珪善于品鉴人物,且善于言辞,便与他讨论:"你善于识别人才,而且通达敏悟,请你说说房玄龄他们都是什么类型的人才,再把你自己跟他们作一下比较。"

王珪说:"勤劳于国家之事,尽心竭力,这方面我不如房玄龄;能文能武,能将能相,这方面我不如李靖;启奏文本写得详明，进退合乎礼仪，这方面我不如温彦博；善于处理繁杂事务，井井有条，这方面我不如戴胄；一心谏诤主上过失，总担心当今天子比不上古代尧舜，这方面我不如魏徵。但是，疾恶好善，激浊扬清，我比他们要强一些。"（"孜孜奉国，知无不为，臣不如玄龄；才兼文武，出将入相，臣不如李靖；敷奏详明，出纳惟允，臣不如温彦博；处繁理剧，众务必举，臣不如戴胄；以谏诤为心，耻君不及于尧、舜，臣不如魏徵。至如激浊扬清，嫉恶好善，臣于数子，亦有一日之长。"《旧唐书·王珪传》）太宗赞同这番评价，房玄龄等也都认为说出了各自的优点，评论准确。

后来，王珪晋封为郡公。贞观七年（633），王珪因为泄露朝堂上的一些言语获罪，降职为同州刺史。太宗看重他是名臣，不久便召还，任礼部尚书。王珪与诸儒修订《五礼》书成，太宗赐绢帛三百段，封其一子为县男。

贞观十一年（637），王珪兼任魏王李泰的师傅。魏王降尊称"师"，王珪也坦然以师傅自命。魏王曾问师傅什么是忠孝，王珪说："陛下是大王的君主，侍奉君主要考虑尽忠；陛下是大王的父亲，侍奉父亲要考虑尽孝。既忠又孝，就可以成名成功。"魏王说："关于忠孝，我谨遵教诲，希望能听一听具体怎么去做。"王珪说："汉朝的东平王刘苍说'为善最乐'，希望大王记住这句话。"太宗听到王珪如此教导魏王，非常高兴，说："有王珪做老师，这孩子从此可以不犯错误了。"

王珪年少丧父，生活贫困，身边人经常接济他一些衣物钱财，他也不推辞。后来富贵了，他以丰厚的财物回报施恩之人；如果施惠者已经离世，就周济其家人。家族中的人有困难，他也全力帮助。

王珪性情宽简，在官任上严格遵循法度，他家的仆人从未见过他的责怒之色。家中有守寡的嫂子，王珪对她十分尊重，家里的事都要向嫂子请示后才作决定。王珪教育抚养侄子，比对自己的亲儿子还关心。

王珪周济别人，自己却很节俭。他居然不建家庙，四时八节，都在家里祭祀。这遭到礼部的纠察弹劾，于是太宗出资，给他建了一座家庙，使他感觉羞愧，但不治他的罪。舆论因此认为，王珪的节俭也太过分了，与礼法相悖，因此很有鄙薄的意思。

王珪当年隐居时，与房玄龄、杜如晦友好。母亲李氏说："你将来一定富贵，但我不知道你都与什么人交往，哪天你把他们请来，我看看。"房玄龄等人来到王家，李氏悄悄观察他们，惊讶不已，使人备办酒席，请宾客畅饮终日。李氏说："这两位客人都是辅佐帝王的人才，你的富贵是毫无疑问了！"

王珪的儿子王敬直，娶南平公主为妻。当时习尚，公主下嫁，因身份高贵，都不行拜见公婆之礼，王珪说："皇上也得遵守法度，依国法、家法，我都应当受公主拜见。我不是为自己争什么礼，是要以此树立法度的权威。"于是与夫人坐在正堂，公主正式行儿媳拜见礼，然后退下。从此以后，公主下嫁，都要对公婆行儿媳拜见之礼，正是王珪创下了这个先例。

贞观十三年（639），王珪病重，唐太宗派公主到他家探望，又派户部尚书唐俭调理医药和饮食。王珪不久去世，时年六十九岁。太宗身着素服，在别的宅子里祭奠，还下诏魏王李泰率领百官亲到灵前哭吊。追赠吏部尚书，谥曰"懿"。

中书令温彦博

温彦博（578—637），唐初宰相。字大临，并州祁县（今山西祁县）人。隋末曾任文林郎等，归唐后历任中书侍郎、御史大夫、中书令、尚书左仆射等，先后封西河郡公、虞国公。在辅佐李渊建唐、太宗"贞观之治"中，都有功绩。贞观初年，与王珪、房玄龄、李靖等名臣共同辅政；所建对待突厥的开明政策，高瞻远瞩、利国利民。

一、拒不泄密　谙于应对

温彦博出生于书香之家，父亲温君悠，曾任北齐文林馆学士、隋泗州司马。良好的家庭环境里，不仅有学识渊博的父亲，还有同样自幼博览群书、聪颖过人的哥哥温大雅和弟弟温大有。温彦博自幼聪悟，有口才，博涉经史笔记。父亲的好友薛道衡、李纲见到温彦博三弟兄刻苦攻读，都十分赞许，认为都是卿相之才。

隋文帝末年，温彦博二十七岁，为州牧秦孝王杨俊举荐，授文林郎、直内史省，转通直谒者。

隋炀帝大业十二年（616），隋虎贲郎将罗艺起兵攻占柳城、怀远等地，自称幽州总管，温彦博被引为司马。

唐武德元年（618），李渊在关中建立唐朝，罗艺看到李氏已定关中，人望归之，认为其王业必成，遂于次年归附唐朝。温彦博因预谋此事有功，被任命为幽州总管府长史，封西河郡公。

不久，温彦博被唐高祖李渊召入朝廷，拜为中书舍人，又擢为中书侍郎。当时，高句丽派遣使者进献地方特产，高祖因其反复无常，打算拒绝进贡，不再做高句丽的宗主国。温彦博引证历史，认为如此不妥，劝高祖说："辽东本是周朝时的箕子国，汉朝在那里设立玄菟郡，不允许高句丽称臣，周边各邦国怎么办？"高祖认为温彦博言之有理，采纳其建议，接受了高句丽称臣纳贡的要求。

温彦博以善于辞令闻名，熟悉四方风俗，胪布诰命，奏对详明，对有关国家利害的事情，知无不言。史书盛赞他这种谙于应对的才能说:"有若成诵,声韵高朗,响溢殿廷,进止雍容,观者拭目。"(《旧唐书·文彦博传》)唐高祖李渊曾大宴近臣,遣秦王李世民宣读圣旨。李世民声音清朗、气质超群。等读完,高祖得意地问左右:"我儿子比温彦博如何?"由此可见高祖对温彦博的看重。

武德八年(625),突厥骑兵十万入侵边境,唐高祖出兵拒敌,命右卫大将军张瑾为并州道行军总管,温彦博为行军长史。唐军在太谷一战中败于突厥,温彦博被俘。突厥颉利可汗听说温彦博是唐高祖身边重臣,如获至宝,多次审问,要他供出唐朝兵力分布等情况。温彦博坚持不肯,颉利大怒,便把他押送边远苦寒之地,但温彦博始终坚贞不屈。直至唐太宗即位,突厥与唐和好,才把温彦博放回。

温彦博返归唐朝,被任为雍州治中,不久改检校吏部侍郎。他兢兢业业,恪守职责,大力整顿吏治,又升任中书侍郎兼太子右庶子。

贞观二年(628),温彦博任御史大夫,仍检校中书侍郎。在与各国来使的交往中,他善于谈吐,颇有外交才干。有一次,唐太宗问到四方各邻国的民情风俗,温彦博侃侃而谈,了如指掌。

二、同化突厥 一生清廉

贞观四年(630),温彦博升任中书令,成了宰相,并晋爵虞国公。

不久,突厥来降。唐太宗召集近臣,商议如何安置突厥的土地和百姓。不少人认为:突厥恃强扰乱中国历年深久,如今丧失实力归顺,并非真有慕义之心;主张把突厥人分散到河南及各个州县,让他们各自耕田务农,变其风俗。这样,百万胡虏就会变成顺民,中国得到增加人口的好处,塞北也消除了隐患。

朝臣大多称赞这样的计划，唯独温彦博起而反对。他认为，早在汉代，就曾集中安置来降的匈奴于五原塞下；今天，大唐也应当效法汉代的措施，不要遣散他们。这样做，保全其部落为捍蔽，又不离其土俗，一则可充实空虚之地，二则可示无猜疑之心。他认为，如果按某些大臣的建议，把他们遣向河南之地，散属州县，就违背了突厥人的民情和风俗习惯，非招抚远人之道。

温彦博的主张遭到秘书监魏徵的激烈反对，他认为突厥自古为患，难以管理，安置内地，等于养虎为患，主张仍然置于边疆，使他们居其旧土。温彦博坚持己见，主张以德怀之，他说："教给他们礼法，为他们选定首领，有何后患？"

温彦博所言安置突厥办法，以尊重突厥人的生产方式、风俗习惯为基点，给予他们某种限度的自治权，是一种开明的政策，有利于族群团结。最终，唐太宗采纳了温彦博的建议，将十万户突厥人迁入中原，其中三万户定居长安；在东起幽州、西至灵州（治今宁夏灵武西南）一带地方，设置顺、佑、长、比四州都督府安置内附突厥民众，任命突厥首领为都督或刺史，统率原属部众；又挑选部分突厥贵族担任京官武职，其中五品以上的将军、中郎将约有百余人。这些措施的实施，对当时以突厥为首的部族产生了良好的效果与深刻的影响。

贞观十年（636），温彦博出任尚书左仆射，他鞠躬尽瘁，全力以赴国事，甚至杜绝了和宾客的应酬交往。对于国家大事，则知无不言，进见必陈政事利害，深得唐太宗的赏识，多次受到嘉奖。

贞观十一年（637），温彦博病故。唐太宗十分感慨，对身边近臣说："彦博操劳国家大事，劳心费力，我见他精神不济，已经有两年了。可惜没能让他安逸休息，以致过早去世。"（"彦博以忧国之故，劳精竭神，我见其不逮，已二年矣。恨不纵其闲逸，致夭性灵。"《旧唐书·文彦博传》）

温彦博病故时，因为家中没有正堂，只能将遗体殡于别室。唐太宗当即下令，为温彦博建造正寝之堂。追赠特进，谥曰"恭"，陪葬昭陵。

侍中刘洎

刘洎（？—645），唐初宰相。字思道，荆州江陵（今湖北江陵）人。历任长史、给事中、治书侍御史、尚书右丞、侍中、检校民部侍郎等职。他为政颇有能力，也常劝谏太宗，多有建树。但性情粗疏，不拘小节，终被褚遂良诬陷而死。他的悲剧，反映了唐太宗晚年渐趋专断的情形。

一、善于理政　劝谏太宗

隋朝末年，刘洎在占据江陵称帝的萧铣属下任黄门侍郎。萧铣命其攻打岭南，他率军夺取五十个城镇，但还没有来得及报捷，萧铣已被唐军打败，他便率所攻取城镇归唐，拜授南康州都督府长史。

贞观七年（633），刘洎升任给事中，封清苑县男。贞观十五年（641），改任治书侍御史。这时候，尚书省诏敕拖延积压，长年不能解决。刘洎上疏说：

尚书省是政府机构的关键部门，贞观初年没有尚书令、仆射，职务合并，事务繁杂，左丞戴胄、右丞魏徵应付各种事情，弹劾检举违法大臣，无所回避曲从，各个部门慑于威势，风气肃然，不敢懈怠。近来由于功臣和皇亲掌权，品级和官位不相称，功臣权贵互相排挤，虽然想努力去做，却害怕众人议论诽谤。因此郎中不敢裁夺，遇事只管禀告；尚书迟疑不决，不能独自裁决。使左右丞、左右司郎中各得其人，不仅是为了挽救疏忽延误的弊端，还应当矫正争名夺利的弊病。

不久，拜授刘洎任尚书右丞。刘洎非常胜任此职，尚书省又治理得像魏徵时一样井井有条。贞观十七年（643），刘洎加授为银青光禄大夫、散骑常侍，升任黄门侍郎。

刘洎性情粗疏而果敢。太宗工书，师法王羲之，尤善飞白。有一次，在玄武门大宴三品以上官员，太宗亲自操笔作飞白字赏赐，群臣争相趁着酒意从太宗手中拿取，却被刘洎登上御座夺得。君臣都说："刘洎登御座，罪当处死，请求依法治罪。"太宗笑了笑，置之不理。

唐太宗晚年，不像贞观初年那样虚心纳谏，而是喜好争辩，与公卿谈论古今大事，定要反复诘难、探究得失。刘洎劝谏说："帝王与臣庶、圣哲与庸人之间，等级悬殊，本来就不在同一个层次上。因此要求愚人与圣哲应对，卑贱者与尊贵者争论，即使想让自己占上风，也不能达到目的。陛下颁布恩诏，面带慈祥，虚心纳谏，尚且怕群臣恐惧退缩不敢进言。何况陛下天生聪慧而有口才，修饰辞藻，援引古今，咄咄逼人地与他们辩论呢！大凡上天以无言为尊贵，圣哲以不言为美德，都是为了避免自找麻烦。而且多记损伤身心，多说耗费气力，心气内损，形神外劳，起初没有觉察，时间长了就会生病。况且今天的太平盛世，是陛下身体力行而达到的。想使它长久，不是通过广博的知识，而应当忘记爱憎，谨慎取舍，像贞观初年那样就可以了！"

刘洎的这番议论，的确说到了太宗的短处。太宗依仗自己的聪明睿智和至尊地位，经常在殿堂上与大臣辩论，不把大臣驳倒不罢休。这种争强好胜的行为,不是仁爱之君的做法,锋芒太过,令人恐惧。于是,太宗亲写诏书答道:"不思虑无法治理国家,不说话无法表达思虑。即使如此,傲慢而轻视别人,恐怕是因讨论而导致。若说形神心气,不算烦劳。"这话其实仍是在为自己辩护。

二、尊贤重道 被诬赐死

晋王李治册立为皇太子后,刘洎认为应该尊贤重道,上书说:

> 太子关系到国家的前途命运,善恶的习性,与兴亡紧密相连。开始不勤奋,以后必将后悔。因此晁错上书,要求太子通晓治国的方略;贾谊献计,要求太子务必懂得礼教。如今太子孝友仁爱,本是天生,然而正当壮年,在学业上应当有所长进。陛下多才多艺,尚且能注意磨炼意志,博采异闻;而太子却悠然自得,坐在那里白白浪费时间。陛下每次退朝后,还要引见群臣,访古问今,询问得失;而太子身处内宫,不接近正人君子,听不到正直的言论。对此,臣实在不能理解。
>
> 古时候的太子,问候起居后退下,是为了推广尊敬;不在同一个宫里相处,是为了远离嫌疑。近来,太子一旦入朝侍候,十多天还不见出来,师傅和东宫属官,只是充数摆样子罢了,到哪里去教导、帮助太子呢?这不是爱护太子的做法。臣认为给太子传授好书,让他与嘉宾同乐,让他听未曾听过的话,看未曾见过的事,使其品德更加高尚,是百姓的福分。

于是,太宗敕令刘洎与岑文本、马周,每天轮流在东宫值班。

唐太宗曾经怨恨苑西监穆裕,下诏在朝堂斩首,皇太子急忙劝谏。太宗高兴地说:"朕开始得到魏徵,能够早晚进谏;魏徵去世后,刘洎、岑文本、马周、褚遂良继续进谏。儿子在朕的膝前,看到朕喜欢听取谏言时间长了,因此今天也来进谏。确实是习惯成自然呀!"

刘洎升任侍中后,有一次太宗忽然对群臣说:"人臣对于帝王大多顺承旨意,常以甜言蜜语取悦君主。朕欲闻己过,卿等必须积极指出朕的过失。"长孙无忌、李勣、杨师道共同推辞说:"陛下用高尚的品德达到天下太平,臣等愚昧,没有发现陛下的过错。"刘洎说:"近来有人上书,因为不符合陛下的心思,陛下逼问得上书者羞愧汗颜,这恐怕不符合陛下鼓励进言的原则。"太宗说:"你的话很对,朕能改正。"

贞观十九年(645),唐太宗亲征辽东,诏令刘洎兼任太子左庶子、检校民部尚书,辅佐皇太子临时代皇帝处理国政。太宗说:"朕如今统军远征,让你辅佐太子,国家的安危都寄托在你身上,你应该理解朕的用意。"刘洎说:"希望陛下不要忧虑,大臣如果有罪,臣会立即依法诛杀。"太宗责怪他的话太过分,告诫说:"君主不缜密就会失去臣子,臣子不缜密会失掉性命。你性情粗疏而果断,恐怕会因此坏事。"

刘洎与宰相褚遂良合不来。太宗从辽东返回,由于途中背上长痈,身体状况很差,刘洎与宰相马周一起入朝问候。出来时,刘洎看见褚遂良,哭着说:"皇上得了痈病,令人十分忧虑!"褚遂良就上奏诬陷:"刘洎说:'陛下死后,国家无足忧虑,正好可以仿效伊尹、霍光辅佐少帝即位,有异议的大臣便杀掉。'"太宗大怒,病愈后,召刘洎询问情况,刘洎引马周为自己证明。褚遂良坚持不肯改口。

太宗为褚遂良迷惑,下令赐刘洎死罪。刘洎临死时,索要纸笔,想为自己辩解,主审人员不敢给他。后来,太宗得知刘洎真的冤枉，主审人员因不肯为刘洎诉冤而获罪。

显庆年间，刘洎之子刘弘业到朝廷诉讼褚遂良诬陷害死父亲的罪状，宰相李义府大力帮助。高宗询问身边大臣，给事中乐彦玮说："辨明这事，就等于公开说先帝用刑太重。"因而这事也就不了了之。

文明初年（684），武则天临朝称制，下诏恢复刘洎官爵，刘洎冤案才得以平反。

中书令马周

马周（601—648），唐初宰相。字宾王，博州茌平（今山东茌平）人。他以杰出的才能，深得唐太宗赏识，从门下省当直官至中书令。在官二十余年，清正廉洁，有经邦济世之才，后世誉为"经世名臣"。

马周出身在一个贫穷的农民家庭，幼年勤奋好学，精通《诗经》《春秋》等经典。他文才出众，但性格落拓不羁，故不为乡里所敬。

唐初武德年间，马周补博州助教，日饮醇酒，不管公务。刺史达奚恕屡加斥责，马周拂袖而去。游于曹（今山东曹县）、汴（今河南开封），又为浚仪令崔贤所辱，激愤之下，遂西往长安。后来马周得志，将崔贤罢黜，算报了仇。

到了新丰（今陕西临潼东北），旅店主人只顾招待诸商贩，而不招待马周。马周要酒一斗八升，悠然独酌。主人十分奇怪。

马周到了京城长安，与中郎将常何相识，两人一见如故，十分投机，便寄居在常何家。常何是守卫玄武门的将领，本是李建成部下，后为秦王李世民所用，玄武门之变之所以获得成功，与常何颇有关系。李世民即位后，重用常何。

贞观五年（631），天大旱，唐太宗下令文武官员极言朝政得失，为国事出谋划策。常何是个武官，不通文史，不知从何下手。马周就为他谋划，开列二十余条，陈述了自己的见解。常何将奏章呈上，太宗十分惊诧，所奏不但事事可行，而且文笔奇佳。太宗把常何找来，问他："这个奏书肯定不是你写的，是谁捉刀？快把这人叫来见朕！"常何如实回答说："这的确非臣所能，是家客马周教臣所写。马周是个忠孝之人，可为陛下所用。"太宗下诏征马周。

马周去皇宫的路上，四次遇到皇上派来催促的使者。进宫之后，马周详述了自己的政治见解，太宗十分赞赏。当日，二十岁的马周被授任在门下省当值。次年，马周升任监察御史，为官称职。唐太宗认为常何荐举得人，赏赐帛三百段。一个布衣被皇帝召见，并立即任用，这在历史上也是十分少见的。

马周善于奏对，才思敏捷，明于事理，裁处政务十分周密，深受群臣称赞。唐太宗常说："我对马周，短暂不见就思念他。"（"我于马周，暂不见则便思之。"《旧唐书·马周传》）大臣岑文本对亲信说："马周论事，文采斐然，合情合理，无一言可增减；说起来朗朗上口，令人忘记疲倦。他可以与苏秦、张仪、贾谊等人相提并论。但马周鸢肩火色，恐怕寿命不会长。"马周后来病逝，不幸被言中。

由于杰出的政治才干和刚正不阿的性格，贞观十五年（641），马周升任治书侍御史，兼知谏大夫，晋王（李治）府长史。不久，李治立为太子。贞观十七年（643），马周为中书侍郎、兼太子左庶子。第二年八月，为中书令，仍兼左庶子。马周职兼两宫，处事精密，很有声誉。唐太宗亲征高句丽，太子李治留镇定州（今河北定州），令马周与高士廉、刘洎辅佐。

唐太宗对马周宠遇甚厚，马周因此也颇为自负。他任御史时，派人按图为自己购买住宅，众人都认为他起于书生，缺乏家资，暗中嘲笑，认为他买不起好住宅。过了不久，马周得知有一处好宅子，价值二百万贯。马周立即告诉皇上，太宗便下诏命拿国库的钱买下这处住宅，并赐给马周奴婢、用品等。这一来，嘲笑他的人才恍然大悟。

马周每次巡行郡县时，食必吃鸡，小吏因此而告发。唐太宗说："朕禁止御史吃肉，是恐怕州县浪费，吃鸡有何关系？"把小吏痛打了一顿。由此可见，太宗对马周的宠用之重。

贞观二十年（646），马周患消渴病，久病不愈，唐太宗十分焦急，下令选择宅地，给他建造养病的宅院。名医、中使，相继不绝；供以御膳，又亲为调药。太子李治亲临探视。

临终之前，马周把曾进呈的奏章草稿烧掉，慨然叹道："管仲、晏子在奏书中宣扬国君的过错，自己获得贤臣的好名声，这样的事我不能做。"（"管、晏彰君之过，求身后名，吾弗为也。"同上）

贞观二十二年（648），马周病逝，年仅四十八岁。唐太宗为他举哀，追赠幽州都督，陪葬昭陵。唐高宗继位后，追赠尚书右仆射、高唐县公。睿宗垂拱年间，配享高宗庙庭。

中书令褚遂良

褚遂良（596—658），唐初宰相。字登善，杭州钱塘人。褚遂良性格刚强，为人真诚、正直，不畏淫威，敢于直言，深为唐太宗敬重和信任，以致受遗诏辅政。与房玄龄、杜如晦二人相比，他的才能和政绩不算显赫，但在"贞观之治"中也是不可或缺的功臣。

一、精于书法　敢进谏言

褚遂良祖籍河南阳翟（今河南禹县），西晋末南迁钱塘（今浙江杭州）。父亲褚亮，隋朝时为太常博士，后来成为秦王文学馆十八学士之一，李世民即位后，任散骑常侍。

褚遂良博通文史，精于书法。他曾任割据势力薛举的通事舍人，薛举父子失败后，归附唐朝，授任秦王府铠曹参军。贞观十年（636），升职为起居郎。

唐太宗非常喜爱书法，广求王羲之故帖，争献王羲之手迹的人很多，但真假难辨。唐太宗叹道："虞世南死后，再没有人能和朕讨论书法了。"秘书监魏徵知道褚遂良博览文史，又工隶书、楷书，就把他推荐给皇上。太宗听了，非常高兴，立即把褚遂良召来，并任命为侍书。褚遂良上任后，独自鉴别王羲之墨迹，众人都叹服他的敏锐精细，从此以后，再也没有人敢以假冒充了。

贞观十五年（641），唐太宗准备到泰山封禅。到达洛阳时，有星犯太微。褚遂良劝谏道："陛下拨乱反正，功超古今，刚要向岱宗告成，而彗星却出现，这是天意有所不合。从前汉武帝封禅泰山，曾实行怀柔政策多年，愚臣希望陛下熟思。"唐太宗大悟，下诏停止封禅之事。

褚遂良升任谏议大夫，兼知起居事（专记帝王言行）。唐太宗问他："你做的起居注，可以给我看看吗？"褚遂良知道自己的责任所在，回答说："史官记载人君言行，详记善恶，使人君不敢为非作歹。天子本人不能看，这是古代的规矩。"唐太宗说："朕有不好的地方，你也要记吗？"褚遂良答道："臣的职责所在，皇上的所有举动都要记录。"大臣刘洎说："即使遂良不记，天下人也会记下来。"唐太宗说："朕行为有三：一、以前代成败为鉴；二、任用良臣，共理政务；三、疏远群小，不受谗言。朕能守住这三点，不犯过错，正是不想让史官书写朕的恶行。"

当时，魏王李泰受父皇宠爱，礼遇甚至超过了太子李承乾，群臣谁也不敢劝谏。有一天，太宗问群臣："如今朝中何事较为急迫？"岑文本泛言礼为急，太宗认为不是。褚遂良说："如今四方仰望陛下之德，都很安定。只有确定太子与诸王的名分最为急迫。"太宗说："这话说得有道理。朕年近五十，日渐衰老，虽然立长子为太子，而弟、侄、子尚有五十人，心中时常担心。自古王室宗亲没有良臣，大多互相倾轧，公等为朕举荐贤者为诸王之师。"

唐太宗问褚遂良："舜帝制造漆器，进谏的有十余人。漆器不过是小物，这有什么值得谏的？"褚遂良答："奢侈是危亡的根本，一旦养成奢侈的习惯，就会不满足于只是制造漆器，改为制造金、玉的，那就会耗尽民财了。忠臣爱君，一定要防微杜渐，等到祸乱出来，进谏也没用了。"太宗说："是这样。朕一有过失，你也应当谏于初发时。"

在实际工作中，褚遂良知无不言、言无不尽，一心以谏诤为己任。那时候，唐太宗诸子年龄还小，却大都担任了都督、刺史等要职。褚遂良上书劝谏说："刺史、郡帅，是百姓安宁的依靠，得到一个善人，郡内安定；碰到一个恶人，整州不安。臣认为没有加冠的皇子，应该暂且留在京师，教给他们经学。考察后觉得确实可以担当职务，再派出去。"太宗赞成他的意见，立即采纳。

二、谏阻悔婚　托孤重臣

贞观十七年（643），太子李承乾已经获罪幽禁，魏王李泰便每天进宫侍奉太宗，太宗当面许诺立他为太子，岑文本、刘洎也劝说太宗立李泰；长孙无忌则执意请求立晋王李治。

太宗对身边大臣说："昨天李泰投到我怀里对我说：'我到今天才得以成为陛下最亲近的儿子，此乃我再生之日。我有一个儿子，我死之日，当为陛下把他杀死，传位给晋王李治。'人谁不爱惜自己的儿子，朕见李泰打算这么做，内心十分怜悯。"

谏议大夫褚遂良说："陛下此言大为不妥。希望陛下深思熟虑，千万不要出现失误。陛下百年之后，魏王占有天下，他怎么肯杀自己的爱子，将皇位传给晋王呢？从前陛下既立承乾为太子，又宠爱魏王，对他的礼遇超过承乾，以致造成了今日的灾祸。承乾谋反的事刚刚过去，足可作为今日的借鉴。陛下如今要立魏王为太子，希望先安置好晋王，只有这样政局才能稳定。"太宗流着眼泪说："朕不能这么做。"说完站起身，回到宫中。最终，还是立了李治为太子。

薛延陀真珠可汗派其侄子突利设到唐朝下聘礼，拟献马五万匹，牛、骆驼一万头，羊十万只。突利设献上食物，太宗亲临相思殿，大宴群臣，设立十部乐曲，突利设再次行礼祝寿，太宗赏赐突利设十分丰厚。

契苾何力上书说："不可与薛延陀通婚。"太宗说："朕已经答应，怎么可以身为天子而自食其言呢？"契苾何力答道："我不是要陛下立刻回绝，只是希望暂且延缓此事。我听说自古有迎亲礼仪，假如陛下敕令薛延陀让他迎亲，即使不到长安来，也要到灵州；薛延陀必定不敢前来，那时回绝就有理由了。夷男（真珠可汗名）性情刚直暴戾，既然不能与大唐通婚，其部下又怀有二心，不过一二年便会病死，他的两个儿子争夺王位，到那时陛下可以轻易制服他们。"

唐太宗听从契苾何力的意见，征召真珠可汗前来迎亲，又发布诏书说要在灵州与他相见。真珠十分高兴，准备亲到灵州，其大臣劝谏说："倘若被对方扣留，到那时后悔都来不及！"真珠说："我听说大唐天子有圣王的德行，我能亲自前去见他一面，至死都无遗憾。而且漠北必然会有人主事，我去的决心已定，不必再多说了。"太宗接连三次派使节，接受薛延陀所献的牲畜。薛延陀真珠可汗先前库房没有马厩，他征调各部落马牛羊等，往返一万多里，途经沙漠地带，没有水和草，牧畜消耗损失将近一半，过了迎亲期限没有到。有人议论认为聘礼未准备齐便与之通婚，这会使北方部族轻视唐朝。太宗于是下诏回绝其婚姻，停止巡幸灵州，并追还三次派出的使节。

褚遂良上奏疏认为："薛延陀可汗本来是突厥的一个首领，陛下当年征战沙漠，万里萧条，少有人烟，残余势力奔波投靠，须有一个酋长，于是才赐给他鼓和大旗，立为可汗。近来又降下大恩，应允与他们通婚，西面告知吐蕃，北面通知思摩，连大唐的儿童也都知道此事。陛下又行幸北门，接受他们敬献食物，群臣与边远地区都整日宴饮庆贺。都说陛下为了安抚天下百姓，不爱惜自己的女儿，芸芸众生，谁不感恩戴德。如今陡生变化，有悔婚之意，我深深为朝廷的声誉受损而惋惜；这样一来得到的很少，而失去的却很多，也会产生隔阂，必然会导致边境不安宁。薛延陀深怀被欺辱的怨恨，百姓也感受到背约的羞愧，恐怕这不是怀柔远方、训教边兵的办法。陛下即位治理天下已有十七年了，以仁义恩惠交结百姓，以诚信礼义安抚边远地区，天下百姓没有不佩服的。背约实在没有道理，为什么就不能善始善终呢！龙沙城以北，薛延陀的部落众多，朝廷想要讨伐他们，终究未能全都消灭干净。应当对他们抚以德义，使正义掌握在朝廷手中而不是在对方，失信的在对方而不在我方。做到这些，则是尧、舜、禹、汤等人远不及陛下了。"太宗不听其谏议。

当此时，众大大都说："朝廷既然答应与他们通婚，又接受了人家的聘礼，就不可失信于薛延陀，以免又生边乱。"太宗说："你们这些人都是只知古而不知今。汉初匈奴强大，中原汉王朝怯弱，所以要打扮子女，送金银财物以作为诱饵，这在当时是合乎时宜的。如今中原强大,北方部族怯弱,以我大唐的一千步兵,可以击败他们的数万骑兵,所以薛延陀肯卑躬屈膝,满足我们的要求,不敢稍有傲慢,是因为他们刚刚立了可汗,属下杂姓部族不少,想借大唐的势力以威慑、制服。他们中的同罗、仆骨、回纥等十多个部族,各有兵力几万人,如果他们合力攻打薛延陀,可以立即攻破,之所以不敢轻举妄动,是因为畏惧他是我大唐所立的可汗。如今将宗室女嫁给他,他必然自恃是大国的女婿,其他部族谁还敢不服!这些戎狄人面兽心,一旦稍不满意,必会反咬一口,造成祸害。现在我们回绝其婚姻,停止接受他们的聘礼,其他部族得知我们抛弃了他们,很快会将他们瓜分豆剖,你们只需记住朕说过的话就行了。"

唐太宗悔婚,致使薛延陀大怒,连年出兵侵扰唐朝边境。这时,唐太宗才后悔没有听褚遂良的话。

唐太宗亲征高句丽,褚遂良反对征讨,更反对皇上亲征。不出褚遂良所料,征讨高句丽失败而归,唐太宗后悔不已。

贞观十八年(644)九月,唐太宗拜褚遂良为黄门侍郎,开始参预朝政决策。贞观二十二年(648)九月,晋升为中书令。

次年五月,唐太宗病危,召褚遂良和长孙无忌到面前,对他俩说:"汉武帝将太子刘弗陵托孤于霍光,刘备将刘禅托孤于诸葛亮。朕现在把所有的后事都交给你们了。太子仁孝,你们要竭尽忠诚辅佐他。"接着对太子李治说:"有无忌、遂良在,你不用为天下担忧。"因为长孙无忌是太宗的姻亲,太宗又对褚遂良说:"无忌尽忠我,我有天下,大多是他出的力。我死之后,不要让人说他的坏话。"遂命褚遂良起草遗诏。

三、祸起昭仪 遭贬遇害

贞观二十三年(649)六月,太子李治即位,是为高宗,改元"永徽",封褚遂良为河南郡公。长孙无忌和褚遂良同心协力,共同辅政,唐高宗也非常敬重二人,每次都虚心听取他俩的意见。因此,唐高宗初政,尚有贞观遗风。

次年,即永徽元年(650),褚遂良因抑价强买土地被弹劾,出为同州刺史。永徽三年(652),褚遂良被召回,任吏部尚书、同中书门下三品,复为宰相。次年为尚书右仆射。

永徽六年(655)九月,唐高宗李治欲废王皇后,立武昭仪(即武则天)为皇后,召见褚遂良、长孙无忌等人说:"皇后无子,武昭仪有子,现在我想立武昭仪为后,怎么样?"褚遂良说:"皇后出身名门,陛下的大婚是先帝安排的。陛下是否还记得,先帝临崩,拉着陛下的手对臣说:'朕的佳儿佳妇,现在交给卿。'言犹在耳。皇后没有任何过失,废皇后这事不是儿戏,臣不敢对陛下说违心的话,更不敢违背先帝的诏训。未闻有过,岂可轻废?臣不敢曲从陛下,上违先帝之命!"唐高宗非常不快,此事当时也便不了了之。

第二天,唐高宗又说起立武昭仪为后一事,褚遂良说:"陛下如果一定要废去皇后,请精心选择天下的名门望族,何必要武氏呢?武氏曾经伺候过先帝,这是众所周知的,怎么能瞒得过天下人?如果这样,万代之后,人们会怎样议论陛下呢?"说罢置笏于殿阶,解巾叩头,直至血流,然后说道:"还笏给陛下,请放我回归田里。"唐高宗大怒,命人把褚遂良赶出去,已经"垂帘"的武氏大声喊道:"何不扑杀此獠?"("武氏从幄后呼曰:'何不扑杀此獠?'"《新唐书·褚遂良传》)长孙无忌忙上前说:"遂良受先帝顾命,有罪也不可加刑。"不久,武昭仪被立为皇后。

由于坚决反对废立皇后,褚遂良被贬为潭州都督。显庆二年(657)三月,转为桂州(治今广西桂林)都督。七月,礼部尚书许敬宗、中书令李义府听从武氏旨意,诬陷褚遂良居心不良,图谋不轨。唐高宗便以桂州乃兵家用武之地，不适合褚遂良办公行事为由，又把褚遂良贬为爱州（治今越南清化）刺史。爱州远在海外，荒凉不堪，唐高宗以此惩罚褚遂良。

褚遂良到了爱州，忧惧祸至，恐死不自明，于是上表唐高宗以陈忠诚："过去濮王（魏王李泰）、承乾（原太子）争斗的时候，臣不顾死亡，归心陛下，最终与无忌等四人共定大策。等到先帝临终，臣和长孙无忌同受遗诏，陛下手抱臣颈。臣与无忌处理众事，没有遗漏，数日之间，内外安宁。臣力量小、责任重，现在臣的蝼蚁之命已没有几年，请求陛下哀怜。"然而，此时的唐高宗已昏庸懦弱，受武氏牵制，对褚遂良的忠诚之言无动于衷，对褚遂良的境遇更是不闻不问。

显庆三年（658）十一月，褚遂良在爱州带着遗憾离世，享年六十三岁。然而，武则天等并没有放过褚遂良，不仅削其官爵，还把他的子孙后代也流放爱州。神龙政变后，恢复官爵，后追赠谥号"文忠"；天宝六载（747），配享高宗庙庭。唐德宗时，追赠太尉；唐懿宗时，经安南观察使高骈奏请，访求褚遂良后裔，护丧归葬于阳翟。

褚遂良是著名书法家，与欧阳询、虞世南、薛稷并称"初唐四大家"。其书初学虞世南，后取法王羲之，传世墨迹有《孟法师碑》《雁塔圣教序》等。

中书令岑文本

岑文本（595—645），唐初宰相。字景仁，邓州棘阳（今河南南阳）人。岑文本历任别驾、行台考功郎中、秘书郎、中书侍郎、中书令等职。他擅长写作，才思敏捷，草拟文告下笔立成，深受唐太宗信任、重用。在随太宗征伐高句丽时，他事必躬亲，唯恐出错辜负皇上，以致心力交瘁而死。

一、少有才名　长为重臣

岑文本出身于官宦世家，祖父岑善方，在西梁任吏部尚书；父亲岑之象，在隋任邯郸令。

隋朝末年，父亲因事被人诬陷，没有机会申辩。岑文本当时只有十四岁，到司隶那里为父亲喊冤，辩论和答对的言辞非常通畅，没有任何纰漏，为众人所注目。有人叫他作《莲华赋》，作成之后，在场的人都赞叹不已，于是父亲的冤屈得以洗雪，他也因此闻名。

岑文本性情敏捷，仪表堂堂，擅长为文，所作文章能贯通古今。本郡推荐他去考秀才，岑文本不肯应召。萧铣占据荆州称帝，召他任中书侍郎，主管文书。

唐河间元王李孝恭平定荆州，岑文本降唐。李孝恭的部下打算抢掠全城百姓，岑文本劝阻说："自从隋室无道，四海之人为了活命，都伸长脖子盼望真正的人主。萧氏君臣之所以决心归顺，是为了远离危亡而寻求安定。大王您如果纵兵剽掠，恐怕江、岭以南，人们的归顺之心会受阻，从而造成狼顾獐惊的局面。不如妥善安顿荆州，以此来劝励尚未归附的人，宣示天子的大恩大德，那么，谁不愿意成为唐朝的百姓呢？"李孝恭认为他说得对，下令不准侵扰掠夺，并任用岑文本为别驾。后来，岑文本跟随李孝恭攻打起兵叛唐的辅公祏，主管撰写檄文符令，升任行台考功郎中。

贞观元年（627），岑文本授任为秘书郎，同时在中书省值班。唐太宗举行藉田之礼后，在元日召见群臣，岑文本献上《藉田颂》《三元颂》两篇，辞藻与情致都很富丽。岑文本才名早著，李靖又把他推荐给皇上,太宗任命他中书舍人。

此时,颜师古任侍郎,自从武德以来,诏书文诰或大事文书都由他起草。岑文本任职后,很是称职,而且敏捷快速超过了颜师古。有时诏令繁多,时间紧急,他便叫属吏六七人蘸笔等待,分别口授,文件写成后,居然全都符合要求,没有任何缺失。颜师古因过错免职,宰相温彦博替他向皇上求情说:"颜师古熟悉时事,擅长草拟文诰,很少有人能比得上,希望能重新任用。"太宗说:"朕举荐一个人,足以担当此任,你尽可以放心。"于是授任岑文本为中书侍郎,专门掌管机要事务。

贞观十年(636),岑文本与同僚令狐德棻撰写《周史》,史论多出岑文本。《周史》修成,他得封江陵县子。

这时,魏王李泰得宠,宅第非常豪华,为诸王之冠。岑文本上疏给太宗,既用崇尚节俭来劝说,又陈述了嫡与庶应当有所区别,各守本分,认为对魏王应当有所限制。太宗认为他的建议很好,赐给他布帛三百段。

二、节俭孝友　鞠躬尽瘁

贞观十七年(643),岑文本加授银青光禄大夫。不久,升任中书令。

岑文本显贵后,常自以为书生起家,所以住处简陋,室内也没有茵褥帏帘一类装饰。他侍奉母亲以孝著称,抚养弟侄很有恩义。他对待平生的故人,即使是漂泊贫贱之人,也一定以礼平等相待。太宗常常称赞他的忠诚恭敬。

晋王李治做皇太子时,大臣大多兼任东宫官职,唐太宗想让岑文本也兼任或代理东宫官职,他辞谢说:"臣担任一个官职,还怕事务太多,不想再去东宫太子那里希求恩泽,请让我一心事奉陛下吧。"太宗这才作罢,但仍下诏叫他五天到东宫参见一次。

岑文本每次进见，太子都要答拜。

　　在任中书令之初，岑文本面有忧色，母亲问他原因，他回答说："我既非功臣，又非故旧，责任重而职位高，恐怕不是好事。"有人前来庆贺，他就说："我可以接受你的慰问，但庆贺就免了吧。"有人劝他经营产业，岑文本感叹说："我是汉南一介平民，徒步入关，所期望的不过是做个秘书郎、县令而已。没有一项军功在身，却以文墨书生出身而位居宰相，俸禄已很丰厚，为什么还要置办产业呢？"所以他从来不谈及家业之事。

　　岑文本任职时间长了，得到的赏赐比较很丰厚，他都交给弟弟岑文昭主管。岑文昭任校书郎，结交了很多轻薄之人，行为很不检点，太宗大为不满，对岑文本说："你的弟弟多有过失，朕将叫他出京任外官。"岑文本说："臣自小没有父亲，母亲所钟爱的是臣的弟弟，不想叫他离开身边。如今若叫他到外地任官，母亲肯定会忧虑的，我没有这个弟弟，就等于没有老母亲了啊！"说着还哭出声来，太宗怜悯岑文本的孝心，召来岑文昭训斥一顿，并予以约束，所幸岑文昭还很能悔过自新，以后居然没有什么过失。

　　贞观十九年（645），岑文本随驾征伐高句丽，太宗把事情全部交付给他，关于粮食运输的目次、兵器甲胄的总目、草料分配的等级，岑文本总是筹算不离手，事必躬亲。他总担心皇上托付的事情出现差错，对不起皇上的信任，因而心力交瘁，难以为继了。太宗十分担忧，对左右说："岑文本和朕一同出行，恐怕不能和朕一同返回了！"

　　走到幽州时，岑文本突然发病，太宗亲自看望，为他的病重而伤心流泪。没几天，岑文本便去世了，终年五十一岁。当天傍晚，太宗听见夜间戒严的声音，就说："岑文本逝世了，朕不忍心再听见这种声音。"于是下令停止。追赠他为侍中、广州都督，谥曰"宪"，陪葬昭陵。

中书令高季辅

高季辅（594—651），唐初宰相。名冯，字季辅，以字行，德州蓨县（今河北景县）人。他自少事母至孝，以纯孝闻名于当世。他的哥哥高元道，出仕隋朝，任汲县令。隋末义军四起，汲县百姓也在城中造反接应义军，杀害了高元道。高季辅率乡人与汲县人交战，生擒他们，斩杀叛乱首级祭奠哥哥，义军畏服，都归附了他，部众达数千人。

唐朝建立后，高季辅与武陟李厚德率领部众归降唐朝，授任陟州总管府户曹参军。

贞观初年（627），高季辅任监察御史，弹劾不法官员，从不回避权贵要人，深受太宗李世民赏识。他渐次升任为中书舍人，曾列举朝中五事上奏，其中言道：

现在天下大定，但刑罚却没有停止，为什么呢？原因是谋划之臣、台阁之吏不崇尚宽简，而且不懂经营远略，因此执法者把苛刻深严看作奉公，为官者把剥削百姓作为助国积财的手段。如尚书的八个席位，是君主督责完成政务的人，应选择温厚廉洁者担任。勉励人们追求朴素，革除浮夸虚伪，使家家懂得慈孝，人人知道廉耻，有过失行为的受乡人耻笑，不亲善仁孝的被亲人摈弃，自然就会使礼节振兴了。

陛下率先奉行节俭之道，但营建不停，服役的工匠不够驱使，又采用雇佣的方式来增加劳役费用。照这样下去，人主所欲，还有什么要求得不到满足？希望陛下爱惜财力，不要用尽；珍惜劳力，不要使他们疲敝。

京畿附近的几个州，是京城的根本，土地狭窄，人口众多，储蓄少而课税劳役多，应当蒙受优待，使百姓得以休息，这是加强根本、削弱枝节的本义。至于江南、河南，地广人多，劳役财赋分配与京畿相差无几，百姓颇为闲适，应排列等次，平均劳逸。

公侯勋戚之家，封邑收入、俸禄完全能够供养，但贷钱取息，兴办商号或作坊，追求厚利，下民受到影响，竞相追求蝇头小利，应加以惩罚革除。

现在品级低下的朝外官吏，都没得到俸禄，所以他们饥寒深重，即使如伯夷、柳下惠也不能保全其品行。为政之道，期望简便易行，不体恤其贫困，却要求其清廉勤恳，只恐怕即使巡视监察每年出行，使臣接连不断，而官员侵夺渔利还是不停。应等到人口繁多，而且仓库丰足，渐渐增加俸禄，使他们能事奉父母，抚养妻子儿女。然后督促他们效力，那么官员就会尽力了。

奏章报上，太宗很是欣赏，进授高季辅为太子右庶子。此后，高季辅多次上书论奏朝政得失，言辞诚恳真切。太宗赐给他一剂石钟乳制成的延年益寿药，说："你进献给我的是药石之言，朕也用药石回报。"（"进药石之言，故以药石相报。"《旧唐书·高季辅传》）

贞观十八年（644），高季辅加银青光禄大夫，兼任吏部侍郎。他根据资历和政绩，评价和升降官吏，所行都很允当。为此，唐太宗赐给他一面金背的镜子，以表彰他的清廉明鉴。（"太宗尝赐金背镜一面，以表其清鉴焉。"同上）

贞观二十二年（648），高季辅迁任中书令，兼检校吏部尚书，监修国史，晋爵蓚县公。

永徽二年（651），高季辅加光禄大夫、侍中，兼太子少保。不久，高季辅因病回府休息，高宗派中使每天前往府上问候。同年，高季辅去世，享年五十八岁，追赠开府仪同三司、荆州都督，谥曰"宪"。

六部尚书很关键

唐代尚书省下设六部：吏部、民部（后因避李世民讳改称"户部"）、礼部、兵部、刑部、工部，各部长官称尚书。六部尚书管理具体业务，是一时代各方面治理良善的关键所在。"贞观之治"的形成，与其时尚书们的努力密不可分。不过，前述学士、功臣、宰相许多曾任六部尚书，这里只是一部分；尤其兵部尚书，则尽在"功臣"之中，如李靖、李勣、屈突通、侯君集等。

民部尚书刘文静

刘文静（568—619），唐初大臣。字肇仁，京兆武功（今陕西武功）人。在隋任晋阳令，与李世民交好，极力促成李渊父子起兵，立有首倡起义大功。唐朝建立后，官民部尚书，位在裴寂之下，因此心生不满。后因口吐怨言，被诬陷为谋反，在裴寂谗毁下被杀。

一、交好世民　首倡起兵

刘文静的父亲刘韶仕于隋朝，战死，追赠上仪同三司。刘文静因是"烈士"子女，继承了父亲的爵位。

隋大业十二年（616），刘文静任晋阳令，与晋阳宫监裴寂友好。有一天，裴寂叹息说："贫贱到如此地步，又赶上世事离乱，靠什么得以保全呢？"刘文静笑道："天下的形势是可以预知的，我们二人志同道合，何必担心贫贱？"

李渊镇守太原，刘文静觉察到此人志向不小，便主动与之交往，从而见到了李渊的次子李世民，把他比作汉高祖刘邦、魏武帝曹操一般的人物。刘文静与李世民结为好友，来往密切。他对裴寂说："李世民绝非一般之人。他豁达大度像汉高祖，神态威武像魏武帝，年纪虽轻，却是天纵大才。"（"非常人也。大度类于汉高，神武同于魏祖，其年虽少，乃天纵矣。"《旧唐书·刘文静传》）裴寂起初对这话并未在意。

刘文静与瓦岗军首领李密有姻亲关系，因此而被关在太原的监狱里。李世民去探望他，刘文静说："天下大乱，没有汉高祖、汉光武帝那样的才能，是不能安定天下的。"李世民说："怎么知道没有这样的人？只是人们看不出来罢了。我来探望您，不是出于儿女情长，而是打算和您商议大事。您有什么谋划吗？"

听了李世民的话，刘文静遂剖析说："如今皇帝到南方巡游江、淮，李密逼近东都，群盗大概以万来计算。在这个时候，若有真命天子驱使驾驭这些人，夺取天下易如反掌。太原百姓为躲避盗贼都搬进了城里，我做了几年县令，了解其中的豪杰，一旦把他们收拢来，可得到十万人。您父亲所率军队又有几万人，一言出口，谁敢不服从？以此兵力乘虚入关，号令天下，不过半年，帝王之业即可成就。"李世民笑道："您的话正合我的心意。"

于是，李世民开始暗中部署宾客，准备起事。不过，当时李渊并不知道这些事。李世民怕李渊不答应，犹豫了很久，不敢明说。

李渊和裴寂有旧谊，二人经常在一起宴饮交谈，有时昼夜相连。刘文静想让裴寂向李渊说通关节，便引见他和李世民结交。李世民拿出私房钱几百万，让龙山令高斌廉与裴寂赌博，渐渐输给裴寂，裴寂非常高兴，由此每天和李世民交游往来，情谊日深。李世民把自己的意图告诉裴寂，裴寂许诺劝说李渊。

二、制作伪诏　功劳显赫

正逢突厥侵犯马邑，李渊派高君雅率兵与马邑太守王仁恭同力抗击。王仁恭、高君雅与突厥交战不利，李渊怕被一同治罪，非常忧虑。

刘文静、裴寂趁机鼓动李渊："公守卫山西，这里汉夷交会，麻烦太多，想不出事是不可能的。眼下您的一位部将战败，您就受牵连遭弹劾，情况如此危急，此时不起兵，更待何时？"李渊本已准备起兵，但朝廷有诏赦免，这事又作罢了。

李世民命刘文静制作假"诏书"，说要征发太原、西河、雁门、马邑二十至五十岁的男子入伍,到涿郡集结,去攻打高句丽。当时,百姓厌恶征辽,都害怕一去不返,所以"诏书"发出,人心惶惶,准备造反的人越来越多。

裴寂曾偷偷让隋炀帝太原宫的宫女侍奉李渊,这是杀头之罪。因此,刘文静以此胁迫裴寂,劝李渊起兵。刘文静对裴寂说:"先发制人,后发制于人,您为何不早劝唐公起兵,却拖延不已?况且您身为宫监,却用宫人侍奉宾客,您死也就罢了,为什么要误了唐公呢?"裴寂极为恐惧,屡次催促李渊起兵。

此时,正值刘武周起兵叛隋,李世民便以攻打刘武周为名,大肆招兵买马。李渊的副手王威、高君雅,本是朝廷派来监视的,是起事的障碍。刘文静唆使开阳府司马刘政会诬陷王、高二人。一日,李渊与王、高一起处理政务,刘文静引着刘政会进来,声称有秘事报告。李渊示意王威等取文书来看,刘政会不给,说:"告发的正是副留守,只有唐公才能看。"李渊佯作吃惊地说:"难道有这样的事?"他看了文书,才说:"王威、高君雅暗中勾结突厥人入侵。"高君雅捋起衣袖大骂道:"这是造反的人要杀我!"这时,李世民已经在外面布满了军队,刘文静就和刘弘基、长孙顺德等人一起,将王威、高君雅抓起来投进了监狱。

李渊正式起兵,任命刘文静为司马。刘文静主张与突厥始毕可汗联络,请求突厥出兵相助,答应将缴获的隋城男女、财物归其所有。始毕可汗大喜,出兵两千人相助。李渊见此大喜,对刘文静说:"不是你善于辞命,何以至此?"("非公善辞,何以致此?"《旧唐书·刘文静传》)

不久,刘文静率兵与隋将屈突通大战于潼关,与其将桑显和苦斗,杀死敌军数千。隋军士气低落,刘文静遂以奇兵从后掩杀,桑显和军大败。当时,屈突通兵尚有数万,准备引军向东,刘文静命将追击，将其抓获。因为此功，刘文静升任李渊大丞相府司马，进光禄大夫、鲁国公。

三、结怨裴寂　被诬谋反

李渊扫平天下群雄、登上天子位后，刘文静受任纳言（掌传达命令、接待宾客）。

当时，唐高祖李渊常与贵臣同坐共食。刘文静进言说："我们中国一向重视尊卑，如今陛下位尊九五，大臣们时常跟陛下同坐共食，还直接称呼陛下的名讳，这不利于树立皇帝的威严。"高祖说："我和这些人在一起多年，习惯了，一时间还改不过来。"

刘文静后来又立下了许多军功。薛举自称秦帝，率军攻打唐朝属地泾州，刘文静以秦王李世民元帅府长史之职，与司马殷开山一起出征，结果惨遭大败。回到京师，刘文静被除名。薛举死后，其子薛仁杲继位，刘文静再次随大军前往征讨，平定薛仁杲后，任为民部尚书，随秦王镇守长春宫。

其时，裴寂已任宰相，而刘文静还是个部尚书。刘文静认为，自己的才智超过裴寂不止一两个档次，不但首倡举义，而且军功多多。但裴寂与高祖是多年的酒肉朋友，借晋阳宫监的身份之便，把许多宫女进献给高祖，明明是个佞幸之臣，但官爵和被重视的程度都在自己之上，刘文静因此心中十分不乐。在朝廷讨论政务时，刘文静故意反驳裴寂，裴寂赞同的，刘文静必定反对，还经常欺凌羞辱他，二人结怨颇深。

一次，刘文静与弟弟刘文起喝闷酒，酒醉后愈加气闷，拔剑击柱，大叫："一定要杀了裴寂！"他家中屡有怪异现象，便召请巫师作法驱邪，巫师在星光下披发衔刀，张牙舞爪，看起来十分阴森恐怖。刘文静的一个妾因为失宠，把这一怪事告诉了哥哥，说刘府上下在舞刀弄枪，准备谋反。她的哥哥向朝廷举报，刘文静被捕下狱。

唐高祖指派裴寂、萧瑀审理此案，刘文静据实上奏："当初在大将军（李渊）府，我与裴寂官职相当。而今裴寂官至仆射，拥有优于众人的府第，赏赐不计其数，我的官衔与所受的赏赐却与众人没什么两样，还东征西讨，老母留在京师，风风雨雨无所庇护，几乎穷得家无隔夜粮。所以，的确心有怨恨，因醉酒而口出怨言，并无叛逆之意。"高祖说："他说这样的话，明明就是叛逆！"

李纲、萧瑀申明刘文静没有叛逆的意思，秦王李世民强调刘文静最先谋划国家大计，推动举义，现在任用待遇与别人悬殊太大，心里有怨气，但绝不是谋反，应该赦免。唐高祖早就对刘文静不满意，裴寂又趁机进言："刘文静这人太诡诈，又心狠手辣，反形早已暴露。如今天下还没有彻底平定，留着他恐怕是个祸害。"于是，高祖下令杀掉刘文静，其弟刘文起同时被杀，家产抄没。刘文静临刑时，捶胸大叫："飞鸟尽，良弓藏，终于应验了！"

太宗贞观三年（629），朝廷恢复刘文静官爵，由其子刘树义袭爵鲁国公，并尚公主，成了驸马。但他怨恨父亲被杀，准备谋反，结果事泄被杀。

吏部尚书杜淹

杜淹（？—628），唐初大臣。字执礼，京兆杜陵（今陕西西安）人。祖父杜业，为北周豫州刺史；父杜征，为河内太守。叔父杜如晦，是太宗朝著名宰相。

杜淹才学广博，思维敏捷，二十岁就有美名。

隋文帝杨坚在位时，杜淹跟好友韦福嗣商量："当今皇上特别喜欢擢用隐逸之士，比如苏威（隋文帝时宰相）就是先隐居而后得到皇上重用，当了显要的官。"于是两个人一同隐入太白山，要走"终南捷径"。但这招居然不好用了，隋文帝对杜淹故意隐居以博取官职很是厌恶，不但不召他为官，还把他贬到了江西。

后来，国家大赦，杜淹得以回到长安。当时，高孝基任雍州司马，推荐杜淹担任承奉郎一职，后又升到御史中丞。

隋大业末年（617），王世充称帝，把杜淹调到吏部任职。王世充兵败降唐，杜淹因是王世充部属，不被任用，因而打算投靠太子李建成。当时，封德彝主管官员选拔，把他介绍给房玄龄。房玄龄觉得人才难得，向秦王李世民报告，李世民遂任用他为天策府兵曹参军、文学馆学士。在一次御宴上，他当场作诗，写得非常好，唐高祖赐予一只银钟。

庆州总管杨文干造反，牵连到太子李建成，但朝廷把罪过都归于杜淹、王珪、韦挺，把他们一起流放越嶲（今四川西昌）。李世民知道杜淹是冤枉的，送他黄金三百两作慰问。

秦王李世民登基后，召还杜淹，任命为御史大夫，封安吉郡公。杜淹向太宗奏称，各部门的文件、事务处理拖延，可以由御史对各部门进行监督检查，以提高办事效率。太宗征求宰相封德彝的意见，封德彝说："设置各个部门，就是要它们各司其职。御史的职责是纠察违法乱纪，如今杜淹却要挑剔追查各部门工作的细节，这太苛刻了，还有侵权的嫌疑。"杜淹默不作声，太宗说："你有什么反驳的吗？"杜淹回答说："封德彝所说事关国体，我心悦诚服，也就没什么可说的了。"太宗很为他的坦诚大度而高兴。

杜淹学问深厚广博，办事干练，太宗指令东宫的所有典章、礼仪、文书之类的事务，都由杜淹决定。

不久，杜淹任检校吏部尚书，开始参与朝廷核心事务。杜淹在任荐举了四十多人，这些人后来表现都很优秀。

杜淹向皇上举荐邽怀道，太宗问其人有何突出事迹。杜淹说："邽怀道在隋朝廷任吏部主事，炀帝要到江南游玩，群臣纷纷表示赞成，只有他坚决反对。"太宗问："那时候你说了什么呢？"杜淹说："我跟大家意见相同。"太宗批评道："任职朝廷，要敢于冒死劝谏皇帝，不隐瞒自己的意见。你既然认同邽怀道的观点，为什么那时候不能直言不讳？"杜淹告罪道："我职位卑下，没有与皇帝争论的资格，更担心劝谏不听，白白送死，没有任何作用。"

太宗说："这就更不对了。你既然知道自己追随的君王不贤明，不肯接受劝谏，那你还有什么理由在朝廷做他的官？既然做了他的官，却不肯全心全意为他做事，这算得上忠臣吗？"太宗又问大臣，让大家发表意见。王珪说："比干谏纣王而被杀害，孔子赞美他是仁人君子。泄冶谏陈灵公也被杀害，但孔子却说：'众人都是邪僻之士，你就没有必要与众不同。'"

太宗继续追问杜淹："你在隋朝，官职不高，不受重用，不给它出力可以理解。但王世充却对你又亲近、又重用，你好像也没替他做过什么。"杜淹说："我当然是说过的，但我的意见不被采用。"太宗说："王世充刚愎自用，善于掩饰自己的过错，把过错推给臣下，你怎么能够没有受到伤害呢？"杜淹终于无话可说。太宗说："朕现在可以算是重用你的吧，你进谏过吗？"杜淹说："宁可拼上性命，绝不违心说假话。"

贞观二年（628），杜淹生病，太宗亲自到他家慰问。杜淹去世后，朝廷追赠他为尚书右仆射，谥曰"襄"。杜淹生前在朝中身任二职，是朝中显贵，但其名望却与身份不相等，人们不认为他廉洁清白；相反，倒有很多批评他的议论。

民部尚书皇甫无逸

皇甫无逸（？—627），唐初大臣。字仁俭，京兆万年（今陕西西安）人。

皇甫无逸的父亲皇甫诞，在隋朝时担任并州总管府司马。汉王杨谅造反，逼他追随，皇甫诞不肯，被杨谅杀害。皇甫无逸当时正在长安，听到汉王杨谅造反后，他在旁边痛哭。别人惊问缘故，他回答说："我父亲平生最重气节，一定不会苟且偷生。"果然，皇甫诞遇害的消息很快传来。隋炀帝感慨皇甫诞忠诚于己，追赠为柱国、弘义郡公，特封皇甫无逸为平舆侯。

隋朝时，皇甫无逸曾任淯阳（治今河南南阳）太守，考课政绩为天下第一。后迁任右武卫将军。隋炀帝巡游江都，命皇甫无逸镇守洛阳。炀帝被杀死后，他与段达、元文都等人立越王杨侗为帝。王世充后来准备篡权称帝，皇甫无逸逃往长安。追兵赶上，皇甫无逸说："我即使被杀，也不能和你们做叛逆之事。"他把腰中金带扔到地上，声明将这个送给追兵，大家各讨方便。众追兵下马争抢金带，皇甫无逸乘机逃跑。

皇甫无逸来到长安，唐高祖李渊因他是隋朝大臣，厚加礼遇，特拜为刑部尚书，封滑国公。后来，皇甫无逸历任陕东道行台、民部尚书、御史大夫。

当时，蜀地刚刚平定，官吏大多横行不法，重利盘剥，搞得民不聊生。朝廷命皇甫无逸持节巡抚，有权根据情况任免官吏。他到四川后，罢黜贪官污吏，使用廉善人才，从此各级政府法令严明，蜀地社会秩序安定。

皇甫希仁在背后告状，说皇甫无逸因老母、妻子尚在王世充处，所以暗中与其勾结。李渊斩皇甫希仁，命给事中李公昌快马驰报皇甫无逸。不久，又有人告皇甫无逸勾结萧铣。当时，皇甫无逸与行台仆射窦琎不和，趁此机会上表自陈，同时列举窦琎罪行。朝廷派刘世龙、温彦博调查有关事宜。结果，皇甫无逸无罪。朝廷斩杀告状之人，罢黜窦琎。

皇甫无逸回到京师长安，高祖慰劳他说："以前受到许多谗言诽谤，都是因为你太正直了，被奸人憎恨的缘故。"皇甫无逸顿首谢罪。李渊哈哈大笑，说："你不负朝廷，谢什么罪啊？"

皇甫无逸后来任民部尚书，又出任同州（今陕西大荔）刺史，再迁益州（治今四川成都）大都督府长史。无论到何处，处理完公务后，他都闭门不通宾客。左右无人敢于随便出入，府内所需物品，都到别处购买，不从本地取用。他清廉耿直，但也过于畏惧审慎，每次上奏表章，别人读几十行，还看不懂他的明确意见。有时刚遣使者上路，又急忙派人追回，反复多次，才能放心地让使者进京。

皇甫无逸的母亲住在长安，后病危。唐太宗李世民命驿站快马召回皇甫无逸。皇甫无逸忧惧担心，不能进食，路上染病，不治而逝。

皇甫无逸的死讯传到朝中，朝廷追赠礼部尚书，赐谥曰"良"。

工部尚书李大亮

李大亮（586—644），唐初大臣。京兆泾阳（今陕西泾原）人。祖父李琰，曾任西魏度支尚书。李大亮文武兼备，有勇有谋，胆识过人。他做县令，召集逃亡百姓，鼓励开垦土地，使农业大获丰收，百姓安居乐业。他忠厚谨慎，不贪财物，多次将皇上所赏财物分给亲戚。宰相房玄龄认为他有汉代名臣周勃的风度气节。

一、文武兼备　胆识过人

李大亮勤奋好学，身具文才武略。隋朝末年，任将军庞玉的行军兵曹。瓦岗寨义军首领李密率军攻打洛阳，庞玉战败，李大亮被擒。李密部将张弼与李大亮交谈，惊异于他的才干，把他保护起来，使他得以免死。

李渊入据关中，李大亮前去归附，被任命为土门（今陕西富平）县令。当时全县饥馑，县内多有盗贼。李大亮召集逃亡百姓，抚慰贫困人员，卖掉自己的坐骑，用以赈济百姓。他鼓励、帮助人民开垦土地，勤于耕种。当年，农业大获丰收，百姓安居乐业。李大亮率人平定境内盗贼，境内得以安宁。秦王李世民正式发布文告奖励他。

后来，部分北方部族势力南侵，李大亮揣度自己境内实力有限，无法与敌人作战，于是只身前往敌营，与敌人统帅畅叙。敌人统帅敬佩他的才华、胆略，答应率众退走。李大亮杀掉所乘马匹，请敌帅进食，自己徒步返回。李渊赞赏李大亮的胆识，听说后非常高兴，升他为金州（今陕西安康）总管府司马。

王弘烈占据襄阳，朝廷派李大亮镇抚樊邓地区（今湖北襄樊及河南邓县一带）。李大亮击溃王弘烈，夺取十余座城邑。以功迁安州（今四川安县）刺史。后来，朝廷派他巡察广州，李大亮走到九江（今江西九江），遇到辅公祏造反，他用计擒获叛将张善安。辅公祏围困猷州（治今安徽泾县），刺史左难当据城固守。李大亮率兵击走叛军，以功升任越州都督。

李大亮显贵后，常想着报答张弼的救命之恩。当时张弼任将作丞，得知此事便躲藏起来不肯见他，李大亮很长时间也未找到。有一天，李大亮在半路上遇见张弼，上前抱住张弼大哭，感谢他的大恩大德，要把自己的家财全部给他，张弼拒不接受。李大亮便对皇上说："臣能事奉陛下，是张弼之力，愿将臣的官爵授给他。"太宗遂升张弼为中郎将、代州都督。世人都称赞李大亮受恩能报。

二、忠厚谨慎　直言进谏

贞观元年（627），李大亮迁任交州（治今广西苍梧）都督，封武阳县男。后召还京师，授任太府卿，又出任凉州（治今甘肃武威）都督。

在凉州任职期间，有宫中使者见到名鹰，婉言暗示李大亮把名鹰进献皇帝。李大亮密表上奏说："陛下停止打猎已经很长时间了，宫中使者却向臣索求猎鹰。如果是陛下的旨意，则有违皇上过去的训导；如果是使者擅自索求，则是陛下用人不当。"唐太宗对李大亮能够直言进谏感到很高兴，不但亲笔回信感谢，还赏赐了一些礼物。信上书："有臣如此，朕还有何忧？古人称一言之重等同于千金，如今赐给你一个胡瓶，虽然不值千金，但却是朕的御用之物。"

当时，突厥败于唐军，太宗想招抚四境部族，有归降唐朝的，各赐袍一领、帛五匹，部落首领拜任将军、中郎将，位居五品官员者，将近一百余人。朝廷还想把归降的部族迁居中原，下诏任李大亮为西北道安抚大使，派他前去招抚十余个尚未归附的部族。李大亮上疏说："臣听说要安定远方，首先必须巩固近处。中国是天下的根本，四方部族如同枝叶。残毁根本、肥厚枝叶，却想求安，这是从未有过的事。陛下还封官给他们，这岂是长治久安之计？各地部族归附，只应使他们各居本地，畏威怀德，才是行虚惠、收实福。河西深受西方部族抢掠之苦，州县萧条，加上隋末世乱，更加荒芜残破。臣希望停止招附，省却劳役，使边疆人民能安心耕种，这是中国之利啊！"太宗接受了他的建议。

贞观八年（634），李大亮任剑南道巡察大使，朝廷征讨吐谷浑，又任他为河东道行军总管，与大将军李靖率军从北道行军。他们在青海境内与敌军相遇，两军交战，唐军大胜，俘虏吐谷浑部族首领，获各种牲畜数万头。李大亮以功晋爵武阳县公。后来又任右卫大将军、太子右卫率，兼任工部尚书。李大亮身兼三职、宿卫两宫，每当当值，他往往整夜不睡。唐太宗说："轮到你值宿，我就能整夜安睡。"（"至公宿直，我便通夜安卧。"《旧唐书·李大亮传》）

起初，李大亮击破辅公祐时，因为战功获得一百多个奴婢的赏赐。李大亮说："这些人都是官宦人家的子女，不幸家破人亡，我怎能忍心让他们做奴隶呢？"于是将之全部遣散。唐高祖听说，称赞了他，又另赐奴婢二十名。后来，李大亮击破吐谷浑，唐太宗又赐给他一百五十个奴婢，李大亮把他们全部分给了亲戚。

李大亮生性忠厚谨慎，外表木讷，但内心耿直刚烈。他在天子面前争论是非曲直，从不曲意逢迎，无原则地顺从。贞观十八年（644），唐太宗到洛阳视察，命李大亮协助房玄龄留守长安。与李大亮共事的房玄龄称赞他有汉代王陵、周勃的风度气节，凛然不可犯，可以托付国家大事。（"有王陵、周勃节，可倚大事。"《新唐书·李大亮传》）

李大亮生病，唐太宗特赐医药慰问，李大亮谢恩，上表请皇上停止征伐辽东，又建议朝廷注意建设关中地区。

不久，李大亮去世，享年五十九岁。家中没有珠宝玉器，只存米五斛、布三十匹。唐太宗闻讯落泪，追赠兵部尚书、秦州都督，赐谥曰"懿"，陪葬昭陵。

刑部尚书张行成

张行成（587—653），唐初大臣。字德立，定州（今河北定县）人。他历仕太宗、高宗两朝，历任殿中侍御史、刑部侍郎、检校尚书左丞、侍中、刑部尚书、尚书左仆射等。他忠心事主，多所建言，颇得信用，鞠躬尽瘁，死于官所。

一、辅政良材　太宗识拔

张行成年轻时，师从当时的名儒刘炫学习经史。他勤学不倦，进步很快，刘炫对门人说："张行成器度方正，是辅佐朝廷的优秀人才。"（"张子体局方正，廊庙才也。"《旧唐书·张行成传》）

隋朝大业末年，察举孝廉，张行成任谒者台散从员外郎。后来王世充称帝，他任度支尚书。王世充被平定后，张行成以其在隋朝的资历补授谷熟尉。

因为家境贫困，张行成以计吏的低级职员身份来到京城长安，参加科举考试，考中制举乙科，改任陈仓尉。高祖李渊对吏部侍郎张锐说："现在铨选的官吏中，难道没有才能特别突出的吗？朕要特别提拔任用。"张锐推荐张行成，改任富平主簿，以才能出众而有名。

李世民即位后，将张行成召入朝中，补授殿中侍御史。他为官认真负责，行使检举揭发、弹劾监察等职责，严肃而公正。太宗认为他很有才干，对宰相房玄龄说："古今用人没有不通过别人推荐的，像张行成这人，是朕亲自举用，没有别人介绍和推荐，这是个特例。"

有一次，张行成陪侍宴会，唐太宗谈到山东人和关中人，语意有所偏向。张行成说："天子以四海为家，不能以东方、西方作为界限，如果这样，则是向人表明自己狭隘了。"太宗称赞他言之有理，赐名马一匹、钱十万、衣服一套。从此遇上大的政事，都让他参议。经过多次迁升，张行成官至给事中。

太宗自视甚高，他曾对群臣说："我做人主，如果兼顾将、相的事务，岂不是剥夺你们大家的名分？从前汉高祖得到萧何、曹参、韩信、彭越，而后天下安宁；虞舜、夏禹、商汤、周武王有了后稷、契、伊尹、吕尚，而后四海平安。这种事情，朕一身兼而有之。"（"我为人主，兼行将相之事，岂不是夺公等名？昔汉高祖得萧、曹、韩、彭，天下宁宴；舜、禹、汤、武有稷、契、伊、吕，四海乂安。此事朕并兼之。"《旧唐书·张行成传》）

张行成退下后，上疏说："隋朝丧失正道，天下大乱，陛下拨乱反正，拯救百姓于水火之中，周代、汉代的君臣怎能和陛下相比呢？陛下美德含光、规制宏大，确实兼具将相之才，但又何须在朝堂之上与众人比较，以皇上的尊贵与臣下争功呢？"太宗欣然接受了他的意见。

后来，张行成又转任刑部侍郎、太子少詹事。

二、忠言谏诤　鞠躬尽瘁

贞观十九年（645），唐太宗御驾亲征高句丽，太子李治驻守定州监国，太子对张行成说："定州是公的故乡，我这就送公衣锦还乡！"命有关部门祭祀其先祖之墓。张行成所推荐的同乡人魏唐卿、崔宝权、马龙驹、张君劼等，都以学识品行卓著而闻名，同时受到太子召见，因年老不能任事，厚加赏赐后送回。

太子派张行成到太宗在辽东的行宫，太宗见了非常高兴，慰劳赏赐极为丰厚。太宗从辽东返回后，张行成任河南巡察大使。

由于办事符合皇帝心意，改任检校尚书左丞。

太宗巡幸灵州，下诏皇太子随从。张行成劝谏说："皇太子应该留下监国，每天面对百官处理各种政务，既做到以京城为重，同时向天下显示盛德。"太宗认为他的话是忠言。

贞观二十三年（649），张行成迁任侍中、兼刑部尚书。

唐太宗驾崩，张行成与高季辅侍奉太子李治在太极殿梓宫前即位，是为高宗。高宗封张行成为北平县公，监修国史。

当时，晋州经常发生地震，声音如雷。高宗询问原因，张行成回答说："天属阳，是君主的象征；地属阴，是大臣的象征。君主应动，臣子应静。现在该静的反而想动，恐怕是有女子干预政事，人臣也参与机密。再者，诸王、公主参与承问起居，有的窥伺宫闱，应该明确设防加以禁阻。况且晋州是陛下原来的封地（高宗曾封晋王），应该不会无缘无故的地震，臣希望陛下深思，以防微杜渐。"高宗对他的话深表赞同，下诏五品以上官员积极谈论朝政得失。

永徽二年（651），张行成受任尚书左仆射、太子少傅。

永徽四年（653），从三月到五月不下雨，时人将此归罪于宰相。张行成心中畏惧，称年老乞求退休。高宗下诏答复说："过去罢免宰相的做法，违背了皇帝检讨自己的真义。这是朕缺少德行，并不是宰相的罪过。"于是赐予他宫女、黄金器物，敕令不要再辞官。张行成坚决请求辞去宰相，高宗说："你是朕的旧臣，为什么要弃朕而去呢？"说着悲伤地流下了眼泪。张行成惶惑恐惧，不得已又处理政事。

这年九月，张行成在尚书省官舍逝世，终年六十七岁。高宗下诏九品以上官员前往府第哭丧祭吊。到殓尸时，三次派遣使者赐给内衣，尚宫住在他家监护。追赠开府仪同三司、并州都督，用少牢之礼祭祀，谥曰"定"。

吏部尚书戴胄

戴胄（？—633），唐初大臣。字玄胤，相州安阳（今河南安阳）人。历任大理寺少卿、谏议大夫、民部尚书、吏部尚书等职。他敢于直言极谏，面折廷争，为政干练，长于决断，从不拖延、积压政务，很受唐太宗赏识和重用。

一、直言进谏　面折廷争

戴胄生性坚定正直，办事精明干练，尤其擅长撰写文书。隋朝末年，任门下录事，纳言苏威、黄门侍郎裴矩都很看重他，对他礼遇有加。

隋大业十四年（618），隋炀帝被杀，越王杨侗被众臣拥立为帝，戴胄任给事郎。不久，吏部尚书王世充谋划篡权，戴胄说："君臣从大义上讲是父子，应当休戚与共。明公以文武之才担当国家重任，国家的存亡就在今天。希望您尊重、辅佐王室，仿效伊尹、周公，使天下逢凶化吉。那么，天下将因此幸运。"王世充假意赞同，并慰劳了戴胄。

不久，王世充胁迫越王为他加九锡，戴胄又直言极谏。王世充不再理会戴胄的书生议论，把他外放为郑州长史，派他与自己的侄子王行本一起守卫武牢。后来，秦王李世民攻克武牢，戴胄归唐，任秦王府士曹参军，封武昌县男。

贞观元年（627），大理少卿空缺，唐太宗说："大理少卿，是关系到人命的官职，戴胄清廉正直，正是合适的人选。"当天就任命戴胄为大理少卿。

皇后长孙氏兄长长孙无忌，入宫面见太宗时，没有解下佩刀就进入东上阁。尚书右仆射封德彝认为监门校尉没有发觉，应当处以死刑；长孙无忌误带入佩刀，罚铜二十斤。

戴胄说："校尉与长孙无忌之罪应该相同。臣子对皇上犯过错，不能以'失误'作借口。法令明定：供奉皇帝的汤剂、饮食、舟船出了问题，即使属于失误都是死罪。陛下念长孙无忌的功劳，可以原谅他。如果只惩罚长孙无忌，而杀死校尉，不能称之为刑法。"太宗说："法令是天下人的法令，朕怎么能偏袒亲戚！"下诏重新议罪，封德彝坚持己见，太宗准备批准。戴胄说："可以这么处罚，校尉因长孙无忌而获罪，依法应当从轻处理；如果都是失误，不应该处死他一个人。"就这样，长孙无忌与校尉都被免除死罪。

当时朝廷盛开科举，应考的人云集京城，有人假称有资荫，冒用谱牒以求受到选拔。太宗下诏允许他们自首；不自首的，论处死罪。不久，便查出欺诈得逞的人，判案定罪，戴胄认为依法应当流放。太宗说："朕下诏不自首的人处以死刑，卿如今却说应当流放，这就等于告诉天下人朕不讲信用。难道卿接受了贿赂，而要减免罪犯的刑罚吗？"

戴胄说："陛下当时就杀死他，臣无法干预。既然交给臣处理，臣怎么敢违反法令呢？"太宗气愤地说："卿只管自己守法，而让朕失信于人，是不是？这是沽名钓誉、陷害主上。"戴胄说："法令，是向天下人宣布大的信用，言语却是因一时的喜怒而随口说出的。陛下因一时的愤怒要杀他，既然知道不可行才交给法律部门，这是容忍小愤、保存大信。如果为了发泄一时愤恨而违背信用，臣为陛下惋惜。"太宗醒悟，听从了他的话。

戴胄屡次冒犯圣上，据理力争，参与处理案件都以法令条文为依据，加以细致分析，逐条指出所犯的罪行，言如泉涌。太宗更加重用他，当年便升他为尚书左丞。太宗怜悯戴胄家里贫穷，特地下诏赐钱十万。

二、机敏忠贞　嗣子为相

尚书左仆射萧瑀被罢免，封德彝去世，唐太宗对戴胄说："尚书总理国家法度，如果一件事失误，天下就会有人蒙受其害。今天没有尚书令、仆射，朕把责任托付于卿，卿应当不辜负朕的举荐。"

戴胄聪明机敏，长于决断，没有隔夜的公务。议论的人赞美他称职，说自武德以来称职的左右丞，几乎只他一人。不久，戴胄又担任谏议大夫，与魏徵每天轮流侍奉在皇上左右。

贞观三年（629），戴胄升任户部尚书，兼检校太子左庶子。杜如晦去世前留下意见，请求把自己主管的选举官员事务委托给戴胄，戴胄因此任检校吏部尚书。不过，他喜欢压抑文人、奖赏法吏，当时人们指责他没有学问，所以嫉妒、压抑有学问的人。

贞观四年（630），戴胄以本官参与朝政，晋爵为郡公。太宗打算修复洛阳宫，戴胄上疏进谏说：

> 近来关中、河外设置军团，强壮的民夫、富家子弟都去当兵，又征役夫修建九成宫，司农寺、将作监的官吏几乎征不到丁夫。离乱之后，户籍单薄，人口逃亡，一人服役，全家弃业。充军的人要求自备兵器，从役的人要求自备口粮，竭尽全家财物置办，还不够用。七月以来，大雨下个不停，临近黄河的南北田地积水过多，庄稼毁坏严重，年终是否有收成还未可知。强壮的人都去服役，赋税无法上缴，如此一来，仓库储备就会空虚。如今宫殿可以遮风挡雨、容纳卫士，即使几年以后再建，也不算晚，为什么要急于兴建，给自己找麻烦呢？

唐太宗看过奏章，立即下令停止兴建之事。戴胄上陈的奏章中，分析时政得失的原因，都值得一看。奏章递上去后，他都会销毁草稿、保守秘密，不让外人知道。太宗曾经对左右的人说："戴胄对朕来说，并不是非常亲近的人，但与国家相关的重大事情，他无不奏闻。这是他忠贞气概激励的结果。"

贞观七年（633），戴胄去世，太宗为之哀悼，追赠尚书右仆射，追封赵国公，谥曰"忠"。因戴胄住所简陋、不能祭祀，诏令有关部门为他立庙。还娶戴胄的女儿为道王妃。房玄龄、魏徵与戴胄关系好，每次走到他生前去过的地方，无不哀伤流泪。

戴胄没有儿子，过继哥哥的儿子戴至德为嗣。戴至德在乾封年间为西台侍郎、同东西台三品。不久转户部尚书，知政事。经过数十年，父子相继任尚书、参与国政，世人都认为这是他家的荣耀。唐高宗曾经写飞白书赏赐大臣，赐给戴至德的是"漂流大海，有待舟楫"，郝处俊的是"飞入九霄，假藉六翮"，李敬玄的是"辅佐开道，竭尽丹诚"，崔知悌的是"尽忠尽节，参与谋划"，辞中都有寓意。

后来，戴至德升任尚书右仆射。当时刘仁轨任左仆射，每当有人来申诉冤情，他大都爽快地答应受理；戴至德却先追问探究来龙去脉，理由充分的才秘密上奏，始终不显示个人的恩惠。因此，当时多数人称赞刘仁轨，称之为"解事仆射"。戴至德和刘仁轨曾轮流听取诉讼，有位老妇人来到尚书省，戴至德已经收下牒状，妇人却又要拿回去，说："开始我还以为你是解事仆射，现在才知不是。"戴至德笑着还给她。人们佩服他有长者的气度。有人就此事问他，戴至德回答说："赏赐与处罚，是皇上的权力，身为臣子，怎么能与皇上争权呢！"

礼部尚书陈叔达

陈叔达（？—635），唐初大臣。字子聪，南朝陈宣帝之子，陈后主陈叔宝之弟。

陈叔达幼时封义阳王，十多岁时便擅长写诗。在一次宴会上，他赋诗十韵，援笔立就，时任仆射徐陵甚感惊奇。成年后，陈叔达历任丹阳尹、都官尚书。

南陈祯明二年（588），隋灭陈，俘获后主陈叔宝和陈叔达等。入隋之后，陈叔达很久不被任用。大业年间，陈叔达才被授任内史舍人，后来出任绛郡通守。

唐高祖李渊义军向西进军，到达绛郡，陈叔达率本郡归附，授任丞相府主簿，封汉东郡公。他和温大雅共同掌管机密，唐朝初建之时，书册诰诏大都出自他的手笔。武德初年（618），授任黄门侍郎，次年任纳言。武德四年（621），拜任侍中。

陈叔达容貌端庄，颇有才学，明察善辩，每次奏对，都为士大夫所瞩目。江南士人客居长安，有些人才被埋没，陈叔达常把他们推荐给朝廷。

武德五年（622），陈叔达封江国公。高祖李渊曾赐食给他，他得到葡萄却不吃。高祖询问，他回答说："臣的母亲患口干病，很想吃葡萄，却没有找到。臣想带回去给母亲。"高祖十分感动："卿还有老母可以奉养呢！"于是赏赐给他更多的葡萄，又赐杂帛百段。

贞观初年（627），陈叔达与尚书左仆射萧瑀在朝堂之上愤怒相争，因而构成不恭之罪，免去官职。不久，陈叔达为母亲守丧，自己又有病，唐太宗为他担忧，怕他不堪迎来送往，派使者禁止并遣退吊唁的人。守丧期满，陈叔达任遂州都督，但因有病没有就任。

过了一段时间，陈叔达的病稍有好转，升任礼部尚书。当初，太宗还是秦王时，太子李建成、齐王李元吉嫉妒他功大，阴谋陷害，常在高祖面前诋毁他，高祖受其迷惑，陈叔达则极力申辩解救。到这时，太宗对他说："武德时的内乱，卿有忠直之言，所以以此报答。"陈叔达感谢说："臣哪里只是为陛下，是为国家考虑罢了。"

后来，陈叔达因家中妻妾争斗，他以不善治家被有司弹劾，太宗因他是名臣，为他遮掩，授任散官回家。

贞观九年（635），陈叔达去世，谥曰"缪"。追赠户部尚书，改谥曰"忠"。